东北亚研究丛书

1865~1913 年俄国
地方自治机构的民生活动

On the Livelihood Activities of Russian Zemstvos in 1865-1913

李　青 / 著

社会科学文献出版社
SOCIAL SCIENCES ACADEMIC PRESS (CHINA)

目 录

绪 论

一 选题意义

1861 年改革之后，俄国废除了农奴制，踏上了发展资本主义的道路。这场关键性的改革拉开了俄国大改革时代的序幕，成为俄国历史上的一个重要转折点。在 20 年左右的时间内，除了农奴制改革以外，亚历山大二世还推动和展开了一系列改革，包括地方自治改革（земская реформа）、城市自治改革（городская реформа）、司法改革（судебная реформа）、军事改革（военная реформа）、教育改革（образовательная рефома）等。在这其中，地方自治改革是非常重要而且取得突出成绩的一场改革，不仅为当时人所关注，而且为后来人所继承。2003 年 10 月 6 日，俄联邦杜马通过了《俄罗斯联邦地方自治组织一般原则法》（«Об общих принципах организации местного самоуправления в Российской Федерации»）的事实表明，这场改革对于当代的俄罗斯仍然有深远影响。①

地方自治改革与城市自治改革、司法改革一样，都是具有近代自由主义色彩的改革运动，但它又带着俄国自身的特点，与西方的地方自治实践有所不同。俄国的地方自治改革，是在国内专制主义中央集权力量非常强

① 需要指出的是，俄国 1864 年的改革俄文名称为 земская реформа，当代俄罗斯的地方自治为 местное самоуправление，前者是带有俄国自治传统又借鉴西方近代治理模式的改革行动，后者是为地方民众利益服务的完全意义上的现代地方管理方式，但它们之间却有着非常紧密的联系。

大但是政府结构不完善、政府职能行使不充分的情况下进行的。一方面，改革前俄国政府的建制比较单一，除了军事和外交以外，其最重要的职能就是收税和治安，而教育、医疗、经济等社会治理方面则处于疏于管理的状态，而且基层政权建设力量也很薄弱，这是俄国在克里米亚战争中惨败的原因之一，当然也无法适应改革后日益复杂化和分工专业化的社会形势，于是政府希望通过建立由贵族领导的地方自治机构来弥补自身在地方管理和社会建设方面的不足，并借此补偿贵族等级在农奴制改革中所遭受的损失，缓和在农奴制改革之后日益激化的社会矛盾，挽救统治危机；另一方面，政府也清楚地了解这些贵族（主要是推崇改革的自由派贵族）主导的地方自治机构（也包括其雇员——地方自治知识分子）与自己在指导思想、改革方向、行事风格等方面存在着一定的距离，担心这种合法而且分布较广的政治组织发展成为异己的政治力量，从而对沙皇政府的统治构成威胁，于是就通过法律对地方自治机构进行种种限制，让它们只能作为一种社会性组织来管理某些为政府服务、替政府分担管理职能的领域（例如大车官差、农民事务调解、地方民事管理等，在初期这些还是地方自治机构的主要职责）和某些民生领域（例如教育、医疗等，而且即便是在教育和医疗这种远离政治的民生领域，政府也只是让它们“主要在经济方面”进行管理，行政权还是被政府抓在手里），在实践中对它们的活动也增添各种障碍（例如在财政上受到政府的制约，在具体事务上受到政府的干涉等），希望能够牢牢地控制住它们，让它们成为政府的附庸。所以总的来说，专制政府需要地方自治机构来协助治理社会和缓和矛盾，但是只允许它在一定范围内存在，并要对它进行严格的控制。而反过来讲，地方自治机构的活动空间是非常有限的，它只能在专制政府设定的范围内活动，而且要面临现实中的重重阻力。

即便如此，俄国的地方自治改革也取得了巨大的成绩。在国民教育方面，地方自治局创办了为数众多的初等学校和一批中等学校、师范学校、职业学校，在校外教育方面也采取了一系列措施，到 20 世纪初期还力主推动俄国实行免费普及教育，构建大众化的学校网络，这些都毫无疑问地提高了民众的受教育水平，为俄国的文化教育事业做出了重大贡献。在医疗卫生方面，地方自治局不仅创造了医疗区制度，建立了各种类型的医疗设施，在城市有省医院、精神病院和县城医院，在农村有医疗区医院和诊疗所，而且在地方自治机关和医生们的努力之下，俄国的医疗事业开始和部分实现了由医士制度、巡诊制度向住院制度的历史性转变，并保持了免费医疗的特性；另外，地方自治机构在卫生防疫和防治流行病方面也做了不少工作。在经济方面，地方自治机构对于农民和农业问题保持了长期的关注，为了发展农村经济，解决农民缺地少地问题，它们发放小额土地贷款、粮食抵押贷款、货币贷款，并支持建设农民银行，甚至组织农民向西伯利亚等地迁徙；为了提高农业技术，它们推广各种农机农具和改良农种，聘请农艺师，建设实验田和农场，创办农业学校；为了发展手工业，地方自治局还尝试着建设劳动组合和作坊等。在兽医学方面，面临着19世纪下半期动物疫病不断暴发的情况，地方自治局一方面聘请大量的兽医医生和兽医医士进行动物防疫，另一方面进行兽医区的规划和兽医院的建设，而且开展牲畜保险活动，一旦牲畜因为感染动物疫病而死亡，则可以为农户挽回一部分损失。在统计方面，地方自治统计员直接深入各家各户，通过实地考察获取准确而完整的信息，并对收集上来的数据进行有效的整理加工，比政府的统计工作做得更好。在修路方面，地方自治局将修建道路所征收的实物税改为货币税，既有利于更加均衡地分担税务，又有利于道路的顺利修建；1895年道路基金成立之后，这项事业获得更快的发展。除此之外，地方自治机构还承担起了发展防火保险、开展社会救济、建设邮局和驿站等事务。其中，地方自治机构工作最突出、成效最显著的，当属国民教育和医疗卫生两个方面，它们的实际成果不仅使当时的民众获益，也对后来的苏联和现在的俄罗斯产生了巨大影响。

可以说，这些民生方面的活动既是地方自治机构能够发挥作用的主要领域，也是地方自治改革的主要成就。要知道，在俄国落后的现实条件和专制政府的严密控制下，取得这些成就是相当不易的。但是长期以来，由于受到苏联历史编纂学的影响，我们要么对这一重要的改革活动视而不见，要么只是本末倒置地主要从政治的角度对地方自治机构的活动进行解读，这无疑会使俄国地方自治改革的主要方面难以彰显于世（当然，从政治角度进行解读是必要的，有助于我们了解地方自治机构所面临的政治环境及其与政府之间的关系，但如果将这场改革等同于政治活动，就有失偏颇了）。本书以俄国地方自治机构的民生活动为主题，主要探讨它们在国民教育（兴学）、医疗卫生（兴医）、农业农民问题（兴农）和其他领域（兽医学、统计、修路等）的活动是如何进行的，又为何能够取得令人瞩目的成就。但愿本书能够丰富我们对俄国地方自治改革的认识。

另外，地方自治机构作为民选机构，在民生方面的建设是不遗余力的，无论是在教育、医疗还是在农业、兽医学、修路方面，都积累了丰富的经验，其最大的受益者是普通民众。在今天，民生问题已经成为我们日益关注的话题，大家都在讨论怎样改善民生，怎样使这种活动惠及更多的人群。在这方面，100 多年前俄国地方自治机构的民生活动会给我们有益的启示。

二　国内外学者对于俄国地方自治改革的研究状况

早在 19 世纪下半叶，俄国就开始了地方自治改革的研究。从时间上看，我们可以将俄罗斯的这一研究分成三个阶段：旧俄时代、苏联时代和新俄罗斯时代。

在旧俄时代，相关研究包括三个部分。第一部分是地方自治改革之初的一些活动家和思想家的设计方案。在我们收集到的资料中，H. A. 考尔夫的《俄国初等学校》和《地方自治问题（国民教育方面）》在国民教育活动方面对地方自治机构做出了全面的规划，为后来地方自治局的国民教育实践带来巨大影响。[①] 特别是第一本书，在国民教育还处于起步的年代，作为教育家的 H. A. 考尔夫为地方自治学校设计出了完整的教学大纲，事无巨细地培养学生阅读、写作和实践的能力，该书是我们考察地方自治之初国民教育制度设计的重要材料。

第二部分是同时代的人在研究和总结俄国历史的时候对地方自治活动

---

① Н. А. Корф, Русская начальная школа: руководство для земских гласных и учителей земских школ [M], С-Петербург, издание Д. В. Кожанчикова, 1870 г.; Н. А. Корф, Земский вопрос (о народном образовании) [M], С-Петербург, 1867 г.

的介绍。帝国自由经济协会出版的、由Г. 法利博尔克和В. 恰尔诺卢斯基编写的四卷本《俄国的初等国民教育》①，虽然并未专门研究地方自治局的国民教育活动，但是对其多有涉及，它对1893年俄国国民教育进行了全面的统计，在每个方面都列出了各地区、各省、各县的统计资料，绘制成表格，其中也包括地方自治局在国民教育方面的成果。另外，В. В. 格里高利耶夫的《俄国学校史纲》讲述了俄国的学校教育和建设从基辅罗斯时代到19世纪末的发展演变，对于我们弄清楚俄国教育的发展进程很有帮助，而且该书还用大量篇幅详细记载了在亚历山大二世领导下的俄国教育改革，保留了很多法律文本。② Г. 亨克尔的《西方与我国的国民教育》一书将俄国与西欧几个国家的国民教育进行对比，保留了俄国教育方面的一些统计资料。③ И. 阿列克申采夫的《俄国中等教育史》一书讲述了俄国中等教育从18世纪至19世纪的发展史，对俄国地方自治局管理下的中等教育也有介绍。④ Н. В. 契诃夫的《俄国学校的几种类型》讲述了从19世纪下半期到苏联成立前后俄国教育的发展，其中对地方自治局的教育建设进行了重点介绍。⑤

第三部分是19世纪90年代以后出现的一批对地方自治改革的总结和反思之作，这方面的资料相当丰富。在地方自治教育方面，В. 恰尔诺卢斯基和布纳科夫的著作是其中的杰出代表。В. 恰尔诺卢斯基写出了两卷本的《地方自治局与国民教育》⑥，对地方自治局的国民教育活动进行了全面的分析，这也是我们能够利用到的非常有效的材料。另外，针对20世纪初期的

---

① Г. Фальборк и В. Чарнолуский, Начальное народное образование в России [M], С-Петербург, 1900 - 1905 г, Т. 1 - 4.

② В. В. Григорьев, Исторический очерк русской щколы [M], Москва, Товарищество типографии А. И. Мамонтова, 1900 г.

③ Г. Генкель, Народное образование в западе и у нас [M], С-Петербург, 1911 г.

④ И. Алекшенцев, История гимназического образования в России (XVIII-XIX век) [M], С-Петербург, издание О. Богдановой, 1912 г.

⑤ Н. В. Чехов, Типы русской школы в их историческом развитии [M], Москва, 1923 г.

⑥ В. Чарнолуский, Земство и народное образование, часть первая [M], С-Петербург, издание товарищества «Звание», типография М. А. Александрова, 1910 г.; В. Чарнолуский, Земство и народное образование, часть вторая [M], С-Петербург, издание товарищества «Звание», типография М. А. Александрова, 1911 г.

国民教育改革，他还出版了《国民教师和国民教育活动家的伴侣》[①]、《第一届全体地方自治大会上的国民教育问题》[②]、《俄国组建学校的主要问题》[③]、《教育领域社会思潮的结果》[④]、《俄国发展校外教育的主要问题》[⑤] 和《学校的改革问题》[⑥] 等一系列著作，全面阐述了自己的观点。布纳科夫曾经作为教育家为地方自治学校的教师们做过培训，他的著作既包括他为教师做培训的材料《学校事务》[⑦]，也包括几十年执教经历的总结《农村学校与人民生活》[⑧]、《布纳科夫笔记》[⑨] 和《我是如何成为又拒绝再做"教师的教师"的》[⑩]。除了上述著作之外，还有当时的学者 Д. И. 季霍米洛夫的《初等学校当前的任务》[⑪]、Я. В. 阿布拉莫夫的《星期日学校》[⑫]、伊万·科索维奇的《地方自治局、学校与教区》[⑬] 和 Н. М. 赫伦斯坦的《国民教育》[⑭] 等书。我们还找到了 С. О. 塞罗波尔科的《德米特里·伊万诺维奇·季霍米洛夫图传》[⑮]、А. П. 阿丰斯基的《尼古拉·伊万诺维奇·皮罗格夫的生活

① В. И. Чарнолуский, Спутник народного учителя и деятеля народного образования [М], С-Петербург, типография Б. М. Вельфа, 1908 г.

② В. И. Чарнолуский, Вопросы народного образования на первом общеземском съезде [М], С-Петербург, 1912 г.

③ В. И. Чарнолуский, Основные вопросы организации школы в России [М], С-Петербург, типография Б. М. Вельфа, 1909 г.

④ Чарнолуский В. И. Итоги общественной мысли в области образования [М], С-Петербург, типография Б. М. Вельфа, 1906 г.

⑤ В. И. Чарнолуский, Основные вопросы организации внешкольного образования в России [М], С-Петербург, 1909 г.

⑥ В. И. Чарнолуский, К школьной реформе [М], Москва, 1908.

⑦ В. Ф. Бунаков, Школьное дело. Учебный материал, проработанный на кчительских съездах и курсах за тридцать лет (1872 - 1902 г.) [М], С-Петербург, 1906 г.

⑧ В. Ф. Бунаков, Сельская школа и народная жизнь [М], С-Петербург, 1906 г.

⑨ В. Ф. Бунаков, Записки Н. Ф. Бунакова. Моя жизнь, в связи с общерусской жизнью, преимущественно провинциальной, 1837 - 1905 [М], С-Петербург, 1909 г.

⑩ В. Ф. Бунаков, Как я стал и перестал быть « учителем учителей» [М], С-Петербург, 1905 г.

⑪ Д. И. Тихомиров, Современные задачи начальной школы [М], Москва, 1911 г.

⑫ Я. В. Абламов, Частная женская воскресная школа в Харькове и воскресные школы вообще [М], Москва, 1896 г.

⑬ И. Коссович, Земство, школа, приход [М], С-Петербург, 1899 г.

⑭ Н. М. Геренштейн, Народное образование [М], С-Петербург, 1897 г.

⑮ С. О. Серополко, Дмитрий Иванович Тихомиров. Биографический очерк с портретами и снимками [М], Москва, 1915 г.

与教育活动》[①] 和 Л. Б. 马凯多诺夫的《尼古拉·费奥多罗维奇·布纳科夫生平活动传记》[②] 等教育家的传记资料。

而在医疗方面，我们只找到医生 Р. А. 叶格罗夫斯卡娅编纂的《1870～1910 年比尔姆省沙德林斯克县的地方自治医疗》[③] 和 А. И. 申加廖夫编写的《荒芜的农村——沃罗涅日县两个村庄的卫生和经济调查经历》[④]。

在综合研究中，最为著名、最为全面的当属 Б. Б. 维谢洛夫斯基的《地方自治局四十年史》[⑤] 一书。该书可以分为两个部分，前两卷主要讲述地方自治局在职责范围内的各种活动，如教育、医疗、经济、粮食、保险、兽医学、修路、通信等，后两卷主要从政治方面讲述地方自治机构从产生到发展的进程，对于各个改革法令都有详细的说明，保留了大量的史料。作者充分利用了当时的地方自治会议的决议、地方自治局的报告以及其他各种统计资料，详细展示了俄国地方自治局的所作所为，同时也表现了作者客观而不失批判的历史眼光。该书是我们研究地方自治局在各方面活动的基础性参考书目。

在苏联时代，地方自治改革的问题被淡化甚至遗忘，很长时间内无人研究。1968 年，Л. Г. 扎哈洛娃出版了《1890 年地方自治反改革》[⑥] 一书，研究了地方自治改革与农奴制废除之间的关系，并认为 1890 年亚历山大三世颁布的相关条例对改革事业来说是一种倒退。Н. В. 比鲁莫娃的《截至 20 世纪初地方自治知识分子及其在社会斗争中的作用》[⑦] 一书讲到了地方自治

① А. П. Афонский, Николай Иванович Пирогов, его жизнь и педагогическая проповедь ［М］, Москва, 1911 г.

② Л. Б. Македонов, Николай Фёдович Бунаков, его жизнь и деятельность. Биографический очерг ［М］, С-Петербург, 1909 г.

③ Р. А. Егоровская, Земская медичина в Шадринском уъезде Пермской губернии с 1870 по 1910 г. ［М］, Шадринск, 1912 г.

④ А. И. Шингарев, Вымирающая деревня. Опыт санитарно-экономического исследования двух селений Воронежского уезда ［М］, Изд. 2-е. СПБ: Общественная польза, 1907.

⑤ Б. Б. Веселовский, История земства за сорок лет, Т. 1 – 4 ［М］, СПБ, изд. О. Н. Поповой, 1909 – 1911г.

⑥ Л. Г. Захарова, Земская контрреформа 1890 г. ［М］, Москва, 1968 г.

⑦ Н. В. Пирумова, Земская интеллигенция и её роль в общественной борьбе до начала XX в. ［М］, Москва, Наука, 1986 г.

局的雇员，也就是所谓的“第三种元素”——作为地方自治知识分子的教师、医生、统计员、农艺师等人，对于他们的形成、人员构成、奉献精神、社会地位、具体活动等方面都做了详细阐述，堪称研究地方自治知识分子的典范之作。Г. А. 格拉西缅科的《俄国地方自治》[①] 着重探讨 1917~1918 年俄国地方自治机构的活动及其灭亡的历程，并在第一章详细总结了它们在半个多世纪里的活动。总的来说，苏联时代的地方自治改革研究普遍遵循马克思列宁主义的阶级分析方法，侧重研究专制政府与地方自治机构之间的关系。

苏联解体之后，俄罗斯学者对于地方自治改革的研究呈多样化和细致化的趋势。在综合性著作方面，Н. Г. 克罗廖娃主编的《俄国的地方自治：1864~1918》[②] 一书对地方自治改革的背景、启动经过、具体活动、与斯托雷平改革之间的关系以及在第一次世界大战、二月革命和十月革命期间的活动都进行了阐述，是当代俄罗斯对地方自治改革进行研究的高水平著作。对于地方自治局的具体活动，学者们的研究呈现两种趋势，一是对某一个地区或者某一个省份甚至某一个县的研究不断出现，这方面的代表作是 Т. А. 斯维里多娃的《卡卢加省地方自治局史纲：1865~1918》[③]、П. С. 卡贝托夫的《萨马拉省地方自治局的活动历程：1865~1918》[④] 以及 К. А. 斯杰潘诺夫的《19 世纪下半期到 20 世纪初期雅罗斯拉夫尔省罗斯托夫县地方自治局的活动》[⑤]，它们为考察地方自治机构在各地的具体活动提供了借鉴。类似的学位论文或论文摘要还有：Н. А. 涅沃斯特卢耶夫的《19 世纪下半期至 20 世纪初期乌拉尔地区的教育与俄国公民社会因素的发展》[⑥]、И. В.

---

① Г. А. Герасименко, Земское самоуправление в России [М], Москва, Наука, 1990 г.

② Н. Г. Королёва, Земское самоуправление в России, 1864 – 1918 [М], Москва, Наука, 2005 г.

③ Т. А. Свиридова, Калужское земство. 1865 – 1918. Очерки истории [М], Калуга, 1996 г.

④ П. С. Кабытов, Самарское земство: опыт практической деятельности (1865 – 1918 гг.) [М], Самара, 2009 г.

⑤ К. А. Степанов, Деятельность Ростовского земсва Ярославской губернии во второй половине XIX-начала XX вв. [М], Ростов Великий, 2008 г.

⑥ Н. А. Невоструев, Образование и развитие элементов российского гражданского общества на Урале во второй половине XIX-начала XX вв. [D], Автореферат диссертания на соискание ученой стебени доктора исторических наук, Ижевск, 2006 г.

赛门琴科的《乌拉尔地区地方自治局的活动（1900～1918年）》[①]、K. A. 斯杰潘诺夫的《19世纪下半期至20世纪初期俄国中部县级地方自治局的活动（以罗斯托夫县地方自治局为例）》[②]。另一种趋势是对地方自治局活动的某种领域的研究，例如E. B. 莫克沙诺娃的《文化领域中地方自治局的图书馆事务（以1864～1917年的圣彼得堡省为例）》[③]、E. B. 切尔尼雪娃的《我国历史编纂学中地方自治职员的社会面貌和社会活动（19世纪60年代下半期至1914年）》[④]、Ю. B. 科罗别伊尼科夫的《1864～1917年俄国地方自治机构对穷人实施社会救助的历史经验》[⑤] 等。另外，乌沙科夫的《知识分子与工人在俄国解放运动中的作用》[⑥] 对地方自治知识分子的数量、分类和社会活动也做了一定的研究。

医疗是俄国地方自治局的重要活动方面，我们找到的最权威的专著就是M. Б. 米尔斯基的《俄国医疗史纲：10～20世纪》[⑦]，它对于俄国地方自治局在医疗建设方面的活动进行了较为全面的概括。另外，T. Б. 德米特里耶娃和Ю. A. 亚历山大洛夫斯基编著的《俄国著名的精神病医生（历史与现代）》[⑧] 一书对于19世纪下半期和20世纪初期俄国地方自治医疗中的精

① И. В. Семенчеко, Деятельность земств на урале（1900 – 1918 гг.）[D], Автореферат диссертания на соискание ученой стебени доктора исторических наук, Оребург, 2010 г.

② К. А. Степанов, Деятельнось уездных земств центральной России во второй половине XIX-начала XX вв.（на примере Ростовского земства）[D], Автореферат диссертания на соискание ученой стебени доктора исторических наук, Ярославль, 2007 г.

③ Е. В. Мокшанова, Земское библиотечное дело в культурной среде региона（на примере Санкт-Петербургской губернии 1864 – 1917 гг.）[D], Автореферат диссертания на соискание ученой стебени кандидата педагогических наук, Санкт-Петербург, 2011 г.

④ Е. В. Чернышева, Социальный облик и общественная деятельность земских служащих（вторая половина 1860 – 1914 годы）в отечественной историографии [D], Автореферат диссертания на соискание ученой стебени доктора исторических наук, Челябинск, 2011 г.

⑤ Ю. В. Коробейников, Исторический опыт осуществления общественной помощи нуждающимся органами местного самоуправления России в 1864 – 1917 гг. [D], Диссертания на соискание ученой стебени кандидата исторических наук, Ставрополь, 2003 г.

⑥ А. В. Ушаков, Интеллигенция и рабочие в освободительном движении России : конец XIX-начало XX века [M], Москва, изд. НАВЫЙ ХРОНОГРАФ, 2011.

⑦ М. Б. Мирский, Медицина России X-XX веков: Очерки истории [M], Москва, РОССПЭН, 2005 г.

⑧ Т. Б. Дмитриева, и Александровский Ю. А. Выдающиеся психиатры России（история и современность）[M], Москва, ГНЦ ССП им. В. П. Сербского, 2007 г.

神病院的建设也有一定的笔墨。为纪念 19 世纪著名的地方自治医生和教育家 A. B. 皮罗格夫 200 周年诞辰，俄国方面还举办了一次国际学术会议，在论文集《燃烧自己，照亮别人》[①] 一书中也有关于 19 世纪的地方自治医疗和皮罗格夫活动的研究。

在其他方面，我们收集到的资料还包括：T. И. 米涅耶娃的《兽医史》[②] 和 И. Н. 尼基京与 В. И. 卡卢津合作编写的《兽医史》[③]，В. Г. 索科洛夫斯基的《赫尔松省提拉斯波尔县的地方自治道路与道路设施》[④]，以及 Н. И. 弗拉基涅茨和 В. А. 雅科勃斯担任总主编的《集邮大辞典》[⑤]，等等。另外还有相关论文几十种，在这里就不一一列举了。

对于俄国地方自治问题的研究，国内学者们也展开了积极的探索，发表了一系列论文和专著。例如，曹维安和师建军的《俄国大改革前的地方自治传统》一文，不仅论述了俄国 19 世纪下半期开始的具有近代意义的地方自治改革与 16 世纪以来俄国传统地方自治治理之间的继承和损益，还在概念上区分了 земство 和 самоуправление 之间的区别。[⑥] 胡黎霞《俄国地方自治局的产生及其历史演变》一文分析了俄国地方自治局产生的背景，介绍了地方自治局的选举制度，比较了 1864 年的《地方自治条例》与“反改革”的 1890 年条例之间的异同，并指出地方自治局的历史演变分为三个阶段：1864~1904 年为屈服于政府的时期，1904~1905 年为与专制制度公开冲突的时期，1905~1914 年为与沙皇政府完全合流的时期。[⑦] 她的另一篇文

---

① А. В. Чукивеева, Светя другим, сгораю сам [С], Челябинск, изд. «Челябинская Государственная Медицинская Академия», 2011 г.

② Т. И. Минеева, История ветеринария [М], СПБ, Издательство «Лань», 2005 г.

③ И. Н. Никитин и В. И. Калугин, История ветеринарии [М], Москва, Агррпромиздат, 1988 г.

④ В. Г. Соколовский, Земские дороги и дорожные сооружения Тираспольского уезда Херсонской губернии [М], Москва: Книга по Требованию, 2011.

⑤ Н. И. Владинец и В. А. Якобс, Большой филателистический словарь [М], Москва: Радио и связь, 1988.

⑥ 曹维安、师建军：《俄国大改革前的地方自治传统》，《陕西师范大学学报》（哲学社会科学版）2010 年第 5 期。

⑦ 胡黎霞：《俄国地方自治局的产生及其历史演变》，《东北师范大学学报》（哲学社会科学版）1990 年第 3 期。

章《俄国地方自治局的阶级构成及相互关系》一文，详细介绍了俄国地方自治机关中的农民、贵族和新兴资产阶级的不同观点和活动，认为地方自治局是贵族利益的代表，其经济、福利和税收政策都是有利于贵族的；农民既没有对地方自治局的活动产生多大影响，也没有从中获得多少利益，却付出了沉重的代价；而“第三阶层”（即地方自治局的雇员，被作者称为“新兴资产阶级”）是地方自治局经济文化发展成就的主要缔造者。① 艾林的《试论19世纪的俄国地方自治机关》一文分析了俄国地方自治机构产生的原因，并认为，从性质上来说它是资产阶级性质的代议制机关，它的出现标志着俄国从封建君主制向资产阶级君主制的转变，它的实践活动对俄国社会产生了巨大的积极影响，在客观上动摇了沙皇政府的统治基础，推动了俄国社会的进步和发展，但也存在着一些缺点，决定了它灭亡的命运。② 徐向梅的《浅析1917～1918年俄国地方自治机构的演变》一文着重探讨了二月革命后地方自治机构的巨大发展以及与布尔什维克之间的激烈矛盾，分析了这种矛盾的几种类型，并认为地方自治机构作为资产阶级、地主组织，代表的是资产阶级道路，在十月革命及其后的社会变革时期不能顺应时代的发展，相反却站在与无产阶级专政对立的一方，已成为一种过时的机构，所以在苏维埃政权建立的过程中必须予以废除。③ 在专著方面，孙成木等人编写的《俄国通史简编》（下）对俄国地方自治改革的具体情况进行了分析，并从政府政策的角度分析了地方自治改革在不同阶段的演变。④ 陶惠芬《俄国近代改革史》一书，对地方自治机构的组成和职能进行了介绍。⑤

尤其值得一提的是，邵丽英的《改良的命运——俄国地方自治改革史》一书是国内迄今唯一一部对俄国地方自治改革进行较为全面研究的专著。⑥

---

① 胡黎霞：《俄国地方自治局的阶级构成及相互关系》，《吉林师范学院学报》1991年第2期。
② 艾林：《试论19世纪的俄国地方自治机关》，《广西师范大学学报》（哲学社会科学版）1997年第4期。
③ 徐向梅：《浅析1917～1918年俄国地方自治机构的演变》，《东欧中亚研究》1997年第2期。
④ 孙成木等主编《俄国通史简编》（下），人民出版社，1986。
⑤ 陶惠芬：《俄国近代改革史》，中国社会科学出版社，2007。
⑥ 邵丽英：《改良的命运——俄国地方自治改革史》，社会科学文献出版社，2000。

该书的最大贡献就在于仔细梳理了地方自治机构从兴起到灭亡的全过程，包括改革产生的历史背景、改革的制度设计、改革期间的社会经济形势和国内政治派别的斗争，也包括地方自治机构的具体活动（政治活动、社会经济和文教卫生领域的活动），以及它与布尔什维克之间的斗争和最终被消灭的原因。在作者看来，地方自治机构在成立之初是与政府机关并存的特殊组织，于是在俄国的地方事务处理中形成了一种双轨制；后来随着国家对地方自治机构控制的强化，它日益成为政府的附属物。而在 1905 年革命以后，地方自治机构“挟革命以求立宪”，开始走向政治舞台；第一次世界大战期间，地方自治机构取得了极大的发展，建立起了中央一级的领导机构，政府对它的控制力明显减弱；到了二月革命之后，地方自治活动家取得了临时政府的领导权，并在全国建立起了乡级地方自治机构，这是它辉煌的顶点；可是“得到了权力，但未得到民心”，终于在与苏维埃政权的斗争中落败。

但是该书的缺点是比较明显的。尽管作者承认“在国家与地方自治机构的关系上，给予地方自治机构以较大的独立性，当然这种独立性的前提是地方自治机构不能介入政治，不能介入政府活动范围”①，也知道政府的意见是“任何一个政府，无论它是什么样的政府，都不允许也不可能允许某种不仅是独立的，而且对政府充满敌意并企图另组政府的组织与自己同时并存”②，但是作者用了全书一半左右的篇幅来介绍地方自治机构在 1905 年革命之后的政治活动（再加上对成立之时的政治斗争和之后的制度设计的介绍，则占全书的 70%）；尽管作者明白“后来的实践表明，自治机构在国务会议所补充的国民教育、卫生保健等方面的工作反而取得了最主要的成就”③，但作者仅用极少笔墨（只占全书的十三分之一）来介绍这些纷繁庞杂的事情。作者的思维显然受到了政治事件的影响，而有意无意地将地方自治机构的民生活动放在了一种次要的位置上，所以才会出现这种前后矛盾的论调：一会儿说“无论何时都应承认教育的普及、文化事业的发展、

① 邵丽英：《改良的命运——俄国地方自治改革史》，第 66 页。
② 邵丽英：《改良的命运——俄国地方自治改革史》，第 138 页。
③ 邵丽英：《改良的命运——俄国地方自治改革史》，第 59 页。

医疗卫生条件的改善等满足了一个民族大多数人的需要，为这个民族将来的发展提供了积累”①，一会儿又认为“就地方自治改革的实际过程来看……在社会阶级中层化（即作者所指的‘现代物质手段带来的幸福应为绝大多数人所共享’）方面持相当保守的态度，这一点在很大程度上抵消了他们在推进现代科学技术和宪政制度方面所做的贡献，也使他们成为旧政权的陪葬品”②。“卧榻之侧岂容他人鼾睡”，政府与地方自治机构之间的关系实际上早已明了——在一般情况下，由于政府的严密控制，地方自治机构不可能在政治方面有所作为，即便后来在战争和革命的非正常状态下地方自治机构逐渐取得了巨大的发展，最终将沙皇政府取而代之（为时很短），但是无论如何这也无法改变它们在民生领域所做的基础性和主体性贡献。遗憾的是作者并没有将注意力转移到地方自治机构长期以来真正努力推进的方面。如果将该书作为地方自治机构的政治活动发展史，那么它是基本合适的；如果以它来阐述俄国地方自治改革史，则显得不够全面，其结论也会有失偏颇；如果再以这种偏颇的眼光来论述“改良的命运”这类宏大的主题，探讨改革与革命在历史发展进程中出现的原因及其地位的问题，肯定会力不从心。所以说，如果我们不仔细考察地方自治机构的民生活动，则无法准确地理解这场重要的改革，也无法给予它应有的评价。

不过，我们对这部著作也不应该过于强求，作为国内第一部研究俄国地方自治改革的著作，能从政治的角度仔细梳理并阐释地方自治机构的设计、产生、发展、兴盛与灭亡的图景，已经很不容易，毕竟它使我们对这场改革活动有了大体的了解，它的开创性意义是不应该否定的。而接下来继续充实这方面的研究，则是本书的任务。

三　相关概念的含义与本书研究范围的界定

（一）狭义的民生与广义的民生

“民生”一词，最初出自《左传·宣公十二年》：“民生在勤，勤则不

① 邵丽英：《改良的命运——俄国地方自治改革史》，第263页。

② 邵丽英：《改良的命运——俄国地方自治改革史》，第9页。

匮。”这里的“民”就是百姓、民众的意思。《汉语大词典》中对“民生”的解释是“民众的生计、生活”[①]。从这个意义上看，凡是与人民的生计相关的问题，都可称为民生问题；凡是为促进人民的生计而开展的活动，都可称为民生活动。

现代意义上的民生，有广义和狭义之分。狭义概念上的民生，是从社会的角度来看待的，它包括民众的基本生存和生活状态，以及民众的基本发展机会、基本发展能力和基本权益的保护等方面。具体来说，现在我们通常所谓的“民生”包括就业、医疗卫生、教育、收入分配、住房保障、社会保障、人居环境（道路、通信等公共设施，公共安全保障，应对自然灾害及其他）等方面，当代中国流行的“加快以民生为重点的社会建设”中的“民生”，也是从这个意义上讲的。这种狭义的民生有着相对准确的概念和范围，是比较容易理解的。

广义上的民生，概念则丰富得多。在马克思、恩格斯看来，民生的实质就是“现实的个人”通过“他们的活动”提取“他们的生活条件”（包括物质生活条件、社会生活条件、政治生活条件和精神生活条件），以满足自身生存发展的需求。在这里，“现实的个人”、“他们的活动”和“他们的生活条件”是三个辩证统一的基本要素，构成了马克思恩格斯民生思想的总体结构或基本图式。[②] 在这其中，“他们的生活条件”是民生的基本内容，不仅包括物质生活，也包括社会生活、政治生活和精神生活；“他们的活动”则是民生的载体或生长机制。在马克思看来，人类生活就是在“他们的活动”中形成和表现出来的，并且在“他们的活动”中改变和完善。这就是广义上的“民生”，基本上囊括了人的生活的全部内容，因而“民生活动”也基本上等同于实践活动。

广义上的民生之所以如此内容丰富，是因为人作为一种总体性的存在，其需要是多维度的、多层次的。需要的层次和结构越复杂、需要的内容越

① 汉语大词典编辑委员会、汉语大词典编纂处编纂《汉语大词典》第 6 卷，汉语大词典出版社，1990，第 1422 页。

② 王贤斌：《马克思恩格斯民生思想探究》，《中国矿业大学学报》（社会科学版）2010 年第 4 期，第 7 页。

丰富，就意味着人越趋向于全面、趋向于自由。恩格斯曾经从哲学的高度，把人的需要分为生存需要、享受需要和发展需要三个不同的层次。生存需要是人的最基本需要，这是人能够进行一切历史活动的前提。享受需要是在生存需要得到基本满足的基础上产生的，是旨在提高生活质量、改善生活条件的需要，包括物质生活享受和精神生活享受。人的最高层次的需要是发展需要，是人为了自身的完善和完美而产生的理性欲求的需要，包括人在劳动实践的基础上形成的自然素质、社会素质、精神素质三个方面的全面发展。① 人的需求的多样性决定了民生内涵的丰富性和民生活动的广泛性。

历史地看，民生的内容是随着经济社会的发展而不断发生变化的，有一个不断生长不断递进的过程。从经济学角度看，最开始的时候，人的“生存”和“温饱”是头等大事，具有首要意义，民生建设也就围绕着这两方面来展开。但是，当一个国家建立了基本的民生物质基础之后，民生需要的满足在越来越大的程度上具有精神因素参与决定的特征。如果不能提高精神性产品的供应，由于幸福的物质成本递增，民生的供求关系可能在物质基础较高的水平上发生失衡，即较高的物质产品供应并不能增进社会幸福，甚至可能产生普遍的抱怨和社会动荡。② 所以这个时候实现社会的公平、正义，已经成为民生建设的应有之义。从政治学角度来看，教育、医疗、住房、就业等方面是民众最为关注的基本民生，如果说这种“基本”被视为一种公民待遇，那么它就应该“均等”地惠及共同体中的所有成员。“基本”在于使公民能够安身立命，“均等”在于保障公民生存的起点公平。③ 更进一步地说，民生与政治文明的发展有着密不可分的关系。民生与民主互为表里，民生建设与民主建设互为杠杆。民生建设是民主建设的基础，而民主建设是民生建设的保障，如果人民无法决定自己的命运，无法为自己的事情做出选择，那么民生也必然凋敝。而且，在现代社会，人们

① 王贤斌：《马克思恩格斯民生思想探究》，《中国矿业大学学报》（社会科学版）2010 年第 4 期，第 9 页。

② 金碚：《论民生的经济学性质》，《中国工业经济》2011 年第 1 期。

③ 张贤明、高光辉：《民生的政治属性、价值意蕴与政府责任》，《理论探讨》2011 年第 6 期。

对于生活的理解已经超越了吃喝拉撒睡的层面，人们并不满足于物质富足的生活，也需要体面而有尊严的生活。民主权利不再高不可攀，而成为人民生活不可或缺的一部分。这样，民生就是民主，民主就是民生，不进行民生建设，就不可能真正促进民主建设，反之亦然。[①] 所以说，随着社会的不断发展和人的需求不断提高，民生的含义从最初的经济方面逐渐扩展至社会、政治和文化方面，从狭义走向广义。

但是，民生的广义概念外延太广，过于宽泛，也会使人无法具体把握和操作。这样反而容易冲淡人们对于直接、具体、切身、真正的民生问题的关注和改善，使民生问题很难与改善民生的具体措施有效地结合起来。所以在具体政策和实际生活领域，人们所利用的一般是狭义的民生概念。

（二）本书对俄国地方自治机构“民生活动”的界定

本书标题中的“民生”，用的也是其狭义的概念。所以，在说俄国地方自治机构的“民生活动”的时候，并不是笼统地将其政治、经济、文化、社会等方面的所有活动都包括进来，而是主要指它们在社会和经济方面为改善民生所采取的措施。

但是，“社会和经济方面”仍然是一个非常宽泛的界定，仍然不够具体。实际上，在沙皇俄国的专制统治条件下，地方自治机构的民生活动只能限于以下几个方面的内容：发展国民教育（即本书第一章）、发展医疗卫生事业（即本书第二章）、解决农业和农民问题（即本书第三章）和解决其他领域的问题（兽医学、统计、道路建设、防火保险、通信、社会救济，即本书第四章）。之所以会“选择”它们，是因为沙皇政府在开始改革的时候对地方自治机构的职能有严格的规定，只有它们属于狭义的民生范畴。

根据 1864 年 1 月 1 日颁布的《省级和县级地方自治机构条例》，地方自治机构的职能包括两个部分：一是必须性职能［обязательные функции，也称为“必须性义务”（обязательные повинности）］，二是非必须性职能［необязательные функции，也称为“非必须性义务”（необязательные

① 张贤明、高光辉：《民生的政治属性、价值意蕴与政府责任》，《理论探讨》2011 年第 6 期。

повинности)]。前者基本上是为官僚机构服务或者为它解决棘手问题的一些义务性活动，是地方自治机构必须优先保障和优先完成的职责。后者则属于地方自治机构为解决某些社会经济问题而采取的措施，是它们根据自己的财政实力和地方上的需要而自愿选择的活动。

属于必须性职能的大都是对官僚机构来说很繁重的问题。它包括7个方面：地方民事管理（为军事机关、县警察局和省级统计委员会提供工作便利和部分经费）、农民事务调解（聘请民事调解人，并负责其出行和办公的费用）、民事司法机构（负责民事法院的经费）、大车官差（为巡视的警察局官员和其他公职人员提供大车等交通工具）、修路义务（建设和修缮大型交通路线，“以及省道、县道、邮路、贸易和军事交通路线”；建设和修缮里程标，以及省界和县界上的界碑；等等）、住房义务（为军事队伍以及其他一些公职人员提供住房）和社会救济义务。[①]

属于非必须性职能的是中央政府难以管理但又涉及非常广的事务，包括国民教育、医疗卫生、发展农村经济、防火保险、兽医学、统计等。沙皇政府的法律并没有规定地方自治机构必须在这些方面开展工作，它们之所以成为其主要活动领域，是因为地方自治机构认识到它们的状况非常落后，但又与广大民众的生活息息相关。所以要想改善民众的生活，就必须从这些方面着手。从另一方面来说，由于非必须性职能是地方自治机构在实践中选择的结果，所以它们在各地出现的时间顺序也不一致。根据Б.Б.维谢洛夫斯基的资料，在地方自治改革三年之后的1868年，开始改革的324个县份中仍有109个县没有向国民教育投入任何资金，仍有50个县没有向医疗卫生投入任何资金。[②] 其他方面的活动更是缓慢，例如，从19世纪70年代开始，才有为数不多的省份开始发展兽医学和进行统计调查，而其大规模发展则是80年代甚至90年代以后的事了。

毫无疑问，所有的非必须性职能都属于狭义的民生活动的范围，但是大部分的必须性职能则是为政府履行其统治职能而服务的，只有修路和社

① Б. Б. Веселовский, История земства за сорок лет, Т. 1 [M], С. 240 - 242, 245 - 247.

② Б. Б. Веселовский, История земства за сорок лет, Т. 1 [M], С. 272.

会救济两个方面可以看作有助于直接改善普通民众的生活条件，所以它们也应当属于狭义的民生范畴。

于是，本书书名中的“民生活动”所指何事，也就不难理解了。

（三）自治与地方自治的含义

“自治”是政治学、法学和社会学等学科都采用的专业术语。《汉语大词典》对“自治”一词的解释是：民族、团体、地区等除了受所隶属的国家、政府或上级单位领导外，对自己的事务行使一定的权力，如自治区，民族区域自治等。[①] 在各个领域，“自治”一词的含义各有不同。

但是，对世界各主要语种进行构词分析后，可以发现“自治”一词的核心意义是明确的。俄语中的самоуправление，英语里的selfgovernment或者autonomy，法语里的autonomie，德语里的selbstverwaltung，其前缀сам-、self-、auto-、selbst-在各自的语言中都是表示“自己”的意思，与中文的“自”同义；而управление、government、nomie、verwaltung的基本意义是管理、治理、统治，与中文的“治”相近。可见，对于“自治”一词，各国存在着共同的理解，其精髓可以简单表述为自己管理自己。小到个人、团体，大到民族、国家，都可以成为“自己”指代的对象，而根据主体范围的不同，“治”则可以分别理解为管理、治理、统治、掌控等。[②]

在政治学和宪法学上，有民族自治、地方自治、公民自治，在民法学上有当事人意思自治，社会学领域则有社会自治、社区自治，它们的含义也不尽相同。而且，由于各国的政治制度和社会背景存在着差异，历史上这些概念都经历了不断演变的过程，即使同一领域的同一概念在不同国家和不同的历史时期也有不同的表述。

民族自治是指特定的民族或者民族集团在宪法和法律规定下，以其聚居地为基础，建立相应的国家权力机关，自主地行使国家权力的政治组织形式。民族自治是多民族国家普遍使用的一种形式，如我国在少数民族聚

① 汉语大词典编辑委员会、汉语大词典编纂处编纂《汉语大词典》第 8 卷，汉语大词典出版社，1991，第 1319 页。

② 刘铁威：《俄罗斯联邦地方自治内涵解析》，《俄罗斯研究》2008 年第 4 期。

居区建立了自治区、自治州、自治县等机构，俄罗斯则建立有自治共和国、自治州、自治专区等机构。

社会自治是指社会成员根据自己的意志在法律许可的范围内处理自己的事务，其他任何人或机构不得干涉。作为社会自治主体的社会成员一般以社会组织和人民团体的形式行使自治权，它既可以是行业组织，如商会、同业公会；也可以是为特定目的而组建的社团，如宗教团体、兴趣性社团、业主委员会等。其自治的范围是社会生活领域，即“‘公共领域’与‘私人领域’的总和减去‘正式的由官方支配的政治性公共领域’之后的那部分生活空间”[①]，所以社会自治要不时防范来自国家权力的非法干涉。

公民自治是指公民集聚共同的利益、情感或信仰，以一定的形式结合起来，在国家之外进行自我管理、自我协调和自我实现。黑格尔将市民社会与国家分离开来，从那时起，市民社会成员具有了非政治的“市民”与政治的“公民”的双重身份。市民社会中的个人是特殊存在物，而公民则具有一定的公共性，作为公民的个人脱离了市民社会的现实性。公民自治是防止异化，使人回归市民社会的有效途径。社会自治是市民自治的形式，是从非政治的“市民”意义上讲的；而地方自治是公民社会的一种形式，是在政治的“公民”意义上讲的。

社区自治是指聚集在某一地域的若干个社会群体或社会组织组成的相互关联的集体进行自我管理。按照社会学的理论，社区可以分为区域性社区和非区域性社区（也称为“精神社区”），而区域性社区又有大小之分，大社区自治即地方（政府）自治，小社区自治即居住区管理与服务自治，我们一般所说的“社区自治”通常指小社区自治。[②] 我国现在正在建设的“村民自治”等就属于这种社区自治。

意思自治是民法学中的专门术语，是指民事主体依法享有在法定范围内的行为自由，并可以根据自己的意志产生、变更与消灭民事法律关系，

① 张文显主编《马克思主义法理学——理论、方法和前沿》，高等教育出版社，2003，第349页。转引自刘铁威《俄罗斯联邦地方自治内涵解析》，《俄罗斯研究》2008年第4期。

② 刘铁威：《俄罗斯联邦地方自治内涵解析》，《俄罗斯研究》2008年第4期。

体现为结社自由、所有权行使自由、合同自由、婚姻自由、家庭自治等。当事人可以通过法律行为调整他们之间的关系，国家政权机关不得随意干预民事主体的行为自由。意思自治原则是民法的最高指导原则，是其他民事法律制度构建的基础。

地方自治（local selfgovernment 或者 local atuonomy），是在一定的领土单位之内，全体居民组成法人团体（地方自治团体），在宪法和法律等规定的范围之内，并在国家的监督之下，按照自己的意志组织地方自治机关，利用本地区的财力，处理本区域内公共事务的一种地方政治制度。[①] 地方自治是相对于中央集权而言的一种治理地方社会的理念、制度、方式。一国庞杂之地方事务，主要由中央权力机关及其直辖的下属官僚机构来决定、办理，还是主要由各地方人民自己组织、自行决定、自行办理，是区分中央集权与地方自治的标尺。用最通俗、最简单的话说，地方自治就是本地方的人，用本地方的钱，办本地方的事。其实质就是，一个区域内的居民对该区域内的公共事务拥有自主权，其精髓是民主的精神。[②]

地方自治最早出现在古罗马时代。当时，意大利人组成一种自治邑，享有地方自治权力。英国从盎格鲁－撒克逊时代起，将有城堡自卫或有市场的地方称作自治市。自治市有自己独特的习惯、特权和法院。诺曼底人入侵以后，根据国王和其他贵族的“特许状”而建立的自治市，发展了自己的特权，并且编纂有独具特色的习惯法。

在现代地方自治理论体系中，地方自治团体的构成要素包括区域、人民、组织、自治权。其中地方自治组织包括决议机关和执行机关，多由该地区的人民选举产生。自治权在不同的国家以及不同的历史时期有所不同。地方自治事务即地方自治行政，有别于国家行政（政府的行政），大致可分为固有事务与委任事务两大类。[③] 固有事务即地方自治团体为实现自身目的而施行的事务。大致包括七类：地方保安、地方财政、地方教育、地方卫

① 中国大百科全书总编辑委员会《政治学》编辑委员会、中国大百科全书出版社编辑部编《中国大百科全书·政治学卷》，中国大百科全书出版社，1992，第 56 页。

② 陈绍方：《地方自治的概念、流派与体系》，《求索》2005 年第 7 期。

③ 陈绍方：《地方自治的概念、流派与体系》，《求索》2005 年第 7 期。

生、地方救济、地方实业、地方工程。有学者认为还包括：地方组织行政（户籍、人事登记、选举）、地方公用公共事业、地方土地行政等。这些都是为了地方自身的利益，本来就应该施行的事务，故称固有事务。固有事务是地方自治事务的主体。委任事务是受中央政府或上级机关委托办理之事项，如代征税收、办理上级机关的选举、调查统计等。中央政府或上级机关的一些事务限于自身力量或客观条件限制，需由地方（或下级）自治团体代为办理，这既是客观情势的需要，也是地方自治团体不可推卸的职责。从这也可看出地方自治团体并非离国家而独立存在，它与中央政府、上级机关一同构成国家之整体。地方自治事务随着自治能力的提高、自治事业的发展，有由简趋繁的趋势和特性。另外，地方自治事务受到法律的保护，非经法律允许，中央政府不能干涉地方自治事务。但是国家还对地方自治实行监督，包括立法监督、行政监督和司法监督。最后还需要指出的一点是，地方自治团体的上下级之间没有行政隶属关系，只有法律上的平等关系和实际管理中的指导关系。各地方自治团体的权限均来自法律的规定，所以它们在法律上地位平等。可是现实中，上一级地方自治团体包含下一级地方自治团体的管理区域，前者有义务和权利指导后者的活动。

在当代的俄罗斯，《俄罗斯联邦地方自治组织一般原则法》规定，在全国各城市、村镇和其他地方实行地方自治，由地方居民共同管理地方公共事务。其组织形式是经地方居民选举产生的地方自治机构（包括地方代表机关、地方领导人、地方行政机关、地方监督机关等），而非地方政府。联邦宪法和这项法律明确地将地方自治机构排除在国家权力体系之外，为实行彻底的地方自治奠定了基础。所以在地方事务上，俄罗斯实行地方自治机构和政府的下级机构共同管理的双轨制模式。[①] 另外，需要强调的是，地方自治机构拥有独立的财政体系。地方预算收入包括公民自愿缴纳的资金、税收收入、联邦和联邦主体的拨款和财政资助、地方财产收入、地方企业依法缴纳的税收和利润、地方自治机关和地方企业有偿服务的税后收入，以及依法属于地方自治机关收取的罚款和依法取得的其他进款。地方预算

① 杨心宇、刘铁威：《俄罗斯联邦地方自治探析》，《东方法学》2009 年第 3 期。

支出包括地方公共建设和服务支出、地方自治机关为履行自治权和授权行使国家职能而支出的必要款项、地方公职人员的薪酬以及地方自治活动的其他支出。

（四）大改革之前俄国的自治传统与 19 世纪中期地方自治机构的建立

在大改革之前，俄国已经存在着很长时间的自治传统。对此，曹维安和师建军的《俄国大改革前的地方自治传统》一文有较为详细的介绍。早在古罗斯城市时期，就存在着“维彻”（市民大会），它可以决定战争与和平、王公是否有权收取战时赋税等诸多问题。16 世纪中期的地方改革之后，乡级公社和城市工商业区成为法律所认可的享有自治权、担保权和私有财产支配权的真正的法人。在叶卡捷琳娜时期，贵族大会取得了法律认可的形式，贵族作为一个等级，获得了自治地位。到 19 世纪上半期，等级自治在俄国得到进一步发展。

在这里需要补充的是，公社（包括农村公社和城市公社）对俄国自治传统的形成起到了重要的作用。在传统的俄国社会，国家与公社中的个人不产生直接的联系，政府行政机关常将乡级公社和城市公社当作基层行政机关加以利用，不与个人，只与农村公社和城市公社保持着直接的联系。在国家与公社的关系上，政府一贯承认公社的自治权，公社的领导人、负责人由公社大会选举产生。农民或居民与国家机关、其他公社以及任何一个公社之外的个人之间的联系都是直接通过公社或公社领导人来实现的。因此在功能上，公社是国家同其他群体联系的纽带，是个人与其他群体联系的桥梁。公社的领导人发挥着向导的作用，把政府的各项规章制度引入公社，借以确立与国家相符的社会秩序。同时，公社领导人也是信息员，负责向政府行政机关反映公社的要求和愿望，以供政府在制定政策时参考。①

从 18 世纪到 19 世纪上半叶，村社被迅速地纳入国家管理体系，逐渐从以习惯法为主要特征的制度向以世袭领地和国家法为基本属性的制度过渡。

① 〔俄〕鲍·尼·米罗诺夫：《俄国社会史》，张广翔等译，山东大学出版社，2006，第 447 页；陈福胜：《俄罗斯地方自治与公社传统》，《俄罗斯中亚东欧研究》2007 年第 5 期。

"在获得合法地位后，村社的生活被涂上了一层官僚化的色彩。"[①] 19 世纪中叶，农村公社的发展达到鼎盛时期，这对农民与政府及皇室的管理机构、地主都起到了积极的作用。公社的职能非常完备，主要包括以下 9 个职能：(1) 调节职能。为保持村社内部秩序，处理法律管辖之外的、同居民生活有关的一切生活问题。(2) 生产职能。在农户间分配土地，组织生产。(3) 财政－税收职能。分配和征收国家和地方赋役。(4) 立法和司法职能。在公社范围内农民之间的民事行为或一般的刑事犯罪依习惯法进行处理。(5) 警察职能。维护村社内部的社会治安秩序。(6) 代表职能。在地主、国家、教会和其他机构面前代表和维护个体农民及整个公社的利益等。(7) 社会保护职能。依照习惯法帮助需要帮助的人，依照法律修建公共设施。(8) 文化教育及娱乐职能。(9) 宗教职能。[②]

村社有如此强大的自治功能，所以难怪有一些俄国学者相信，1917 年十月革命前俄国的地方自治不仅一直存在，而且有着深刻的历史根基。他们认为俄国 1864 年地方自治改革是 1555 年传统的"地方自治改革"的继续。由此出发，许多俄罗斯学者便认为地方自治是俄国代表性的民主传统之一。[③]

但是，仅仅凭借俄国存在着自治传统就认为俄国存在着民主传统的说法明显是不符合历史事实的。俄罗斯学者的错误就在于他们将自治与民主等同起来，以为有了自治就等于有了民主。实际上，直到近代，俄国的政治生活一直具有较为浓厚的中央集权制色彩，国家相对于人民和社会的权力非常强大，对内通常厉行专制，君权难以制衡，民众的民主观念较为淡薄，民主制度也很不完善。在俄国的自治传统中，国家至上、集权主义的原则占据着统治地位，各个社会阶层的利益都要服从于国家和君主的利益。地方上的选举机构属于国家行政管理体系的一部分，是国家机构的一种延伸。虽然公社为唯一的地域自治单位，但在官僚化色彩日益浓厚的背景下，

① 〔俄〕鲍·尼·米罗诺夫：《俄国社会史》，2006，第 455 页。

② 〔俄〕鲍·尼·米罗诺夫：《俄国社会史》，第 456～460 页。

③ 曹维安、师建军：《俄国大改革前的地方自治传统》，《陕西师范大学学报》（哲学社会科学版）2010 年第 5 期。

它在很大程度上是作为国家的基层政权而存在的。村社虽然是农民的自我管理机构，但同时也是国家控制农民的一种方式。只不过在俄国的历史传统中，国家并不是直接控制分散的单个农户，而是将他们用村社的方式集合在一起，实行集中管理。这种方式显然对国家更为有利。而且，在农奴制关系普遍存在的情况下，村社对于农民来说虽然也有抑强扶弱的集体主义功能，但是更多的体现为国家和地主对农民的集中控制。

所以说，俄国传统上实行的自治并不是近现代意义上的地方自治。后一种地方自治是随着西方自治理念的传入，特别是从1864年地方自治改革之后才开始形成的。

1864年1月1日，沙皇亚历山大二世颁布《省级和县级地方自治机构条例》，宣布地方自治改革正式开始。法律规定，地方自治机构包括地方自治会议和地方自治局，都由地方自治议员组成，每3年改选一次。前者是领导机关，但是会期很短，县级地方自治会议只持续10天，省级地方自治会议只持续20天；后者是执行机关，通过雇用教师、医生、医士、农艺师等地方自治知识分子来执行地方自治会议的决议。从法律地位上讲，地方自治机构不包括在国家政府机关体系之内，而属于社会性机构。议员并不因为参加地方自治会议的工作而能得到报酬，地方自治局的雇员（医务人员、教师、农艺师、统计员、土地测量员等）也不能算作国家公职人员，他们的薪酬分别由县级和省级地方自治会议决定，他们被称为地方议员和地方行政人员之后的“第三种元素”（третий элемент）。[①] 除了农民和小市民出身的议员能够免于体罚以外，被选入地方自治机关的公民不会得到任何优待。[②] 按照法律的规定，地方自治机构的职责包括必须性职责和非必须性职

① Т. И. Волкова, Материальное положение земского медицинского персанала в начале XX века [J], Ярославский педагогический вестник, 2010 г., № 4, Том 1 (гуманитарные науки), С. 45; П. С. Кабытов, Самарское земство: опыт практической деятельности (1865－1918 гг.) [M], С. 195; В. Ю. Кузьмин, Роль власти и земства в становлении отечественной медицины XVII - начала XX века [J], Известия Российского государственного педагогического университета им. А. И. Герцена, 2003 г., Т. 3, Номер 5, С. 247.

② Н. Г. Королёва, Земское самоуправление в России, 1864－1918, Т. 1 [M], Москва, Наука, 2005 г., С. 190.

责，前者是政府交给他们必须做的“委托事务”，后者是地方自治的“固有事务”，是一省或一县范围内的所有地方性经济事务。而且地方自治机构不能越权，不能干涉属于行政机关、等级机构和社会机构的事务。

1890 年，沙皇亚历山大三世颁布新的《省级和县级地方自治机构条例》，加强了政府对于地方自治机构的控制，加强了地方自治机构的贵族化和官僚化，但是并没有改变地方自治改革的方向。

从国家原则的立场出发，俄国当代史学家鲍·尼·米罗诺夫对俄国地方自治机关的特征做了如下概括：（1）它是地方社会的代表，是地方特殊利益和意志的体现者；（2）它的成员必须经过地方居民选举产生；（3）它可以独立选择执行国家所赋予任务的方式；（4）具有法人资格，即拥有自己的财产，肩负着一定的责任和义务，与国家在法律上处于平等地位；（5）完成国家所赋予的任务；（6）接受社会舆论的监督；（7）自主进行决议，但这些决议可被国家机关撤销和修正。①

米罗诺夫从国家原则出发所做的概括，其核心是三条：第一，地方自治机构的成员必须从地方居民中选举产生，专门负责地方事务；第二，地方自治机构拥有自己的财政来源，在完成其所肩负的任务时具有一定的独立自主性；第三，地方自治机构必须处于国家行政当局和选举它的社会公众的监督之下。在俄国的地方自治传统中，国家原则自然是占统治地位。

（五）俄国地方自治机构的发展与本书研究范围的界定

俄国地方自治机构的发展有一个渐进的过程。

从横向来看，地方自治改革并没有同时覆盖全国各地。起初，沙皇政府不愿意在边疆地区和民族地区进行地方自治改革，而只是坚持在地主土地所有制明显占优势的欧俄部分省份实行地方自治。从 1865 年 1 月 7 日起，地方自治首先在 19 个省份实行：沃罗涅日省、喀山省、卡卢加省、科斯特罗马省、库尔斯克省、莫斯科省、下诺夫哥罗德省、诺夫哥罗德省、奔萨省、波尔塔瓦省、普斯科夫省、梁赞省、萨马拉省、圣彼得堡省、坦波夫

① 〔俄〕鲍·尼·米罗诺夫：《俄国社会史》，第 450 页。

省、哈尔科夫省、赫尔松省、切尔尼戈夫省和雅罗斯拉夫尔省。1866 年又在 9 个省份实行地方自治：弗拉基米尔省、叶卡捷琳诺斯拉夫省、奥廖尔省、萨拉托夫省、辛比尔斯克省、斯摩棱斯克省、塔夫里奇省、特维尔省和图拉省。维亚特卡省和奥洛涅茨省的省级地方自治局设立于 1867 年，而比萨拉比亚省于 1869 年、沃罗格达省和比尔姆省于 1870 年、乌法省于 1875 年也建立了省级地方自治局。这样，实行地方自治的省份一共有 34 个。另外，顿河军屯区在 1876 年也实行地方自治，但是到 1882 年便被撤销。到 1911 年，在斯托雷平的强力推动下，西部六省（维堡省、沃伦省、基辅省、明斯克省、莫吉廖夫省、波多利斯克省）也加入了地方自治改革的序列之中。1912 年，阿斯特拉罕、奥伦堡、斯塔夫罗波尔三个省份也实行了地方自治。二月革命之后，地方自治开始在全国范围内推广，连西伯利亚和远东地区也建立起了地方自治机构。但是本书的论述范围只局限于地方自治改革之初实行地方自治的 34 个省份。

从纵向来看，1864 年的《地方自治条例》并没有建立起一套严整的和中央集权的地方自治机构体系。政府担心，地方自治机构如果向上发展到中央一级，势必会破坏政府的决策专属权；如果向下发展到乡村一级，又会深入接触民众，影响政府的权威。于是沙皇政府只在省级和县级层面上建立了地方自治机构，而没有在中央建立能够领导和协调所有自治地方的统一的代表性机关，也没有建立基层的乡级地方自治机构。所以后人将这种地方自治机构称为“下无地基上无顶棚的房子”①。但是这种情况随着第一次世界大战和二月革命的爆发而发生了改变。1914 年 7 月 30 日，在世界大战的威胁之下，莫斯科省举行了第一届全俄地方自治代表大会，宣布成立全俄地方自治联盟，以便协调对俄军的医疗救治和物资供应。8 月 8 日，第一次全俄市长代表会议决定成立全俄城市联盟。沙皇政府认为这些都是爱国主义的表现，很快予以批准。随着战争的持续升级和对战争服务工作的日益扩大，两个联盟决定合并，以扩大影响，共同行动。1915 年 6 月 5

① П. В. Галкин, Земство и народное образование во второй половине XIX века // Земское самоуправление в России, 1864－1918, Т. 1, под отв. ред. Н. Г. Королёвы［M］, С. 195.

日，在莫斯科举行了城市和省级地方自治局代表大会，双方成立了一个特别联合总委员会，即所谓的地方自治和城市联盟（ЗЕМГОР），并设立了省县两级委员会。这样，在战争环境中，地方自治机构拥有了中央一级的设置。二月革命之后，全俄地方自治联盟的领导人 Г. Е. 李沃夫成为临时政府首任总理。1917 年 6 月，临时政府决定将自治权推广至乡级，到当年年末，乡级地方自治机构普遍建立起来。但是本书的论述范围仅仅局限于第一次世界大战爆发之前的省县两级地方自治机构。

从时间上来看，本书之所以把时间的上限定在 1865 年而不是 1864 年，是因为地方自治机构是从 1865 年开始陆续成立的，我们要看它在成立之后做了些什么；之所以把下限定在 1913 年而不是 1918 年，是因为第一次世界大战爆发之后地方自治机构的政治性活动逐渐增多，受战时体制以及二月革命、十月革命等事件的影响较大，而且它们与沙皇政府、布尔什维克、社会革命党之间的关系也很复杂，牵扯到很多问题，如果在这一时段笔墨过多，则会冲淡本书的主题。所以我们把时间范围定在 1865 ~ 1913 年，也就是专注于地方自治机构的民生活动。

第一章　地方自治机构在国民教育领域的活动

国民教育是地方自治机构的重要活动领域之一。在地方自治改革之前，俄国的国民教育虽然有所发展，但是无法满足社会的发展要求。地方自治机构成立之后，对国民教育的投入逐渐增加。特别是在19世纪90年代以后，省级和县级地方自治局共同推进初等教育的发展，并和政府一道将其发展成为普及教育，取得了巨大的成绩。另外，在中等教育、师范教育、职业教育、校外教育等方面，地方自治局都采取了相应的措施。

第一节　地方自治改革之前俄国的国民教育状况

一　从彼得一世到叶卡捷琳娜二世时期的俄国国民教育

在实施地方自治之前，俄国的国民教育已经有一个半世纪的历史。在彼得一世改革时期，固定的教育体系开始形成。政府开办的既有第一批世俗学校，也有教会学校。前者主要包括3种：包括海军学校、炮兵学校、矿业学校、工程学校、医务学校、航海学校在内的职业学校，主要是为当时的军事服务；以国立小学（主要学习算术和几何）、警备学校为代表的面向贵族、军人和官员子女的初等教育学校，学生数量最多时达到2000多人；

以接受国家资助的私立格柳克中学为代表的讲授地理、政治、外语（德语、法语、古希腊语、拉丁语）、哲学、骑术的普遍教育学校。[①] 世俗学校的建立，使文化教育摆脱了宗教的控制，这无疑是一项重要变革。与此同时，在东正教主教公会成立之后，政府对于宗教教育给予了很大支持，于是在4年之内成立了13所主教区学校（архиерейская школа）。这些主教区学校由教会部门提供经费，向神职人员子女免费提供义务教育，以帮助他们出任宗教职位。[②]

在叶卡捷琳娜二世执政期间的1775年，各省成立了“社会救济衙门”（Приказ общественных призрения），其任务除了进行管理慈善组织以外，还负责在城市和农村地区开办和监督国民学校。但是该衙门的资金很少，没有人才，也不知道应该如何着手，因此在它的管理之下学校的建设非常缓慢。[③] 为了改变这种状况，1782年政府设立了“创建学校委员会”（Комиссия об учреждения училищ），为建设国民学校编制规划、制定章程、编写教材，并对全国的学校进行管理。1786年8月5日政府出台了《国民学校章程》，这是针对全俄国的第一个国民教育法令。该法令规定，在省城开办四年制的中心学校（главное народное училище），其类型近似于中学；在县城开办两年制的县立小学（малое народное училище），讲授阅读、书写、语法、算术等课程。在农村地区出现了一级制学校（одноклассская школа），作为县级学校的补充。此外，还出现了统一的教学规划和班级课堂教学制，将这两级学校衔接起来。这些学校与已经存在的等级学校（如贵族中学）、普通中学、师范学校、大学一起，首次构成了一种完善的教育

---

① 〔苏联〕Б. Б. 卡芬加乌兹、Н. И. 巴甫连科主编《彼得一世的改革》下册，王忠等译，商务印书馆，1997，第260～274页；〔俄〕瓦·奥·克柳切夫斯基：《俄国史教程》第4卷，郝建桓等译，商务印书馆，2009，第234～242页；В. В. Григорьев，Исторический очерк русской школы［М］，Москва，Товарищество типографии А. И. Мамонтова，1900，С. 160－163；〔俄〕Т. С. 格奥尔吉耶娃：《俄罗斯文化史——历史与现代》，焦东建、董茉莉译，商务印书馆，2006，第160～163页；陶惠芬：《俄国近代改革史》，第52页。

② В. В. Григорьев，Исторический очерк русской школы［М］，С. 145－150；〔俄〕Т. С. 格奥尔吉耶娃：《俄罗斯文化史——历史与现代》，第162页。

③ В. В. Григорьев，Исторический очерк русской школы［М］，С. 275－276；Г. Генкель，Народное образование в западе и у нас［М］，С. 131.

体系。[①] 据文献记载，到 1789 年末已经成立了 170 所国民学校，其中有中心学校 43 所；1793 年共有学校 311 所，学生 18297 人；到 18 世纪末，全国共有学校 550 所，学生人数达 6 万～7 万。[②]

二　亚历山大一世对国民教育的改革

1802 年亚历山大一世设立国民教育部，作为全国管理文化、教育、书刊审查等方面的中央机构，而原来的“创建学校委员会”被“学校管理总局”（Главное правление училищ）所取代。1803 年在全国建设学校的计划得以批准，并且设立了六大教学区（учебный округ）：莫斯科教学区、维尔诺教学区、捷尔普茨克教学区、哈尔科夫教学区、喀山教学区和圣彼得堡教学区。其中莫斯科教学区包括 11 个省，圣彼得堡教学区包括 8 个省，每一个教学区都会建立起一所大学和若干所学校。[③] 1804 年 10 月 5 日，政府又制定了一项章程，规定当时的国民教育体制包括四个递进的等级：教区学校（приходская школа，以教区为单位，城乡均可设置，学制为一年），县级学校（уездное училище，设置在每个县城，学制为二年），专门中学（гимназия，又称为“省级中学”，位于省城，学制为四年），大学（位于省城，学制为三年）。在这里，教区学校和县级学校来源于以前的县立小学和中心学校的低年级，而原先中心学校的三、四年级则转变为专门中学的一、二年级，所以专门中学的课程相对较为高级。[④] 科学院为高等学校培养教

① В. В. Григорьев，Исторический очерк русской школы［M］，С. 280；〔俄〕М. Р. 泽齐娜、Л. В. 科什曼、В. С. 舒利金：《俄罗斯文化史》，刘文飞、苏玲译，上海译文出版社，2005，第 118 页；Г. Генкель，Народное образование в западе и у нас［M］，С. 132。陶惠芬在《俄国近代改革史》中认为，中心小学学制为 5 年，县立小学学制为 4 年，误（中国社会科学出版社，2007，第 120 页）。

② В. В. Григорьев，Исторический очерк русской школы［M］，С. 283；陶惠芬：《俄国近代改革史》，第 121 页；〔俄〕М. Р. 泽齐娜、Л. В. 科什曼、В. С. 舒利金：《俄罗斯文化史》，第 121 页；

③ В. В. Григорьев，Исторический очерк русской школы［M］，С. 295；〔俄〕Т. С. 格奥尔吉耶娃：《俄罗斯文化史——历史与现代》，第 301 页；〔俄〕瓦·奥·克柳切夫斯基：《俄国史教程》第 5 卷，刘祖熙等译，商务印书馆，2009，第 208 页。

④ В. В. Григорьев，Исторический очерк русской школы［M］，С. 296－297，302，304；〔俄〕Т. С. 格奥尔吉耶娃：《俄罗斯文化史——历史与现代》，第 301～302 页；Г. Генкель，Народное образование в западе и у нас［M］，С. 132。

师，大学开设有师范学院，为中等学校培养教师（但是大学生数量很少而且素质也比较差）；而县级学校的教师一般是中等教会学校或者专门中学的毕业生。[①] 与此同时，学校事业的管理体系也是被分为四等：教区学校由县级学校监督员管理，县级学校由省级中学的校长管理，省级中学则服从于大学的领导（大学要负责创办中小学，为它们提供教材和教师等），而大学则由教学区的督学（попечитель）直接监管，督学则是学校管理总局的成员，总局负责管理和监督国内所有的学校。[②] 1804 年的学校章程还标志着独立而有计划性的中等学校的正式诞生。[③] 在亚历山大一世统治时期，县级学校、省级中学和大学完全由国家提供资金，而教区学校则由城市公社、农村公社和地主提供经费，但是地主和农民根本不关心学校事务，所以教区学校的建设基本上依靠当地的神职人员，其数量的增长极其缓慢，经常被迫关闭。[④] 根据《俄罗斯帝国 1825 年城市和市镇统计状况》这一资料，在总共 533 个县级行政中心的城镇（штатный город）、102 个非县级行政中心的城镇（заштатный город）、51 个村镇（местечко）和市镇（посад）中，没有建一所学校的有 131 个县级行政中心的城镇、81 个非县级行政中心的城镇、47 个村镇和市镇；在总人口超过 350 万的全部 686 个城市居民点中，各类学校只有 1095 所。[⑤]

三 尼古拉一世时期国民教育的发展

尼古拉一世上台之后，对教育事业较为重视，采取一系列措施改善教育状况。他首先是在 1826 年成立“学校建设委员会”（Комитет устройства

---

① В. В. Григорьев, Исторический очерк русской школы [M], С. 304, 307 – 308; 〔俄〕Т. С. 格奥尔吉耶娃:《俄罗斯文化史——历史与现代》, 第 302 页。

② В. В. Григорьев, Исторический очерк русской школы [M], С. 297 – 298; Г. Генкель, Народное образование в западе и у нас [M], С. 133.

③ И. Алекшенцев, История гимназического образования в России (XVIII-XIX век) [M], 1912 г., С. 26.

④ Г. Генкель, Народное образование в западе и у нас [M], С. 133 – 134; В. В. Григорьев, Исторический очерк русской школы [M], С. 305 – 306.

⑤ Г. Генкель, Народное образование в западе и у нас [M], С. 134 – 135.

учебных заведений），专门负责全国从教区学校到大学等各类学校的建设，并任命国民教育部部长为委员会主席。同年，为了使教学区能够更为便利地监督下辖的省份，沙皇政府做出了变更教学区设置的决定，全国被分为八大教学区：圣彼得堡教学区、白俄罗斯教学区、莫斯科教学区、哈尔科夫教学区、喀山教学区、敖德萨教学区、捷尔普茨克教学区、维尔诺教学区。每个教学区所管辖的省份与之前都有变化。此外，亚美尼亚和格鲁吉亚地区、西伯利亚各省、波兰王国的学校都由当地的政府部门管理。① 1828 年 12 月 8 日颁布《中学、县级学校和教区学校章程》，该章程重申将学校划分为中学、县级学校和教区学校三种类型，但是废除了它们之间的递进性，而是改为按照等级分类，即每个等级创办的学校都有一定的独立性，并拥有完整的课程设置。② 1828 年章程强化了这三种学校的等级色彩，导致它们的存在都是为某种等级服务的：中学招收的是贵族和官员子弟，县级学校面向商人、手工业者和城市居民的子女，而教区学校则面向下等阶层（包括农村居民在内），也就是说地主和农民子女被禁止进入中等和高等学校学习，只能接受教区学校的教育。在这种情况下，三种学校的课程设置和师资配备也不一样：中学的课程为七年制，有教师 11 人（教授希腊语的中学有 12 人）；县级学校为三年制，有教师 5 人；教区学校为一年制（课程仅包括神学、阅读、四则运算），有教师 2 人。③ 此外，三种学校的经费供给还延续之前的制度：中学和县级学校都是由国家提供经费，因而发展迅速；教区学校由下等阶层提供经费，发展则慢得多，有些地主为了免于政府的束缚，甚至关闭了自己建设的学校。在三类学校的管理上，也基本延续 1804 年章程中的学校管理模式。

为了给中小学校培养教师，1828 年政府重建了中心师范学院（Главный

① В. В. Григорьев，Исторический очерк русской школы［М］，С. 331.

② В. В. Григорьев，Исторический очерк русской школы［М］，С. 330；Г. Генкель，Народное образование в западе и у нас［М］，С. 135.

③ В. В. Григорьев，Исторический очерк русской школы［М］，С. 339－341；Г. Генкель，Народное образование в западе и у нас［М］，С. 135；〔俄〕Т. С. 格奥尔吉耶娃：《俄罗斯文化史——历史与现代》，第 345 页；

педагогический институт)。该学院几经变革，到 1859 年被废除时，已经培养了接近 700 名学生，其中大部分进入国民教育部的下属各单位工作。[①] 1835 年的教学区章程废除了之前通过大学来监督中学和县级学校的制度，而将这一职责直接交给教学区的督学（попечитель)，并成立了以督学为主席的监督委员会，大学则专注于科学研究。[②]

除了国民教育部之外，从 19 世纪 30 年代起，政府各机关纷纷开办本部门的初等学校，特别是国家财产部，较为热衷于在国有农村开办学校，以培养乡里和村里的文书。在教会部门的协助下，国家财产部的农村学校数量迅速增长，1836 年时国有农村的学校不超过 60 所，学生为 1880 人；到 1848 年全国已有 1654 所，学生为 49248 人；到 1855 年增长到 2642 所，学生达到 139320 人（其中包括 19653 名女生)；到地方自治改革之前，国家财产部所建的学校大约有 3000 所，学生为 15 万人左右。[③] 国家财产部对于教学条件也做出了相关规定：一名教师教授的学生不能超过 50 名，如果超过了这一人数就应当为其配备助手。教师的薪水从每年 85 卢布到 115 卢布不等，读完中等师范学校的教师可以获得 1.5 倍的薪水。[④] 除此之外，内务部、份地、教会、军事、矿产、财政等部门也都开设了自己的农村学校，但是数量相对较少。这些学校与国民教育部的教区学校在课程设置上几乎完全相同，但是它们也有自己特殊的目标，即培养农村的文员、土地测量员和医士等。

在尼古拉一世统治末期，俄国共有 8 所大学、4 所贵族法政学校（лицей)、接近 40 所男子和女子学院、59 所中学、43 所士官武备学校（кадетский корпус)、45 所中等教会学校（духовная семинария）和各类机

① В. В. Григорьев，Исторический очерк русской школы［М］，С. 334 – 338.

② В. В. Григорьев，Исторический очерк русской школы［М］，С. 331，341.

③ В. В. Григорьев，Исторический очерк русской школы［М］，С. 351 – 353；Г. Генкель，Народное образование в западе и у нас［М］，С. 136；陶惠芬：《俄国近代改革史》，第 222 页。另外，陶惠芬《俄国近代改革史》一书第 168 页引用俄文版《俄国改革家（19 ~ 20 世纪初)》说，1855 年国家财产部所拥有的国民学校为 2551 所，学生人数达到 11.1 万人，其中 18495 人是女孩，与上两书相差不大；但是该书说 1837 年有 60 所初级学校，共 180 名学生，有误。

④ Н. В. Пирумова，Земская интеллигенция и её роль в общественной борьбе до начала XX в.［М］，С. 46.

关部门创办的中小学校大约 1 万所。[①] 到 1856 年，官方的中央统计委员会对各种部门开办的初等学校进行了第一次正式的统计，结果查明，包括波兰和芬兰在内，俄罗斯帝国共有初等国民学校 8227 所，学生总数为 450002 人，而当时的全国人口大约为 6400 万。[②]

四　亚历山大二世初期国民教育的状况

亚历山大二世上任之初，开始对教育管理机构进行某些变动，其中最重要的是在 1856 年恢复于 1831 年废除的学者委员会（Ученный комитет），将其作为学校管理总局的下属单位。学者委员会的任务是为学校编写教材、制定教学大纲、提出审查报告和方案等。在它的促动下，俄国的大批学者、教育家、教师都加入编写教材、教辅资料、阅读材料的活动之中。当时著名的教育家 К. Д. 乌申斯基、Д. И. 季霍米洛夫、Н. И. 皮罗格夫、Н. А. 考尔夫等人都发表了自己的教育学著作，阐述自己的教育思想，这对于后来的教育进步产生了极大的促进作用。[③] 特别是 К. Д. 乌申斯基，他在 1860 年和 1862 年分别出版了《儿童世界》（«Детский мир»）和《祖国语言》（«Родное слово»），成为当时最受欢迎的教科书，激发了一股教育研究热潮，他本人也被后人誉为“人民教育家”[④]。

资料显示，到 1863 年，俄国的各类学校共有 3.556 万所，学生达上百万人[⑤]，虽然这项数据明显有夸大之嫌，与当时民众的受教育水平并不相

① В. В. Григорьев, Исторический очерк русской школы［М］, С. 387.

② Г. Генкель, Народное образование в западе и у нас［М］, С. 137; Н. В. Пирумова, Земская интеллигенция и её роль в общественной борьбе до начала XX в.［М］, С. 46;〔美〕沃尔特·G. 莫斯《俄国史（1855~1996）》（张冰译，海南出版社，2008，第 30 页）也说亚历山大二世登基之初俄国有初等小学“8000 所”。〔俄〕М. Р. 泽齐娜、Л. В. 科什曼、В. С. 舒利金《俄罗斯文化史》第 142 页说此类乡村学校的数量在 19 世纪四五十年代接近 3 万所，疑有夸大。

③ В. В. Григорьев, Исторический очерк русской школы［М］, С. 393-397.

④ Э. Д. Днепров, Ушинский и современность［М］, Москва, 2008 г., С. 5-6, 143, 152.

⑤ П. В. Галкин, Земство и народное образование во второй половине XIX века // Земское самоуправление в России, 1864-1918, Т. 1, под отв. ред. Н. Г. Королёвы［М］, С. 364。另外，Т. С. 格奥尔吉耶娃《俄罗斯文化史——历史与现代》第 345 页说在 1861 年时各类学校接近 3 万所，可供佐证。

符，但即便如此，相对于俄国的庞大人口来说，这仍然是很小的数字。在19世纪60年代初期，俄国受过初等学校教育的人数只占0.7%，在城市里稍多一些，为3%～5%[①]。但事实上，有相当多的学校仅仅存在于政府和教会部门的报告中，并不发挥实际作用。在有些地方，虽然班级名单上显示有50名学生，但实际上只有3～6人在上课。[②] 而那些真实存在的学校，无论是教学方面，还是经营管理方面和卫生方面，都无法达到应有的标准。例如莫斯科省，“在地方自治机构成立之前就已经存在的学校，管理非常混乱，没有应有的领导者，优秀教师非常缺乏，教学成果也并不显著”。而赫尔松省，“在国民学校教师中根本没有受过师范教育的人，任何识字者，只要他愿意在学校里给孩子们授课，都可以充当教师”。[③] 总的来说，在实行地方自治改革之前，俄国人的受教育程度很低，并不能满足社会发展的需求。

另外，随着学校数量的增长，政府对于国民教育的多头管理越来越无法适应农奴制废除之后的实际形势。当时只有城市教区学校以及某些市镇和农村的学校由国民教育部直接管理，其余的大部分学校在教会部门、国家财产部、份地部门的管理之下，而国民教育部只能间接地对其进行监督。在国民教育方面，全国没有一个统一的管理机构，也无法制定统一的教育规划。在地方自治机构成立之后，这种情况在地方上，尤其是在农村地区才有所改观。

第二节 地方自治机构的国民教育活动的展开和发展历程

依照教学对象的不同，国民教育可以分为学校教育和校外教育。学校

① 〔俄〕M. P. 泽齐娜、Л. B. 科什曼、B. C. 舒利金：《俄罗斯文化史》，第143页。

② П. В. Галкин, Земство и народное образование во второй половине XIX века // Земское самоуправление в России, 1864－1918, Т. 1, под отв. ред. Н. Г. Королёвы［M］, С. 364.

③ В. Чарнолуский, Земство и народное образование, часть первая［M］, С. 26。关于地方自治改革前后国民学校的建设和教师的状况，后文会有详细说明。

教育是地方自治局针对儿童和少年开展的教育，包括初等教育、中等教育、职业教育和师范教育等。这种国民学校就其性质来讲属于社会学校，而不是国家学校，与政府创办的学校并不相同。[①] 校外教育也就是针对成人的社会教育，指的是地方自治局为促进社会各阶层的进步而采取的一系列文化措施，例如设立公共图书馆、文化馆、博物馆，组织成人培训班，出版书籍和期刊等。地方自治局发展国民教育的主体是校内教育，校内教育的重点是初等教育。

一 沙皇政府对于地方自治机构开展国民教育活动的规定

1864 年 1 月沙皇政府颁布《省级和县级地方自治机构条例》，宣布实行地方自治改革，规定地方自治局“主要在经济领域”参与“管理国民教育”。[②] 对国民教育的支出是地方自治局的“非必须义务”（необязательная повинность），支出的额度和方向都由地方自治局自己决定。

为了明确管理体制，1864 年 7 月 14 日政府出台了《初等国民教育学校条例》（«Положение о начальных народных училищах»），为国民教育设置了新的领导体系。根据这项法律，国民教育部、国家财产部、内务部、份地部门、矿区部门开办的农村学校，以及教区学校、星期日学校和私人学校都被统称为国民学校。该项条例还对初等学校教学课程的内容做了规定，即包括神学、宗教和非宗教书籍阅读、写作、基本四则运算和宗教歌曲，而且授课只能以经过国民教育部和主教公会批准的教材为基础。[③] 为了对这些学校进行管理，

---

① Н. В. 契诃夫曾经指出：“19 世纪 60 年代的第一批地方自治局的活动，是俄国社会争取学校控制权的历史斗争的开始。这种斗争以及社会的胜利决定了俄国国民学校的性质，即它是社会学校，而不是国家学校。俄国的学校在这方面与德国和法国的学校差异甚大，而与英国特别是美国的学校非常相近。” Т. Г. Захарова，Проблемы народного образования в земском общественном движении России ［J］，Известия Саратовского университета，2006 г.，Т. 6，Сер. Философия，Психология，Педагогика，Вып. 1/2，С. 114。

② П. В. Галкин，Земство и народное образование во второй половине XIX века // Земское самоуправление в России，1864－1918，Т. 1，под отв. ред. Н. Г. Королёвы ［М］，С. 366；В. Чарнолуский，Земство и народное образование，часть 1 ［М］，С. 4.

③ П. В. Галкин，Земство и народное образование во второй половине XIX века // Земское самоуправление в России，1864－1918，Т. 1，под отв. ред. Н. Г. Королёвы ［М］，С. 367.

政府在每个县成立了县级学校委员会（уездный училищный совет），在每个省成立了省级学校委员会（губернский училищный совет）。前者的成员包括国民教育部、内务部、教会部门的代表各 1 人，县级地方自治会议的议员 2 人，以及城市公社或者初等学校的其他创立部门的 1 名代表；后者的成员包括主教区的 1 名高级僧正（作为首席代表）、省长、校长和省级地方自治会议的 2 名议员。① 可见地方自治机构的代表在学校委员会中的比重还是相对较大的。在县内和省内开设和关闭国民学校，聘任和解雇教师和学校的督学（школьный попечитель），都要经过学校委员会的允许。其有权决定教学是收费还是免费，有权决定向学校提供多少经费，有权决定采取何种汇报制度。被选入学校委员会中的地方自治局代表，应该每年向地方自治会议提交一份报告，说明省内或者县内地方自治局发展学校事业的情况。因此，这时地方自治机构在国民教育的建设和管理上拥有相对较大的自由度。

但是 1869 年和 1871 年，政府接连出台法令，加强了对国民教育的控制。1869 年国务委员会提出，应该在地方自治省份添设一项特殊职务——国民学校学监（инспектор народных училищ），作为省级学校委员会（училищный совет）的常任委员。当年 5 月 26 日，这项建议得到沙皇的批准。1871 年，学监的权力又有所明确和扩大，即城市的官办教区学校和农村的一级制学校（одноклассное училище）、二级制学校（двухклассное училище）仅处在国民学校学监的监管之下，而 1864 年 7 月 14 日条例则规定学校由学监、省级和县级学校委员会共同监管；学监有权解雇在政治上不可靠的教师，有权暂时中止学校委员会决议的执行，直到教学区的督学最终做出决定。② 在实际中这项措施表明，学校委员会的自治权已经被废除，国民学校改为直接隶属于国民教育部。

---

① В. В. Григорьев, Исторический очерк русской школы［M］, С. 475；Галкин П. В. Земство и народное образование во второй половине XIX века // Земское самоуправление в России, 1864 - 1918, Т. 1, под отв. ред. Н. Г. Королёвы［M］, С. 366 - 367.

② П. В. Галкин, Земство и народное образование во второй половине XIX века // Земское самоуправление в России, 1864 - 1918, Т. 1, под отв. ред. Н. Г. Королёвы［M］, С. 367；В. В. Григорьев, Исторический очерк русской школы［M］, С. 475 - 476.

可是从另一个角度来说，由于每个省份的国民学校数量增长迅速，仅靠学监无法实施有效监管。事实上，在某些省份，一位学监每年要同时监管 400～500 所学校，这是不可能有实际效果的。① 因此 1874 年 5 月 25 日，沙皇政府又出台了新的《初等国民学校条例》，对国民学校的管理进行了修改，这促进了国民学校管理体系的最终形成。新法律一方面加强了学监的权力，开设学校和录用教师都必须经过学监的允许；另一方面，政府充分调动规则和僧侣阶层，以加强对学校的监管。省长负责对学校实行高层的监督，而东正教神甫和贵族负责对其进行近距离监督。与此同时，县级和省级学校委员会被改组直接由国民教育部管理；县级和省级首席贵族不仅担任县级和省级学校委员会的主席，而且与学监一起监督“既定的教学方向”，并采取措施防止混乱。法律还规定，国民教育管理体系中的每一个成员，不管其官阶如何，都有权直接向枢密院申诉和申请。② 在教学方面，学校最终听命于国民教育部机构（学监、校长）；学校的创建者（地方和城市自治机构）仍然保留管理学校经济活动的权力，保留独立自主地向学校提供经费和为教师支付报酬的权力，但是在行政问题方面，要通过学校的学监和学校委员会的成员来解决。

另外，1867 年 2 月 11 日，沙皇政府决定，停止向国有农民征收专门的学校税，并将国家财产部的学校都转交给地方自治局和学校委员会管理。③ 为了维护这些学校的生存并建立新的学校，地方自治局不得不考虑经费的问题，并确立了省级和县级地方自治机构在国民教育活动方面的责任范围。省级地方自治局除了建设和管理中等学校以外，主要任务便是培养教师（设立中等师范学校、设置课程、建立教师代表大会等）。有些省级地方自治局还向县级地方自治局提供资助或者贷款，以利于学校的建设和修缮。

---

① В. В. Григорьев, Исторический очерк русской школы［М］, С. 476.

② П. В. Галкин, Земство и народное образование во второй половине XIX века // Земское самоуправление в России, 1864－1918, Т. 1, под отв. ред. Н. Г. Королёвы［М］, С. 367－368; В. В. Григорьев, Исторический очерк русской школы［М］, С. 479－485.

③ В. В. Григорьев, Исторический очерк русской школы［М］, С. 491; Н. В. Пирумова, Земская интеллигенция и её роль в общественной борьбе до начала XX в.［М］, С. 47.

而初等教育的主要任务（建设校园、聘任教师、日常支出等）都交给了县级地方自治局。这种责任分配对国民教育以后的发展产生了重大影响。

二　地方自治改革之初的国民教育建设思想

在19世纪60年代，对于新生的地方自治机构如何管理国民教育事业，一些思想家提出了自己的见解，他们的思想可以分成两派，一派以A. И. 瓦西里奇科夫公爵、H. A. 考尔夫男爵为代表，另一派以A. И. 科舍廖夫为代表。

A. И. 瓦西里奇科夫的代表作是《论自治》（«О самоуправлении»）。他在书中指出，军费占据了俄国财政预算的很大一部分，政府不可能拿出更多的资金用于内部管理，因此就需要民众、地方机构和村社在政府力所能及的资助下，独立自主地管理自己的事务。A. И. 瓦西里奇科夫认为，中等和高等教育属于政府的事情，“初等教育”才是地方自治局的“唯一舞台”，“对于它的建设，地方自治局要倾注全部精力”。对于地方自治局、村社和国家在建设初等学校方面的责任分配，A. И. 瓦西里奇科夫说道：“村社或者乡直接管理学校，并利用村社税为其提供经费。地方自治局作为辅助性的机构，应该向那些仅靠自己的力量无法维持一所学校的村社或者乡提供资助。政府，也就是国民教育部，作为监管机构，应该为那些最优秀的学校和学生提供奖励。村社或者乡保留有开办学校的全部主动性，通过征税为学校提供经费。这样就能提供免费的初等教育。”[①] 与此同时他还指出，“村社富裕或者贫穷的程度”应该由地方自治机构来确定，而且资助多少也应该由其自己决定。“对那些由人口很少的村庄或者贫穷的人家组成的村社，县级或者省级地方自治局应该提供帮助”，但是总的来说，通常学校的日常维持应该交给村社承担，因为其从学校的建设中得到利益。[②]

H. A. 考尔夫的观点与A. И. 瓦西里奇科夫很接近。他非常重视发展教育，“在民众中间推广教育的问题，是地方自治局的根本问题，但是大多数

① В. Чарнолуский, Земство и народное образование, часть 1［М］, С. 19.

② Б. Б. Веселовский, История земства за сорок лет, Т. 1［М］, С. 451 – 452.

地方自治会议并没有提到这一点”①。而在学校的经费投入上，他也认为，“地方自治局和国家都很缺钱”，让它们承担“这种巨大的支出”是不现实的。最正确的方法是，“在那些愿意建设学校的村庄”，“依靠农民自己”来开办学校。但是他也强调，“如果农村公社……拿出资金，用于为教师提供薪水、维持他们的生活，用于修建校舍、购置设备，而国家和地方自治局对此袖手旁观，那将是极其不公平的”。“只有在国家、地方自治局和农村公社友好协作的情况下，农村民众的教育才会有大的进步。”在他看来，国家应该承担的支出包括：建设中等师范学校（учительская семинария），或者至少为地方自治局开办的师范学校提供资助；在地方自治局的协助下，对国民学校的教学过程进行监督；资助“机构和个人，以改善现有的学校和开办新的学校”；资助国民学校的毕业生，帮助他们走得更远。而“地方自治局最主要的任务在于，通过其在学校委员会中的代表，以实际行动对农村公社进行奖励，以帮助它们开办大量的学校”。为此，“如果以征税为主要手段的农村公社在学校方面的支出超过了一般的标准，那么地方自治局应该通过学校委员会对它们进行补贴”②。另外，地方自治局每年还应该拿出 50～100 卢布奖励县里的优秀教师，为所有的学校提供课本，同时还要建设教学图书馆、召开代表大会、开办示范学校等。

А. И. 科舍廖夫在学校建设方面的观点与他们不同。③ 他在 1869 年出版的《地方自治局的呼声》一书中写道：“我们架设桥梁，为此要聚集资金或者用实物建设和修缮桥梁，但并没有单独地找每一个农民询问，甚至没有特别地找每一个公社询问他们需不需要和想不想要这样的桥梁。我们坚信，桥梁在任何地方都是需要的；我们确定，在某个地方桥梁是必需的，于是

① Н. А. Корф, Земский вопрос（о народном образовании）［М］, С. 21.

② Н. А. Корф, Русская начальная школа: руководство для земских гласных и учителей земских школ ［М］, С. 11 – 14; В. Чарнолуский, Земство и народное образование, часть 1 ［М］, С. 20 – 21; Н. А. Корф, Земский вопрос（о народном образовании）［М］, С. 22; Т. Г. Захарова, Проблемы народного образования в земском общественном движении России ［J］, Известия Саратовского университета, 2006 г., Т. 6, Сер. Философия, Психология, Педагогика, Вып. 1/2, С. 115.

③ Б. Б. Веселовский, История земства за сорок лет, Т. 1 ［М］, С. 450 – 451; В. Чарнолуский, Земство и народное образование, часть 1 ［М］, С. 21 – 22.

我们就建造了桥。希望我们在学校方面也能有同样的信念、意识和行动。”也就是说，学校的建设是社会的现实需要，地方自治局应该广泛设立学校，就像在各处建造桥梁一样。“如果我们将开设和维持学校的事务交给农村公社管理，那么就得不到学校。”他怀疑依靠农民自身来建设学校的观点，认为地方自治局必须为学校提供拨款。同时，考虑到地主很少使用这些学校，因此他建议应由农民承担学校开支的一半，而主要依靠向地主征税而获得收入的地方自治局承担另一半，这样才“公平”。同时，地方自治局“有权获得国家的额外资助”，以弥补自己的支出。

然而，令人惊奇的是，主张农村公社在国民教育建设方面保持“全部主动性”的 А. И. 瓦西里奇科夫，竟然也表达了与之前的说法相矛盾而与 А. И. 科舍廖夫相类似但更加极端的观点。[①] 他说道：“要想真诚地帮助国民教育，需要的不是章程，不是感情，也不是言语，而是金钱。只有削减多余的支出，才能找到所需的资金。”实际上，他是极力赞成发展初等教育的：“面包和水是生存的第一需要，超过了其他所有需求；同理，我们有多少现金，就应该拿出多少来发展识字教育，政府其他的支出都应该为这一最高国家义务让路。”在他看来，所有的地区都应该开办国民学校，初等教育在所有地区都应该是免费的，这些资金应该由地方自治局和政府共同按比例分担。但是，与其说 А. И. 瓦西里奇科夫的这种观点是一种方案，不如说它是对未来的一种设想。在俄国当时的条件下，这种设想并不具有可行性。

总的来说，在地方自治改革之初确实存在着两种相对立的观点。一派认为，开办学校的全部主动权都应该交给农村公社，而地方自治局和政府只需对它们实行“奖励”制度；另一派认为，地方自治局和政府应该拿出更多的资金和精力来发展国民教育。但是无论怎样，两派都坚持地方自治局在国民教育发展中应该发挥重要作用，即便不能将学校完全交给地方自治局管理，也应该扩大它的权限。这与当时的法律规定相比，无疑是一种突破。

① В. Чарнолуский, Земство и народное образование, часть 1 [М], С. 23.

三　地方自治机构国民教育活动的开始和奖励制度的确立

上述两派观点中，A. И. 瓦西里奇科夫和 Н. А. 考尔夫的意见最终占了上风，大多数地方自治局正是按照他们的思路来发展国民教育的。例如，斯摩棱斯克县地方自治会议一直坚持“地方民众应承担国民教育事业中的主要工作。地方自治局只是为他们在建设学校、购置教学用品、支付教师工资等方面提供一些补助”①。受他们思想的影响，各地方自治局建立了一种“奖励制度”（поощрительная система），即自己并不直接参与国民教育事业，而是拿出一小部分资金“奖励”农民的积极主动行为。在理论上，农村公社对学校建设的投入越多，地方自治局的补助也就越多，双方可以形成一种良性互动；但实际上，前者根本无力支付这一庞大费用，导致后者也无法提供补助，即便有补助也是经常用不完，于是学校的建设长期在低水平徘徊。

不仅如此，在奖励制度下，A. И. 瓦西里奇科夫和 Н. А. 考尔夫的理论在实践中出现了一定程度的扭曲。他们在理论上明确提出，地方自治局要亲自参与对国民学校的建设——不仅仅奖励那些办得比较不错的学校，还应在贫困地区帮助农村公社建立新的学校，但在实践中，大多数地方自治局只是将自己的作为局限于前一个方面，即奖励优秀的学校，而有意无意地忽略了后一个方面。他们并没有向最需要的村社发放奖励性资助，而是哪个村社投入多，地方自治局给的奖励就多。许多地方自治局都以“奖励”为幌子，将发展国民教育事业的主要责任完全交给农村公社，而将自己的责任降到最低，甚至不愿意为国民教育拿一分钱。例如，沃罗涅日省比留萨县的教师委员会在 1868 年提出，县地方自治局应该拨款 3000 卢布，以新建 27 所学校，但是地方自治会议拒绝这一建议，因为后者认为“在这方面的需求还不迫切的公社建立学校是不合理的”。在奔萨省的萨兰斯克县，地方自治会议起初向初等学校拨款 1000 卢布，然而在第二年

① Б. Б. Веселовский, История земства за сорок лет, Т. 1 [М], С. 457.

"由于大部分议员不愿意拿出这笔钱"，它被从预算中剔除了；该省的格罗季谢县地方自治会议拒绝拨款，因为它认为"农村学校的存在只是为了农民等级，所以农民应该负责这些学校的生存，并开设这类的新学校"[①]。这样的例子还有很多，在地方自治改革之初是非常普遍的行为。在这种情况下，奖励制度成为初期的地方自治机构免于向国民教育投入大量资金的挡箭牌。

确实，到1868年，在实行地方自治的423个县中，有109个县根本没有向国民教育投入任何资金，占总数的1/4；有40个县虽然向国民教育拨款，但是微乎其微；只有24个县的拨款数额大一些（5000卢布以上）。而在当时的省级地方自治局中，有6个省根本没有向国民教育拨款。[②] 而且即便向国民教育拨款，也并不意味着广大农村地区的初等学校能得到拨款。因为相对于初等学校，地方自治局更愿意为省城和县城的中等学校花钱，所以初等学校的教育状况可想而知。例如，坦波夫省在实行地方自治改革的最初几年，"不仅是省级地方自治局，而且大部分县级地方自治局都没有现有学校数量和组建情况的信息……国民教育被压缩成识字教育，而且只有一小部分学生学会了阅读，就在这一小部分人中，仅有少数人在读后能明白其中的意思，能会写信的仅仅是极个别的了"[③]。

就在这种状态下，地方自治机构艰难地开始了在国民教育方面的活动。

四　地方自治机构国民教育活动的发展历程

进入19世纪70年代，地方自治局开始增加对国民教育的支出，但是额度不大，80年代亦然。实际上，19世纪90年代之前，地方自治局在这方面的投入比较有限，有些甚至完全拒绝为学校提供经费，要么将学校转给教区，要么以更加廉价的方式建设学校。直到90年代中期，地方自治局的国

① Б. Б. Веселовский, История земства за сорок лет, Т. 1 [М], С. 454 - 455.

② Б. Б. Веселовский, История земства за сорок лет, Т. 1 [М], С. 452 - 453; В. Чарнолуский, Земство и народное образование, часть 1 [М], С. 63.

③ В. Чарнолуский, Земство и народное образование, часть 1 [М], С. 28.

民教育活动才开始日益活跃（见表 1-1）。

表 1-1　1871~1913 年俄国 34 个地方自治省份的国民教育预算情况

单位：千卢布，%

年份	34 省总计	平均每省	占总预算的百分比	总预算金额年
1871	约 1600	47.1	7.7	20656
1880	约 5200	152.9	14.8	35074
1890	7225.8	212.5	15.4	47047
1895	9128.6	268.5	13.9	65600
1901	16924.3	497.8	19.1	88609
1903	19756.4	581.1	18.8	105045
1906	26317	774	20.4	129005
1910	43977	1293.4	25.4	173138
1913	79629	2342	31.4	253737

注：1871 年和 1880 年为估计数（缺少萨马拉省的数据）。另外，1871 年时乌法省还没有建立起地方自治局。全书所引数据如无特别说明者，皆为原始数据，部分可能存在计算错误，为尊重文献资料，笔者一般不做改动。

资料来源：Б. Б. Веселовский, История земства за сорок лет, Т. 1 [M], С. 252-253, 255, 568; П. С. Кабытов, Самарское земство: опыт практической деятельности (1865-1918 гг.) [M], С. 326; П. В. Галкин, Земство и народное образование // Земское самоуправление в России, 1864-1918, Т. 2, под отв. ред. Н. Г. Королёвы [M]。

总体来看，19 世纪 70 年代教育预算的基数较小，因而增长速度较快，年均增长率为 14.0%，80 年代为 3.3%，90 年代为 8.0%，1903~1913 年又增至 15.0%。80 年代为地方自治局国民教育活动的沉寂期，支出增长较为缓慢。到 90 年代，地方自治局开始重视国民教育活动，支出较 80 年代初有明显增长。而 1913 年的教育预算已经达到 1903 年的 4 倍，是 1880 年的 15 倍。

从每个省的平均绝对数来看，在 1895 年之前，省级地方自治局的国民教育支出基数很小，每年相比上年的增幅也比较有限，不过多拨款 1 万多卢布，1880~1890 年甚至每个省每年仅增长 6000 卢布左右；1895 年之后，教育拨款开始迅速增加，在 1910~1913 年，平均每个省每年的新增教育拨款接近 35 万卢布。具体情况如表 1-2 所示。

表 1-2　1871～1913 年俄国 34 个地方自治省份国民教育拨款增长情况

单位：千卢布

时间	34 省增加绝对额	每个省年均新增教育拨款
1871～1880 年	3303.2	10.3
1881～1890 年	2025.8	5.96
1891～1895 年	1902.8	11.2
1896～1901 年	7795.7	38.2
1902～1903 年	2832.1	41.6
1904～1906 年	6560.6	64.3
1907～1910 年	17660	129.9
1911～1913 年	35652	349.5

注：1871～1880 年的数据以 32 个省计算（缺少萨马拉省和乌法省数据），1880～1890 年的数据以 34 个省计算（萨马拉省数据为估计数）。

资料来源：Б. Б. Веселовский, История земства за сорок лет, Т. 1 [М], С. 568 - 569; П. С. Кабытов, Самарское земство: опыт практической деятельности (1865 - 1918 гг.) [М], С. 326。

进入 20 世纪以后，地方自治局对国民教育越来越重视，国民教育预算不仅在数量上大幅度攀升，而且在地方自治局总预算中的比重也逐渐提高。从 1903 年至 1913 年，34 个省地方自治局的总预算从 1.05 亿卢布增长到 2.54 亿卢布①，其中的国民教育预算从 1975.6 万卢布增加到 7962.9 万卢布。② 国民教育预算占总预算的比重由 18.8% 提高到 31.4%，教育事业成为地方自治局工作的最重要方面。

由此可见，以 19 世纪 90 年代中期为分界点，地方自治局的国民教育活

① П. В. Галкин, Земство и народное образование // Земское самоуправление в России, 1864 - 1918, Т. 2, под отв. ред. Н. Г. Королёвы [М], С. 118, 120; Б. Б. Веселовский, История земства за сорок лет, Т. 1 [М], С. 255。两书关于 1903 年的总预算数据并不一致，前书为“大约 9900 万”，后书为 10504.5 万卢布。本书从后者。

② П. С. Кабытов, Самарское земство: опыт практической деятельности (1865 - 1918 гг.) [М], С. 326.; П. В. Галкин, Земство и народное образование // Земское самоуправление в России, 1864 - 1918, Т. 2, под отв. ред. Н. Г. Королёвы [М], С. 137; П. В. Галкин, Земство и народное образование // Земское самоуправление в России, 1864 - 1918, Т. 2, под отв. ред. Н. Г. Королёвы [М], С. 121。三处记载中关于 1913 年的教育预算略有出入，前者引用 1914 年地方自治局的统计资料，为 7951.2 万卢布，后两者列表为 7962.9 万卢布。本书采用后一数据。

动大体上可以分为前后两个阶段。在前期（特别是初期），地方自治局在国民教育方面的投入较少，国民学校的建设费用多由农村公社承担。

初期的地方自治机构之所以不愿意介入初等教育，原因是多方面的。

首先，1864 年的《省级和县级地方自治机构条例》明确规定，发展国民教育是地方自治机构的“非必须”义务，后者可以自己决定是否向教育投入资金，可以决定向教育的哪个方面投入多少资金。而且，后来的《初等国民学校条例》规定地方自治机构对教育事业的参与是有限度的，在政府的监管之下，其仅有向学校投入资金的权力，却无权解决学校的内部运行和管理问题。这使得许多地方自治局不愿意为国民教育拨款。

还有一点不能忽视，即在法律的约束下，在地方自治机构活动初期，“必须性”义务（обязательные повинности）才是其主要支出项目。由于本身收入有限，地方自治机构为了履行这些义务，在 1874 年之前花掉了总预算的一半以上，如 1868 年为 63.6%，1871 年为 57.2%，1872 年为 55.0%，1874 年为 50.6%，直到 1890 年仍达到 39.5%。[①] 这样地方自治局就无法拿出更多的资金用于履行包括国民教育在内的非必须性义务。

但最为重要的是，地方自治局之所以不愿意介入初等教育，原因在于他们认为这是农民等级的事情。1861 年废除农奴制改革虽然在法律上解放了农民，但是并未消除社会对他们的等级偏见。而根据 1864 年自治条例设立的地方自治局，在其后的半个多世纪中一直由贵族等级主导。正如 B. 恰尔诺卢斯基所言：“农奴制虽然刚刚废除，但是它的传统依然遍布于国家的一整套生活方式之中。”[②] 改革初期，贵族还在努力维护自己的特权，于是地方自治局的活动不可避免地具有等级色彩。

那么，为什么地方自治局的国民教育活动在 19 世纪 90 年代中期以后出现转折呢？是因为 1890 年新出台的《省级和县级地方自治局条例》的影响吗？其实不是。虽然 1890 年的地方自治改革带有鲜明的贵族性，并大幅度扩展了政府对地方自治局的干涉范围，但实际上地方自治事业的领导力量，

① Б. Б. Веселовский, История земства за сорок лет, Т. 1 ［М］, С. 243.

② В. Чарнолуский, Земство и народное образование, часть 1 ［М］, С. 18.

无论是从等级来看还是从个人来看，都没有发生任何变化。正如 B. A. 特瓦尔多夫斯卡娅所言，“新条例并未从根本上改变地方自治局的活动，尽管政府加强了对地方自治局的控制”①。真正的问题在于时代变了，经过几十年的改革，农奴制传统日渐式微，因此 90 年代的贵族地方自治局与 60 年代“代表所有等级”的地方自治局相比，不仅等级偏见少了很多，而且更加积极和全面地参与社会经济活动。例如奔萨省的议员 H. P. 叶甫格拉佛夫在 1896 年 10 月 3 日为纪念该省免费图书馆成立一周年而发表的讲话中强调，“国民教育可以说是最重要、最有必要做的事情，这不仅仅从其直接效益来说，而是因为地方自治局在其他所有领域的成功都与民众的智力和道德发展水平密切相关”②。这种对教育的看法与地方自治改革之初有天壤之别。从此，地方自治机构将大部分精力投入到教育事业中去，国民学校便一座接一座地建立起来。

第三节　地方自治机构与初等教育

在初等教育中，初等学校是地方自治局着力的重点。所谓的初等学校，主要指的是一级制学校（одноклассное училище），如果学生数量不超过 50 人，则设一名老师来教授 1～4 年级的全部文化课程，另外还有一名神学课教师讲授宗教知识。这种一级制学校也被称为“单班制学校”（однокомплектное училище，又叫“单师复式制学校”），学制一般为 3～4 年。如果学生超过 50 名，学校就必须增设一名教师，让这两名教师分别教授两个年级，这种学校被称为“双班制学校”（двухкомплектное училище，又叫“双师复式制学校”）。如果学生在 100 名以上，学校的教师和教室数量

① В. А. Твардовкая，Царствование Александра Ⅲ // Русский консерватизм XIX столетия：Идеология и практика，под ред. В. Я. Гросуда［М］，Москва，2000，С. 327.

② А. Ю. Петровна，и Е. А. Тетерина，Пензенская кубернская печать о земском образовании в 1864 – 1917 гг.［J］，Исторические，философские，политические и юридические науки，культурология и искусствоведение. Вопросы теории и практики.，Издательство «Грамота»，2011 г.，№ 6（12），часть 3，С. 153 .

都要增加，被称为“多班制学校”（многокомплектное училище，又称“多师复式制学校”），但是这种学校数量较少。在这里，一名普通教师（加上一名神学课教师）和最多 50 名学生被称为一个“学校配套”（школьный комплект），后成为管理学校的一个基本单位，相当于一个班。一般来说，一个单班制学校就是一个“学校配套”，一个双班制学校就是两个“学校配套”，一个多班制学校则有三个以上的“学校配套”。

除了一级制学校以外，还存在着少量的二级制学校（двухклассное училище）。这种学校的学制一般为 5 年，有时也为 6 年。它分为两级，前 3～4 年为第一级（первые классы），后 2～3 年为第二级（вторые классы）。一个二级制学校里存在着多个“学校配套”。

一　县级地方自治机构主导下的初等教育建设

从一开始，省级和县级地方自治机构在国民教育方面就存在着较为严格的责任划分：县级地方自治局负责各县和农村地区的初等教育及其相关支出，省级地方自治局则负责在城市发展中等教育和师范教育。正如雅罗斯拉夫尔省地方自治局所言，“国民学校事业应该让县级地方自治局发挥主动性，因为它们承担着这一事业正确方向的所有因素”[①]。省级地方自治机构当然也存在着为初等学校培养师资及其他考虑，但是总的来说，在 19 世纪 90 年代中期之前的大部分情况下，初等教育的建设属于县级地方自治机构的活动范畴。

（一）奖励制度的实施与初等学校的建设

县级地方自治机构从一开始就坚持对农村公社实施奖励制度，几乎将维持学校运转和教师生活的所有资金都交给了农村公社。但是在 19 世纪 60 年代，这种奖励完全没有系统性。在大部分时候，地方自治局并没有说明，农村公社的哪些行为应该获得奖励性补助。这些资金的划拨没有确定的用途，也完全不受地方自治局或者学校委员会的监管。而且，这种拨款根本

① Б. Б. Веселовский，История земства за сорок лет，Т. 1［М］，С. 461.

就用不完，因为农村公社本身同样也拿不出钱来。即便用完了，地方自治局也不知道这些钱都花在了哪里。这种事情不仅发生在一些落后的地方，而且发生在像叶卡捷琳诺斯拉夫省亚历山大罗夫斯克县之类的地方，而在亚历山大罗夫斯克县工作的正是大名鼎鼎的教育家 Н. А. 考尔夫。[①]

从 19 世纪 70 年代开始，地方自治局才渐渐摸索出一条承担学校支出的固定方法。这个时候奖励制度已经走出了初期的混乱状态，形成了两种主要的模式。

在一种情况下，奖励制度成为地方自治局要求农村公社达到的条件，即只有在农村公社为初等学校投入资金、提供便利的条件下，地方自治局才会向学校提供资助。例如，1875 年卡卢加省科泽利斯克县地方自治局声称，只有在村社完全提供学校场地和教师住宅，并且提供门卫和缴纳采暖费的情况下，才会向学校提供经费。[②] 在有些地方，如果农村公社未提供合适的场所，地方自治会议就会威胁关闭学校，或者向政府求助，强迫农民建设学校。

在另一种情况下，奖励制度演变成地方自治局与农村公社“合作办学”的一种协定，即为了开办初等学校，双方各应承担多少比例或者数额的资金。例如，在库尔斯克县，地方自治局要求农民每年拿出 120 ~ 150 卢布（采暖、门卫等杂支除外）；在博罗维奇县，地方自治局要求农民承担一半的支出；在新拉多加县，地方自治局要求农民每年拿出 100 卢布；在斯摩棱斯克县，则是人均 5 戈比。[③]

但是无论是哪一种情况，奖励制度实际上就是地方自治局要求农村公社承担初等学校部分（有些时候是大部分）支出的方式。在奖励制度下，地方自治局对初等学校的投入便可以减少到最低限度。

（二）地方自治局对于初等学校的投入

Б. Б. 维谢洛夫斯基在写到奖励制度的时候给人们的感觉似乎是，地方

① Б. Б. Веселовский, История земства за сорок лет, Т. 1 ［М］, С. 462.

② Т. А. Свиридова, Калужское земство. 1865 – 1918. Очерки истории ［М］, С. 130.

③ Б. Б. Веселовский, История земства за сорок лет, Т. 1 ［М］, С. 470.

自治局（特别是在初期）除了实行奖励制度以外没有表现出什么主动性，甚至不愿意为初等教育投入更多资金，因为地方自治活动家们身上还带有农奴制贵族的印记，并希望维护自己的等级特权。这一点我们并不否认，并承认它是造成改革之初国民教育发展滞后的一大原因（如前文所述）。但包括 Б. Б. 维谢洛夫斯基自己的材料也证明，随着时间的推移，地方自治局对于初等教育的投入无论是在绝对额上还是在支出比重上都在不断增长，相反，农村公社的投入在初等学校经费中的比重越来越低，甚至在某些地区农村公社已经被完全解除了这一义务。当然，这一转变的完成需要很长时间。

县级地方自治局对于初等教育的投入主要包括以下几个领域。

（1）聘任教师。在 19 世纪 60 年代，有些地方自治局初等教育拨款的主要用途是向教师发放奖金。从 70 年代开始，这些偶然的非制度性的奖金成为教师工资的经常性补充，也就是所谓的"追加补贴"，而教师的工资仍然需要农村公社发放。在不同地区，这种追加款项多寡不一，但均不足教师工资的一半。从 70 年代末开始，教师工资基本由地方自治局支付，而"追加补贴"则由农村公社提供。后来又变为地方自治局独自承担教师的工资。1893 年，各地方自治局为普通教师发放的工资总计达到 3802983 卢布。① 到 1902 年，73.4% 的县级地方自治局单独承担起本县境内的教师工资，只有 26.6% 的县级地方自治局还与农村公社共同承担教师的工资。②

除了一般授课教师以外，在初等学校里还有讲授神学的教师（这是保证教育"道德性"的一种方式）。根据法律规定，他们只能是教区的神甫或者专门讲授神学的教师。从总体上看，地方自治局从 19 世纪 70 年代开始以两种方式为神学课教师支付工资。一种方式是按课时支付，一课一结算，每节课几十戈比；另一种方式是设立固定工资。前一种方式不仅麻烦，而且难以管理，所以逐渐被后一种代替。1893 年，各地方自治局为神学课教

① Г. Фальборк и В. Чарнолуский, Начальное народное образование в России, Том третий [М], С-Петербург, 1905 г., С. 56－60.

② Б. Б. Веселовский, История земства за сорок лет, Т. 1 [М] С. 464; В. Чарнолуский, Земство и народное образование, часть 1 [М], С. 64.

师发放的工资总计557868卢布。[①] 到20世纪初期，各地神学课教师的工资从每年30卢布到75卢布不等。[②]

（2）校园建设。在这一领域，县级地方自治局的作为比较有限，只有为数不多的县份从19世纪70年代开始建立一些基金会，用于建设校舍。在更多的时候，地方自治局将提供校园和建设校舍的任务交给了农村公社。但是后者仅靠自己的力量无力承担如此庞大的建设费用，因此校园的建设一直较为落后，很多学校没有固定的专门场所。大部分学校要么寄居在教会的守卫室，要么被安置在临时租借的房屋中，学习条件极其恶劣。例如，在博布罗夫县，“在一些学校无法进行学习，因为天花板耷拉着，随时可能崩塌，窗框掉了下来，炉子也很少能够生火，也没有学生坐的长凳”；库尔斯克省地方自治局当时也认为，“我们的学校具备了居住房屋在卫生方面的所有缺点：它们拥挤、低矮、阴暗、潮湿，甚至在闷热的天气里也会很冷”；赫尔松省的学校状况更加凄惨，1886年时那里“不仅没地方坐，也没地方站”，“教师们只能坐在毛石和炉渣上”，“墨水都结上了冰”，像这样的学校在当地还有不少。[③] 为此，一些县级和省级地方自治局向初等学校发放贷款，用于建设校园。例如，根据帝国自由经济协会的统计资料，1893年共有47个县级地方自治局向142所学校发放了校园建设贷款，总额为92305卢布，平均每所学校为650卢布；而省级地方自治局对于修缮学校的贷款额为76313卢布。[④] 到90年代中期前后，学校的情况逐渐有所改观，大部分省份的学校有了自己的校园。例如，1895年时沃罗涅日省有73.2%的学校被安置在专门的场所，奥廖尔省和波尔塔瓦省的这一比例甚至高达86.3%和90%。而同一年，诺夫哥罗德省只有23%的学校拥有自己的校园，其余的大多数（58%）只能暂借在出租屋内。[⑤]

① Г. Фальборк и В. Чарнолуский, Начальное народное образование в России, Том третий [М], С. 56 – 60.

② Б. Б. Веселовский, История земства за сорок лет, Т. 1 [М], С. 467.

③ Б. Б. Веселовский, История земства за сорок лет, Т. 1 [М], С. 526 – 527.

④ Г. Фальборк и В. Чарнолуский, Начальное народное образование в России, Том третий [М], Предисловие, С. Х.

⑤ Б. Б. Веселовский, История земства за сорок лет. Т. 1 [М], С. 529.

（3）学习用品支出。学习用品除了学生书写用的笔和纸以外，还包括教学用书和桌椅。H. A. 考尔夫尤其强调要为学生提供教材，他经过调查和计算发现，60 人的三年制学校在这方面的支出为 36 卢布 90 戈比，平均每名学生 60 戈比多一点。[①] 起初，学习用品的支出由农村公社或者学生家长承担，很多学校长期以来“桌椅不够用；普遍缺乏课本和教学参考书；有些学校根本不设写作课，因为没有书写工具，也没地方写：既没有纸笔，也没有写字用的石板”[②]。后来地方自治局越来越多地出资为学校购置学习用品，农村公社在这方面的负担越来越少。到 1902 年，在有据可查的 207 个县中，这项支出完全由地方自治局承担的县有 171 个，在其余的 36 个县中，有 27 个县由农村公社和地方自治局按照不同的比例分摊。[③]

（4）杂支。取暖、照明、修缮校舍、雇用更夫等支出均属杂支之列。这项支出初始也是完全由农村公社承担，地方自治局从 19 世纪 90 年代才开始承担其中的部分支出，农村公社还继续承担着相当大的比例。例如在 1879～1880 学年，叶卡捷琳堡县共有 58 所地方自治局与村社共建的学校，其中前者负责为教师发放薪水、购置学习用品，而后者负责学校的供暖和照明，并要雇用更夫。[④] 根据帝国自由经济协会的统计，1893 年在 357 个县（有 2 个县份缺乏数据）中，有 127 个县根本没有为校园的建设和维护拨款。[⑤] 而 Б. Б. 维谢洛夫斯基的说法是，1902 年在 175 个有资料可查的县份中，有 161 个县的农村公社承担修缮学校的支出，有 167 个县的农村公社承担着雇用更夫、取暖、照明等方面的支出；有 80 个县的地方自治局不负责

① Н. А. Корф，Русская начальная школа［М］，С. 37.

② Б. Б. Веселовский，История земства за сорок лет，Т. 1［М］，С. 391.

③ Б. Б. Веселовский，История земства за сорок лет，Т. 1［М］，С. 468，471；В. Чарнолуский，Земство и народное образование，часть первая［М］，С. 67.

④ Л. А. Мельникова，Земство и народное образование в Екатеринбургском уезде во второй половине XIX века［J］，Известия Уральского государственного университета，2009 г.，№ 3（67），С. 187.

⑤ Г. Фальборк и В. Чарнолуский，Начальное народное образование в России，Том третий［М］，С. 56－60.

修缮校舍，129 个县的地方自治局完全不承担杂支。①

另外，地方自治局还要保障学校提供完全免费的教育。免费教育原则早就已经在地方自治实践中确立下来了。起初，由于农村公社承担了地方自治学校的主要支出，本村社的学生能够免费接受教育，学校的日常运转费用由所有的公社成员分担（有少数地区由学生的家长承担），而如果村社之外的学生在这里学习，其父母要缴纳一笔特殊的费用。地方自治局初等教育投入的增加也没有改变这一原则。到 1894 年，收费教育只在 0.6% 的地方自治学校存在着。②

在 19 世纪的最后 25 年里，县级地方自治局对于国民教育的传统支出项目包括：对世俗课程教师的工资、住房和奖励性支出以及神学课教师的课时费（占总支出的 55% ~60%）；学校的建设和日常经费，包括小型修缮、取暖和照明（总共加起来不超过 10%）；订购教材（6% ~7%）；对学校委员会成员“巡查”的补偿（2% 以下）。可以看出，对初等学校的总支出占到了地方自治局教育投入的 4/5 左右，其他资金则用于资助市立学校、教会 - 教区学校、中等学校，以及发展校外教育。③

（三）县级地方自治机构主导下初等教育的发展成就

总的来讲，初等教育在县级地方自治局的工作中占据着越来越重要的地位，后者的投入也越来越大。1869 年，地方自治局的国民教育总投入不超过 100 万卢布，占其预算的 5.8%；1874 年增长到 2952226 卢布，所占比重也变为 11.4%；1879 年，这两项数据分别为 4595666 卢布和 13.7%。④但这是省级和县级地方自治局对于国民教育的总支出。而单就县级地方自治局来说，到 1893 年，其对于实行普通教育的初等学校的投入为 6341760

---

① Б. Б. Веселовский, История земства за сорок лет, Т. 1 ［М］, С. 468; В. Чарнолуский, Земство и народное образование, часть первая ［М］, С. 68.

② В. Чарнолуский, Земство и народное образование, часть 1 ［М］, С. 82.

③ П. В. Галкин, Земство и народное образование во второй половине XIX века // Земское самоуправление в России, 1864 - 1918, Т. 1, под отв. ред. Н. Г. Королёвы ［М］, С. 371 - 372.

④ В. В. Григорьев, Исторический очерк русской щколы ［М］, Москва, Товарищество типографии А. И. Мамонтова, С. 492.

卢布，再加上对于实行职业教育的初等学校的投入 231554 卢布，县级地方自治局对于初等学校的总投入达到 6573314 卢布。具体情况如表 1－3 所示。

表 1－3　1893 年县级和省级地方自治局对于国民教育的支出额

单位：卢布

类别	县级地方自治局	省级地方自治局
对于实行普通教育的初等学校的投入	6341760	217712
对于实行职业教育的初等学校的投入	231554	427876
对于初等学校的总投入	6573314	645588
对于师范学校、中等学校和高等学校的投入	610014	575489
对于校外教育的投入	43969	15569
对于国民教育的总投入	7227297	1236646
全部支出总额	41190492	18827695
国民教育占全部支出总额的比重	17.55%	6.57%

资料来源：Г. Фальборк и В. Чарнолуский, Начальное народное образование в России, Том третий［M］, Предисловие, С. Ⅷ-ⅥⅩ。

从表 1－3 中可以进一步得出，1893 年地方自治局对于初等学校的总投入为 7218902 卢布，对于国民教育的总投入为 8463943 卢布，可以说地方自治局对于国民教育每投入 10 卢布，就有 8.5 卢布用于发展初等教育（所占比例为 85.3%）。因此可以说，初等教育在国民教育中占有主体地位。1893 年，省级地方自治局在初等教育领域的总投入仅为县级地方自治局的 1/10 左右，而它对于国民教育的总投入为后者的 1/5 左右。这也说明，在 19 世纪 90 年代中期以前，发展初等教育和国民教育的主要力量是县级地方自治局。

另外从表 1－3 中可以看出，1893 年，县级和省级地方自治局的全部支出总额为 60018187 卢布，其中国民教育支出占 14.1%，这比 19 世纪 70 年代末有所提高。

另外一个问题是，由于奖励制度的存在，在地方自治局的初等教育投入中，农村公社扮演什么样的角色？Б. Б. 维谢洛夫斯基给出的数据是，“在 70 年代末，农村公社平均负担了对教师和学习用品支出的 45%，到 80

年代末这一比例变为30%左右，到1900年则接近5%”，并认为这大致反映了农村公社承担初等学校支出的状况。① 虽然Б. Б. 维谢洛夫斯基在此的估计和计算错误之处颇多②，但是农村公社在发展初等教育方面承担的责任越来越小却是一个不争的事实。早在1875年，卡卢加省的地方自治局对于开设农村初等学校的支出达到44685卢布，而农村公社的支出仅为6757卢布。③ 1880年俄国对初等国民教育进行了第一次专业统计，结果发现，在实行地方自治的省份，地方自治局对初等学校的投入所占比重最大，占初等国民学校总投入的53.2%；其次是农村公社，为28%；再次是政府，为9%；此外还有私人投资等其他来源。④ 因此，早在1880年农村公社的支出占初等国民教育总投入的比重已经降到30%以下，Б. Б. 维谢洛夫斯基显然是估计过高了。1893年时，帝国自由经济协会经过统计后发现，农村公社向县级地方自治局提供的资助只有337345卢布，占后者国民教育支出来源的4.5%；向省级地方自治局提供的资助仅为2000卢布，占后者国民教育支出来源的0.1%。实际上，此时县级和省级地方自治税（уездный или губерный сбор）已经成为其国民教育支出的主要来源（分别占91.6%和84.8%），而且县级地方自治局还会接受政府和省级地方自治局的资助。⑤ 可以说，到19世纪90年代中期之后，农村公社的国民教育（包括初等教

① Б. Б. Веселовский, История земства за сорок лет, Т. 1 [M], С. 471.

② 例如，他认为在19世纪70年代末、80年代末和90年代末，除去杂支（这三个时段他都认定为150卢布）以外，每所学校所需的投入分别为350卢布、415卢布、450卢布。如此一来，这三个时段每所学校所需的平均资金分别为500卢布、565卢布和600卢布。实际上，当时各省并非都有足够的资金用于初等教育建设，从后文的统计可以看出，包括杂支在内，1893年每所学校的平均支出为421卢布，有些省份只有200多卢布。他估计80年代末期学校数量达到14000所，无论与他自己后来列举的1894年的数据相比，还是与Г. 法利博尔克和В. 恰尔诺卢斯基1893年的统计数据相比，都大了不少。另外，他还假定前两个时期地方自治局对于学校杂支的支出都为零，也是不符合实际的。所以Б. Б. 维谢洛夫斯基的估计和计算有很多错误，似乎是有意夸大农村公社的作用而贬低地方自治局的作用，故本书此处不再引用。详见Б. Б. Веселовский, История земства за сорок лет, Т. 1 [M], С. 471 – 473。

③ Т. А. Свиридова, Калужское земство. 1865 – 1918. Очерки истории [M], С. 129.

④ Г. Генкель, Народное образование в западе и у нас [M], С. 141.

⑤ Г. Фальборк и В. Чарнолуский, Начальное народное образование в России, Том третий [M], Предисловие, С. XIV.

育）支出已经无法与地方自治局的投入相提并论了，而只能成为它的有益补充。尽管如此，我们还是无法否认在地方自治之初农村公社的基础性作用。

在地方自治局与农村公社的共同努力下，地方自治初等学校的数量不断增长。例如，从 1867 年至 1883 年，莫斯科省的各类学校（其中大部分是初等学校）总数从 268 所增加到 554 所，学生数量从 9411 人增加到 33352 人。① Б. Б. 维谢洛夫斯基根据地方自治统计年鉴和地方自治局的报告得出，1877 年各地方自治省份共有初等学校约 1.01 万所，1894 年增长到 13146 所。② 而 1880 年的初等国民教育统计显示，地方自治局建设的学校有 9108 所，占地方自治省份学校总数的 69.5%，而地方自治局与村社、私人等合办的学校占地方自治省份学校总数的 8.5%，可知地方自治局参与建设的初等学校一共有 10222 所。③

根据帝国自由经济协会的统计资料，1893 年各地方自治省份的地方自治初等学校建设情况如表 1－4 所示。

表 1－4　1893 年各地方自治省份的地方自治初等学校建设情况

单位：所，人，卢布

省份	地方自治学校数量	学生数量	县级地方自治局对学校的支出总额	用于教师的支出			用于校园建设与维护的支出	用于教学资料等的支出	对每所学校的平均支出	对每名学生的平均支出
				总计	文化课教师	神学课教师				
比萨拉比亚	50	2856	40116	21532	18022	2810	10120	2258	802.3	14.0
弗拉基米尔	420	24302	165195	136880	116424	18082	12131	8361	393.3	6.8
沃罗格达	189	11445	88037	62789	53439	9250	7171	7287	465.8	7.7

① В. В. Григорьев, Исторический очерк русской щколы［М］, С. 493.

② Б. Б. Веселовский, История земства за сорок лет, Т. 1［М］, С. 476.

③ Г. Генкель, Народное образование в западе и у нас［М］, С. 141.

续表

省份	地方自治学校数量	学生数量	县级地方自治局对学校的支出总额	用于教师的支出			用于校园建设与维护的支出	用于教学资料等的支出	对每所学校的平均支出	对每名学生的平均支出
				总计	文化课教师	神学课教师				
沃罗涅日	508	42789	164947	139286	121384	16892	3402	18115	324.7	3.9
维亚特卡	459	42334	344670	249376	218291	28062	41425	30172	750.9	8.2
叶卡捷琳诺斯拉夫	320	25677	136314	106404	95525	10502	4996	14840	426.0	5.3
喀山	499	26969	202353	155990	130826	24389	16602	20904	405.9	7.5
卡卢加	365	23849	87023	78448	69300	8353	1299	5897	238.4	3.6
科斯特罗马	313	19888	134585	98437	82074	15218	9595	14116	429.9	6.8
库尔斯克	516	36917	178998	141936	120279	19533	6712	23072	346.9	4.8
莫斯科	539	35666	375853	255580	202553	50287	54769	27381	697.3	10.5
下诺夫哥罗德	403	21897	139008	117482	98803	15366	4646	9952	344.3	6.3
诺夫哥罗德	374	17919	118213	98488	87776	10431	4989	11907	316.1	6.6
奥洛涅茨	140	5841	64584	46818	39158	7460	8651	4960	461.3	11.1
奥廖尔	507	34649	130998	107125	92599	12951	8036	11721	258.3	3.7
奔萨	313	19614	96631	89056	78825	9391	247	5056	308.7	4.9
比尔姆	644	46495	430886	355391	308380	46159	24575	31104	669.1	9.3
波尔塔瓦	627	48241	281373	224831	189112	33022	18447	17814	448.8	5.8
普斯科夫	180	9923	114021	62054	52906	8223	21384	8847	633.4	11.5
梁赞	515	37843	184242	151892	132991	15963	4666	19380	357.8	4.9
萨马拉	464	34020	208277	180842	159087	21755	2726	19059	448.9	6.1
圣彼得堡	265	14474	143208	107828	96241	11562	12035	12297	540.0	9.9

续表

省份	地方自治学校数量	学生数量	县级地方自治局对学校的支出总额	用于教师的支出			用于校园建设与维护的支出	用于教学资料等的支出	对每所学校的平均支出	对每名学生的平均支出
				总计	文化课教师	神学课教师				
萨拉托夫	421	32279	145448	134487	117812	16050	1115	5228	345.5	4.5
辛比尔斯克	318	16915	71088	54360	47396	6367	554	8198	223.5	4.2
斯摩棱斯克	301	18083	68353	50769	42021	8101	2658	6298	227.0	3.8
塔夫里奇	300	23768	204047	165800	155396	9404	4369	21109	680.2	8.6
坦波夫	490	33485	171964	136653	119914	14274	3557	20164	350.9	5.1
特维尔	516	39009	207177	159021	142784	15442	13586	22550	401.5	5.3
图拉	456	25031	90721	72474	61761	8703	4112	9323	198.9	3.6
乌法	184	10950	87194	62463	53693	8799	10451	7676	473.9	7.9
哈尔科夫	467	33938	190454	150506	125843	23846	11079	19652	407.8	5.6
赫尔松	283	22701	170083	144054	123193	16069	2718	13509	601.0	7.5
切尔尼戈夫	513	39805	219480	176649	154493	20647	18893	18258	427.8	5.5
雅罗斯拉夫尔	359	23549	121174	109987	94682	14505	3178	3802	337.6	5.1
总计	13218	903121	5576715	4405688	3802983	557868	544894	480267	421.9	6.2

注：本次统计缺少辛比尔斯克省先吉利伊县（Сенгилеевский уезд）和斯摩棱斯克省罗斯拉夫利县（Рославльский уезд）两县的地方自治局具体支出数据。但已知它们的学校数量分别为59所和38所，学生数量分别为2763人和2586人。如此算来，34个省的地方自治初等学校数量为13315所，学生总数为908470人。需要指出的是，对于1893年的地方自治初等学校的数量，帝国自由经济协会统计资料有着不同的说法。在1900年出版的第2卷中，前言第Ⅷ页和第52页记载为13340所，前言第XIV页记载为13357所，其中农村地区有13146所，城市地区有211所。在1905年出版的第3卷中，前言第17页记载为13045所，前言第23页记载为13285所，前言第24页记载为13235所。这些数据本身相差不大，其不同可能因误差所致。本书出于慎重起见，认为1893年地方自治初等学校的数量为13315所。

资料来源：Г. Фальборк и В. Чарнолуский, Начальное народное образование в России, Том третий［M］, С. 56－60。

另外，据Г. 法利博尔克和В. 恰尔诺卢斯基的《俄国初等国民教育》第3卷前言第8页记载，各县级地方自治局对于地方自治初等学校的总支出为5595086卢布，正好弥补了表1－4的缺憾。

从表1－4中可以看出，对每名学生的平均支出在7卢布以上的省份有：比萨拉比亚、沃罗格达、维亚特卡、喀山、莫斯科、奥洛涅茨、比尔姆、普斯科夫、圣彼得堡、塔夫里奇、乌法、赫尔松。在这12个省份里，除了比萨拉比亚省对每名学生的平均支出很高是因为该省学校太少以外，沃罗格达、普斯科夫、奥洛涅茨、乌法是因为地广人稀、学校的建设成本相对较高，而剩下的省份则是地方自治教育办得比较好。特别是莫斯科、比尔姆和维亚特卡3省，不仅学校数量、学生数量都比较庞大，而且每所学校、每名学生的平均支出都很高，它们也一直是地方自治教育的典范。

有意思的是，地方自治局用于校园建设与维护的支出超过用于教学资料等的支出的省份一共有9个（比萨拉比亚、弗拉基米尔、维亚特卡、莫斯科、奥洛涅茨、波尔塔瓦、普斯科夫、乌法、切尔尼戈夫），说明这里的地方自治局更多地承担学校的建设任务，而不是交给农村公社。而在这9个省里，有6个属于上面提到的人均支出较高、国民教育办得较好的省份。这说明，只要地方自治局主动承担起责任，愿意为学校的发展投入资金，那么当地的国民教育就能发展得比较好。

而对每名学生的平均支出低于4.5卢布的省份，如沃罗涅日、卡卢加、奥廖尔、辛比尔斯克、斯摩棱斯克、图拉等省的地方自治局对于初等教育投入不足。特别是奥廖尔和沃罗涅日两省，学校多，学生也多，但是地方自治局的投入却裹足不前。

（四）对奖励制度的评价

地方自治局对农村公社实行奖励制度，目的是建立更多的初等学校。至于其有没有发挥作用，我们可以通过不同时间段内建立学校的数量来说明。

帝国自由经济协会1893年的统计资料记载了1856～1893年各地方自治

省份新建地方自治初等学校的数量，具体情况如表 1－5 所示。

表 1－5　地方自治初等学校在不同时间段内的新建数量

单位：所

省份	1864～1873 年	1874～1883 年	1884～1893 年
比萨拉比亚	30	13	5
弗拉基米尔	88	170	111
沃罗格达	68	77	17
沃罗涅日	194	152	84
维亚特卡	184	88	47
叶卡捷琳诺斯拉夫	117	96	87
喀山	140	157	131
卡卢加	114	124	76
科斯特罗马	101	107	78
库尔斯克	194	182	99
莫斯科	108	240	159
下诺夫哥罗德	119	133	104
诺夫哥罗德	114	150	95
奥洛涅茨	18	86	24
奥廖尔	154	170	115
奔萨	107	131	38
比尔姆	229	251	90
波尔塔瓦	143	189	184
普斯科夫	48	77	40
梁赞	119	238	105
萨马拉	183	172	45
圣彼得堡	66	120	72
萨拉托夫	116	175	96
辛比尔斯克	127	94	25
斯摩棱斯克	47	142	140
塔夫里奇	83	111	69
坦波夫	169	147	86
特维尔	163	155	160

续表

省份	1864～1873 年	1874～1883 年	1884～1893 年
图拉	148	151	109
乌法	13	112	45
哈尔科夫	127	143	96
赫尔松	73	144	62
切尔尼戈夫	110	202	163
雅罗斯拉夫尔	103	164	63
总计	3917	4863	2920

资料来源：Г. Фальборк и В. Чарнолуский, Начальное народное образование в России, Том второй［M］, С-Петербург, 1900 г. , С. 146。

表 1－5 表明，在实行地方自治的第一个十年里（1864～1873 年，各地方自治局逐渐建立），共新建了 3917 所地方自治初等学校；第二个十年（1874～1883 年）速度更快，共新建了 4863 所。二十年之内，34 个省份共建立起 8780 所地方自治初等学校，速度不可谓不快。而且这两个时段学校的新建速度都超过了后来的第三个十年（1884～1893 年，共计 2920 所）。如果再联系这期间地方自治局的初等教育支出状况，就能发现一个很明显的悖论：当地方自治局的投入并不大的时候（1868 年的国民教育支出为 73.88 万卢布，到 1880 年为 520 万卢布左右）学校数量的增长非常显著，而当地方自治局较大幅度增加投入的时候（1895 年的国民教育支出为 912.86 万卢布），学校数量的增长速度反而降下来了。这只能说明，在地方自治活动的初期，农村公社广泛地参与了学校的创建活动，起到了主要的作用。这也充分说明，地方自治局实行的奖励制度的确提高了农民对于新建学校的参与度，起到了一定的刺激作用。

但是，改革后的农民是非常贫穷的，负担也非常沉重，而且正如 H. A. 考尔夫所言，很多地方“无知产生贫穷，贫穷又产生和延续着无知”[①]，那么为什么他们会在这种情况下响应地方自治局的鼓动，参与学校的建设呢？

① Н. А. Корф, Русская начальная школа［M］, С. 55.

难道完全是为了后者的那些“奖励”吗？

实际上，改革后的农民虽然贫困，但是已经转变了对教育的看法。经济文化都不太发达的卡卢加省地方自治局在 19 世纪 70 年代进行了一次调查，结果发现民众对于“是否渴求教育”的问题基本上持正面回答。利赫温斯克县对此解释道，很多农民都前往首都打工，而且文化程度越高的人，在那里生活得越好，这一点非常明显。[①] 对于这一点，Н. В. 比鲁莫娃总结道，正是改革后农村资本主义关系的发展促使农民希望自己的孩子接受教育。一方面，农村的生活日益丰富起来，农民有时也需要签署合同、了解贷款条件；另一方面，农村耕地不足、土地歉收使得外出务工成为常见的现象，而识文断字的人在城市里更容易找工作。甚至在农村地区有文化的人也有一些特权：服兵役时受到优待，免受体罚等。[②] 所以说，改革后农村地区不断变化的社会经济形势让农民渴望通过接受教育来改变贫困的状况，而地方自治局在此时期实行奖励制度，正好契合了农民兴办教育的心理，因此学校和学生的数量都有较大增长。

但是不可否认的是，实行奖励制度的代价也是非常高的，特别是在地方自治之初。地方自治局在教育方面投入不足，很多经费不得不由农村公社承担，因此也产生很多问题。第一，奖励制度加重了农民的负担。除了大量的国家税、地方税、村社税之外，农民每年还要在医疗（接种牛痘、医士工作站等）上支出几百万卢布，再加上其他劳役，农民已经苦不堪言。在这种情况下再让农民出资建设国民学校，他们的负担可想而知。第二，奖励制度加剧了农村公社与地方自治局之间的冲突。农民虽然希望接受教育，但是确实无力开办太多的学校。这个时候，地方自治局的奖励制度就被迫悬空，无法发挥作用。于是有些地方自治局改为强迫手段，强迫农村公社承担国民教育的部分支出，并以关闭学校，或者将学校迁走等相威胁，这导致了地方自治局与农村公社的长期矛盾。第三，由于农村公社缺乏资

① Т. А. Свиридова，Калужское земство. 1865 – 1918. Очерки истории［М］, С. 128.

② Н. В. Пирумова，Земская интеллигенция и ее роль в общественной борьбе до начала XX в.［М］, С. 48, 141 – 142.

金，在奖励制度下兴办的许多学校的教学条件和卫生条件都不尽如人意。特别是在19世纪六七十年代，大部分学校没有自己的专门场所，完全寄居在教堂的更房里，或者被安置在租赁来的房屋里。那里的教学条件极其简陋，卫生条件异常恶劣。例如，在1881年的萨马拉县，医生们在对当地的初等学校进行检查之后发现，"学生们冬天时在憋闷的教室空气中待几个学时之后，变得思维迟钝、理解力丧失、记忆力减退"[①]。第四，奖励制度加大了各地之间的差距。奖励是与地方上的支出成正比的，支出越多，奖励就越多。换言之，有能力进行教育支出的地方，得到的奖励就越多，接下来的支出压力会减小，国民教育事业很快走上良性发展轨道；而落后的地区则完全相反，将会一直裹足不前或者发展缓慢。这样的状况普遍存在，成为奖励制度的最大弊端之一。

直到19世纪90年代中后期，随着省级地方自治局不断增加对初等教育的支出，奖励制度逐渐被废弃，它所造成的不利局面才慢慢扭转过来。

总的来说，在改革后的现实条件下，奖励制度在一定时期内虽然有诸多弊端，但仍不失为一种符合实际且较为有效的发展策略。只是随着时间的推移，它的弊端在教育大发展的目标要求下越来越明显，这种制度越来越不符合发展初等教育的需要，遂被省级地方自治局废弃。在此之后，初等教育获得了更为快速的发展。

（五）地方自治局对廉价学校、教会－教区学校的资助

地方自治局在成立之初，就在考虑如何以最少的资金建立一所初等学校。为此著名的地方自治活动家 А. И. 瓦西里奇科夫公爵就设计出了一种简易学校网络，每所学校每年耗资不超过275卢布。[②] 但是一些人表示，这种学校造价仍然太高，必须使它更加廉价一些。于是在19世纪70年代初期出现了模仿巡诊医生的所谓移动学校或者"门诊学校"建设方案。根据这套方案，教师就像巡诊的医生一样在各教学区巡访，

① Б. Б. Веселовский, История земства за сорок лет, Т. 1 ［М］, С. 526－527.

② Б. Б. Веселовский, История земства за сорок лет, Т. 1 ［М］, С. 486－487.

在每个教学区里建立 6～8 个工作点；教师在一个教学区停留 4 周，然后在 6～8 周以后再回来。在此基础上，再将学生分为 5～6 组，每一组都围绕在学习能力最强、最为机敏的学生周围，然后老师再奔赴下一个工作点。[①] 这种“廉价”学校的思想在各地引起巨大反响，很多议员认为这种方式既可以使学校接近民众，又无须耗费太多，真是两全其美之策。但是正当廉价学校方案开始实行的时候，枢密院却出台命令（1877 年）禁止了地方自治局的这种做法[②]，意在避免有人借助于上述行为进行政治宣传（因为那时正流行“到民间去”的运动）。当政治风潮逐渐平息下来，地方自治局关于开设廉价学校的申请重又获得批准，19 世纪 80 年代中期已经有一些县份设立了这样的学校。但是地方自治局很快发现，这些学校并没有预先设想得那么好，特别是教学效果很差。于是建立廉价学校的尝试以失败告终。

进入 19 世纪 80 年代之后，地方自治局的兴趣转移到教会－教区学校（церковно-приходская школа）上来。这种学校以前也被称为初等国民学校，在里面由神职人员向孩子们教授宗教道德知识，宣传东正教会的精神。在 1865 年，全俄共有此类学校 21420 所，学生 413524 人。[③] 有些地方自治局认为，由于历史原因，神职人员更胜任教育、教学任务。为此，他们支持建设教会－教区学校，并愿意为此提供资助。有些地方自治局认为，向教会提供资助一起建立教区学校，与向农村公社发放奖励来一起建立学校的性质是一样的，而且更加廉价。当然这种举措受到了缺乏资金的教会－教区学校的欢迎。1880 年提供这种资助的有 28 个县，到 1899 年有 169 个县，1902 年为 158 个县。[④] 极端的例子是，为了节约开支，一些地方自治局索性将全部或者部分地方学校转交给神职人员。根据帝国自由经济协会的统计资料，1893 年县级地方自治局

① Б. Б. Веселовский, История земства за сорок лет, Т. 1 ［М］, С. 487.

② Б. Б. Веселовский, История земства за сорок лет, Т. 1 ［М］, С. 487.

③ В. В. Григорьев, Исторический очерк русской щколы ［М］, С. 521.

④ Б. Б. Веселовский, История земства за сорок лет, Т. 1 ［М］, С. 491.; В. Чарнолуский, Земство и народное образование, часть 1 ［М］, С. 134－135.

向教会－教区学校提供的资助达到 179313 卢布，占其初等教育支出的 2.7%。[①] 1901 年，在 359 个县中有 265 个县向教会学校提供资助，资助额为 43.4 万卢布。[②] 1902 年萨拉托夫省地方自治局的调查表明，向教会－教区学校提供资助的省级地方自治局只有 7 个，而高达 78% 的县级地方自治局曾经提供这种资助。[③]

但实际情况表明，教会学校的课程与地方自治学校没有太大区别，这种教育也并不廉价。而这种大量资助无异于将地方自治局的国民教育工作拱手相让（有些县份对于教会－教区学校的资助甚至占到本县国民教育预算的 30% ～40%），于是在地方自治局内部遭到越来越多的反对。特别是到 19 世纪 90 年代末期，省级地方自治局开始大量参与初等学校的建设，普遍对这一状况表示不满。有些议员认为，地方自治局无论是在纯粹的业务上还是在原则上，都没有任何理由将自己的资金投入其他部门的学校。

除此以外，教会学校的发展也引起了政府的警惕，因为政府担心教权会因此而膨胀起来。事实上教会部门并不满足于地方自治局的补贴，它追求的目标是取消世俗学校，有时甚至离这一目标已经很近了。比如国民教育部曾经发出通告，规定在每新建一所学校的时候，都应该预先告知教区领导人。教会部门利用这种权力阻挠地方上世俗学校的建立，甚至以已存在的教会学校为借口拒绝建立新的学校。这也导致教会部门与地方自治局之间的关系紧张。对此 1897 年枢密院出台了一项解释，规定学校领导完全没有义务“听从教区部门的传唤而执行不恰当的任务”。1903 年枢密院又出台规定，对地方自治局资助教会学校的行为进行限制，“由地方自治局提供经费、在私人捐款和公社资助下成立的所有学校，如果将它们转给教区部门”，“只有在上述所有人和公社的同意下”才能进行。[④] 结果地方自治局要

---

① Г. Фальборк и В. Чарнолуский, Начальное народное образование в России, Том третий ［M］, Предисловие, С. Ⅷ.

② Б. Б. Веселовский, История земства за сорок лет, Т. 1 ［M］, С. 494.

③ В. Чарнолуский, Земство и народное образование, часть 1 ［M］, С. 136.

④ Б. Б. Веселовский, История земства за сорок лет, Т. 1 ［M］, С. 490 －494.

么停止资助教区学校，要么减少补贴额度。1906 年地方自治局对教会学校的支出额降到 31.5 万卢布；到 1909 年前后，只有一些边境省的县份和其他落后的县份仍在资助教区学校。[①]

二　省级和县级地方自治机构的协作与初等教育的迅速发展

如前所述，省级和县级地方自治机构从一开始便存在着较为严格的责任划分，省级地方自治局认为发展初等教育是县级地方自治局的事情，不愿意为它提供资助。县级地方自治局也竭力维护自己的“独立性”，而不愿意听命于省级地方自治局和受它的干涉。其主张，省级和县级地方自治机构之间不是互相补充的关系，而是相互平行的。如果省级地方自治局干涉过多，就有将县级地方自治局变成它的执行机关的嫌疑。而且，如果省级地方自治局向全省各县投入资金发展国民教育，就意味着某些县份必须拿出一部分资金投入别的县里，这是它们所不愿意见到的。在省县两级地方自治局为平行关系的情况下，同一个省内的各县在发展国民教育方面可能有着巨大的差距，甚至会存在两极分化。例如，1893 年的比萨拉比亚省在总共 7 个县中有 3 个没有自己的地方自治初等学校，有 2 个县分别有 1 所，有 1 个县有 2 所，只有霍京县（Хотинский уезд）建立了 46 所学校。[②] 到 1898 年，该省有 5 个县没有地方自治学校，而剩下的 2 个县共有 67 所。[③] 总体上说各县之间在学校数量上的差距还是很大的，而且学校的建立和关闭都由县级地方自治局决定。这也是省级地方自治局对初等教育事业发展完全不干涉的结果之一。

但是莫斯科省是个例外。早在 1878 年该省地方自治局就通过决议，要向教师提供 40～100 卢布的薪水补贴，使他们的最低工资达到 300 卢布，为此 1879 年一共拨款 1 万卢布。到 1895 年这项拨款增长到 34058 卢布。当年

① Б. Б. Веселовский, История земства за сорок лет, Т. 1 ［M］, С. 494.

② Г. Фальборк и В. Чарнолуский, Начальное народное образование в России, Том третий ［M］, С. 56.

③ Б. Б. Веселовский, История земства за сорок лет, Т. 1 ［M］, С. 477.

省地方自治局又通过决议，将教师工资标准从300卢布提升至360卢布，而县级地方自治局只有将教师最低工资提升至240卢布才能获得省里的资助，其间差额将由省地方自治局补齐。新规定增加了省地方自治局的拨款：1896年的追加补贴为45213卢布，1897年为49531卢布，1900年为76500卢布，1905年则为109700卢布。[①] 除此之外，莫斯科省地方自治局与各县在校园建设等方面也展开合作。在这种配合下，该省成为34个地方自治省份中国民教育事业发展最为成功、最为顺利的地区。

而除此之外，其他各省都没有出现这种局面。议员H. H. 科瓦列夫斯基这样描述19世纪90年代中期以前省级地方自治局在学校事业中的作用，他认为，省级地方自治局“很富有，却是个漠不关心的大叔，从他那里或多或少能得到一些施舍，但是不要期待经常性的积极和体贴的态度”[②]。

（一）省级和县级地方自治机构之间关系的转变

在19世纪80年代上半期，随着地方自治教育的发展和所需资金的增多，一些省份开始探讨省级和县级地方自治机构之间的关系问题，其中以圣彼得堡省和赫尔松省为代表。圣彼得堡省地方自治局在1880年将这一问题交给各县讨论，并在1882年最终决定，“开设新的学校和为现有学校提供经费的任务应该完全由各县承担”。而在赫尔松省，这一问题的争论在很多年都没有结果，直到1895年才最终确定，只有省级地方自治局亲自参与国民教育事业，只有县级地方自治局放弃对农村公社的“奖励制度”原则的时候，国民教育事业才有发展的可能。[③]

赫尔松省的讨论预示着省级和县级地方自治机构之间关系的彻底转变。事实上，从19世纪90年代开始，绝大部分省份也经历了这种转变。这种转变最重要的原因是，尽管国民教育事业在不断发展，但是地方自治局越来越发现它仍然处在一个非常低的发展水平，国民教育（特别是初等教育）无论是从数量上看还是从质量上讲，都无法满足世纪之

① Б. Б. Веселовский, История земства за сорок лет, Т. 1 ［М］, С. 465.
② Б. Б. Веселовский, История земства за сорок лет, Т. 1 ［М］, С. 512.
③ Б. Б. Веселовский, История земства за сорок лет, Т. 1 ［М］, С. 513.

交经济社会的发展要求，这也是必须发展普及教育的主要原因。[①] 因此，绝大多数省级地方自治机构调整了与县级地方自治机构之间的关系，特别是在初等国民教育方面，由原来的不干涉政策转变为积极参与初等国民教育的发展。

在一些地方，省级地方自治局的转变没有遭到特别强烈的反对，但是在另一些地方，它不仅遭到县级地方自治局的强烈反对，而且遭到了省议员的指责。其认为，对各县进行资助“只不过是钱从一个口袋拿到另一个口袋”，而“各县自己更清楚，拨给它们的钱应该花到哪里”[②]。即便只有省级地方自治局的调整才能消除各县教育发展中明显的混乱状态，但还是有一些人担心这会使得省级地方自治局加强监管，县的独立性受到损害；也有人担心省级地方自治局会厚此薄彼，造成对各县支出的不平衡。但县级地方自治局逐渐认同了省里的观点，也开始加大对国民教育的投入。而县级地方自治机构的财政困难状况也让它们承认，增加省级地方自治局的预算，并让它承担县级地方自治局的一部分支出，是发展国民教育最为简单有效的方式。[③]

于是省级和县级地方自治机构之间的关系发生了转变，而且前者在这一过程中起到了主导作用，正是在它的资助下，各县的初等教育事业才得以迅速发展起来。

（二）省级地方自治局的资助方式

在向各县提供资助这方面，莫斯科省地方自治局无疑是开风气之先者。它早就意识到，“对于一些县来说，实现学校网的建设是非常困难的，而对于另一些县来说则是无法想象的，如果省地方自治局不承担起对它的大部分支出的话”[④]。为了参与初等教育的建设，1896 年该省还制订了一个广泛

① А. И. Чернышев, Участие земств в создании сети и системы начальных школ Курской губернии во второй половине XIX-начала XX в. [J], Известия Алтайского государственного университета, 2008 г., номер 4－1, С. 156.

② Б. Б. Веселовский, История земства за сорок лет, Т. 1 [M], С. 516.

③ В. Чарнолуский, Земство и народное образование, часть 1 [M], С. 73－74.

④ В. Чарнолуский, Земство и народное образование, часть 1 [M], С. 72.

而有系统的计划。根据该计划，省级地方自治局应该拿出资金，用于对学校建设和维护的支出。向各县的资助规模应该与其征税额度相一致，也应该与其教育支出相协调。而且这项资助应该具有特定的用途（如给教师发放工资补贴等），并且用于为学校提供经费。

在莫斯科省的带动之下，其他一些省份也都开始采取行动。但是从总体上看，省级地方自治局对于初等学校的资助并没有形成某种固定的、原则性的、被广泛认可的制度。各地都根据自己的实际情况而采取了不同的方式，总结下来，有如下几种。

（1）省级地方自治局与县级地方自治局展开合作，承担其部分国民教育预算。例如诺夫哥罗德（1897 年）、斯摩棱斯克（1893 年）和坦波夫（1896 年）等省的地方自治会议通过决议称，要承担起各县级地方自治局初等教育预算的一部分。赫尔松省地方自治会议在 1895 年决定，要自己承担各县级地方自治局国民教育预算的 1/3。哈尔科夫省地方自治会议在 1897 年决定，向各县的国民学校拨款 20 万卢布，而且哪个县的地方自治税更多，哪个县就能得到更多的资助。①

（2）省级地方自治局直接参与学校的建设，承担学校的建设和维护费用。在奥洛涅茨省（从 1897 年起）、维亚特卡省（从 1896 年起）和圣彼得堡省（从 1901 年起），省级地方自治局并不笼统地向各县提供资金，而是更加深入一层，直接承担学校的经费支出，条件是这些学校要按照省里的规划开办：在奥洛涅茨省，新建学校（一共 90 所）经费支出的 1/5、建设费用的 1/3 和夜间收留所费用的 1/2 都由省级地方自治局承担，但同时规定每个收留所的补助不能超过 24 卢布。从 1898 年起，省地方自治局决定放弃为 90 所学校提供 1/5 的经费支持，而是改为向每一所学校补助 100 卢布。维亚特卡省和圣彼得堡省则分别向每一所新建学校提供 250 卢布和 325 卢布的资助，在 1896 ~ 1900 年，维亚特卡省为初等学校支出 1. 56 万卢布，而县级地方自治局对此的支出是 3079 卢布，也就是说约为省级地方自治局开支

① В. Чарнолуский, Земство и народное образование, часть 1 [M], С. 72; Б. Б. Веселовский, История земства за сорок лет, Т. 1 [M], С. 523 – 524.

的 1/5。[①]

(3) 省级地方自治局为学校的建设提供低息贷款、无息贷款或者无偿援助。发放贷款是省级地方自治局投资初等教育的最常用方式。到 19 世纪 90 年代末，已经有 24 个省级地方自治局发放贷款用于学校建设，不仅贷款规模日渐扩大，而且不少是低息甚至无息贷款（在此之前贷款年利率达到 5%～6%）。[②] 此外，90 年代的贷款不仅可以用来建设校园，还可用来修缮校舍。省级地方自治局发放无偿援助的规模和范围要小得多，毕竟它的资金也比较有限。从总体上看，它们之所以能够拿出资金来发放贷款和提供无偿援助，除了预算以外，主要是利用了储备资金或者保险资金。在这些方面比较典型、成就较为突出的省份有以下几个。[③]

最为先进的是莫斯科省地方自治局，它从 19 世纪 70 年代就已经开始发放学校建设贷款了。1873～1887 年该省共发放贷款 7.145 万卢布，建学校 199 所；1888～1894 年发放了 7.1 万卢布，建学校 147 所。除了发放贷款之外，莫斯科省地方自治局还从 1879 年开始向学校建设提供无偿援助，到 1894 年 10 月 30 日，总计提供 15.8 万卢布。另外该省在 1895 年专门拨款 1.2 万卢布，作为学校的大修补贴。

特维尔省地方自治局从 1891 年开始在县级地方自治局的担保下，为学校建设发放贷款，还款期限不超过 5 年，年息为 4%，每所学校的贷款金额不超过 2000 卢布。截至 1904 年，它已经向 134 所学校发放贷款 14.26 万卢布。

1898 年赫尔松省地方自治会议决定在 10 年内拿出 2.5 万卢布作为贷款资金，于是省地方自治局从 1899 年开始发放贷款，还款周期不超过 10 年，利息不超过校舍价值的 3/4。各县之间学校基金的分配与其学龄儿童的数量成正比。1899～1902 年，共发放贷款 6.04 万卢布。更为突出的是，该省在

① В. Чарнолуский, Земство и народное образование, часть 1 [M], С. 72－73; Б. Б. Веселовский, История земства за сорок лет, Т. 1 [M], С. 524.

② Б. Б. Веселовский, История земства за сорок лет, Т. 1 [M], С. 533; В. Чарнолуский, Земство и народное образование, часть первая [M], С. 78.

③ Б. Б. Веселовский, История земства за сорок лет, Т. 1 [M], С. 530－533.

1879 年决定每年增加预算 1.2 万卢布，向最为贫困的农村公社提供无偿援助（每个县 2000 卢布），以助其建设学校。到 1896 年，这项资助已经总计 19.57 万卢布。从这一年起，省地方自治局决定向每个县提供无偿援助的金额从 2000 卢布提升至 3000 卢布。

科斯特罗马省地方自治局早在 1878 年就决定，向学校建设发放无息贷款，每所学校最高贷款额为 1000 卢布，为期 10 年。这样一共发放贷款 2.4 万卢布。到 1892 年，利用从储备资金的借款，将放贷资金增加到 3 万卢布，到 1898 年又增加至 3.2 万卢布。

除此之外，还存在着比较落后的省级地方自治局，如奥廖尔省、奔萨省、普斯科夫省、卡卢加省、辛比尔斯克省，它们几乎没有拿出任何资金用于学校建设。

1893 年，各省级地方自治局对于县级地方自治局的支出有 156636 卢布，占后者国民教育支出的 2.1%。[①] 到 1901 年，有 16 个省级地方自治局为发放贷款和提供无偿援助而拨款，拨款总额为 32.2 万卢布。[②]

在省级地方自治局的影响之下，县级地方自治局对于学校的建设越来越重视，从 19 世纪 90 年代中期开始也为建设学校发放贷款和提供无偿资助。1901 年，在总共 359 个县里已经有 258 个县级地方自治局将这两项支出列入预算，贷款和资助的总金额达到 97.14 万卢布，也就是说平均每个县达到 3765 卢布。其中有 23 个县级地方自治局在预算中拿出 1 万卢布以上的资金用于发放贷款和提供资助，以建设和修缮校舍。最为突出的沃罗涅日县甚至为此拨款 4.75 万卢布。[③]

（三）省级地方自治局参与下的初等教育的迅速发展

表 1-6 反映的是 1877～1903 年俄国 34 个省份的地方自治-社会学校（земско-общественные школы）数量的增长情况。

① Г. Фальборк и В. Чарнолуский, Начальное народное образование в России, Том третий [M], Предисловие, С. XIV.

② Б. Б. Веселовский, История земства за сорок лет, Т. 1 [M], С. 534.

③ Б. Б. Веселовский, История земства за сорок лет, Т. 1 [M], С. 533; В. Чарнолуский, Земство и народное образование, часть 1 [M], С. 79.

表 1 - 6　1877～1903 年俄国地方自治 - 社会学校数量增长情况

单位：万所

年份	1877	1893	1898	1903
学校数量	约 1.01	1.3315	1.6411	1.87

资料来源：Б. Б. Веселовский, История земства за сорок лет, Т. 1［M］, С. 475 - 476；Г. Фальборк и В. Чарнолуский, Начальное народное образование в России, Том третий［M］, С. 56 - 60。Т. Г. 扎哈洛娃引用的 В. С. 法尔玛科夫斯基的数据是：截至 1903 年，地方自治局资助的国民学校有 18871 所，学生 1324608 人。这与 Б. Б. 维谢洛夫斯基的数据相差不大。见 Т. Г. Захарова, Проблемы народного образования в земском общественном движении России［J］, Известия Саратовского университета, 2006 г. , Т. 6, Сер. Философия, Психология, Педагогика, Вып. 1/2, С. 116。这都可与 Б. Б. 维谢洛夫斯基的数据相参照。Т. С. 格奥尔吉耶娃认为，1894 年俄国的初等学校数量为 32000 所，1906 年增加到 92500 所，大大高于 Б. Б. 维谢洛夫斯基的数据，这主要是因为，在 Т. С. 格奥尔吉耶娃的统计中，初等学校除了地方自治学校以外，还包括教区 - 教会学校，以及其他公立和私立学校，如市立学校、部办学校、厂办学校等。见〔俄〕Т. С. 格奥尔吉耶娃《俄罗斯文化史——历史与现代》，第 454 页。

从表 1 - 6 可以看出，从 1893 年至 1898 年的 5 年里，学校增加的数量接近之前的 16 年；从 1893 年至 1903 年的 10 年里，学校数量增加了 40%。由此可见省级地方自治局参与学校建设所带来的巨大推动作用。

除了数量的增长以外，在省级地方自治局的参与下，初等学校的配套设施也逐渐完善。在这方面具有代表性的是学校附属的夜间收留所（ночлежный приют при школе）和学校图书馆。

北方诸省（奥洛涅茨、诺夫哥罗德、圣彼得堡、普斯科夫等）在学校建设规划中已经考虑到建设附属于学校的夜间收留所。这种夜间收留所相当于现在寄宿制学校的学生宿舍，能为学生提供夜间住宿。这些北方省份地广人稀，人口密度很小，许多学生家与学校距离太远。如果在学校周边设立附属的收留所，学生就可以夜间留宿在里面，这样既能方便学生，又能提高教学质量。

1884 年，圣彼得堡省地方自治局开始参与建设类似的收留所。1884～1901 年，圣彼得堡省共建设了 37 个收留所。到 1901 年 9.9% 的地方学校建设有此类收留所。从 1898 年起，奥洛涅茨省地方自治局每年向收留所提供 2.4 万卢布资金，于是收留所的数量从当年的 7 个增长到 1902 年的 103 个，从 1903 年起，省内各县级地方自治局也开始向教区学校的收留所提供经费，到 1905 年该省的所有地方学校中，已经有 17.3% 的学校拥有夜间收留所。

1897 年，雅罗斯拉夫尔省有 197 所地方学校和教区学校设有附属的夜间收留所，占学校总数的 28%。同年，科斯特罗马省、斯摩棱斯克省、库尔斯克省和图拉省的这一比例分别为 33.3%、24%、16.9% 和 2%。1903 年，诺夫哥罗德省有 79 所地方学校有附属的夜间收留所（占所有地方学校的 12%），弗拉基米尔省有 88 所（16.6%）。[①] 根据帝国自由经济协会的统计资料，至 1893 年，建有夜间收留所的学校共有 752 所，占总数的 5.7%。[②]

最先倡导建设学校图书馆的是莫斯科省。1881 年，莫斯科省地方自治局开始建设学校图书馆，1881 ~ 1897 年为此拨款 1.45 万卢布。从 19 世纪 90 年代起，各地的地方自治局开始重视图书馆建设并为其提供大量拨款。例如，特维尔省地方自治局从 1892 年起每年为此拨款 200 ~ 300 卢布。切尔尼戈夫省地方自治局在 1894 年决定，向每所学校图书馆提供其全部开支的一半，条件是县级地方自治局的拨款不低于 5000 卢布。叶卡捷琳诺斯拉夫省在 1890 年、1892 年、1895 年向国民学校发放 1000 卢布，用于建设学校图书馆。库尔斯克省地方自治局从 1895 年起每年为此拨款 2400 卢布，同时要求县级地方自治局也参与此事。维亚特卡省在学校图书馆建设方面的工作最为积极。在 А. П. 巴图耶夫的倡议下，该省地方自治局在 1895 年拨款 1.5 万卢布，1896 年和 1897 年又分别拨款 3000 卢布。到 1898 年，在 34 个省中共设有 2098 个学校图书馆。[③]

（四）地方自治局对初等学校管理的加强

地方自治局在国民学校事务上的管理权限受到法律的制约。前文已述，1874 年 5 月 25 日颁布的《初等国民学校条例》确立了对国民学校的二元管理体制：教学和日常事务属于学监和学校委员会的管辖范围，而地方自治局只负责为学校提供经费。但是，学校的教学和经费保障工作并不能截然分开，这就导致地方自治局与教育行政机构一直冲突不断。按规定，地方

① Б. Б. Веселовский, История земства за сорок лет, Т. 1 [М], С. 538; В. Чарнолуский, Земство и народное образование, часть 1 [М], С. 81.

② Г. Фальборк и В. Чарнолуский, Начальное народное образование в России, Том третий [М], Предисловие, С. XXIV.

③ Б. Б. Веселовский, История земства за сорок лет, Т. 1 [М] С. 541.

自治局应该提供教学参考书，但是选择什么样的参考书却是教育行政部门的事情，教师的任命和离职也是如此。地方自治局只能将自己的国民教育拨款完全交由学校委员会支配。这就引发了县级地方自治局的不满，各地县级地方自治局纷纷要求增加对国民学校的控制权和监督权，特别是到19世纪90年代末期，这种冲突更加尖锐。

为了加强自己对国民学校的管理和监督，1891年莫斯科省地方自治局组建了学校常务委员会（постоянная комиссия по народному образованию）及其执行机关学校管理局。后来各省纷纷效仿，陆续设立类似部门［有的地方没有学校管理局，而设置了国民教育处（отдел народного образования）等类似机构］，作为省级自治局直属的管理国民教育的机构。地方自治局的国民教育处对国民教育问题进行管理，在实际中执行着地方自治会议和地方自治局的决议，同时它还负责收集和编写关于县里教育状况的材料，以及组建新学校所需的资料。它的处长是地方自治局管理国民教育的负责人。到20世纪初期，设立学校常务委员会的有23个省级地方自治局，而设立国民教育处或者学校管理局的有30个省（奥洛涅茨、诺夫哥罗德、斯摩棱斯克和乌法除外）。[①] 从19世纪90年代起，某些县级地方自治局也开始设置这种学校管理局，但是数量还比较有限。它们的任务是研究如何促使更多的人获得初等教育，并承担一些调查和教育统计的工作。

三　地方自治机构与普及教育

在19世纪90年代，省级地方自治局越来越多地提出，为了促使教育能够更大范围地惠及民众，必须实行普及教育。90年代是俄国工业高涨的时代，对技能人才的需求催生了普及教育问题的提出。在1894～1897年，有24个省级地方自治局研究了普及教育的问题，其中有17个省份对国民教育进行了系统性的调查，有20个省份组建了支持学校建设的专门基金会。[②]

① Б. Б. Веселовский，История земства за сорок лет，Т. 1［М］С. 519.

② Б. Б. Веселовский，История земства за сорок лет，Т. 1［М］，С. 516；В. Чарнолуский，Земство и народное образование，часть 1［М］，С. 71.

实际上，省级地方自治局参与发展学校事业、参与发展初等教育，其初衷就是为了实现普及教育，上文所说的省级地方自治局建设学校的一系列努力也正是它们为实现普及教育所采取的主要措施。当然，仅凭地方自治局的财力是无法为适龄儿童建立遍布各地的初等学校的，因此必须借助政府的力量。后来的事实也表明，普及教育正是在地方自治局的大力倡导和推动下，在政府的参与下逐渐展开的。地方自治局创建的国民教育模式成为其他部门（政府部门、教会部门等）发展教育的典范，普及教育也正是以地方自治教育（主要是初等教育）为基础和蓝本展开的。

（一）地方自治机构为普及教育所做的准备工作

除了为学校建设提供贷款和无偿援助、为学校配套设立图书馆和夜间收留所，以及设置学校管理局或者国民教育处以外，省级地方自治局为了实现普及教育，还做了如下准备。

（1）进行国民教育统计和调查。建设学校是发展普及教育的核心任务，地方自治局要想查明各地究竟需要多少学校，首先要搞清楚两个问题：第一，有多少学龄儿童因为学校数量不足而无法上学；第二，有多少学龄儿童因为居住地离学校太远而没有入学。换句话说，就是要确定学龄儿童在总人口中的比重以及现在入学的儿童所占的比重。但是各地方自治局在儿童的学龄应该是多少年的问题上出现了分歧，主要有两种意见：一些地方认为是 3 年（一般是 9～11 岁），另一些地方认为是 4 年（9～12 岁）。例如，库尔斯克省、莫斯科省认为学龄应该是 9～11 岁，普斯科夫省认为是 9～12 岁，奥廖尔省认为是 10～12 岁，卡卢加省认为男孩是 8～11 岁、女孩是 9～11 岁。[①] 各地方自治局和统计人员分别以 3 年和 4 年对学龄儿童在总人口中所占比重进行了统计。结果发现，如果学龄是 3 年，那么学龄儿童大约占总人口的 7%；如果学龄是 4 年，那么学龄儿童大约占 9%。如果按前一种学龄标准，那么 1898 年各地方自治省份（城市除外）学龄儿童的总数为 406.1 万。而这些儿童中只有 30.2% 进入地方自治学校学习。[②] 儿童入

---

① Б. Б. Веселовский, История земства за сорок лет, Т. 1 ［М］, С. 520.

② Б. Б. Веселовский, История земства за сорок лет, Т. 1 ［М］, С. 521.

读地方自治学校比例最高的省份是莫斯科（49.2%）和圣彼得堡（43.9%），其次是特维尔、雅罗斯拉夫尔、弗拉基米尔等省，而普斯科夫（接近 16%）、乌法（13.2%）和比萨拉比亚（14.5%）则排名靠后。儿童的入学率除受地域影响外，还受性别的影响，女孩的入学率在所有的地方都低于男孩。1898 年，在地方学校的所有学生中，男生大约占 4/5，女生只占 1/5。只有在圣彼得堡省、莫斯科省和雅罗斯拉夫尔省，女生占全部学生的比重接近 1/3。[①] 这些调查和统计数据说明，要实现普及教育，地方自治局和政府还有很多工作要做。

（2）编制学校的标准化网络规划。有了基本的统计数据，地方自治局就要确定，需要在本省内建立多少所学校，才能尽可能地满足学龄儿童的入学需求。在这里不仅要考虑未入学的学龄儿童数量，还要考虑各地的人口数量和人口密度。如果一所学校对应的人口数太大，就必须新建更多的学校，以防止学校人满为患。如果人口密度不大，学校距离学生家庭太远（4 俄里以上），学生上学就会很困难。1898 年的数据显示，在 359 个县中，有 129 个县平均每所学校对应的居民数在 3000 人以下，这或多或少能够满足需要；但是有 70 个县平均每所学校对应的居民数超过 5000 人，显示出学校数量极端匮乏。[②] 在建有学校的 349 个县中，有 225 个县学校的平均服务半径超过 5 俄里，这对于孩子们上学是一个极大的考验。[③] 各省地方自治局利用这些数据，计算出实现普及教育需要建立的学校数量以及所需的资金。比如，斯摩棱斯克省学校管理局计算出，必须在 1896 年 576 所现有学校的基础上再增加 641 所；库尔斯克省则计算出，还需要建设超过 3000 个班级，并扩建旧的学校；等等。[④] 萨马拉县地方自治局为了在短期内实现普及初等教育的目标，制订了学校网络方案。为此要建设 51 所地方自治－社会学校

① Б. Б. Веселовский，История земства за сорок лет，Т. 1 ［М］，С. 521.

② Б. Б. Веселовский，История земства за сорок лет，Т. 1 ［М］，С. 479.

③ Б. Б. Веселовский，История земства за сорок лет，Т. 1 ［М］，С. 482.

④ А. И. Чернышев，Участие земств в создании сети и системы начальных школ Курской губернии во второй половине XIX-начала XX в. ［J］，Известия Алтайского государственного университета，2008 г.，номер 4－1，С. 158；Б. Б. Веселовский，История земства за сорок лет，Т. 1 ［М］，С. 522.

（每年每所学校的经费为650卢布）和40所识字学校（每年每所学校的经费为120卢布），与此同时还必须一次性地为地方自治学校的校舍建设提供总额为12万卢布的资助（每所学校2000卢布）。这样每年的国民教育支出达到11.4万卢布，占预算的33.9%。[①]

（3）筹集资金。这包括开源和节流两个方面。所谓开源，就是向政府申请资助和扩大地方自治局的收入来源。地方自治局除了依靠自身的力量发展初等教育事业以外，早在19世纪七八十年代就已经建议政府增加对国民学校的投入，以期获得它的资助。但是俄国的预算制定权被牢牢掌握在政府手里，政府不仅不向地方自治局提供资助，反而还经常使用它的资金。《地方自治支出预算》第1条和第3条——"政府官员巡视预算"和"拘留所运营预算"都表明，政府需要地方自治局提供一定的经费。与此同时，世界上的先进国家都是中央财政资助地方预算，在当时取得了明显的成效。另外，随着普及教育成为全国性需求，地方自治局的支出规模日益增大，它也越来越感到经费的不足。因为地方自治税是以土地和不动产为基础的，它只能获得工商业场地的收益，而不能获得工商业企业的收入。工商业企业享受了地方自治局带来的好处，不断发展壮大，但是地方自治税的税源却在减少或者增长缓慢。而与地方自治局相比，政府在税收方面处于一种有利的位置，因为它手里掌握着迅速增长的绝大多数资源。因此地方自治局认为自己有权向政府申请资助。1900年6月12日的法律规定了地方自治税的征收范围，这让地方自治局感到，如果其想要实现普及教育的话，就不可避免地要去争取国家的资助，因为其根本无力提供足够的拨款。[②] 于是，地方自治会议不止一次地申请，应该将从酒的专卖中所得的部分资金投向国民教育，为此它们还申请将一桶酒的价格提升20～40戈比。还有观点认为，国家应该向农村公社补偿酒类专卖制度给农民造成的损失，然后

① П. С. Кабытов, Самарское земство: опыт практической деятельности（1865 – 1918 гг.）[М], С. 263.

② П. С. Кабытов, Самарское земство: опыт практической деятельности（1865 – 1918 гг.）[М], С. 263.

用这笔钱来发展国民教育，等等。[①] 萨马拉县地方自治局向国民教育部申请，为了在贫困村庄建设 20 所校园，请求一次性资助 4 万卢布，而为了这些学校的运行，请求每年资助 4520 卢布（平均每所学校 226 卢布），后来又申请资助 4.2 万卢布。[②]

在节流方面，比较典型的是库尔斯克省。该省的地方自治局决定，为了发展普及教育，必须削减与地方自治事务没有直接关系的支出。这些支出项目包括：为法院巡查员和警察局官员提供住房的经费；向省级地方和城市事务机关提供的经费；向县级兵役机关提供的经费；向拘留所提供的经费和押解犯人的经费；为警察局养马提供的经费。砍掉这些支出以后，该省地方自治局节省了大约 14 万卢布，全都用来发展国民教育。[③]

（二）地方自治机构与政府为实施普及教育而采取的措施

在实施普及教育之前，俄国政府对于教育的投入比较有限。资料显示，从 1872 年至 1894 年，俄国各类初等学校的总预算从 4235383 卢布增长到 18171640 卢布，增加了 3 倍多，而同期国民教育部用于初等学校的资金从 739285 卢布增加到 1362539 卢布，仅增加了 84.3%，这一速度甚至还赶不上私人捐助——在此期间，私人在学校教育方面的捐款从 622803 卢布增长到 1589313 卢布，增长幅度达 155.2%。[④] 政府很少向地方自治机构的学校建设提供资助，这也是俄国教育落后的原因之一。

在地方自治局的不断呼吁下，政府逐渐对普及教育问题重视起来。从 1898 年起，政府每年从国库中拿出 1.35 万卢布资助奥洛涅茨省地方自治局，用于发展该省的初等教育。[⑤] 奥洛涅茨省位于北部地区，地广人稀，学

---

① Б. Б. Веселовский, История земства за сорок лет, Т. 1 ［М］, С. 579－580.

② П. С. Кабытов, Самарское земство: опыт практической деятельности (1865－1918 гг.) ［М］, С. 264.

③ А. И. Чернышев, Участие земств в создании сети и системы начальных школ Курской губернии во второй половине XIX-начала XX в. ［J］, Известия Алтайского государственного университета, 2008 г., номер 4－1, С. 158.

④ Г. Волкова, Земство и становление народной школы в России［J］, Высшее образование в России, 2008 г., № 4, С. 152.

⑤ Б. Б. Веселовский, История земства за сорок лет, Т. 1 ［М］, С. 580.

校设施落后，民众的负担却非常沉重，更无余力发展教育。政府的这种直接援助开启了政府与地方自治局合作实施普及教育的先河。

1900年以后，政府开始全面研究如何向地方自治局提供国民教育资助的问题。从一开始，国民教育部试图将地方自治机构的活动置于政府的监督之下，在地方自治局放弃教育职位领导候选权的条件下，可以答应为建设学校提供资助。尽管可以获得大量的物质援助，但是没有一个地方自治局愿意使自己的自治权受限。[①] 1902年，国民教育部提出了新的方案，让地方自治机构仅保留对现有学校的管理权，而新建的学校则成为政府的官办学校。1903年，这一思想在 В. И. 法尔玛科夫斯基制订的国民教育部方案中得到了体现，该方案规定所有新开设的学校应该归属于国民教育部。根据官员的估计，要实现该方案需要1.08亿卢布。为落实该方案，1904年内阁预算中已经预拨出一部分资金，但由于日俄战争爆发，这笔拨款被取消。[②]

1904年，国民教育部对俄国普及教育的状况进行了一次统计。结果发现，1904年每100人中只有3.7个初等学校的学生。而在1894年的英国，每100人中有18.1个初等学校学生，1894年的荷兰为17.0个，1894年的法国为11.1个，1894年的德国萨克森地区为17.7个，1893年的瑞士为15.6个，1894年的意大利为7.5个，1893年的芬兰为11.0个，1890年的日本为7.46个，等等。换句话说，上述国家每100人中的学生数，在10年前就已经是俄国的2~5倍。在人均初等教育支出上，俄国全境在1904年以后仍然不足25戈比，而在19世纪80年代末期，英国的人均初等教育支出就已经达到236戈比，法国为166戈比，普鲁士为245戈比，瑞士为243戈比。[③] 这项调查让政府认识到了俄国与西方先进国家之间的巨大差距。

1905年俄国爆发革命，国民教育部拟订了更具自由主义色彩的方案，保留了地方自治机关对国家学校的管理权，并计划在近10年内增加政府

① Н. В. Чехов, Типы русской школы в их историческом развитии [М], С. 190.

② П. В. Галкин, Земство и народное образование // Земское самоуправление в России, 1864 – 1918, Т. 2, под отв. ред. Н. Г. Королёвы [М], С. 138.

③ Б. Б. Веселовский, История земства за сорок лет, Т. 1 [М], С. 579.

开支 1.05 亿卢布。然而，内阁的改组和 П. М. 考夫曼入主国民教育部，导致这一方案被重审，而且方案中的保守主义色彩愈发浓厚。经过省县两级地方自治局的讨论，各地都支持将学校的学制改为 4 年、入学半径改为 3 俄里，学校必须进行配套化管理［师生比例为 1：50，即每 50 名学生必须配备 1 名普通教师以及 1 名神学课教师，这叫作一个“学校配套”（школьный комплект）］的观点，后来这些思想在法律稿本中得到充分体现。各地方自治局还确立了俄国普及教育的三大特点：大众化、免费性、义务性。

当时的舆论界普遍认为，必须尽快实现普及教育。很多人认识到，“建设好的学校对于国家在经济方面来说也是一项最为有利的措施”。许多调查研究都毫无疑问地证实：受过教育的民族“每俄亩的粮食产量是无知的地主的三到四倍。教育让土地上和作坊里的工人……更有本领，提高了他的劳动生产率，也提高了他的工资。良好的教育提高民众的生活，增加国家的财富”①。在地方自治局的积极影响下，大部分党派和团体于 1905 ~ 1906 年将实现普及教育的要求写入自己的纲领。

1906 年国民教育部确定，要在俄罗斯帝国境内实施“四年普及免费教育”，让想上学的孩子都能入学读书。这标志着地方自治局的普及教育计划得到了官方的正式认可。

从 1907 年开始，国民教育部、十月党人②、立宪民主党都向杜马提交了自己的普及教育建设方案。

1907 年，国民教育部部长 П. М. 考夫曼向国家杜马提交了相应的提案。按照国民教育部的设想，所有的学龄儿童，不分男女，都应该有机会在初

① П. С. Кабытов, Самарское земство: опыт практической деятельности (1865 – 1918 гг.)［М］, С. 264.

② 在 1906 年俄国第一届国家杜马选举中，第一大党是立宪民主党，第二大党便是自由派的“10 月 17 日联盟”（即“十月党人”）。根据“10 月 17 日联盟”中央委员会委员 Н. А. 霍米雅科夫的委婉表述，该党成员“是在 1905 年 10 月 17 日诏书颁布以后成为立宪派的”，他们支持向新的国家体制转型，但是与立宪民主党不同的是，他们并不要求成立向杜马负责的责任内阁。见 В. В. Кара-Мурза, Реформы или Революция: К истории попытки образовать ответственное министерство в Государственной Думе［М］, Москва, Российская объединенная демакратическая партия «ЯБЛОКО», 2011, С. 19 – 21。

等学校接受完整的课程教育。地方自治机构负责构建学校网络，并制订实现这一目标的财政计划。入学年龄被定为8～12岁，学制为4年，学校的入学半径（学校服务民众的距离）为3俄里。同时，国民教育部还为纳入这一网络的学校的建设制定了特定的标准。教会－教区学校也可以纳入这一网络，但是识字学校不能，因为它不符合上述标准。纳入网络的教会－教区学校，主教公会将为其发放贷款，以资助它的建设。而对国民教育部机关的学校来说，每一个学校配套（包括50名学生）可获资助390卢布（从1914年起增加为420卢布）。[①] 等级组织和其他合法组织以及私人的学校，只要能纳入学校网络，都能够获得资助。

1907年11月初第三届国家杜马开始商讨制订新的普及教育法律草案。杜马国民教育委员会（主席为十月党人B. K. 安烈普）委托一个专门会议小组制订这一草案。一年之后，草案制订完成，并于1909年3月被提交给杜马审议。B. K. 安烈普代表十月党人对该草案提出了几项修改意见：普及教育的期限应该延伸至20年，因为边疆地区的一些民族文化发展水平较低，不可能在更短的时间内培养出必要的师资人员；国民教育部的方案是为教授50名学生以上的教师拨款390卢布，安烈普提议增到420卢布；用于建设新校舍的支出估计超过8.14亿卢布，其中2/3的资金应该来源于国库，其他资金来源于地方自治机构的预算；在各地建立学校后，为增加教师和监督员的编制，计划每年拨款2.77亿卢布，国家和地方自治局出资比例为2∶1。[②] 杜马考虑了B. K. 安烈普的修正意见。

与十月党人对立的立宪民主党，基于教育联盟（Лига образования）拟订的全民普及教育计划提出了新的方案。该方案准备分三个阶段建立学校，第一阶段建设19.5万所，第二阶段建设1.7万所，第三阶段建设2000所，总共的建设费用预计为19亿卢布，每年学校的经费为4.07亿卢布。教育联盟预计1914年前完成计划，在此期间人口自然增长率预计为10%，到时候

① П. С. Кабытов, Самарское земство: опыт практической деятельности (1865－1918 гг.) [М], С. 264－265.

② П. В. Галкин, Земство и народное образование // Земское самоуправление в России, 1864－1918, Т. 2, под отв. ред. Н. Г. Королёвы [М], С. 139.

俄国人口应该是 1.7 亿人，人均教育支出为 2.4 卢布。[①] 教育联盟的计划与国民教育部及十月党人方案的区别在于，社会性机构（主要是地方自治机构）不必承担任何义务，它们保持原有的拨款规模就可以了，因为立宪民主党人相信它们能够正确地建设学校。

1911 年 3 月 11 日，国家杜马在充分考虑十月党人意见后，通过了实施普及教育的法案。

为了发展普及教育，1908 年 5 月 3 日政府出台《拨款 690 万卢布用于国民教育法》，1909 年 6 月 10 日出台《国库额外支出法》，1909 年 6 月 22 日又出台《国民教育部建立学校建设基金法》。

按照 1908 年 5 月 3 日法律的规定，对于每一个“学校配套”，国家应该向地方自治局或者农村公社提供 390 卢布，其中 360 卢布发给普通教师，另外 30 卢布发给神学课教师。[②] 但这是有条件的：凡是得到政府资助的学校，都要实行免费教育。1908 年 7 月 31 日国民教育部针对该法出台了一项特别通告，规定凡是申请实行普及教育的地方自治局，都要制订学校网络规划和实现这一目标的财政计划，而且必须按照这一规划开设足够数量的学校，免除农村公社对于学校的支出，在规定的期限内要提交可信的国家资助支出报告，要向国民学校学监（инспектор）提供学校和教师的名单，然后利用国家资助为其发放工资。实现普及教育的期限应该由地方自治局决定，但是应该在 10 年之内。由于财政困难，地方自治局被迫接受国民教育部的所有条件。[③] 教育联盟于 1910 年的统计显示，在有资料可查的 320 个县级地方自治局中，已经有 305 个县（占 95.3%）向政府递交了领取普及教育资助的申请，剩下的 15 个县（占 4.7%）已经着手构建学校网和研究普及教育的相关问题。在这 305 个县中，已经有 162 个在实行普及教育。[④]

① П. В. Галкин, Земство и народное образование // Земское самоуправление в России, 1864 – 1918, Т. 2, под отв. ред. Н. Г. Королёвы [М], С. 139 – 140.

② В. Чарнолуский, Земство и народное образование, часть 1 [М], С. 84; П. С. Кабытов, Самарское земство: опыт практической деятельности (1865 – 1918 гг.) [М], С. 265.

③ П. С. Кабытов, Самарское земство: опыт практической деятельности (1865 – 1918 гг.) [М], С. 265; В. Чарнолуский, Земство и народное образование, часть 1 [М], С. 85.

④ В. Чарнолуский, Земство и народное образование, часть 1 [М], С. 87.

1909 年 6 月 22 日的《国民教育部建立学校建设基金法》增大了国家对普及教育的支持力度。按照该法的规定，国民教育部要设立一个学校建设基金，并为学校的建设提供贷款。资助的规模可以占到学校建设投入的一半：单班制学校（однокомплектное училище）、双班制学校（двухкомплектное училище）的每一个“学校配套”（школькный комплект），以及多班制学校（многокомплектное училище）的前两个配套，都能得到资助；如果是石质校舍，资助最多为 200 卢布，如果是木质和黏土质校舍，资助最多为 1500 卢布；而对于多班制学校除前两个配套之外，对它的任何设施的资助最多为 1000 卢布。除了对建设的资助以外，学校还可以得到期限为 20 年、年息为 3% 的贷款（1912 年还款期限被调整为 40 年），建设周期不得超过 2 年，贷款和资助的总和不得超过建设费用的 4/5。[①] 为了发放贷款，国民教育部还设立了以彼得大帝命名的专项建设基金。

除了一级制学校以外，地方自治局还获得了国家对二级制初等学校（двухклассное училище）的资助。这种学校类型原先是国民教育部在 1875 年创办的，内部分为两级，第一级学制为 3 年，第二级为 2 年。相应的，它的教师比一级制初等学校多出一名：除了神学课教师以外，还有第一级教师和第二级教师。[②] 按照国家的规定，二级制学校的第一级（первые классы）应该被纳入总体的普及学校网络，因为在那里学习的是学龄儿童（8～11 岁）；而对于第二级（四、五学年及其以上），则按照 1913 年 7 月 7 日法律的规定，国家向其中的每一个“学校配套”提供 500 卢布的资助，其中每名教师的工资为 420 卢布。[③] 由此可见，在二级制学校中，第二级获得的国家资助比第一级要少很多，说明国家更重视“基础中的基础”。

随着普及教育的发展，其规模也日益扩大，国家倾向于让地方自治机构承担起更多的学校建设任务。因此，部办学校和教会学校可以像地

① П. С. Кабытов, Самарское земство: опыт практической деятельности (1865 – 1918 гг.) [M], С. 265; В. Чарнолуский, Земство и народное образование, часть 1 [M], С. 86.

② В. В. Григорьев, Исторический очерк русской щколы [M], Москва, 1900 г., С. 513.

③ П. С. Кабытов, Самарское земство: опыт практической деятельности (1865 – 1918 гг.) [M], С. 265 – 266.

方自治学校一样，交给地方自治局管理。但让给地方自治局的不是财产所有权（土地、房屋、资金等），仅是每所学校年度总预算范围内的资金控制权。不过，国家对这些学校的扶持力度不如地方自治学校。政府规定，对于转交给地方自治局的国民教育部的部办学校和教会学校，对一级制学校（одноклассное училище）的每一个配套和二级制学校的第一级发放的资助不超过 700 卢布，而对第二级的每一个配套的资助不超过 230 卢布。①

为了实现普及教育，地方自治局还建设了高级类型的学校（从 1908 年起为六年制学校），并增加了四年制的单班制学校和双班制学校的数量，地方自治人员认为，这种学校符合了“民众对更全面、更完整的教育的需求”②。1912 年 6 月 25 日的法律允许地方自治局开设八年制课程的“高级初等学校”（высшие начальные училища）。最先开设这种学校的是新乌津斯克县地方自治局，它在 1913 年开设了 34 所高级类型的学校，在全俄排名第二。根据该县地方自治局在 1913 年的报告，随着县里六年制高级类型学校的大量增加，儿童的学龄被确定为 7～16 岁。这里二级制学校的教师最早实行新的课程教学体系，增加了教学的趣味性，提高了国民教育的水平。1914 年，新乌津斯克县共有六年制学校 72 所，只是因为战争才没有达到 1910 年预定的 93 所。③

为了联合起来获得更大的影响，1911 年在莫斯科举办了地方自治局主席与代表会议，1911 年 8 月 16 日至 30 日举办了全体地方自治国民教育代表大会。其中有一个分会场专门探讨普及教育的问题。代表大会认为，国家必须增加对学校事务的支出，从 1912 年起每年投入不得少于 1000 万卢布。在地方自治活动家看来，寻找地方自治局的新税源也是非常重要的，地方自治局应该扣除国家的一部分收入，而规定地方自治税征税范围的法

① П. С. Кабытов，Самарское земство：опыт практической деятельности（1865 – 1918 гг.）[М]，С. 266.

② Т. А. Свиридова，Калужское земство. 1865 – 1918. Очерки истории [М]，С. 142.

③ П. С. Кабытов，Самарское земство：опыт практической деятельности（1865 – 1918 гг.）[М]，С. 270 – 271.

律应该被废除。地方自治局主席与代表会议还提出，要修订地方自治义务的章程，免除地方自治局的必须性义务（包括警察局官员的巡视费用），并申请新的收入来源（例如，将国家土地税转交给地方自治局，将国家酒类垄断收入的 3% 转交给地方自治局），在抗击流行病方面国家要承担一半的支出，赋予地方自治局在私有银行存储资金的权利。地方自治活动家认为，初等教育的大众化与义务教育的原则是密不可分的，三年制学校应该改为四年制，并认为最好开设六年制的初等学校。他们主张必须制订总体规划，其制订和实施要交给各省的地方自治局。除此之外，会议还涉及初等教育与中等教育的衔接问题，主张中等学校的纲领要保证学生们在接受完 3～4 年的初等教育之后能够毫无障碍地进入中等学校学习。

（三）普及教育实施的结果

普及初等教育是一项非常庞大的工程，绝非一蹴而就。按照各地的规划，俄国实现普及教育的时间应该在 20 世纪 20 年代上半期。[①] 在这种情况下，政府和地方自治机构对于教育的投入不断增多。1909～1916 年国家对于普及教育的资助如下：1909 年为 100 万卢布，1910 为 400 万卢布，1911 年为 1000 万卢布，1912 年为 1000 万卢布，1913 年为 1400 万卢布，1914 年为 1200 万卢布（原计划为 1700 万卢布，但是战争爆发促使这一金额减少了），1915 年为 1000 万卢布，总计为 6100 万卢布（在这一时期内，由于一些请求发放贷款和资助以用于学校建设的申请不符合要求，国民教育部被迫取消了超过 5000 万卢布的资助）。[②] 地方自治局的国民教育支出（大部分用于初等教育）从 1906 年的 2631.7 万卢布增加到 1913 年的 7962.9 万卢布[③]，7 年增加了两倍以上。政府的资助成为地方自治机构发展初等普及教育的重要资金来源。在乌拉尔地区，地方自治局的拨款占到了一级制学校

① Г. Волкова, Земство и становление народной школы в России [J], Высшее образование в России, 2008 г., № 4, С. 153.

② П. С. Кабытов, Самарское земство: опыт практической деятельности (1865 – 1918 гг.) [M], С. 266.

③ П. С. Кабытов, Самарское земство: опыт практической деятельности (1865 – 1918 гг.) [M], С. 326.; П. В. Галкин, Земство и народное образование // Земское самоуправление в России, 1864 – 1918, Т. 2, под отв. ред. Н. Г. Королёвы [M], С. 118, 120 – 121.

经费总额的 56.52%，而国家的资助占 36.93%。[①]

由于普及教育的实施，各地的初等学校数量急剧增长，儿童入学率大大提高。例如在库尔斯克省，1906 年共有初等学校 951 所，1908 年为 991 所，1912 年为 1217 所，1914 年为 1510 所。截至 1914 年，全省有 60% 的学龄儿童（8～11 岁）能够接受教育，其中男孩的比重更高，为 80%，女孩为 40%。[②] 从 1906 年至 1916 年，雅罗斯拉夫尔省的地方自治学校数量从 426 所增加到 669 所，如果再加上部办学校、教会学校等，该省的初等学校总数达到 1364 所。[③] 在乌法省、维亚特卡省和比尔姆省，1913 年的初等学校数量分别为 1430 所、2123 所、2497 所，入学的学龄儿童总数分别为 74092 人（男生 54017 人、女生 20075 人），127389 人（男生 87205 人、女生 40184 人），154270 人（男生 107083 人、女生 47187 人）；学龄儿童入学率分别为 29.3%、43.4%、49.1%。[④] 就全国来说，1913 年，全国的初等学校总数为 100165 所，入学的学龄儿童总数为 6174883 人，学龄儿童入学率为 44.0%。[⑤]

但是，普及初等教育的目标并没有如期实现，原因如下。

首先，第一次世界大战和国内战争的爆发打乱了发展国民教育的步伐。根据 1914 年 7 月 27 日《国家加强战时状况资金投入的若干措施》这一法令，1914 年拨给国民教育部的教育拨款减少 14286964 卢布（国民教育部的预算从 169579399 卢布减少到 155292445 卢布）。[⑥] 虽然在这种情况下初等教

---

① И. В. Семенченко, Земство и народное образование на Урале в 1900 – 1918 гг. [J], Вестник ЮУрГУ, 2005 г., № 7 (47), С. 90.

② А. И. Чернышев, Участие земств в создании сети и системы начальных школ Курской губернии во второй половине XIX-начала XX в. [J], Известия Алтайского государственного университета, 2008 г., номер 4 – 1, С. 159.

③ Т. И. Волкова, Роль Ярославского земства в формировании системы сельских культурных учреждений [J], Вестник ЯрГУ им. П. И. Демидова. Серия гуманитарные науки, 2010 г., № 2 (12), С. 4.

④ И. В. Семенченко, Земство и народное образование на Урале в 1900 – 1918 гг. [J], Вестник ЮУрГУ, 2005 г., № 7 (47), С. 90.

⑤ И. В. Семенченко, Земство и народное образование на Урале в 1900 – 1918 гг. [J], Вестник ЮУрГУ, 2005 г., № 7 (47), С. 90.

⑥ П. С. Кабытов, Самарское земство: опыт практической деятельности (1865 – 1918 гг.) [M], С. 266.

育经费增加了600万卢布，教师工资补贴、校舍（包括初等学校）建设基金也没有受到影响，但是各地普遍放慢了普及教育的步伐。例如，卡卢加省科泽利斯克县地方自治局在1907年递交申请的时候计划用13年的时间（到1920年）实现普及教育，但是随着第一次世界大战的爆发，它在1914年申请将期限推后至1928年。[①] 十月革命后，地方自治机构被废除，俄国陷入内战之中，实现普及教育的任务只能被搁置起来。

地方自治机构在教育领域的无权地位是阻碍普及教育发展的第二大因素。国民教育部的政策是各类初等学校基本的和必须遵守的纲领。与此同时，国民学校学监的影响力也在加强。他们中的很多人都企图领导教育事务，为某些学校制定和出台纲领。在很长时期内，他们根本不会考虑到教师本身和教师们的意见。这就导致后者对于任何一种纲领都持反对甚至敌对的态度。1909年国民教育部出台了关于初等学校地位的新法案，其中的某些条款规定，地方自治局可以不经过许可建立学校，事后只需在7日之内，将此事告知学校委员会或者国民学校学监；地方自治局任命教师时，只需在事后两周之内递交文件即可。[②] 但是该法案仍然保留了1874年法律中国民教育部在教学范围、教学计划、向学校发放课本和辅导书方面的权力。同时，国民学校学监获得了冻结国家资助的权力。这加强了教育行政部门的权力，降低了私人和社会的积极性。

实际上，如果没有上述因素的影响，普及教育实施起来也是困难重重。即使在战前国民教育快速发展的时期，普及教育实施得仍不如预期，这里的主要原因还是资金缺乏。例如，卡卢加省博罗夫斯克县地方自治局计划在1910～1913年建设25所学校，但实际只建了10所，1913～1914年也只建了8所。[③] 对30个县级地方自治局的统计表明，按照计划它们要在实施普及教育的第一年之内建设483个“学校配套”，但实际上只完成了351

① Т. А. Свиридова，Калужское земство. 1865 – 1918. Очерки истории［М］, С. 141.

② П. С. Кабытов，Самарское земство：опыт практической деятельности（1865 – 1918 гг.）［М］, С. 266.

③ Т. А. Свиридова，Калужское земство. 1865 – 1918. Очерки истории［М］, С. 141.

个，完成率为73%。[①] 从1909年到1913年，在政府积极向国民教育投入的5年时间内，各地方自治省份共建立了大约2万个“学校配套”（大约有100万学生入学），只占到原计划的12%。按照这种速度，普及教育最快也需要40～50年的时间才能实现。[②] 如果再考虑到新建的学校过一段时间之后还需要维修，而且因为人口的自然增长，每隔10年“学校配套”的数量就必须增加3.5%，这样说来，在各地迅速实现普及教育是不现实的。更何况在没有实施地方自治的地区（如北部地区、阿斯特拉罕、波罗的海沿岸、高加索地区以及整个亚洲部分），甚至还没有着手实施普及教育。

尽管如此，地方自治局建立起的初等国民学校及其制定的一些原则，仍为国家编制和实现普及教育规划奠定了基础。

第四节 地方自治机构与中等教育

一 俄国中等教育的类型

1864年10月19日，沙皇政府颁布《中学与不完全中学章程》（Устав гимназий и прогимназий），规定俄国的中等教育分为两种——七年制的中学（гимназия）和四年制的不完全中学（прогимназия），不完全中学的毕业生可以接着上中学的五年级。按照学科内容，这两种学校又可分别再划分为古典中学（классическая гимназия）和实科中学（реальное училище），这正好印证了俄国中等教育中两种相互独立的任务：一是向学生提供普遍或者专业的高级教育，二是通过传授普通知识引导学生从事实际工作。古典中学就是大学的预备学校，实科中学则只能进入专门学校，只有在通过拉丁语考试之后才能进入大学的物理系。[③] 在课程设置上，古典中学的特色是古代语言（拉丁语、希腊语），而实科中学与之相对，主要教授自然科学

① В. Чарнолуский, Земство и народное образование, часть 1［М］, С. 87.

② П. В. Галкин, Земство и народное образование // Земское самоуправление в России, 1864－1918, Т. 2, под отв. ред. Н. Г. Королёвы［М］, С. 40－141.

③ П. С. Кабытов, Самарское земство: опыт практической деятельности（1865－1918 гг.）［М］, С. 334.

（物理、化学、自然史）和现代语言（德语、法语）。

中等学校的条件是相当好的。按照规定，这些学校中每个年级的学生都不能多于 40 人，否则就要分班。每所中学都要配备师生图书馆、物理室、地图和地球仪、绘图工具、体操器械、乐谱，而且在实科中学里还要有化学试验室。不完全中学的条件相对较差一点，但也应该具备除物理室和化学试验室之外的所有设施。[①] 相应的，这些学校学费高昂，尤其是实科中学，没有多少人能够上得起。

1871 年 6 月 19 日，政府又颁布了新的只针对古典中学和古典不完全中学的《中学和不完全中学章程》，对它们的课程和任务进行了调整。除了在这些学校之前设置预科班和增加它们的古代语言课程以外，还将中学的第七年课程扩展为两年完成，这样它的学制也就改为八年制。[②] 该章程规定，古典中学的办学目的就是为大学输送人才。

1872 年 5 月 15 日，政府制定了专门的实科中学章程，规定它的任务就是培养符合地方需要的贸易类和技术类人才。学生在学习基本书面知识的同时，还可以根据当地特色学习特殊的技艺，即在第五和第六年级可以将学生分为两个班：基础班和商贸班。然后在基础班内还可以分为三个额外的高级班：普通班（毕业去向为高等专门学校）、机械班和化学班。各地可以根据实际需要设置这些班级。[③]

19 世纪 70 年代，俄国设置了一批女子中学和女子不完全中学。到了 90 年代，私人办学开始兴起，各地又出现了一批私人中学。

这些学校属于国民教育部，由国家提供经费，公社、私人和地方自治局也可以向其提供资助。地方自治局也可以单独建立中等学校。

二　地方自治机构发展中等教育的方式

与初等教育不同，中等教育从一开始便被认为是省级地方自治机构的

---

① В. В. Григорьев，Исторический очерк русской щколы［M］，С. 424.

② В. В. Григорьев，Исторический очерк русской щколы［M］，С. 427.

③ И. Алекшенцев，История гимназического образования в России（XVIII-XIX век）［M］，С. 304；В. В. Григорьев，Исторический очерк русской щколы［M］，С. 430.

活动领域。在很长时间内，为了中等教育的发展，省级地方自治局不遗余力地向中等学校投入资金。即便有议员提出，“自治地方的民众大部分是农民，他们现在需要的不是中学，而是初等学校”，但是这种观点在省地方自治会议上并不受欢迎。[①]

总的来说，地方自治局发展中等教育的形式有以下三种。

第一是就中等教育问题提交大量申请，如申请建立新的中学、扩建现有的中学，申请取消对实科中学毕业生考大学的限制，申请将不完全中学改制为普通中学、扩大地方自治局在中等学校的管理权和参与权，等等。但是并不是地方自治局所有的申请都能得到政府的批准，因为后者会认为有些学校“不符合实际需求”或者“太超前”。[②]

第二是向现有的中学提供资助，发放贷款建立新的中学。在很多情况下，政府批准地方自治局的请求都是以后者创建古典中学、不完全中学或者向中学投入资金为条件的。为了培养师资，地方自治局开办的女子中学尤其多，为此投入的资金也多。例如，萨马拉省地方自治局为了建设一所女子中学，在 1869～1871 年共拨款 2500 卢布，在 1875～1878 年共拨款 3000 卢布。[③] 而在萨拉托夫省，1866 年该省地方自治局就决定向玛利亚女子中学注资 2000 卢布，因为它的某些成员就是该校的教学委员会委员。到 1874 年，这项拨款达到 5000 卢布，1889 年增加为 6000 卢布。[④]

一般来说，省级和县级地方自治局在中等教育领域是完全独立工作的，并无相互配合之处，也没有固定的制度。但也有一些省级地方自治局为了建设中等学校而对各县实行奖励制度，积极推动它们的参与。例如，坦波

---

① Б. Б. Веселовский, История земства за сорок лет, Т. 1 ［М］, С. 508; В. Чарнолуский, Земство и народное образование, часть 1 ［М］, С. 141.

② В. Чарнолуский, Земство и народное образование, часть 1 ［М］, С. 144 – 145; П. С. Кабытов, Самарское земство: опыт практической деятельности (1865 – 1918 гг.) ［М］, С. 334 – 335.

③ П. С. Кабытов, Самарское земство: опыт практической деятельности (1865 – 1918 гг.) ［М］, С. 335.

④ Т. Г. Захарова, Взаимнодействие губернского и уездных земств по проблемам народного образования ［J］, Известия Саратовского университета, 2006 г. , Т. 6, Сер. Философия, Психиология, Педагогика, вып. 1/2, С. 119.

夫省地方自治局在1873年决定，为每个县开设中等学校或者不完全中学提供补贴，补贴金额与该县人口成正比。在这种资助下，各县开设了1所实科中学和6所不完全中学。到1889年，每年的资助金额达到2.9万卢布。普斯科夫省地方自治局在1877年做出决议，可以拨款1000卢布开设不完全女子中学，条件是县级地方自治局的拨款也应不少于这个数目。此后在该省的几个县城里建起了几座不完全中学。斯摩棱斯克省地方自治局在1885年也决定，为开设中学和不完全中学一次性拨款1000卢布，并在每年为其提供最高1000卢布的经费，条件是县级地方自治局对其一次性拨款也不低于1000卢布。切尔尼戈夫省地方自治局从1879年起向每所四年制不完全女子中学拨款500卢布，向每个年级拨款250卢布。[①]

第三是在中学设立各种奖学金，帮助学生完成学业。这里有两个目的。一是为地方自治局培养各种急需人才（医生、教师、农艺师、技术工等）。这些奖学金获得者在毕业之后必须到地方自治局参加工作，否则的话就应该在毕业后的一定期限内归还地方自治局发放的资金。二是帮助收入不高的地方自治职员教育子女，这也是对他们工作的一种奖励。设立奖学金的行为较为普遍，省级地方自治局在这方面做得相对较多。1893年各县级地方自治局在中等和高等学校（师范学校除外）为学生设立的奖学金和提供的资助超过9.4万卢布，各省级地方自治局则超过10.9万卢布。1903年，后者为此拨款29.6万卢布，占教育预算的7.7%。[②] 萨马拉省地方自治局在中等和高等学校（中等职业学校除外）设置奖学金的金额在1885年为4117.5卢布，1887年为5323.36卢布，1891年为3354.18卢布，1892年为3390.7卢布，1896年为4614.15卢布。[③]

地方自治局向实科中学的拨款是最多的，其次是女子中学和女子不完全中学，最后才是古典中学。这是因为地方自治局最需要的是技术人才和

① Б. Б. Веселовский, История земства за сорок лет, Т. 1 [М], С. 507 - 508; В. Чарнолуский, Земство и народное образование, часть 1 [М], С. 147.

② В. Чарнолуский, Земство и народное образование, часть 1 [М], С. 148.

③ П. С. Кабытов, Самарское земство: опыт практической деятельности (1865 - 1918 гг.) [М], С. 336.

教师，而古典中学的学生大多是贵族和商人的子女，毕业后直接进入大学学习，所以对他们的投资较少。例如，萨拉托夫省地方自治局在 1888 年之前一直拒绝向古典中学拨款，而对实科中学却慷慨解囊：1874 年拨款 7.5 万卢布用于建设实科中学校舍，1875～1885 年又拨款 3.8 万卢布作为其办学经费。①

三　地方自治局对中等教育的资金投入

省级地方自治局对于中等教育尤为关注。在初期，其承担了教育经费的大部分。1877 年各省级地方自治局对中等教育的拨款额如表 1－7 所示。

表 1－7　1877 年各省级地方自治局对中等教育的拨款额

单位：千卢布，%

省份	拨款额	占国民教育预算的比例	省份	拨款额	占国民教育预算的比例
比萨拉比亚	35.4	99.2	波尔塔瓦	62.5	92.0
弗拉基米尔	11.2	63.3	普斯科夫	18.3	80.0
沃罗格达	6.8	66.7	梁赞	0.0	0.0
沃罗涅日	9.9	78.0	萨马拉	2.7	14.2
维亚特卡	29.5	72.8	圣彼得堡	—	—
叶卡捷琳诺斯拉夫	24.3	95.6	萨拉托夫	—	—
喀山	2.0	14.0	辛比尔斯克	—	—
卡卢加	4.3	50.0	斯摩棱斯克	23.4	93.6
科斯特罗马	4.8	31.0	塔夫里奇	11.1	55.6
库尔斯克	10.5	42.8	坦波夫	3.5	50.0
莫斯科	14.4	23.0	特维尔	1.2	13.3
下诺夫哥罗德	6.3	63.0	图拉	6.0	60.0
诺夫哥罗德	3.2	100.0	乌法	6.4	27.8
奥洛涅茨	5.7	81.4	哈尔科夫	20.0	77.0

① Т. Г. Захарова, Взаимнодействие губернского и уездных земств по проблемам народного образования [J], Известия Саратовского университета, 2006 г., Т. 6, Сер. Философия, Психиология, Педагогика, вып. 1/2, С. 119.

续表

省份	拨款额	占国民教育预算的比例	省份	拨款额	占国民教育预算的比例
奥廖尔	3.5	70.0	赫尔松	6.4	28.0
奔萨	6.3	100.0	切尔尼戈夫	13.1	54.6
比尔姆	27.1	93.2	雅罗斯拉夫尔	2.7	100.0

资料来源：Веселовский Б. Б. История земства за сорок лет, Т. 1 ［М］, С. 509。

表 1－7 可以反映两个问题：一是各省级地方自治局在 19 世纪 70 年代末对中等教育的拨款额是如此之少（不算圣彼得堡、萨拉托夫、辛比尔斯克三省只有 38. 25 万卢布），二是各省级地方自治局对中等教育的投入力度是如此之大（3/4 的国民教育预算用在了中等教育上）。特别是在奔萨、诺夫哥罗德和雅罗斯拉夫尔三省，省地方自治局将自己的国民教育预算完全用于中等教育；比萨拉比亚、叶卡捷琳诺斯拉夫、比尔姆、波尔塔瓦和斯摩棱斯克五省的省地方自治局将 90% 以上的国民教育预算用在了中等教育上。之所以会出现这种情况主要是因为阶级利益的影响。各省级地方自治局之所以大力建设中等学校，是因为这些学校能够满足贵族和官员子女的需求；而那些地方自治初等学校得不到应有的关注，是因为它们面向的是广大劳动群众，而官员的子女是不会入读这些学校的。在各地都缺乏资金的改革初期，省级地方自治机构将自己的绝大部分资金用于发展中等教育，无疑会影响初等教育的发展。

在省级地方自治局的“奖励”之下，各县级地方自治局也开始参与中等学校建设。与前者相比，一开始县级地方自治局对中等教育的拨款要少很多，但也有些县为此拨出巨款。在 1877～1879 年，有 46 个县的中等教育拨款占到国民教育预算的 20% 以上，最高者甚至达到每年 2 万卢布，占国民教育预算的 80%。[①] 在这方面拨款较多的县份大多位于奥廖尔、哈尔科夫、库尔斯克和弗拉基米尔等省。随着时间的推移，县级地方自治局的相关拨款也在增长。

到 1892 年，省级地方自治局对中等学校的拨款额增长到 43. 23 万卢布，

① Б. Б. Веселовский, История земства за сорок лет, Т. 1 ［М］, С. 510.

其中有 8.91 万卢布用于古典中学和不完全中学，18.32 万卢布用于实科中学，16 万卢布用于女子中学和不完全女子中学。①

1893 年，各省级和县级地方自治局对中等和高等学校的拨款分别为 438511 卢布和 603309 卢布（其中，对高等学校的拨款要少得多，详见后文），设立奖学金和提供补助方面的支出分别为 109200 卢布和 94022 卢布。各县级地方自治局对中等和高等教育的拨款为 697311 卢布，约占其国民教育预算的 9.3%；省级地方自治局的拨款为 547711 卢布，约占其国民教育预算的 38%。②

但 19 世纪 90 年代是省级地方自治局加强在初等教育领域活动的时期，它对中等教育的拨款增速大幅降低，占国民教育预算的比例也在降低。

1903 年，各县级地方自治局对中等教育的拨款接近 90 万卢布，约占其国民教育预算的 6%；各省级地方自治局的拨款接近 60 万卢布，占其国民教育预算的 14%。③ 1903 年各省级地方自治局对中等教育的拨款占国民教育预算的比例如表 1-8 所示。

表 1-8　1903 年各省级地方自治局对中等教育的拨款占国民教育预算的比例

单位：%

省份	占国民教育预算的比例	省份	占国民教育预算的比例	省份	占国民教育预算的比例
比萨拉比亚	45.7	诺夫哥罗德	10.2	斯摩棱斯克	55.5
弗拉基米尔	14.1	奥洛涅茨	13.2	塔夫里奇	10.3
沃罗格达	22.1	奥廖尔	7.7	坦波夫	58.6
沃罗涅日	8.6	奔萨	37.4	特维尔	3.9
维亚特卡	12	比尔姆	34.8	图拉	18.9
叶卡捷琳诺斯拉夫	15.1	波尔塔瓦	19.1	乌法	13.2

① Б. Б. Веселовский, История земства за сорок лет, Т. 1 [М], С. 510.

② Г. Фальборк и В. Чарнолуский, Начальное народное образование в России, Том третий [М], Предисловие, С. IX.

③ В. Чарнолуский, Земство и народное образование, часть 1 [М], С. 141 - 142; Б. Б. Веселовский, История земства за сорок лет, Т. 1 [М], С. 511.

续表

省份	占国民教育预算的比例	省份	占国民教育预算的比例	省份	占国民教育预算的比例
喀山	13.8	普斯科夫	58	哈尔科夫	4.4
卡卢加	76.3	梁赞	—	赫尔松	4.7
科斯特罗马	34	萨马拉	22.6	切尔尼戈夫	21.3
库尔斯克	—	圣彼得堡	—	雅罗斯拉夫尔	31.4
莫斯科	3.4	萨拉托夫	13		
下诺夫哥罗德	47.5	辛比尔斯克	18.7		

资料来源：Веселовский Б. Б. История земства за сорок лет, Т. 1 [M], С. 511。

将表 1 - 8 与表 1 - 7 相比较，可以看出，对中等教育的拨款占国民教育预算的比例相对增长的省级地方自治局只有卡卢加省和坦波夫省，而在其他所有省份拨款的所占比例都下降了。这也说明，在初等教育成为地方自治局的工作重点之后，中等教育已经退居二线了。

进入 20 世纪以后，随着国民教育的发展，地方自治局参与中等教育建设的呼声越来越高。一方面，中等教育需要进行全面的改革；另一方面，民众对于优质中等教育的需求也越来越迫切。而作为国民教育中的一环，中等教育的发展离不开地方自治局的积极参与。除此之外，中等学校网络的建设不仅仅具有重大的直接意义，对于地方自治局来说还有特殊的价值：中等学校可以为初等学校提供优秀的师资，还可以提供职业教育和专门教育，满足民众对这方面的需求。

除了中等教育以外，地方自治局也向高等教育提供资助。地方自治局对于高等教育的资助跟中等教育的形式相差不大，但是数额要小很多，其主要是在大学里设立奖学金，以吸引人才到地方工作。1880 ~ 1891 年，萨马拉省一共拿出 50668 卢布，用于在各大学里设立奖学金。① 1892 年，17 个省份对此的支出大约占国民教育预算的 2.4%。②

① П. С. Кабытов, Самарское земство: опыт практической деятельности (1865 - 1918 гг.) [M], С. 337.

② Б. Б. Веселовский, История земства за сорок лет, Т. 1 [M], С. 512.

第五节　地方自治机构与教师

教师是发展教育不可或缺的条件。在实行地方自治之前，俄国没有受过专门师范教育的教师，也没有培养教师的学校。在地方自治改革之初，教师不仅数量奇缺，而且质量也很低。在很多地方，充当教师的一般是"识字者"，而这种"识字者"大多是农村的教士、神甫等神职人员，以及未完成学业的人、农民和退伍士兵。例如，1868 年在比萨拉比亚省充当农村教师的，有 125 个教堂小教士、29 个农民、20 个退伍士兵、19 个师范学校的退学者，还有 14 个出身于官员和贵族的人以及 5 个没有受过专业师范教育的教士。教士出身的教师，是在履行"牧师的义务"，通常不会领取任何报酬。[①] 在萨拉托夫省的巴拉绍夫县，直接由学生家长建立起来的学校非常普遍。农民们为了节省资金，便拒绝聘请高水平的教师，而是找当地能识字的人来代替。[②] 在这种情况下，学校的教学水平可想而知。

随着中等教育的发展，很多中学毕业生也成为初等学校的教师。根据 1870 年《国民教育部女子中学与不完全中学条例》，这两种学校或者是三年制中学的毕业生也可以获得国民学校女教师的职位，但是她们需要在半年的时间内充当初等学校教师的助手。到 1876 年 2 月，高等或者中等学校毕业生在应聘初等学校教师时免于专门的测试，他们只需讲一堂试验课即可。

在地方自治改革之初，教师的培养还延续着以前的宗教教育习惯。1869 年国民教育部部长和主教公会事务大臣 Д. А. 托尔斯泰颁布命令，教会学校的毕业生只有在担任过 3 年以上的诵经士、助祭或初等学校教师之后，才能获得神甫的职位。于是教会学校的许多毕业生都进入了初等学校担任教师。

---

① В. В. Сергеенкова，Подготовка и социальный статус учителей начальных школ в России（60—70-е гг. XIX в.）［J］，Працы гістарычнага факультэта ：навук . зб. Вып. 1，рэдкал. ：У. К. Коршук（адк. рэд.）［і інш.］，Мінск ：БДУ，2006 г.，С. 255.

② Т. Г. Захарова，Взаймодействие губернского и уездного по проблемам народного образованиюю［J］，Известия Саратовского университета，2006 г.，Т. 6，Сер. Философия，Психология，Педагогика，Вып. 1/2，С. 117.

虽然在19世纪70年代末，教会学校的毕业生被禁止在30岁之前担任神甫，但是这并不能阻止他们从事教育活动。[①] 因此在很长时间内，他们在地方自治初等学校里的比重都居高不下。从另一角度来说，这也是地方自治局自己培养的教师数量不足，不能满足需要的结果。

1874年的《初等学校章程》要求，初等学校的所有教师都必须具备教师资格，为此还制定了国民教师资格考试制度。

1880年的教育统计数据反映了俄国当时师范教育的落后状况。截至1880年3月份，地方自治省份初等国民学校教师的受教育水平如下：毕业于东正教中等教会学校（духовная гимназия）的占40.4%，毕业于中等师范学校（учительская семинария）的占19.3%，毕业于国民教育部的中学和不完全中学（гимназия и прогимназия）的占11.5%，毕业于县里和市里的部级示范学校（оброцовые министерские училища）的占11.2%，毕业于其他学校的占9.8%，接受过家庭教育的占6.9%。[②] 可以看出，初等学校教师中大约有一半接受的是教会教育，而接受中等师范学校教育的只占1/5左右。另外，仅有1/4的男教师受过专业教育，而读完中等师范学校的女教师不超过8%。[③] 由此可见，地方自治局面临着非常艰巨的培养教师的任务。

一　地方自治局对教师的培养方式

省级地方自治局将发展师范教育视为己任。其措施包括：（1）建设自己的师范学校，（2）（每年或者一次性地）资助私人和公办的师范学校，（3）资助女子中学的师范班，（4）在各种学校设置奖学金以培养师资，（5）为教师开办培训班和代表大会，（6）组建退休处（пенсионная

① В. В. Сергеенкова，Подготовка и социальный статус учителей начальных школ в России（60—70-е гг. XIX в.）［J］，Працы гістарычнага факультэта ：навук . зб. Вып. 1，рэдкал. ：У. К. Коршук（адк. рэд.）［і інш.］，С. 255－256.

② В. В. Сергеенкова，Подготовка и социальный статус учителей начальных школ в России（60—70-е гг. XIX в.）［J］，Працы гістарычнага факультэта ：навук . зб. Вып. 1，рэдкал. ：У. К. Коршук（адк. рэд.）［і інш.］，С. 256.

③ Г. Генкель，Народное образование в западе и у нас［М］，С. 142.

касса）和互助处（касса взяимопомощи）。在这方面，其采取了以下几种措施。

（一）校内师范教育

为了培养教师，最重要的是开办师范学校。先后有 11 个省级地方自治局开办过师范学校：诺夫哥罗德、梁赞（1869 年），切尔尼戈夫（1870 年），喀山、莫斯科（1871 年），圣彼得堡、维亚特卡（1872 年），科斯特罗马、库尔斯克（1873 年），萨马拉、奥洛涅茨（1874 年）。这些学校的学制为 3 年或 4 年，能够提供专业的师范教育。学生大部分是农民子弟，且以女生居多。后来因为经费不足等，有些学校被迫关闭，有的被转让给政府。剩下来的只有圣彼得堡、萨马拉、喀山、梁赞和诺夫哥罗德 5 个省的师范学校。[①]

圣彼得堡省地方自治局开办的师范学校规模最大，并且组织得法。该省的师范学校成立于 1872 年，最初由男生和女生两个部组成。从 1872 年到 1897 年，地方自治局共向其拨款 70.9 万卢布，共有 1032 名学生（教师）完成学业，每培养一名教师需要投入 687 卢布，而同期政府的中等师范学校每培养一名教师需要投入接近 840 卢布。[②]

萨马拉省地方自治农村女教师学校（Самарская земская школа сельских учительниц）开办于 1872 年 9 月 1 日。根据该校的章程，省内所有女性都可以完全自由和免费地进入该校学习。地方自治局为了吸引农村女孩来此学习，减轻她们在城市的生活压力，在学校里开设了 35 人的寄宿中学（пансион）。除此之外，地方自治局在该校设立的奖学金也很多。根据萨马拉省 1872 年的条例，每一个县级地方自治局都可以在这个学校里设置奖学金（每个县最多 5 个名额），每人每年资助 100 卢布。1876 年获得奖学金并居住在寄宿中学的女生一共 35 名，占全部学生的 1/6。为了奖励最优秀的学生，省地方自治局在 1876 年决定在该校设置 5 个省地方自治局奖学金名额，每人每年资助 100 卢布。到 1905 年，该校的省地方自治局奖学

① Н. В. Пирумова，Земская интеллигенция и ее роль в общественной борьбе до начала XX в.［M］，С. 49.；Б. Б. Веселовский，История земства за сорок лет，Т. 1［M］，С. 501 – 502.

② Б. Б. Веселовский，История земства за сорок лет，Т. 1［M］，С. 502.

金名额增加到40人，每人每年的资助额增加到120卢布。[①] 地方自治局对该校的拨款逐年增加：1880年为15182卢布50戈比，1890年为22264卢布86戈比，1904年为37951卢布55戈比。截至1898年，来此校读书的一共有1516名女生，其中有428名完成学业，平均每年近20人。这一学校一直到1913年才被迫关闭，在此期间，一共培养了956名女毕业生。[②] 对于该校毕业生的质量，萨马拉县第一区的学监这样写道："地方自治学校的女教师们适合自己的专业使命：她们对于学校教学的方法和手段非常熟悉，并且成功地在实践中利用它们。"县第二区的学监写道："（她们）拥有的知识对于教师来说已经足够了，但是在智力发展上逊色于女子中学的毕业生们。"[③]

然而，正规地方自治师范学校的毕业生人数有限，其数量远远不能满足实际需求。因此，那些无力开办师范学校的省份，有的向官办的中等师范学校和私人学校提供补贴；有的在官办的中等师范学校设立奖学金；有的在女子中学的师范班设立奖学金，或者向这些班级提供资助；也有的省份综合采取上述措施，以吸引部分毕业生到地方自治学校任教。19世纪70年代，有16个省的地方自治机关向其他学校提供津贴，有8个省的地方自治机关在其他学校设立了奖学金。例如，在奔萨省中等师范学校，地方自治局设立了每年120卢布的奖学金。获得此项奖学金的学生毕业后要在地方自治学校工作3年。[④] 在坦波夫省，1870年出现了一所私人创办的叶卡捷琳娜师范学院，省地方自治局为其提供校舍，并在校内设置了12个奖学金名额，每人每年180卢布，然后省内各县级地方自治局也设立了自己的奖学金。获得奖学金的毕业生要在初等学校当教师5年以上。地方自治局的努力

---

① П. С. Кабытов, Самарское земство: опыт практической деятельности（1865 – 1918 гг.）[М], С. 274.

② П. С. Кабытов, Самарское земство: опыт практической деятельности（1865 – 1918 гг.）[М], С. 274; Б. Б. Веселовский, История земства за сорок лет, Т. 1 [М], С. 502.

③ П. С. Кабытов, Самарское земство: опыт практической деятельности（1865 – 1918 гг.）[М], С. 275.

④ Н. В. Пирумова, Земская интеллигенция и её роль в общественной борьбе до начала XX в. [М], С. 50.; Б. Б. Веселовский, История земства за сорок лет, Т. 1 [М], С. 503 – 504.

获得了回报：到 1900 年，在坦波夫省的 443 名地方自治教师中，有 212 人来自这所学校。①

县级地方自治局在中等师范学校建设方面鲜有作为：只有维亚泽姆斯克县在政府和省地方自治局的资助下开设了一所中等师范学校。

（二）组织教师培训班和代表大会

为了提高教师的技能水平，统一他们的教学思想，促进经验交流，地方自治局还为教师们举办了一系列培训班。代表大会也是一种培训形式，一般来说召开的时间比较短。1868～1872 年是培训班的起步阶段，也是最困难的一个时期。这时，来参加培训班的教师通常大字不识几个，而在某些学校学习过的人少之又少。1869 年诺夫哥罗德省培训班中的大部分听众，"都需要提前进行俄语练习，平均每人要额外多花费 3 个小时用于朗读、书写，了解基本的俄罗斯历史常识"②。地方自治局邀请了当时的著名教育家（如布纳科夫、Н. А. 考尔夫、Н. Н. 乌里扬诺夫、Д. И. 季霍米洛夫等）主持开办这些县级和省级的代表大会和培训班，他们为地方自治教师职业群体的建立发挥了巨大的作用，并向教师们宣传了先进的教育理念。Н. А. 考尔夫在报刊上发表文章宣传自己的教育思想，编纂教科书；19 世纪 70 年代，又实际参与教师代表大会和短训班，参与教师的培训工作。正是他确立了地方自治学校新的组织原则和教学法原则。根据 Е. Г. 科尔皮洛夫的统计，从 1867 年至 1874 年，各地共召开省级、县级地方自治教师代表大会 200 余次，举办夏季培训班数十个。③

但是大多数地方自治局认为，培训班只是一项临时措施，只有在地方自治局确立自己师范学校的教师名额之前，才有必要举办培训班。因此，1870～1875 年召开的教师代表大会和举办的教师培训班特别多。此后一些

① Т. Г. Деревягина，Социально-педагогическая помощь тамбовского земства жителям губернии в сфере образования и просвещения［J］，Вестник Тамбовского университета. Серия：Гуманитарные науки，2001 г.，С. 72－73.

② Н. В. Пирумова，Земская интеллигенция и её роль в общественной борьбе до начала XX в.［M］，С. 51.

③ Н. В. Пирумова，Земская интеллигенция и её роль в общественной борьбе до начала XX в.［M］，С. 53.

地方自治局设立了师范学校，就停办了培训班。

1875 年政府出台了关于国民教师的短期师范培训班条例，对培训班的实际操作做出了详细的规定。根据该条例，培训班的目标是“使很少受过培训的国民学校教师了解优秀的教学方法，将这些信息运用于他们所教授的课程当中，总的来说是完善初等教育事业中的课程”①。夏季培训班的举办时间被限定在 4～6 周。地方自治局在举办培训班前，要将信息通报给县级学校委员会和省长，在经过省长和学区督学的许可后方可举办。培训班的参加者可以是教师，也可以是国民学校校长审查过的候任教师，同时地方自治局也可以自己推荐人选。为了向培训学员教授实践课程，地方自治局还可以组建示范学校。培训班结束后，师范委员会要编写课程报告、参加者的人员名单，并将其递交给国民教育部。参加过培训的人则会得到考核证书。所有的物质支出（教师的交通费、生活费，教学资料，领导者的报酬，等等）都由地方自治局或者其他组织者来承担。

在 19 世纪 70 年代末至 80 年代初期，由于受到政治环境的影响，政府并不支持召开代表大会，甚至禁止地方自治局组织此类活动，或者为它设立严格的审查制度。到 80 年代只有在波尔塔瓦省和其他一些省份还召开这种代表大会。

从 1897 年开始，师范性质的培训班重新流行起来，到 1904 年各省地方自治局一共举办了 75 次，最多的 1901 年有 15 次。② 与初期的培训班不同的是，随着国民教育的深入和全面发展，此时的培训班不仅涉及师范教育，而且讲授心理学、卫生学、历史学等方面的知识。在这方面萨拉托夫省地方自治局有开创之功，维亚特卡省、坦波夫省以及其他省份纷纷效仿。典型的例子是，萨马拉省地方自治局从 1902 年 6 月 4 日至 7 月 4 日举办了一次师范培训班，与会者超过 200 人，讲授的课程包括俄语、神学、卫生、心

① П. С. Кабытов, Самарское земство: опыт практической деятельности (1865 – 1918 гг.) [M], С. 275.

② Б. Б. Веселовский, История земства за сорок лет, Т. 1 [M], С. 505.

理学、世界观、歌唱、算术、教育学。培训班召开期间不仅有理论学习，还有在初等学校的实践锻炼。[①] 在坦波夫省 1901 年举办的培训班上，课程除了师范教育以外，还包括俄国史和自然科学知识，这些课程一共要学习两年。[②]

19 世纪 90 年代末期以后，随着普及教育的逐渐深入，政府也开始参与到举办教师培训班和召开代表大会的工作中来。1900 年 3 月 1 日，国民教育部出台了《为培养教师而召开的师范代表大会条例》，规定培训班的目的是"培养受过初等教育的年轻人参加国民教师资格测试，并在理论和实践上教会他们如何安排和教授初等教育"。为了加强监管，条例对培训班的举办时间和地点等做了规定：时间为每年的 6 月 1 日至 8 月 20 日，地点是在市立学校，并且由市立学校和国民学校的学监对其进行监督。在免费提供教育的同时，地方自治局还可以为培训的举办和贫困的与会者提供资助。在培训结束后，学员要参加考试，通过后才能获得依据 1896 年国民教育部大纲颁布的初等教师资格证，以及女子中学和不完全中学的教师资格证。如果这样的培训班在女子中学和不完全中学举办，学员要经过 6 个月的初等学校实践后才能得到证书。[③]

1907 年 6 月 29 日政府又出台了《关于培养初等学校教师的师范培训班的规定》，对于培训班的设置进行了调整和规范，政策上也有所松动。[④] 该规定要求，培训班必须是两年或者三年制，其举办方可以是国民教育部或者其他部门，也可以是私人、城市、地方自治局、村社；既可以在国民教育部的学校召开，也可以在别的学校召开。能够参加培训的有城市学校、县级学校和教会学校、玛利亚女子学校、不完全中学以及其他学校的教师，

① П. С. Кабытов, Самарское земство: опыт практической деятельности (1865 - 1918 гг.) [M], С. 276.

② Т. Г. Деревягина, Социально-педагогическая помощь тамбовского земства жителям губернии в сфере образования и просвещения [J], Вестник Тамбовского университета. Серия: Гуманитарные науки, 2001 г., С. 72.

③ П. С. Кабытов, Самарское земство: опыт практической деятельности (1865 - 1918 гг.) [M], С. 277.

④ П. С. Кабытов, Самарское земство: опыт практической деятельности (1865 - 1918 гг.) [M], С. 276.

参加者必须受过中等教育。在管理上，政府对培训班举办的规定做了修改：只有需要国民教育部出资的培训班才需经过国民教育部的批准，如果需要地方上出资，则要经过学区督学的批准。由承办此次培训班的学校校长来管理培训班，如果是由地方自治局组织的，培训班主席则需经学区督学批准。培训班的主席应该为教师，而且在任何情况下都必须由国民学校校长和学区督学来批准。培训班主席要承担起总责任，而教学－师范事务则由培训班理事会管理，进入该理事会的有主席和授课者，以及在初等学校讲授示范课的老师。在通过实践和理论测试之后，毕业者可以获得证书。

除了师范类培训班以外，一些省级地方自治局从19世纪80年代中期开始为教师们举办各种专门培训班。比如，特维尔省在1884～1886年开设了歌唱培训班；沃罗涅日省在1889年、1891年、1894年开设了园艺和蔬菜种植培训班。除此之外，创办培训班的还有圣彼得堡省、普斯科夫省、图拉省、诺夫哥罗德省等。从1898年起，赫尔松省地方自治局每年开办手工劳动培训班，从1901年起开办“篮筐编织”培训班。这种类型的师范教育是随着职业教育的兴起而发展起来的。

二　教师的物质生活状况

随着时间的推移，教师的平均年工资越来越高。Б. Б. 维谢洛夫斯基给出的大体数据是19世纪70年代为120～150卢布，80年代为150～200卢布，90年代为200～240卢布；1898年莫斯科识字委员会针对教师的工资在欧俄33个省组织了第一次大规模的调查，结果显示大多数省的教师工资在200～300卢布；20世纪初，教师年薪则为240～300卢布；随着国家教育投入的增多，1908年教师的最低年薪被确定为360卢布；到1910年莫斯科省教师的最高工资甚至达到600～800卢布。[①]

各地教师的基本工资各不相同，相比较而言，经济较为发达的中部和

① Б. Б. Веселовский, История земства за сорок лет, Т. 1［М］, С. 465；В. Чарнолуский, Земство и народное образование, часть 2［М］, С. 272.；Земское самоуправление в России, 1864－1918, Т. 1, под отв. ред. Н. Г. Королёвы［М］, С. 379－380.

南部地区比较高。例如，从 80 年代中期开始，两京（圣彼得堡和莫斯科）和南方的一些省份提高了教师的劳动报酬。赫尔松省付给教师的工资是每年 350~450 卢布，莫斯科省是 300~500 卢布，圣彼得堡省是 480~600 卢布。而 1903 年，诺夫哥罗德省的平均工资为 300 卢布，萨马拉和赫尔松省为 200 卢布，斯摩棱斯克省为 228 卢布，叶卡捷琳诺斯拉夫省为 238 卢布。①

除了地域差别之外，男教师的工资一直高于女教师的工资也反映了性别的不平等。这可能是因为各地没有确立严格执行的工资标准。男教师，特别是有家室的男教师，在俄国教师中的比重要高于已婚的女教师，他们不愿意去薪水较低的地方，这也是女教师工资较低的一个原因。例如，1898 年的调查显示，男教师的平均年薪为 270 卢布，女教师为 252 卢布；1885 年塔夫里奇省的男教师平均固定工资为 359 卢布，而女教师只有 299 卢布，1903 年则分别为 444 卢布和 381 卢布。②

但是与男教师相比，女教师的工作能力丝毫不差，甚至比他们做得更好。在萨马拉县，地方自治局这样评价女教师："谁能评价教师们在饥荒以及其他灾难时候的劳动？他们向民众发放粮食，每天守在食堂，拿着账本，做着计算。他们在任何地方都是无私地、充满爱心地工作着。在霍乱期间，谁在民众中间充当仁慈的护士、卫生员？又是谁来照顾民众？就是那些谦虚、有爱心、惹人喜欢的女教师们。"③

由于女教师工作勤奋且工资相对较低，地方自治局更愿意录用女教师。例如 1875 年，特维尔省女教师的人数已经占到教师总数的 25%，1880 年这一比例上升到 45%。到了 19 世纪 80 年代，许多省和县的教师中女性比例都接近 50%。④ 这种需求也带动了女子中学和女子师范班的发展。

① Н. В. Пирумова, Земская интеллигенция и ее роль в общественной борьбе до начала XX в.［M］, С. 58.；Б. Б. Веселовский, История земства за сорок лет, Т. 1［M］, С. 465.

② Б. Б. Веселовский, История земства за сорок лет, Т. 1［M］, С. 465.

③ П. С. Кабытов, Самарское земство: опыт практической деятельности（1865 – 1918 гг.）［M］, С. 283.

④ Н. В. Пирумова, Земская интеллигенция и её роль в общественной борьбе до начала XX в.［M］, С. 57.

但是与医生、统计员等其他地方自治职员相比，教师的工资处于一种非常低的水平。1900～1902 年，所有的医生、一半左右的农艺师、40% 的统计员年薪都在 1000～3500 卢布。而教师只能与医士、办事员等人一样，大多处于工资最低的等级（即年薪在 500 卢布以下）。[①] 教师们的年均工资水平甚至低于某些工业领域的工人。例如，根据贸易厅的资料，1907 年俄国机器制造工厂工人的平均年薪为 300 卢布，造船工人为 330 卢布，皮革工人为 500 卢布，电报线路建设工人为 517 卢布，与此同时，国民教师每年只有 270 卢布。[②] 教师的工资较低，主要是因为他们的受教育水平不够高。他们一般仅接受过中等教育（还不一定是专业的师范教育），有很多甚至还达不到这种水平。而医生多毕业于大学的医学系，农艺师也大多受过高等和中等教育。

随着物价水平的上涨，地方自治局向教师支付的工资并不能完全满足他们的需求。1913 年莫斯科省兹维尼哥罗德县对教师的物质状况进行研究后得出结论，如果固定工资是每年 360 卢布，那么单身教师中有 32.5% 会负债，有配偶的教师家庭中有 48% 会负债。[③]

随着国民学校数量的增长，萨马拉省所有县份都出现了教师岗位的空缺。不仅如此，根据该省国民学校管理处 1900 年的数据，在萨马拉省每年有 40～50 名教师辞职，占到教师总数的 5% 左右。[④] 其原因是多种多样的，但主要原因一是疾病，二是到工资更高的部门工作。为了降低教师的辞职率，萨马拉县地方自治局从 1876 年就开始每隔 5 年将教师的年工资增加 1/6。从 19 世纪末期开始，各省级地方自治局积极参与初等国民教育事业，对教师工资的补贴就更多了。这些措施多多少少提高了教育水平较高的教师比例。但是这项工作进行得非常缓慢，而且各县的进度也不一样。1898

① Н. В. Пирумова，Земская интеллигенция и её роль в общественной борьбе до начала XX в.［М］，С. 163.

② П. С. Кабытов，Самарское земство：опыт практической деятельности（1865 – 1918 гг.）［М］，С. 281.

③ П. В. Галкин，Земство и народное образование // Земское самоуправление в России，1864 – 1918，Т. 2，под отв. ред. Н. Г. Королёвы［М］，С. 145.

④ П. С. Кабытов，Самарское земство：опыт практической деятельности（1865 – 1918 гг.）［М］，С. 281.

年，萨马拉省甚至有一个县的教师工资在全俄罗斯最低——仅为 120 卢布。在新乌津斯克县，1904～1905 学年，国民学校学监认为教师的工资是比较令人满意的：刚刚走上岗位的教师年薪为 300 卢布，教师的助手为 250 卢布，每隔 5 年，工资增加 50 卢布。①

除了工资之外，地方自治局还需要保障教师的住房，并提供采暖费和照明费，如果没有住宅，就必须为教师支付房费。在不同的省份甚至不同的县份，解决住房问题的方法并不相同，有些地方还需要农村公社为此垫付一定的资金。按照帝国自由经济协会的统计资料，1893 年，在总共 13235 所地方自治初等学校中（原文如此），有 10726 所为教师准备了免费住宅，占总数的 81.0%；有 2060 所让教师们居住在出租房内，占 15.6%。② 而在萨马拉省，根据学监的报告，1904～1905 学年萨马拉省新乌津斯克县的许多地方自治学校都有教师房间和住宅，但并非全部符合卫生要求，有的教师不得不租房。在学监看来，农村公社每年为每位教师支付的 50 卢布并不够，为此教师们不得不花费自己不多的工资，或者在"拥挤、潮湿、低矮"的屋子里受穷。③ 因此，学监得出结论，必须提高教师们的工资，增加对住房资金的支付，或者在所有的学校附近为教师们建设舒适的住宅。

在地方自治职员的物质状况问题上，有一点非常重要，那就是在教师因为年老或者疾病而离职，或者被行政机构辞退，或者教师的家庭有亲人去世的情况下，如何保证他们的生活。地方自治职员的退休金被列入预算，为了从地方自治资金中划拨出退休金，每一次都需要特别的申请，通过国民教育部传达给最高层。各地方自治局开始向教师发放一次性的医疗补助，或者向他们在中等或者高等学校就读的子女发放奖学金。新乌津斯克县地方自治局还建立了马奶酒疗养院，那里的病人可以免费获得马奶酒和住房。

---

① П. С. Кабытов, Самарское земство: опыт практической деятельности (1865 – 1918 гг.) [M], C. 281.

② Г. Фальборк и В. Чарнолуский, Начальное народное образование в России, Том третий [M], Предисловие, C. XXIV.

③ П. С. Кабытов, Самарское земство: опыт практической деятельности (1865 – 1918 гг.) [M], C. 282.

为了保障自己职员的生活，地方自治局争取到了设立自己的退休储金会（эмеритальная касса）或者专项退休金的权力。

1900 年政府批准了国民教师退休金（пенсионная касса）章程，教育部于 1901 年 1 月 1 日起正式成立此项基金。随着普及教育纲要的实行，政府要求所有新进入学校（包括被纳入普及教育网络的学校）的教师都必须参加部办的退休金（пенсионная касса）。而已经在此岗位上的教师，可以根据自己的意愿继续作为退休储金会成员。在国家资助下，由地方自治局创办的所有新学校的职员必须成为教育部储金会的成员。

三　教师的法律和社会地位

教师的任命和辞退、对教师教学活动的评价完全取决于行使监管职能的国民教育部。从 1869 年起俄国实行学监（инспектор）制度，1874 年实行校长制度，于是教师的所有活动都处于监督之下。教师们不仅处于学校委员会每个成员的直接控制之下，还受制于村长、神甫、组长、学校督学、抄写员、县警察。而在与他们的斗争中，教师处于下风，因为他们如果愿意就能将某些由于某些原因而不被看好的人调往别处，甚至可以不经过本人和农村公社的同意。

根据《法律汇编》第 1 部分第 10 卷第 3492 条的规定，县级学校委员会主席和国民学校学监都可以开除“政治上不可靠”的教师。从 19 世纪 70 年代开始，政府警察对教师的监管和控制越来越严格。这与当时“到民间去”的革命运动有着直接的关系，70 年代的政治进程表明，在革命者中就有初等学校教师的身影。当时学区的督学、国民学校的校长、第三厅经常向国民教育部报告那些“政治思想上不可靠的”教师。这种报告从 70 年代中期开始愈加频繁。国民教育部也经常向各学区的督学散发教师的“黑名单”，上了这种黑名单的人便被禁止在学校教学。[①] 在 1878 年，由于教育领

① В. В. Сергеенкова，Подготовка и социальный статус учителей начальных школ в России (60—70-е гг. XIX в.)［J］，Працы гістарычнага факультэта：навук. зб. Вып. 1，рэдкал.：У. К.　Коршук (адк. рэд.)［і інш.］，С. 259 – 260.

导们以“政治上的不可靠”而拒绝地方自治局推荐的教师，萨马拉县的国民学校几乎没有教师了。[①]

与此同时，教师的法律和社会地位也有所提高。在 19 世纪 70 年代初期，农村公社获得了为本学校的教师和职员申请“某些特权和优惠”的权利。1871 年 12 月 28 日，国民教育部部长在地方自治会议的多次申请之下，使它们拥有正式国家部门的权力，并且免除了中等师范学校和中小学教师的税民兵役义务和其他实物税，并免除体罚。1875 年 10 月 8 日确立了地方自治学校职员退休的制度。1887 年他们获得了与国家中等师范学校的职员们相同的退休权。地方自治局成功地让教龄超过 15 年的教师们获得了每年带薪病假的权利。

教师们还利用开设培训班的机会，请求改善自己的物质状况和争取对国民教育的领导权。例如，1901 年在萨马拉县地方自治局举办的夏季师范培训班上，与会者指出，必须召开全省性的培训班，要在县级地方自治局下面设立免费的教师普通教育图书馆，并且在每一个地方自治学校都设立为民众服务的图书馆。当时还第一次提出，要在学校下面设置地方自治学校委员会，而且教师们也有权派代表参加。根据法律的规定，教师们被排除在学校的教学和经济事务管理层之外，而教学的中心环节正是教师，他们不愿意在讨论原则性问题的时候被迫靠边站。这时，培训班就给了他们解决这些问题的机会。教师们由于缺乏其他收入来源，便不断地向地方自治局递交各种申请。例如，在 1901 年的夏季师范培训班中，他们起草并向省地方自治局转达了一份请求，即向每一个地方自治学校分发一份教育杂志和地方自治会议决议杂志，请求在萨马拉省的所有县份让男教师和女教师的薪水趋于平等。[②]

在国民学校教师们的生活中，“教师互助协会”（Общество взаимного вспомоществования учашим и учившим）发挥了巨大的作用。它的目标是

---

① П. С. Кабытов, Самарское земство: опыт практической деятельности （1865 – 1918 гг.）［М］, С. 280.

② П. С. Кабытов, Самарское земство: опыт практической деятельности （1865 – 1918 гг.）［М］, С. 277.

为教师们提供“满足物质和精神需求的”帮助。教师们的会费由地方自治局承担。

地方自治机构为改善国民学校教师的生活状况、提高其法律地位做了很多的工作，这也反映在教师社会地位的提高上面。地方自治会议不止一次地提出，要邀请教师参加学校大纲的编纂，参加学校委员会（училищный совет）等。但是到1917年，仍没有完全实现。并不是教师们的所有合理要求都能得到地方自治局的满足，即便它们也愿意去实现，这是因为革命前俄国严苛的政治体制束缚了教育领域的创造力。

四　地方自治局对培养教师的支出

为了培养教师，地方自治局对于师范教育、教师生活的支出在不断增加。据帝国自由经济协会的统计资料，在1893年，县级地方自治局对师范学校的资助为6705卢布，在师范学校设立的奖学金金额为15913卢布，省级地方自治局则为136938卢布和34584卢布，另外省级地方自治局为教师发放的退休金和补贴共计6965卢布，两级地方自治局的支出达到201105卢布。[①] 到1901年各省对于培养师资的支出情况如表1-9所示。

表1-9　1901年各省对于培养师资的支出

单位：千卢布，%

省份	支出金额		占教育预算的比重		县的数量	
	县级地方自治局	省级地方自治局	县级地方自治局	省级地方自治局	总数	为培养师资而拨款的县的数量
比萨拉比亚	0.7	0	—	0	7	1
弗拉基米尔	3.1	5.4	0.7	6.2	13	9
沃罗格达	1.9	1.4	0.5	1.5	10	3
沃罗涅日	1.6	10.9	0.3	10.4	12	7
维亚特卡	7.0	1.0	0.6	0.3	11	7
叶卡捷琳诺斯拉夫	17.8	7.5	3.1	8.8	8	6

① Г. Фальборк и В. Чарнолуский, Начальное народное образование в России, Том третий［М］, Предисловие, С. Ⅸ.

续表

省份	支出金额		占教育预算的比重		县的数量	
	县级地方自治局	省级地方自治局	县级地方自治局	省级地方自治局	总数	为培养师资而拨款的县的数量
喀山	3.1	18.9	0.8	46.1	12	9
卡卢加	0.4	1.9	—	9.5	11	2
科斯特罗马	1.0	0.2	0.3	—	12	5
库尔斯克	6.0	16.7	1.2	9.4	15	14
莫斯科	2.0	16.2	0.3	5.4	13	7
下诺夫哥罗德	0.9	5.2	—	8.7	11	6
诺夫哥罗德	1.0	15.4	0.4	19.2	11	4
奥洛涅茨	1.0	6.0	0.5	10.9	7	4
奥廖尔	3.5	0.6	1.4	—	12	6
奔萨	0.3	2.6	—	9.4	10	2
比尔姆	6.5	0.1	0.6	—	12	11
波尔塔瓦	2.6	2.6	0.4	1.4	15	5
普斯科夫	0.8	7.3	—	19.2	8	2
梁赞	0.3	32.6	—	85.8	12	3
萨马拉	0.7	38.0	—	30.6	7	2
圣彼得堡	3.0	41.5	0.9	47.8	8	8
萨拉托夫	1.4	1.6	0.8	7.9	8	4
辛比尔斯克	7.5	3.5	1.9	2.6	10	10
斯摩棱斯克	1.8	0.0	0.7	0.0	12	5
塔夫里奇	10.4	2.8	1.8	14.0	8	7
坦波夫	6.1	1.0	1.5	2.8	12	8
特维尔	5.4	23.0	1.1	25.5	8	8
图拉	1.4	0.5	0.8	0.0	12	6
乌法	0.9	6.0	—	12.8	6	3
哈尔科夫	1.7	11.3	0.3	4.2	11	6
赫尔松	6.9	1.9	1.3	1.4	6	6
切尔尼戈夫	2.0	2.2	1.3	4.0	15	8
雅罗斯拉夫尔	1.3	4.1	0.6	9.5	10	6
总计	112.0	289.8	0.8	9.3	359	200

资料来源：Б. Б. Веселовский，История земства за сорок лет，Т. 1［М］，С. 507。

从表 1 - 9 中可以看出，在 1901 年，为了培养师资，省级地方自治局拨款近 29 万卢布，县级地方自治局拨款 11.2 万卢布。在省级地方自治局中，对这项事业完全没有拨款的有斯摩棱斯克省和比萨拉比亚省，几乎没有拨款的有沃罗格达省、维亚特卡省、卡卢加省、科斯特罗马省、奥廖尔省、比尔姆省、辛比尔斯克省、坦波夫省、图拉省和赫尔松省。这样，尽管从原则上讲关心师资的培养问题属于省级地方自治局的任务，但实际上只有略超过一半的省份承担起了这项任务，而且仅有 10 个省份对此的支出超过了 1 万卢布。在 359 个县中，为培养师资而拨款的有 200 个县，相关拨款主要是用来发放退休金。①

第六节　地方自治局与职业教育

一　职业教育的发起与形成

各地方自治局对于地方自治学校的职业性一直有所争论。在改革之初，有人不止一次地在地方自治会议上提出要将初等学校转变为职业化的手工业学校和农业学校。当时的地方自治活动家 A. И. 瓦西里奇科夫公爵提出这样一种广为流传的观点："农村教师，除了自己的专门知识以外，可以向民众提供一些医疗救助"，让他们成为"农业、技术生产等方面信息"的传播者。② 在这种思想的影响下，一些地方自治局开始在职业教育方面有所行动，比如从 1873 年至 1886 年，赫尔松省地方自治局每年对学校的手工业班支出接近 3800 卢布。③

19 世纪 80 年代下半期，初等教育是否应当具有职业性质的问题被许多地方自治局所热议，俨然成为一个热点话题。这时候形成了两种截然对立的流派。一派认为，初等国民学校的任务不仅仅是传播普通知识，还应该传播职业知识，所以这些学校应该"职业化"。这种观点的起源比较复杂，

① Б. Б. Веселовский，История земства за сорок лет，Т. 1 ［М］，С. 506.

② Б. Б. Веселовский，История земства за сорок лет，Т. 1 ［М］，С. 496.

③ Б. Б. Веселовский，История земства за сорок лет，Т. 1 ［М］，С. 496 - 497.

有的人是对学校的教育教学特征认识不清，有的人是想通过这样“两手抓”来降低学校的办学成本，还有的希望向农民传播专门知识以利于发展生产。[①] 所以在 19 世纪 80 年代末 90 年代初，将国民学校职业化的观点得到了统治官僚的支持。一些省级地方自治局（圣彼得堡省、沃罗涅日省和普斯科夫省等）在国民学校建立了花园、菜园和校办产业，设置了园艺业和蔬菜栽培课程。例如，喀山女子地方自治学校的女生们除了正常的课程以外，还要学习园艺和蔬菜栽培。[②] 为了让地方自治学校的教师们传播有使用价值的农业知识，萨马拉省地方自治局派遣教师前往中等农业学校参加培训班，并在萨马拉市附近组织了养蜂业培训班，为此每年的拨款达到 6000 卢布。[③] 对此，Б. Б. 维谢洛夫斯基说，“诚然，并不是所有的（甚至不是大部分）地方自治会议都会提出这些问题（即国民教育的职业化——笔者注），但是应该指出，提出这种问题的不仅是落后的地方，还有像莫斯科省和维亚特卡省这样的先进省份”，“所有这些类似的请求（指的是地方自治局申请为学校增添职业教育——笔者注）都说明它们对国民教育问题没有认真的态度，而且完全表现了它们的某种阶级偏见”，“地方自治活动家对这种教育进行长期的争论，显示出他们对初等国民教育的看法仍是一片混乱不堪的状态”。[④] 不过 В. 恰尔诺卢斯基认为，随着地方自治局国民教育活动的日渐深化和扩展，它们逐渐确立了一条原则，即“国民学校应该仅仅负责普通教育，任何的职业性都会对它的真正任务造成妨碍”。[⑤]

另一派则认为，地方自治局在扩展国民学校的普通教育和建立更高级的普通教育学校的过程中，遭遇到很多外部困难。现存的初等学校数量和

---

① В. Чарнолуский, Земство и народное образование, часть первая [М], С. 153; П. С. Кабытов, Самарское земство: опыт практической деятельности (1865 - 1918 гг.) [М], С. 318.

② Э. Р. Гайнетдинова, Из истории Казанской земской школы для образования народных учительниц (по документам Нацианального архива РТ) //Образование и просвещение в губернской Казани, выпск 2 [М], Казань, 2009 г., С. 57.

③ П. С. Кабытов, Самарское земство: опыт практической деятельности (1865 - 1918 гг.) [М], С. 318.

④ Б. Б. Веселовский, История земства за сорок лет, Т. 1 [М], С. 496.

⑤ В. Чарнолуский, Земство и народное образование, часть 1 [М], С. 154.

质量都有很大欠缺，于是该派主张绕过这些困难，通过建立职业学校环节面临的压力，然后在这些学校扩充普通教育课程（尽管这并不是职业教育本身所要求的），以便发展普通教育。[①] 这种思路一直延续到1917年。

但在笔者看来，地方自治局对于职业教育的关注，是因为它们肩负着发展经济（特别是农业和手工业）的任务，需要大量的专业人才，特别是农艺师和技术工人。这个道理正如它们为了发展医疗而开办医士学校一样。而且地方自治局需要通过在各地建立起各种职业学校来推广新的技术、传播新的知识。所以从19世纪80年代末90年代初开始，职业教育在各地方自治局中逐渐发展起来。

二 职业教育的主要类型

地方自治局开办的职业教育，除了医士学校等医学教育以外，主要类型有两种：农业教育和手工业教育。从19世纪70年代开始，地方自治局开办了一批农业学校和手工业学校，为地方经济的发展起到了重要作用。此外，一些地区还开办了贸易学校、商业学校等经济类学校。

（一）农业教育

地方自治局从19世纪70年代开始创办农业学校，但主要的发展时期是在省地方自治局大力发展教育的90年代。1883年政府出台了《农业学校条例》，希望通过农业学校向民众传播基本的农业知识和手工业技能。1904年又出台了新的《农业教育条例》，允许各地根据自己的实际需要建立不同类型的学校，而且政府对于它们的资助达到3万~4万卢布。[②] 但是后来发现，这些学校的毕业生很多服务于私营企业主，失去了与原来环境之间的联系，而且这些学校本身也无法满足农业经济的实际需求。于是政府在1912年出台了一项规定，让毕业于一级制学校、年龄在15~18岁的学生接受两年的

① В. Чарнолуский, Земство и народное образование, часть 1 [M], С. 154; П. С. Кабытов, Самарское земство: опыт практической деятельности (1865 - 1918 гг.) [M], С. 318.

② П. С. Кабытов, Самарское земство: опыт практической деятельности (1865 - 1918 гг.) [M], С. 319.

培训。当年 10 月份，农业部门通过了《农业国民学校章程》，要求在实践中对成年人进行有系统的农业培训。①

地方自治局参与创建的农业学校可以分为以下几种类型：（1）开设有中学课程的农业学校（即中等农业学校）；（2）一级和二级初等农业学校（низшая школа первого и второго разрядов，即初等农业学校）；（3）专门领域的农业学校；（4）初等学校中的农业班。

（1）中等农业学校

到 20 世纪初，赫尔松、图拉、萨马拉和普斯科夫四个省份建设了开设有中学课程的农业学校，其中后三个省份的农业学校是地方自治局与政府共同出资创建的。②

赫尔松农业学校成立于 1870 年，直到 1882 年才组建完毕，地方自治局为了学校的建设投入资金接近 5.76 万卢布。该校的学制为七年，前六年为普通教育，第七年为实践教育。从 1889 年至 1904 年，在该学校修完学业的一共有 288 人，其中大部分担任地方自治农艺师，而且主要是在南方省份。

1898 年，图拉省申请创办了一所中等农业学校。占地 200 俄亩的校园由城市提供，农业部为学校建设出资 19.6 万卢布，而地方自治局每年向学校拨款 1.8 万卢布作为经费。

萨马拉省的农业学校也是由政府和地方自治局共同创建的。政府出资 7.5 万卢布，地方自治局出资 6 万卢布。校园土地由政府提供，学校的经费由地方自治局提供（每年 2.25 万卢布）。学校为六年制办学，到 1904 年，地方自治局在学校设立的奖学金金额达到 4000 卢布，而且农民子弟能够优先得到奖学金。

普斯科夫省的中等农业学校成立于 1903 年，也是采用这种建设模式。

（2）一级和二级初等农业学校

地方自治局创办的初等农业学校可分为一级学校和二级学校。两种学

① П. С. Кабытов，Самарское земство：опыт практической деятельности（1865 – 1918 гг.）［М］，С. 319.

② Б. Б. Веселовский，История земства за сорок лет，Т. 2［М］，С. 276 – 277.

校的学制都是三年，任务都是在民众中间传播农业知识，但是招收的学生不一样：一级初等农业学校录取的是国民教育部创办的二级制学校（двухклассные министерские школы）的毕业生，而二级学校录取的是初等学校的毕业生。这两种学校的经费供给都是有定额的，前者为每年2500卢布，后者为每年1500卢布。①

从1884年至1903年，共有24个省份开办了49所二级初等农业学校，到1904年36所学校转变成一级农业学校，而二级农业学校只剩下13所。②参与这些学校的建设并为其提供经费的既有县级地方自治局，也有省级地方自治局，而且它们都能得到农业部的资助。在这49所学校之中，除了2所是由私人和农业部创办、由地方自治局提供资助以及1所学校缺乏资料以外，剩下的46所学校里，有10所是县级地方自治局提供经费，14所是省级地方自治局提供经费，22所是它们共同提供经费。③显然，省级和县级地方自治局在建设农业学校上面互相配合，能够取得最佳的效果，但只有7个省份做到了这一点（萨马拉、维亚特卡、比尔姆、波尔塔瓦、塔夫里奇、乌法和萨拉托夫），而在剩下的省份，两级地方自治局之间并没有很好的合作，有的甚至相互竞争。例如，诺夫哥罗德县存在着2所农业学校，一所是省地方自治局创办的，另一所由县地方自治局创办，两校在生源招收、社会影响方面不可避免地存在着竞争。

（3）专门领域的农业学校

这里所谓的专门领域，指的是农业中的专门行业，如园艺、酿酒、蔬菜种植、养蜂等。这样的学校包括：奥尔格耶夫县的葡萄酒酿造学校、诺林斯克县的亚麻学校、克罗恰县和图拉县的花园工人学校，以及一些园艺业学校、蔬菜种植学校和养蜂学校等。

（4）初等学校的农业班

1896年，比尔姆省地方自治局创办了两年制的国民学校“第四农业班”

① Б. Б. Веселовский, История земства за сорок лет, Т. 2 ［М］, С. 277 ; П. С. Кабытов, Самарское земство: опыт практической деятельности（1865－1918 гг.）［М］, С. 320.

② Б. Б. Веселовский, История земства за сорок лет, Т. 2 ［М］, С. 277.

③ Б. Б. Веселовский, История земства за сорок лет, Т. 2 ［М］, С. 279.

（четвертые отделения）。但它是独立的机构，拥有自己的教师和专门场所，学生也来自各地。这种学校的任务是“扩展学生的视野，使他们理性地对待大自然，接受农业技术”。到 1901 年，有 7 个县开设了 8 个“第四农业班”，到 1904 年时又开设了 2 个。从 1900 年至 1906 年，学完课程的学生一共有 265 人。对于其中的 5 所学校，省级地方自治局资助 1.28 万卢布，县级地方自治局资助 6.6 万卢布，每所学校平均每年获得 650 卢布。① 在比尔姆省的带动下，维亚特卡、喀山、科斯特罗马、萨马拉、卡卢加和叶卡捷琳诺斯拉夫等省也开办了类似的农业班。但是，据比尔姆省农业班教师代表大会在 1907 年的说法，“在农村居民现有的文化水平和经济状况条件下，通过学校和农业班来传播农业知识是不可能的”，所以应该将它们转变成高级类型的国民学校。②

（二）手工业教育

总的来说，地方自治手工业学校可以分为几种类型。第一种是地方自治局资助的国民学校和城市学校的手工业班级；第二种是自己独立的手工业学校，拥有广泛的课程。

对于手工业学校尤为关注的是叶卡捷琳诺斯拉夫省和波尔塔瓦省。

叶卡捷琳诺斯拉夫省早在 1869 年就决定在每一个县城开办手工业学校，并为每所学校每年拨款 3000 卢布，但是只有到了 19 世纪 80 年代初期，这项计划才得以实施。到 20 世纪初，该省地方自治局创办的手工业学校包括以下几种：（1）叶卡捷琳诺斯拉夫第一市立学校中的手工劳动班；（2）耗资 1.5 万卢布的上第聂伯罗夫斯克县的手工业学校，学生有 26 人；（3）新莫斯科县的手工业学校，学生有 52 人；（4）巴甫洛格勒县的手工业教学作坊；（5）巴赫穆特县部办二级制学校的手工业班和市立学校的手工业班；（6）卢甘斯克市立学校的手工业班（1882～1892 年位于斯拉维亚诺塞尔维亚县）；（7）亚历山大罗夫斯克县的手工业学校；（8）马里乌波尔县在国民学校创建的手工业班和手工劳动班。每年省地方自治局要为这些学校支出

① Б. Б. Веселовский, История земства за сорок лет, Т. 2 ［М］, С. 280.

② В. Чарнолуский, Земство и народное образование, часть 1 ［М］, С. 156.

接近1.5万卢布。[①]

而波尔塔瓦省地方自治局也对手工业学校投入巨大，参与建设的一共有以下几所：米尔哥罗德县的果戈里艺术工业学校，五年制办学，全免费教学，1904年有学生154人，每年的经费达到3.7万卢布，其中省地方自治局拨款1.5万卢布；杰格佳尔斯克县的织布教学作坊，每年经费支出为8000卢布，1904年有学生28人，生产织布机等其他产品；波尔塔瓦县的五年制手工业学校（1897年由普利卢克县搬迁而来），省县两级地方自治局为它的建设共支出16万卢布，1903年有学生178人，实习生（只学习手工业，学制为三年）41人，当年的经费支出共计大约4.42万卢布。

除了波尔塔瓦省和叶卡捷琳诺斯拉夫省之外，弗拉基米尔省地方自治局也管理一所大型的手工业学校。[②] 学校成立于1885年，拥有5个班级，每年的经费达到2.5万卢布左右，学校资产超过80万卢布。截至1904年，共有学生大约150名，其中省县两级地方自治局在该校设立的奖学金名额有29个。

根据Б.Б.维谢洛夫斯基的不完全统计，其他地区的手工业学校接近20所，而且多由县级地方自治局提供经费。[③]

除此之外，维亚特卡省和莫斯科省还通过设立教学示范作坊来提高当地手工业者的技术水平，收到了良好的效果。[④]

（三）其他类型的职业教育

除了农业、手工业等方面的专门学校以外，一些工商业比较发达的地区还建立了商业、贸易学校，包括为孩子们开设的商业专科学校、贸易专科学校，也包括为成人开设的商业培训学校、贸易培训学校。到1910年，包括地方自治局在内的社会团体新建的中等商业学校有94所，初等商业学校有15所。[⑤] 但是地方自治局参与创建的此类学校的数量较少，В.恰尔诺

① Б. Б. Веселовский, История земства за сорок лет, Т. 2 ［М］, С. 273－274.

② Б. Б. Веселовский, История земства за сорок лет, Т. 2 ［М］, С. 275.

③ Б. Б. Веселовский, История земства за сорок лет, Т. 2 ［М］, С. 275.

④ В. Чарнолуский, Земство и народное образование, часть 1 ［М］, С. 157.

⑤ 〔俄〕Т.С.格奥尔吉耶娃：《俄罗斯文化史——历史与现代》，第456页。

卢斯基只找到地方自治局与城市合办的两所贸易学校，它们分别位于科斯特罗马县和苏贾县。[①]

三　地方自治局对于职业教育的支出情况

19 世纪下半期，地方自治局对职业教育的资助金额有了较大的增长。例如，1877 年各地方自治局对于职业教育的支出还不过 5 万卢布；到 1893 年，县级地方自治局的此类支出为 23.2 万卢布，省级地方自治局为 42.8 万卢布；[②] 到 1901 年，123 个县级地方自治局（占总数的 1/3）的支出达到 51.1 万卢布，26 个省级地方自治局达到 47 万卢布。[③] 到 1904 年，各地方自治局用于农业学校和传播农业知识的支出共计 73 万卢布。[④] 到 1906 年，各地方自治局的职业教育支出达到 868900 卢布，对官办职业学校的资助达到 313000 卢布。[⑤]

但是从总体上讲，县级和省级地方自治局对于职业教育经费的分配没有任何系统性。有的一个省内各县没有一个开办职业教育，在另一些省则几乎所有的县都竞相参与。省级地方自治局对于职业教育的支持程度也各不相同。有些对此投入了本省国民教育预算的一半以上，如叶卡捷琳诺斯拉夫、波尔塔瓦、塔夫里奇和图拉诸省；另一些省则根本没有投入，如莫斯科、下诺夫哥罗德、奥廖尔、奔萨、梁赞、萨马拉、斯摩棱斯克和坦波夫诸省。[⑥]

各地方自治局对待职业学校的态度也存在着巨大的差异：一些省十分重视农业教育，而另一些省更加重视手工业教育。这与各省的经济特征和经营传统有关。

---

① В. Чарнолуский, Земство и народное образование, часть 1 [М], С. 157.

② В. Чарнолуский, Земство и народное образование, часть 1 [М], С. 158.

③ Б. Б. Веселовский, История земства за сорок лет, Т. 1 [М], С. 489 – 499; В. Чарнолуский, Земство и народное образование, часть 1 [М], С. 159.

④ Б. Б. Веселовский, История земства за сорок лет, Т. 2 [М], С. 281 – 282.

⑤ В. Чарнолуский, Земство и народное образование, часть 2 [М], С. 313 – 314.

⑥ Б. Б. Веселовский, История земства за сорок лет, Т. 1 [М], С. 500.

第七节　地方自治机构与校外教育

校外教育是学校教育的有益补充，也是提高民众文化水平、丰富民众文化生活的重要方式。在 19 世纪 90 年代中期之前，俄国地方自治局几乎未采取任何措施发展校外教育，直到 19 世纪 90 年代中期才有所改变。地方自治局在校外教育方面的措施主要有以下几个方面：（1）建设校外图书馆 - 阅览室，并为其提供经费支持；（2）组织民间读书会（народные чнтение）；（3）为成人组建复习班和星期日班；（4）面向广大读者出版图书和定期刊物；（5）建设书库（книжный склад），进行图书贸易。如果说学校是教育的基础，那么教育成绩的进一步巩固则取决于校外教育。这也是地方自治局关注校外教育的原因。

一　校外图书馆 - 阅览室的建设

在 19 世纪 90 年代中期之前，各地仅有极少数图书馆 - 阅览室。根据 1864 年的资料，全俄共有各种类型的图书馆 280 座，除了莫斯科（44 座）和圣彼得堡（42 座）以外，实行地方自治的其他各省一共有 152 座。在这 280 座图书馆中，开放图书馆只有 92 座，农村地区的图书馆只有 15 座。①

根据 1890 年 5 月 15 日的规定，只有在学校以外才能开设社会图书馆，而且每一座图书馆的建设都要经过省长的同意，在图书馆内只能存放某些藏书，国民教育部对这些书籍还特别编排了目录。这说明政府对文化的控制相当严格。

但是，面对普及教育的发展潮流，1894 年帝国自由经济协会的圣彼得堡识字委员会向所有的地方自治会议提交了一份建设图书馆的方案，要求建免费的、平民化的、接受地方自治局管理的图书馆。② 省级和县级地方自

① В. Чарнолуский, Земство и народное образование, часть 1 ［М］, С. 164.

② В. Чарнолуский, Земство и народное образование, часть 1 ［М］, С. 170.

治局纷纷响应，于是在较短的时间内建立起了相当多的图书馆－阅览室。其中，有许多图书馆最初是为地方自治职员开设的，后来转变成社会图书馆。

省级和县级地方自治局在这项工作中大都采取了合作的方式，而且省级地方自治局实行了它所偏爱的发放补贴的机械奖励制度：按照县级地方自治局的支出而发放补贴，支出越多，补贴就越多。但是，这种制度在这一领域的缺点比在其他领域要少得多，因为这项事业完全是新型的，需要一切重新开始。一位奔萨省议员就在农村国民学校设立地方图书馆的问题强调，农民从学校里学来的识字能力和各种新知识很快就会被淡忘，所以有必要在每一所国民学校设置地方图书馆，而且图书馆里的书籍，内容要简单，叙述要通俗易懂。[①] 这说明此时地方自治局的意识已经转变，已经认识到校外教育的重要性，所以会对它进行大规模投资。在这一阶段，机械奖励制度自有其存在的某种合理性。

在这种情况下，到 20 世纪初，已经有 24 个省级地方自治局对图书馆的建设拨款。例如，比尔姆省地方自治局在 1897 年资助建设了 158 座图书馆，1903 年建设了 320 座，而且该省的县级地方自治局在 1903 年也建设了 109 座图书馆。萨拉托夫省地方自治局早在 1892 年就拿出 3000 卢布用于建设 10 个示范性图书馆，每个县一个，到 1896 年决定向每一座新建的图书馆资助 150 卢布，条件是地方商业拿出相应的资金。[②] 在圣彼得堡省皇村县，1894 年才出现第一座国民图书馆，1896 年增加为 35 座，1903 年为 69 座，1909 年增加到 143 座。[③]

1892 年农村中有 28 座私人图书馆，此后图书馆的数量急剧攀升，到

① А. Ю. Петровна и Е. А. Тетерина, Пензенская кубернская печать о земском образовании в 1864－1917 гг. [J], Исторические, философские, политические и юридические науки, культурология и искусствоведение. Вопросы теории и практики, Издательство Грамота, 2011 г., № 6 (12), часть 3, С. 153.

② Б. Б. Веселовский, История земства за сорок лет, Т. 1 [M], С. 449－550.

③ Е. В. Мокшанова, Земское библиотечное дело в культурной среде региона (на примере Санкт-Петербургской губернии 1864 － 1917 гг.) [D], Автореферат диссертания на соискание ученой стебени кандидата педагогических наук, Санкт-Петербург, 2011 г., С. 13－14.

1898 年，34 个省建设了 3002 座图书馆，到 1904 年已经至少有 4500 座。[①] 开放的国民图书馆发展之所以如此迅速，是因为地方自治局不是将其看作学校的私产，而是作为发展校外教育、提高普通民众识字率的重要方式之一。

到 20 世纪初期，国民图书馆的发展进入一个新的阶段，那就是各地方自治局开始像构建学校网一样构建图书馆网络，让国民图书馆遍地开花，让普通民众尽可能方便地使用图书馆，为此各地还做了一些规划。例如在圣彼得堡省，在省地方自治会议的要求下，皇村县和扬堡县地方自治局编制了《校外教育基本规划方案》，其中在皇村县地方自治局的规划中，不仅要建立区域性图书馆，还要建设农村图书馆、流动图书馆等。[②]

在这样的高速发展之下，图书馆的配套设施很难及时跟上。根据地方自治局在 20 世纪初的调查，14 个省共有大约 2700 座图书馆，平均每座图书馆有 400 ~ 500 本图书，总价值在 200 ~ 250 卢布，大约有 200 位读者借阅了 1600 本图书，即平均每位读者借阅了 8 本书，但绝大部分图书馆没有能够满足基本需要的场地，也没有足够的工作人员。[③]

除此之外，政府的规定也限制了图书馆事业的健康发展。当时的书刊检查制度非常严厉，地方自治局申请将图书目录扩展一些，但是在很长时期内没有得到政府的批准，另外，地方自治局还申请取消许可目录和废除禁书目录，但这种申请也没有得到批准。按照图拉省地方自治局的计算，在 19 世纪末俄国国民图书馆的所有藏书中，只有3% ~3.5%为民众所使用，在定期出版物中，这一比例只占 17%。[④]

1904 年 1 月 18 日政府出台了建设学校图书馆的新规定，按照这一规

① В. Чарнолуский, Земство и народное образование, часть 1 [М], С. 170; Б. Б. Веселовский, История земства за сорок лет, Т. 1 [М], С. 550.

② Е. В. Мокшанова, Земское библиотечное дело в культурной среде региона (на примере Санкт-Петербургской губернии 1864 – 1917 гг.) [D], Автореферат диссертания на соискание ученой стебени кандидата педагогических наук, Санкт-Петербург, 2011 г., С. 13 – 14.

③ В. Чарнолуский, Земство и народное образование, часть 1 [М], С. 172 – 173.

④ Б. Б. Веселовский, История земства за сорок лет, Т. 1 [М], С. 551.

定，图书馆购买图书的范围有所扩大。但是这种扩大仅仅是针对校内图书馆，而与校外图书馆无关，它的开设还是要遵循 1890 年 5 月 15 日的规定。1904 年 1 月 18 日的规定虽然带来了某些松动，但是也增加了另外一些束缚，比如管理图书馆的只能是学校的老师。按照仍然具有效力的旧规定，为成年民众准备的图书馆－阅览室要按照“许可”目录购书，而按照 1904 年的规定，校内图书馆可以购进许可中等学校图书馆收藏的书籍。但是经过 1905 年革命，图书馆的建设仅需考虑那些禁止流通的书籍目录就可以了。

二　民间读书会和星期日学校

给成人上的课以星期日学校（воскресные школы）、民间读书会（народное чтение）、成人扫盲班（курсы для неграмотных взрослых）的形式出现，有时也为那些读完了小学、想继续学习的人开办培训班。这种复习班是非常有意义的。实践表明，在学校学习过的人（学习 3～4 年，更不用说不完全学过的了）很快就会将知识淡忘，其文化水平也就十分可疑，因而被地方自治会议称为“半文盲”。

很长时间以来，民间读书会都与初等学校紧密相连。它们基本上由县级地方自治局在学校举行，时间一般是节日或者星期日的晚上，起初这是为学生准备的，有老师或者神甫为他们免费讲解，后来成人也能参与。这种读书活动完全是免费的，只要有场地就可以了。在内容上，读书会并不仅仅是朗读文本，还意味着能够讲出鲜活的话语，实际上相当于“民众讲座”。按内容它可以分为以下几种：（1）教育读书会（宣传文艺作品、宗教道德作品、传记作品）；（2）知识性读书会（历史、地理和自然科学知识）；（3）专业性读书会，主要是传播农业、合作社、畜牧业、防疫、医疗和卫生等方面的实用知识。前两种读书会通常由学校的教师举行，后一种要聘请专家。在坦波夫省，为了发展民间读书会，地方自治局还成立了组织。当地有一个民间读书会协会，科兹洛夫县和沙莰克县还成立了建设民间读书会委员会，它们负责在农村开展读书活动、购买幻灯机等设备。这些组织都能获得地方自治局的资助。[①] 在萨拉托夫省，1889 年共有 68 所地方自治学校举办读书会，[②] 到 1895 年，除了库兹涅茨克县以外，其余各县都开展了读书会活动，其中一半的学校开展的是宗教道德题材和历史题材的读书会。例如在察里津县，读书会的题目有“耶稣基督的尘世生活”、“显灵者尼古拉”、“罗斯的起源”和“1812 年卫国战争”等[③]。

省地方自治局也是读书会的组织者。在萨马拉省，1893 年各县地方自治局对国民读书会的支出为 3194 卢布，省级地方自治局的支出仅为 675 卢布。但是从 19 世纪 90 年代中期开始，省级地方自治局越来越重视读书会，到 1903 年，17 个省为此拨款接近 2 万卢布。[④]

地方自治局向成年人组织的星期日培训班和复习班的拨款稍多一些。这项活动开始是由省级地方自治局举办的，其中维亚特卡省地方自治局做得最好。在坦波夫省，县级地方自治局针对成人组织起了复习班，当地的立佩茨克县和列别江斯克县对每一所这样的学校分别拨款 58 卢布和 64 卢布，用于向教师发放工资和购买教学用品，这一举措为邻县所仿效。如果地方自治局没有拨款，当地的教师就自己免费开展类似的培训班。[⑤]

三 书库

早在 1869 年，特维尔省地方自治会议就提出，必须建立书库（книжный

---

① Т. Г. Деревягина, Социально Педагогическая помощь тамбовского земства жителям губернии в сфере образования и просвещения [J], Вестник Тамбовского университета, Серия: Гуманитарные науки, 2001 г. , С. 73.

② Т. Г. Захарова, Взаимнодействие губернского и уездных земств по проблемам народного образования [J], Известия Саратовского университета, 2006 г. , Т. 6, Сер. Философия, Психиология, Педагогика, вып. 1/2, С. 119.

③ А. В. Кадачев, Роль земств в процессе демократизации народного образования в России [J], Известия ВолгГТУ, 2006 г. , С. 28.

④ В. Чарнолуский, Земство и народное образование, часть 1 [M], С. 197 – 199; П. С. Кабытов, Самарское земство: опыт практической деятельности (1865 – 1918 гг.) [M], С. 303 – 304.

⑤ Т. Г. Деревягина, Социально-педагогическая помощь тамбовского земства жителям губернии в сфере образования и просвещения [J], Вестник Тамбовского университета, Серия: Гуманитарные науки, 2001 г. , С. 73.

склад)，以便民众阅读便宜而有用的书籍。在1871～1872年，这一想法在乌尔朱穆斯克等3县变成现实。到19世纪70年代末，特维尔省和哈尔科夫省都组建了自己的书库。经历了80年代的低潮时期，从90年代特别是1893年起，各省级和县级地方自治局开始加快书库的建设。1890～1893年共建立了2个省级书库和7个县级书库，1894～1897年省级书库和县级书库的建设数量分别为7个和53个，而1898～1904年又建立了11个省级书库和44个县级书库。①

当时所谓的书库，就是在商业原则基础上进行图书贸易的书城。它追求的目标是不经过中间商，以尽可能低的价格向民众销售当时的重要著作(包括畅销书和教材)。在人口识字率不断上升、学校图书馆和校外图书馆不断建设的背景下，书库的图书贸易符合市场发展需要。当然，这对于教育的普及也起到很大的作用。

为了“更积极地参与初等国民教育事业”，萨马拉省地方自治局在1899年决定，从储备资金中拿出6860卢布，用于书库的建设，到1905年该书库的营业额达到7852卢布。② 坦波夫省的书库成立于1899年，到1902年，它的营业额已经增长到10.2万卢布。③

各省级地方自治局之间的差距十分巨大。例如，维亚特卡省书库的营业额达到13万卢布，而奥洛涅茨省的书库只有147卢布。实际上奥洛涅茨省的书库名不副实，它成立于1894年，资金只有700卢布，到1896年实际上已经停止存在了。另外，维亚特卡省还实行部分书籍免费发放的政策，省地方自治局从1893年起每年为这类图书拨款4000卢布，1895年起增加为5000卢布。④ 但是对于大多数地方自治局来说，这只是一种奢侈。而发展比较好的除了维亚特卡省之外，还有库尔斯克省、萨拉托夫省和坦波

---

① В. Чарнолуский, Земство и народное образование, часть 2 [M], С. 212.

② П. С. Кабытов, Самарское земство: опыт практической деятельности (1865 – 1918 гг.) [M], С. 297.

③ Т. Г. Деревягина, Социально-педагогическая помощь тамбовского земства жителям губернии в сфере образования и просвещения [J], Вестник Тамбовского университета, Серия: Гуманитарные науки, 2001 г., С. 73.

④ Б. Б. Веселовский, История земства за сорок лет, Т. 1 [M], С. 558 – 559.

夫省。

1905年，各省级地方自治局在省城拥有19个书库，在各县城拥有40个书库，在农村有19个书库。1902年各地书库的年营业额达到100万卢布左右，到1905年接近150万卢布。[①] 1906年是地方图书贸易非常艰难的一年：政府的打压以及地方自治局内部反对派的干扰，导致许多书库被迫停止活动，一些已经完全关闭，只有少数能出售教材。

从商业价值来说，书库的经营也是成功的，因为它的营业额迅速增长，且绝大部分书库不仅不会亏损，反而能够赢利。书库的图书贸易也为地方自治局节省了一大笔用于购买书籍的资金。

尽管地方自治局开展的图书贸易事业取得了一定的发展，但是它并没有一套完整的形式，也没有扩展开来。这首先是因为没有解决好省级书库和县级书库之间的关系。在有些地方，县级书库是省级书库的分支机构；而在另一些地方，县级书库是县地方自治局创办的独立机构，与省级书库并没有关系，至多是它的代理商。在后一种不明确的关系下，省县两级书库之间经常出现各种矛盾和财务计算的紊乱，这对书库活动的扩大非常不利。

四 出版发行图书、期刊

1900年以来，一些地方自治局还尝试出版书籍，但由于外部条件的不完善，这项工作并没有普及开来。

首先开始这样做的是维亚特卡省，然后是萨拉托夫省，它们都出版一些小说家的作品；另一些地方自治局（雅罗斯拉夫尔省、库尔斯克省、诺夫哥罗德省）则出版关于农业、卫生、医疗等实用知识的畅销书籍。但不久后内务部对此发出通告，规定“除了获得许可的定期出版物和关于地方经济与管理某些方面的专门出版物以外，地方自治局只能将自己的出版活动局限在允许在国民中间和国民阅览室、图书馆和学校中流通的文学类作品”[②]。

---

① Б. Б. Веселовский，История земства за сорок лет，Т. 1 ［М］，С. 556.

② Б. Б. Веселовский，История земства за сорок лет，Т. 1 ［М］，С. 560.

出版书籍对于校外教育领域的地方自治工作的长远发展是十分有利的，甚至是必需的。地方自治局可以为国民图书馆和学校图书馆出版书籍，也可以出版学校教材等。

出版普及性的定期机关刊物也是一项紧迫的任务。在这一领域最先尝试的是维亚特卡省地方自治局，它在 1894 年就出版了《报纸》（最初是每月两次，后来变成一周一次）。1902 年喀山省出版了类似的《喀山省地方自治报》，1903 年下诺夫哥罗德省出版了《下诺夫哥罗德省地方自治报》，1906 年乌法省出版了《乌法省地方自治报》。

除了上面所说的普及刊物之外，地方自治局还出版了各种周刊、双周刊。总的来说，19 个省级地方自治局和 1 个县级地方自治局出版的定期出版物（不是专门刊物）可以分为以下 5 种类型。

第一种类型具有半普及性，而且几乎仅仅是“地方性”刊物。在里面，读者找不到反映地方自治生活的指导性文章。其也提供本省的地方自治会议报告等。

第二种类型是纯粹的普及性刊物，其主要缺点是叙述和材料相对枯燥无味。这类刊物中最好的是《维亚特卡报》。

第三种类型是比尔姆省、切尔尼戈夫省和赫尔松省的“全集”，里面主要包括参议会的报告、讲话等。这是半参考性的资料。

第四种是《比萨拉比亚省地方自治局导报》，它实际上就是省级和县级地方自治会议记录及其决议的全集。

第五种就是改版后的《萨拉托夫地方自治周刊》。在 B. C. 格鲁别夫的主持下，其非常成功地融合了“地方性”刊物与全部自治地方刊物的内容，甚至可以说纯粹的地方问题在那里已经居于次要地位。地方自治活动家在那里可以找到各个领域的有价值的文章。

五　地方自治局对校外教育的支出

对于校外教育，地方自治局拨款的增长速度很快。1893 年，县级地方自治局对此拨款 43969 卢布，占其国民教育支出的比例不到 0.6%；省级地方自治局的拨款总额为 15569 卢布，仅占其国民教育支出的 1.1%。[①]

八年之后，1901 年县级地方自治局共拨款 38.6 万卢布，占其国民教育预算的 2.8%；省级地方自治局共拨款 36.1 万卢布，占其国民教育预算的 11.6%，两者总计拨款为 74.7 万卢布。[②] 在省级地方自治局中，有 4 个完全没有拨款，有 7 个的拨款微不足道，萨拉托夫省地方自治局对此的拨款相对最多（11.1 万卢布，占其国民教育预算的 82.3%），其次是维亚特卡省、库尔斯克省和特维尔省。

第八节　地方自治机构的国民教育活动总结

在地方自治改革之前，俄国的国民教育虽然已经存在了一个半世纪以上，历届沙皇政府为发展教育事业、改革教育体制也做了一定的工作，但是总体来看仍然处于非常低的水平，无法适应经济社会的发展需要。所以在大改革时代，国民教育也成了改革的对象。而这样的重要任务，就主要落到了新生的地方自治机构身上。尽管它们没有扩展到全国，而且即便在实行地方自治的省份，它们也不是管理国民教育的唯一部门（按照法律的规定，它们只是“参与”对国民教育的管理），在它们之外还存在着政府、城市部门、教会部门、私人和社会团体；尽管发展国民教育只是它们的“非必须职责”，而且政府还对它们的教育活动进行了严格的限制和监管，甚至使其只剩下出钱出力的“权利”，但是它们创立的地方自治教育发展模式却极大地促进了俄国国民教育的进一步发展。

地方自治机构是自由派贵族占主导地位的机构，在农奴制刚刚废除的 19 世纪 60 年代，其不可避免地带有农奴制时代的印记。所以，经过一段时间的讨论之后，其确立了发展国民教育的“奖励制度”，即地方自治局只拿出一小部分资金作为奖励，而大部分的支出则由农民公社来承担。这种做

① Г. Фальборк и В. Чарнолуский, Начальное народное образование в России, Том третий [M], С-Петербург, С. VIX.

② Б. Б. Веселовский, История земства за сорок лет, Т. 1 [M], С. 554.

法一方面反映了初期地方自治机构的阶级偏见，另一方面这也是资金不足、政府严格管制（当时，“必须职责”是其主要任务）之下的无奈之举。包括Б. Б. 维谢洛夫斯基在内的一批学者从阶级的观点出发，比较重视前一个方面，而忽略了另一方面，而且在对“奖励制度”做出评价时对它的积极影响关注较少。本书经过研究发现，“奖励制度”虽然增加了农民的负担、加剧了各地教育发展的不平衡，但是它符合改革后农民通过兴办教育来改善生活的愿望，而且在事实上也促进了大批农村学校的建设。所以说，在改革后的现实条件下，“奖励制度”虽然有诸多弊端，但仍不失为一种符合实际且较为有效的发展策略。只是随着时间的推移，它的弊端越来越明显，越来越不符合发展初等教育的需要，遂被省级地方自治局所废弃。在此之后，初等教育才得到迅速发展。

地方自治机构发展国民教育的重中之重是发展初等教育。从一开始，初等教育属于县级地方自治机构的活动范畴，后者在“奖励制度”的引导下，对初等教育的投资逐渐增长，不仅与农村公社共建学校，而且资助建设廉价学校、教会学校等，到 1893 年，其初等教育总投资已经达到6573314 卢布，占其经费总额的近 16%；而省级地方自治局对初等教育的投入较少，1893 年为 575489 卢布（仅占县级地方自治局投入的 8.75%），占其经费总额的 3%。[①] 19 世纪 90 年代是俄国工业高涨的时期，经济的迅速发展要求教育领域提供足够的人才。在这种情况下，省级地方自治机构认识到了发展初等教育的紧迫性，开始大规模地参与其中，并且提出了普及教育的计划。它们编制学校网络规划，筹集资金，并大力兴建校舍、学校图书馆、夜间收留所等教学设施，初等学校的数量增长更为迅速。在 20 世纪初，俄国政府终于赞同以地方自治局的初等教育建设模式在全国发展普及初等教育，并为此制定了一系列法律，投入了大量资金。但是，相对于俄国发展普及教育的重任，政府和地方自治局的资金投入仍然无法满足需要，再加上第一次世界大战和国内战争的影响，发展普及教育的目标并没

① Г. Фальборк и В. Чарнолуский, Начальное народное образование в России, Том третий［М］, Предисловие, С. Ⅷ-ⅥⅩ.

有如期完成。不过，这也表明，地方自治局发展初等教育的工作得到了国家和社会的认可，为后来教育的发展奠定了基础。

与初等教育相比，发展中等教育从一开始被认为是省级地方自治局的任务，后者也“不负众望”，在很长时期内将自己的绝大部分教育经费投入中等教育领域，特别是实科中学和女子中学。这一方面的确能够为农村培养一批教师和技术人员，另一方面也减少了对省级地方自治局的投入。到19世纪90年代以后，随着初等普及教育的日渐发展，地方自治局对中等教育的投资增幅越来越小，其已经不占重要地位了。无论如何，在一个初等教育尚未发展起来的国家，将过多的资金用于中等教育不能不说是一种浪费。

发展教育，一需要学校，二需要教师，培养教师也是地方自治机构的一项重要任务。为此，地方自治局一方面开办教师培训班和代表大会，聘请著名教育家提高教师们的知识水平和教学技能，另一方面加紧筹建自己的中等师范学校。但是这种学校耗资巨大，一些地方自治局被迫将其关闭，而更多的省份和县份则是向官办的中等学校、中等教会学校等提供资助和设立奖学金，以招揽人才。教师们在农村学校辛勤工作，同时从事各种杂务，地方自治局则向他们支付工资、提供住房和保障他们的退休生活。但是由于自身受教育水平不够高，他们与医生、农艺师等地方自治职员相比，工资水平要低得多。另外，教师也是专制政府严密监管的对象，他们为提高自己的法律和社会地位而斗争。

地方自治机构虽然有将国民学校职业化的冲动，但最终职业教育也没有改变国民教育的大方向。事实上，职业教育是地方自治局发展经济的一种必要措施，农业学校和手工业学校都是为了培养更多的农艺师和技术工人，以便在农民和手工业者中间传播先进技术。但是职业教育受地方经济发展特色的影响很大，这导致各地在职业教育的发展类型、投资规模上差异巨大。

校外教育是地方自治局国民教育活动的重要组成部分，其目的就是在普通民众中间传播文化知识，丰富他们的文化生活。校外教育的方式有多种，包括校外图书馆－阅览室、民间读书会、成人复习班和星期日班、书刊出版、图书贸易。在这其中，校外图书馆的建设成就最大，尽管它们的规模并不一定很大，但是作为一个地区的文化交流活动中心，其广泛分布无疑为以后社会文化的发展打下了良好基础。直到今天，图书馆数量和藏书量仍然是一个地区文化繁荣与否的重要指标。而在当年的俄国，校外图书馆与学校图书馆的大规模建设，也预示了一个文化普及的时代即将来临。

纵观半个世纪左右的地方自治教育史，我们不得不承认，地方自治机构发展的国民教育是一种较为全面的教育，有主有次，有先有后，基本上覆盖了国民教育的所有方面。特别值得一提的是，在社会较为贫困和自身资金不足的环境下，地方自治机构在自己的职权范围内，开展了一场轰轰烈烈的普及教育运动，这不能不说是一种巨大的成功。尽管普及教育最终没能实现，但是它无损于地方自治机构在此方面所做的努力。

事实上，经过半个多世纪的发展，地方自治机构领导下的教育事业已经成为俄国国民教育的主干。这可以从地方自治学校、学生、教师的数量中得到印证。19 世纪 70 年代中期，俄国的学生数量不超过 100 万人，到 20 世纪初已经增长到 400 多万人，其中超过 200 万人在地方自治学校读书。①截至 1915 年 1 月 1 日，在 34 个地方自治省份的国民学校中，共有 434.6 万名学生和 107328 名教师；而在 49 个非地方自治省份中，学生和老师的数量只有 159.6 万人和 38704 人。按照国家标准，国民学校的师生比不应小于 1∶50，而在地方自治学校中，这一比例是 1∶40.5。到 1917 年，全国共有各种初等学校 12.4 万所，其中地方自治初等学校大约为 6.5 万所。②

除此之外，衡量文化教育发展的另一项重要指标是识字率。在农奴制废除之前，俄国人口的识字率只有 7%③，而至 19 世纪末 20 世纪初每 100

① А. В. Кадачев, Роль земств в процессе демократизации народного образования в России [J], Известия ВолгГТУ, 2006 г., С. 28.

② Т. Л. Мамаева, Роль курского земства в развитии народного образования в губернии на рубеже XIX-XX веков [J], Известия БелГУ, Серия История, Политика, Экономика, Инфарматика, 2001 г., № 1 (96), Выпуск 17, С. 157.

③ А. В. Кадачев, Роль земств в процессе демократизации народного образования в России [J], Известия ВолгГТУ, 2006 г., С. 28.

位居民中识字者为16人[①]，而到了20世纪初9岁以上人口识字率为27%。[②]这一数字看起来并不高，只是与东欧和南欧国家的水平相当。但是，如果再考虑到当时的俄国境内还存在着为数众多但文化落后的少数民族（例如，在20世纪初，9~49岁的塔吉克人中，不识字者的比重达到98%，吉尔吉斯人为97%，乌兹别克人为96%，马里人男性和女性识字率分别为18%和2%，楚瓦什人分别为13%和1%，鞑靼人分别为5%和2.5%，此外还有大约50个民族没有自己的文字[③]），那么在实行地方自治的省份，识字率应该比这要高很多。当然这些省份识字率的提高并不完全是地方自治机构发展国民教育的结果，但是后者无疑在其中扮演了最为重要的角色。实际上，在地方自治教育最为发达的地区，人口的识字率最高，甚至农民也是如此。例如，1907~1913年对农户进行的调查表明，农村人口识字率最高的是莫斯科省和特维尔省，分别为41.7%和34.1%，而在参与调查的其他10个省里，农村人口的识字率低于30%。[④]与人口识字率相比，新兵的识字率更能直观反映出文化教育的成果。例如在库尔斯克省，新兵的识字率从1875年的13.4%增加到1895年的37.5%，然后再增加到1904年的56%，反映出普及教育的迅速发展。[⑤]

但是，数据也能说明另外一个的问题，即与当时世界上的先进国家相比，俄国的国民教育仍然比较落后。在发展普及教育、构建学校网络的过

---

① Т. Г. Захарова, Проблемы народного образования в земском общественном движении России [J], Известия Саратовского университета, 2006 г., Т. 6, Сер. Философия, Психология, Педагогика, Вып. 1/2, С. 116.

② П. В. Галкин, Земство и народное образование // Земское самоуправление в России, 1864 – 1918, Т. 2, под отв. ред. Н. Г. Королёвы [M], С. 156.

③ И. В. Семенченко, Земство и народное образование на Урале в 1900 – 1918 гг. [J], Вестник ЮУрГУ, 2005 г., № 7 (47), С. 89; П. В. Галкин, Земство и народное образование // Земское самоуправление в России, 1864 – 1918, под отв. ред. Н. Г. Королёвы, Т. 2 [M], С. 155.

④ П. В. Галкин, Земство и народное образование // Земское самоуправление в России, 1864 – 1918, Т. 2, под отв. ред. Н. Г. Королёвы [M], С. 156.

⑤ Т. Л. Мамаева, Роль курского земства в развитии народного образования в губернии на рубеже XIX-XX веков [J]. Известия БелГУ, Серия История, Политика, Экономика, Инфарматика, 2001 г., № 1 (96), Выпуск 17, С. 164.

程中，由于初等学校的基本学制是四年制，所以在校学生数量要达到总人口的10%以上，才能算是普及教育的发展登上了一个重要台阶。1894年，欧俄地区的这一比重仅为3%，到1911年提高到4.5%，同期库尔斯克省从2.7%提高到4.87%，算是情况比较好的。[①] 就全国而言，学生数量占总人口的比重在19世纪末仅为约2%，到1917年提高为3.85%，而美国的这一比重为19.4%，英国为17.14%，德国为17%，瑞士为16.6%。[②] 德国的居民识字率早在19世纪末20世纪初就已经达到98%，美国为92%，英国为90%。[③] 由此可见俄国与欧美先进国家仍有巨大的差距。除了俄国人口增长迅猛之外，这里的主要原因还是俄国对教育的投入不足。在20世纪初期，西欧国家对每名学生的平均支出达到26~28卢布，而俄国只有14.4卢布，仅为它们的一半左右。[④] 当然这种差距由来已久，并非一朝一夕可以改变。

总而言之，在地方自治机构开展活动期间，俄国的国民教育取得了长足的进步，尽管与先进国家仍然有着很大的差距，但是在俄国政治专制和社会贫困的环境中，在自身的资金非常有限的情况下，地方自治机构能够取得这些成绩也是相当不容易的，这一点应当给予肯定。

① Т. Л. Мамаева, Роль курского земства в развитии народного образования в губернии на рубеже XIX-XX веков [J], Известия БелГУ, Серия История, Политика, Экономика, Информатика, 2001 г., № 1 (96), Выпуск 17, С. 162.

② И. В. Семенченко, Земство и народное образование на Урале в 1900 – 1918 гг. [J], Вестник ЮУрГУ, 2005 г., № 7 (47), С. 89.

③ Т. Г. Захарова, Проблемы народного образования в земском общественном движении России [J], Известия Саратовского университета, 2006 г., Т. 6, Сер. Философия, Психология, Педагогика, Вып. 1/2, С. 116.

④ П. В. Галкин, Земство и народное образование // Земское самоуправление в России, 1864 – 1918, Т. 2, под отв. ред. Н. Г. Королёвы [M], С. 156.

第二章　地方自治机构在医疗卫生领域的活动

19 世纪末 20 世纪初，医疗卫生领域是地方自治机构的重要活动领域。在地方自治改革之前，俄国的医疗状况十分糟糕，医疗设施极其落后，医学人才严重不足。为了发展医疗，地方自治机构建立起各种类型的医院设施，在城市有省医院、精神病院和县城医院，在农村有医疗区医院和诊疗所，在对医务人员进行有效管理的同时，还为其提供了物质保障。在地方自治机构和医生们的努力之下，俄国地方自治医疗实现了由医士制度、巡诊制度向住院制度的转变，并保持了免费医疗的特性。地方自治机构在卫生防疫和抗击流行病方面也做了不少工作。

第一节　地方自治改革之前俄国的医疗状况

一　历届沙皇政府对于医疗事务的政策和措施

在俄国，最早的医疗管理机构是 16 世纪 80 年代创建的医务衙门（Аптерский приказ），但是其主要职责仅限于为皇室及其亲信服务。[①] 在沙

① 由于并没有留下关于医务衙门建立的文件，它究竟建立于何时，俄国史学界争议较大，有人认为是 16 世纪 90 年代，有人认为是 17 世纪上半叶，等等，М. Б. 米尔斯基确定为 16 世纪 80 年代。见 М. Б. Мирский，Медицина России Х-ХХ веков：Очерки истории［М］，С. 71－72。现代也有人认为是 1620 年，见 В. Ю. Кузьмин，Роль власти и земства в становлении отечественной медицины ХⅦ- начала ХХ века［J］，Известия Российского государственного педагогического университета им. А. И. Герцена，2003 г.，Т. 3，Номер 5，С. 242。

皇阿列克谢·米哈伊洛维奇时代，政府制定了抗击流行病的措施，并组建了皇家药房。[①]

在彼得一世时期，沙皇政府出台了一系列关于医疗的法令：1706 年 12 月 10 日的《由多赛托尔·阿列斯金掌管总药房，以及药品和医治病人法》，1712 年 1 月 31 日的《关于在各省为伤残者和幼儿设立军医院法》，1720 年 1 月 13 日的《关于在和平和战争时期设置军医院以及海军部门医生的职责法》和《海军章程》，1721 年 8 月的《设立医务厅法》，等等。[②] 此外，彼得一世还建立了官办药店和份地药店，并允许私人药店的存在。但是总的来看，这些大多是军事改革的配套措施，军医学校首先也是给常备军提供医疗服务。虽然已经设置医务厅，但实际上并没有发挥作用。

在叶卡捷琳娜二世统治时期，政府对医疗事务的管理趋于制度化。尤其值得强调的是，1775 年 10 月 7 日俄国设立了社会救济衙门（Приказ общественного призрения），负责建立医院、诊疗所和孤儿院，成为俄国完善医疗管理体制的重要步骤。这也是女皇实行“开明专制”政策的某种延续。政府规定，医生在流行病发生期间要进行检疫工作。政府还出台了《药房章程》，规定了药房主人的职责，并对药品信息、撰写药方做出了规定。另外，还颁布了《为任职 10 年的医务官员授予官职的规定》和《授予医生职位法》。[③]

在沙皇亚历山大一世时期，政府的医疗改革有了很大进展。在 1801

---

① М. Б. Мирский, Медицина России Ⅹ-ⅩⅩ веков: Очерки истории［М］, С. 139 – 141; В. Ю. Кузьмин, Роль власти и земства в становлении отечественной медицины ⅩⅦ - начала ⅩⅩ века［J］, Известия Российского государственного педагогического университета им. А. И. Герцена, 2003 г. , Т. 3, Номер 5, С. 242.

② М. Б. Мирский, Медицина России Ⅹ-ⅩⅩ веков: Очерки истории［М］, С. 178 – 179; В. Ю. Кузьмин, Роль власти и земства в становлении отечественной медицины ⅩⅦ - начала ⅩⅩ века［J］, Известия Российского государственного педагогического университета им. А. И. Герцена, 2003 г. , Т. 3, Номер 5, С. 243.

③ В. Ю. Кузьмин, Роль власти и земства в становлении отечественной медицины ⅩⅦ - начала ⅩⅩ века［J］, Известия Российского государственного педагогического университета им. А. И. Герцена, 2003 г. , Т. 3, Номер 5, С. 244.

年12月12日的诏书上，沙皇决定对从事传染病防治工作超过10年的医生进行奖励。第二年又允许俄国的医生到外国担任职务，并命令社会救济衙门对精神病患者进行管理。在立法上，1803年1月1日出台了《设立医院法案》，三个星期之后又颁布《在莫斯科设立穷人和病人救济院法令》。为了完善医疗管理体制，1803年12月31日内务部下设了医疗委员会（Медицинский совет），1807年1月8日设置了医生管理局（Врачебная управа）。1811年，沙皇政府又设置了隶属于内务部的医务厅（Медицинский департамент），其权限包括制定卫生措施、开展医疗教育、进行司法鉴定和管理药店事务等。在1904年3月22日被撤销之前，医务厅一直是政府的医疗监督机关。①

在这里需要着重介绍一下社会救济衙门。它成立于1775年，在地方自治改革之前是俄国主要的医疗管理机关。其成员都是那些“最有教养”的人，包括首席贵族、城市首脑、县警察局局长、市警察局局长、县级或者市级医生。除了1787～1802年由省长和省级首席贵族管理外，它一直由内务部直接管辖。总的来看，社会救济衙门的活动可以分为四个方面：在省会和某些县城开设医院、建设社会福利设施［包括孤儿院、养老院、习艺所（работный дом，主要收容贫苦农民）、感化院（смирительный дом，主要收容不顺从的农民和不听话的孩子）、疯人院等］、培养医士和抗击流行病。② 为了对医务人员进行管理，社会救济衙门将他们分为行政人员、医疗人员和经济辅助人员三个部分，这种分类方式被以后的地方自治局和苏联卫生管理部门所继承，并一直延续到现在的俄罗斯。

① В. Ю. Кузьмин，Роль власти и земства в становлении отечественной медицины XVII - начала XX века［J］，Известия Российского государственного педагогического университета им. А. И. Герцена，2003 г.，Т. 3，Номер 5，С. 244.

② М. Б. Мирский，Медицина России X-XX веков：Очерки истории［M］，С. 178；В. Ю. Кузьмин，Роль власти и земства в становлении отечественной медицины XVII - начала XX века［J］，Известия Российского государственного педагогического университета им. А. И. Герцена，2003 г.，Т. 3，Номер 5，С. 245.

二　地方自治改革之前俄国医疗的总体状况

在地方自治医疗出现之前，俄国并没有统一的医疗管理机构。在实行地方自治之前的 1857 年，《医疗章程》（Врачебный устав）规定要组建医疗体系，由一整套部门管理国民健康，其中包括内务部、国家财产部、军事部军事移民事务御前指挥部等。政府针对不同层级的民众，设立不同的部门进行医疗管理。如前所述，社会救济衙门在省会和某些县城设立医院，这是为市民服务的。国有农民和宫廷农民的医疗，由国家财产部负责；份地农民的医疗，由份地部门负责。这些部门自行招聘医生、医士和接生婆，出台相应的管理制度，并为抗击流行病而拨款。1851 年 12 月 26 日的《国家财产部医疗事务条例》设立了国家财产部主任医师（Главный медик）及其助手（高级兽医医师和药剂师）的职位，还为主任医师配备了办公室。[①] 而哥萨克和军事移民的医疗，则由军事部门管理。此外，矿业部门和工厂也可以为所辖民众提供医疗服务。在地方上除了社会救济衙门以外，还有各省级医疗管理局和天花委员会（оспенный коммитет）等机构。这种分散式的管理也注定无法建立起有组织的医疗服务体系。

在多重管理之下，俄国的医疗服务水平也是极其落后的。内务部医务厅 1856 年的资料表明，在社会救济衙门的管理之下，俄国的 54 个省份共有 494 家省级和县级医院，到这些医院就医的患者共计 312423 人，其中死亡 31995 人，占病人总数的 1/10。[②] 医院的病床数量很少，接诊能力十分有限，因此并没有多少人到医院看病，前去就诊的大多是文官、武官和囚犯。[③] 莫斯科省地方自治局卫生处的医生－统计学家 С. И. 密茨凯维奇在自己的回忆录

---

① Л. А. Жукова, Земская медицина в России в конце 60-х-80-х годах XIX века// Земское самоуправление в России: 1864－1918, Т. 1, под ред. Н. Г. Королёвы［М］, С. 399.

② Л. А. Жукова, Земская медицина в России в конце 60-х-80-х годах XIX века// Земское самоуправление в России: 1864－1918, Т. 1, под ред. Н. Г. Королёвы［М］, С. 400.

③ П. С. Кабытов, Самарское земство: опыт практической деятельности（1865－1918 гг.）［М］, Самара, 2009, С. 195; Б. Б. Веселовский, История земства за сорок лет, Т. 1［М］, С. 267.

中详细描写了实行地方自治之前莫斯科省的医疗状况。他写道，在全省所有的12家县级医院里“没有治疗病人所需的最紧缺的药品，几乎没有任何外科手术工具，即便是最为原始简单的药品也是极端匮乏。医院里全是士兵、罪犯、鳏寡孤独者和各种过路人。农民们只有在严重受伤、中毒、严重酗酒、大出血等情况下才会去医院，而且大多数时候，一位病人的死去就可能导致司法上的拖沓”①。

在医院的建设方面，大多数医院位于破旧的楼房里，卫生条件很差。例如在伏尔加河中游地区（包括喀山省、萨拉托夫省、辛比尔斯克省、萨马拉省和奔萨省），社会救济衙门建设了7家医院、5家疯人院、2家急诊室，其中大部分设施不符合卫生要求，只有萨拉托夫省的省医院在转交给地方自治局管理的时候拥有专门建造的石质新房子。② 1867年，阿尔达托夫县地方自治局向下诺夫哥罗德省地方自治会议例行会议指出：社会救济衙门医院的房屋每年都不刷墙，洗澡间散架了，在满是污垢的厨房里，屋顶下面的砖砌拱门也塌了下来；楼道狭窄，使人行动不便。接近一半的房屋位于阴冷的地下室，而10个大房间里只有4个壁炉。③

医院对医生的管理也并不尽如人意。在那时的省医院里，“领头的是个主任医师，通常是外科医生，另外还有两三个住院医师：产科医生、内科医生和梅毒病医生。在这种情况下，严格的劳动分工并没有也不可能实现；每个医生平均分配到60~80个病人甚至更多，这些病人必要时也只能一起向医生咨询。在内科医生诊室里经常可以见到梅毒患者、外科病人甚至精神病人。传染病人躺在非传染病人中间，对卫生要求较高的手术病人与化脓的、不卫生的病人在一起。……军医院……是真正的救济所，那里的病人‘像苍蝇一

① Л. А. Жукова, Земская медицина в России в конце 60-х-80-х годах XIX века// Земское самоуправление в России: 1864 – 1918, Т. 1, под ред. Н. Г. Королёвы［М］, С. 400 – 401.

② В. Ю. Кузьмин, Роль власти и земства в становлении отечественной медицины XVII- начала XX века［J］, Известия Российского государственного педагогического университета им. А. И. Герцена, 2003 г., Т. 3, Номер 5, С. 246.

③ Л. А. Жукова, Земская медицина в России в конце 60-х-80-х годах XIX века// Земское самоуправление в России: 1864 – 1918, Т. 1, под ред. Н. Г. Королёвы［М］, С. 400.

样康复'"。上述情况并非特例。[①] 此外，收费治疗是社会救济衙门管理医疗的一项重要原则，这无疑极大地影响了贫困者的就医愿望。

由于所有的医院集中在城市，因此农村地区的医疗状况更加糟糕，医生的数量严重不足。有的地方全县只有一名医生，还是从城市医院来这里兼职的，而这名医生也只是因为警务工作外出时，很偶然承担起医疗－警务功能，为民众看看病；有的地方更加落后，几个县共用一个医生。例如，到1864年，在拥有160万农村居民的萨马拉省，只有两名住在农村的自己开业的医生（вольнопрактический врач）。[②] 而在俄国的北方省份，医疗机构和大部分开业医生（практикующий врач）都集中在城市和县城，而且医生的数量严重不足——平均3～5个县才有一名医生。[③] 由于医生的数量太少，很多农民没见过医生，或者只是在新兵招募的时候能接触到医生。他们不仅对现代医疗科学一无所知，甚至对医生也充满偏见。H. 博戈罗季茨基医生曾经这样回忆改革前的农民："愚昧无知的人们说医生会掩埋活人，甚至害怕见到医生；如果他们看到医生在接生的时候使用外科器械，就认为医生一定会杀人。"[④]

条件稍好的农村（主要是在国家农民和份地农民地区），农民们可以通过缴纳人头税，供养半文盲的医士［通常是连队医士（ротный фельдшер），即卫生兵，或者份地部门所属医院的医士］和牛痘接种员，前者为农民提供极其有限的医疗救助，后者负责防治天花。在改革前，为4000多万国有农民服务的只有900个医士站和急诊室，病床总数为300张。[⑤] 而在其他地

---

① Б. Б. Веселовский, История земства за сорок лет, Т. 1［М］, С. 268, 278; Н. В. Пирумова, Земская интеллигенция и её роль в общественной борьбе до начала XX в.［М］, Москва, Наука, 1986 г., С. 19; В. Ю. Кузьмин, Роль власти и земства в становлении отечественной медицины XVII - начала XX века［J］, Известия Российского государственного педагогического университета им. А. И. Герцена, 2003 г., Т. 3, Номер 5, С. 248.

② М. Б. Мирский, Медицина России X - XX веков: Очерки истории［М］, С. 307.

③ Л. А. Жукова, Земская медицина в России в конце 60-х-80-х годах XIX века// Земское самоуправление в России: 1864－1918, Т. 1, под ред. Н. Г. Королёвы［М］, С. 400.

④ П. С. Кабытов, Самарское земство: опыт практической деятельности（1865－1918 гг.）［М］, С. 197.

⑤ Н. В. Пирумова, Земская интеллигенция и её роль в общественной борьбе до начала XX в.［М］, С. 19.

方，地主农民基本上接触不到真正的医疗服务，除非地主大发慈悲，为他们建立医院、聘请医士，但是这种情况非常少见，而且全凭地主本人的意愿。例如在1863年的卡卢加省，在总共42名医生中，在省会和县城的城市医院工作和为军队服务的医生有39人，而为国有农民治病的只有2人，在地主庄园中只有1名医生。[①] 在绝大多数情况下，地主农民只能依靠巫医和接骨医生，遇到小病，他们能扛就扛，甚至只有在病入膏肓或者中毒等情况下才会去医院。

在这种低水平的医疗条件下，一旦流行病暴发，政府也无能为力，而当时的卫生防疫工作也是极其差劲。从总体上看，当时并没有专门的卫生防疫人员，最多只能依靠医生巡诊发现疫情，当然卫生防疫活动也无法开展。实际上，这项活动“在地方自治时代之前基本上被简化成各级部门的公文往来”。[②]

在改革前，俄国并没有真正的精神病诊疗所，这种机构只是出现于19世纪70年代；与其相当的“疯人院”只是为严重的精神病人、被政府流放的人准备的关押感化所。在这些疯人院里，精神病人经常遭受虐待，他们被戴上枷是稀松平常的事。例如，在波尔塔瓦省的疯人院，走廊里经常能听到“我想吃饭”的叫喊，到处充满了喧哗吵嚷声，简直能把健康的人也逼疯。[③] 在1842年的检查中，连政府也被迫承认，这种疯人院与其使命并不相符。在这种情况下，民众对于精神性疾病、精神病院存在着根深蒂固的偏见，而不愿意将严重患病、对家庭和社会有潜在危害的精神病人送去治疗，而是将他们放在家里养着。

在医疗教育方面，社会救济衙门还负责培养医士。在它的申请之下，政府开设了4所医士学校。但是这种学校注重学生的数量而不注重质量，其目的就是为省医院、市医院和某些农村地区的医士站培养尽可能多的医士。

---

① Т. А. Свиридова，Калужское земство 1865 – 1918. Очерки истории［M］，С. 46.

② Б. Б. Веселовский，История земства за сорок лет，Т. 1［M］，С. 269.

③ В. Ю. Кузьмин，Роль власти и земства в становлении отечественной медицины XVII - начала XX века［J］，Известия Российского государственного педагогического университета им. А. И. Герцена，2003 г.，Т. 3，Номер 5，С. 246.

在医疗教育极端落后的条件下，为农村培养医士已经非常有难度，更不用说是医生了。对于农民来说，医士就是医学科学的全部代表，尽管有条件供养一名医士的地区并不多。

总的来看，到 1864 年，在社会救济衙门管理之下有 519 家医院（其中 5 家医院有不同的科室）、791 个医士站、33 家疯人院、107 家养老院和残疾人院、21 家孤儿院、8 家育婴堂、28 家感化劳动院和 4 所医士学校，医生总数不超过 200 人，而且工资很低。①

第二节　地方自治改革的实施与地方自治医疗的形成

一　地方自治机构的成立与社会救济衙门的解散

在设立地方自治机构的最初方案中，并没有规定地方自治局有权开展医疗事业（以及学校事业）。最初的方案只是指出，地方自治局应该"管理省内和各县的慈善事业及其他救济活动"。但是国务委员会发现，赋予地方自治局在上述领域哪怕是"总体上"的职权是非常必要的，"因为在管理国民健康的事业中，地方自治局能够发挥实质性的重要作用，它可以筹集到资金并监督其是否使用得当"。② 于是 1864 年 1 月 1 日沙皇亚历山大二世颁布的《省级和县级地方自治条例》第二条规定，地方自治局主要在经济方面（преимущечтвенно в хозяйственном отношении）参与对国民健康及慈善机构的管理，并将其作为自己的非必须性义务（необязательная повинность）。③ 地方自治局只需要管理社会救济衙门的机构，"采取措施"推广接种牛痘。为此地方自治局得到了专项资金——社会救济衙门资金和

① Н. В. Пирумова，Земская интеллигенция и её роль в общественной борьбе до начала XX в.［M］，С. 19；В. Ю. Кузьмин，Роль власти и земства в становлении отечественной медицины XVII- начала XX века［J］，Известия Российского государственного педагогического университета им. А. И. Герцена，2003 г.，Т. 3，Номер 5，С. 245.

② Б. Б. Веселовский，История земства за сорок лет，Т. 1［M］，С. 269.

③ Л. А. Жукова，Земская медицина в России в конце 60-х-80-х годах XIX века// Земское самоуправление в России：1864－1918，Т. 1，под ред. Н. Г. Королёвы［M］，С. 401.

省级“天花资金”。此外，地方自治局被允许向民众征收附加税和接受私人捐款，用于发展医疗；在各省各县，地方自治医疗事业要在地方自治会议的监督下，由地方自治局管理。法律规定，在医疗和社会救济领域的所有活动都要严格按照原来的医疗章程进行，并由省级国家医疗行政部门对这些活动进行监督；但是医疗人员和按照合同（合同期为3年）在各地方自治局任职的人员，不享有国家公职人员的待遇。地方自治机构的成立标志着地方自治医疗事业的正式开始。

不过需要指出的是，地方自治机构并没有实现对国内所有医疗事务的统一管理。实际上，在19世纪末20世纪初的俄国，从事医疗活动的除了地方自治机关以外，还有政府机构、城市自治机关、私人和社会组织，因此俄国还存在其他的医疗形式：城市医疗、工厂医疗、军事医疗、交通线医疗、社会保险医疗等。① 但是在实行地方自治的省份，特别是农村地区，地方自治医疗逐渐占据主导地位。

政府随之在实行地方自治的省份改革了医疗管理体系。社会救济衙门被撤销，其下属的医院（包括精神病院）和养老院都被转给各地方自治局作为诊疗基地，后者便在此基础上开展医疗活动。一同转交的还有所谓的“衙门资金”（即社会救济衙门用于开办慈善机构的资金），共计大约875万卢布。这些财产、资金和设施由内务部在各省之间进行分配，然后由省地方自治会议将资金分为省级和县级资金。资金在各省之间的分配并不均衡，带有很大的偶然性，接收最多的是奥廖尔省（50.3万卢布），最少的是乌法省（5.5万卢布）。② 但这些资金通常不是现金，而是以有息证券的形式分配，地方自治局可以利用其利息作为发展医疗的启动资金。

后来，地方自治机关还开始管理官办医院和皇室领地的医疗事务。

---

① Н. Ю. Кривопалова, Мдицинская интелигенция Самарской губернии в 1907 – 1914 гг. [J], Известия Сатарского центра Российской академии наук, 2007г., Т.9, № 2, С.358; Т. С. Сорокина, Земская медицина-приоритет России [J], Журнал «Земский врач», 2011 г., № 1, С.10.

② Б. Б. Веселовский, История земства за сорок лет, Т.1 [M], С.270.

二　省县两级地方自治机构对医疗事务的分工与地方自治医疗的起步

各省级和县级地方自治局对地方自治医疗事务进行了分工。属于省级地方自治局管理的有：建设省级医院、精神病诊疗所，开设医士和助产士学校，组织医生代表大会，开展卫生工作。属于县级地方自治局的任务有：发展农村医疗，在县城开设医院，并负责流行病方面的大部分支出。一些领域（比如接种牛痘）在某些省份属于省级地方自治局管理，而在另一些省份则属于县级地方自治局管理。在这种分工体制下，地方自治医疗事业逐渐起步。

19 世纪 60 年代地方自治局发展医疗事业有两个特点：一是这项事业的起点非常低，地方自治局得到的遗产微不足道，而这个新设立的机构对于发展医疗经验不足，所以不得不在各地自己动手建设；二是大部分地方自治局在最开始对医疗的拨款极少，而用社会救济衙门资金的利息来填补这项支出。在上述情况下，地方自治医疗事业最初的发展异常缓慢。

在一开始，各级地方自治局对于如何向民众提供医疗救助并没有统一的意见，也没有展开合作。Б. Б. 维谢洛夫斯基指出，在地方自治选举之后的最初三年里，“各省级和县级地方自治局制定医疗事业共同工作路线的尝试，在初期具有偶然性和分散性，并且很快就停止了……各地方自治局长时间地局限在某些单独的领域，互相独立地工作”[①]。

1868 年，各地方自治局花费在医疗方面的资金是 120 万卢布，占总预算的 8.3%，同时 4 个省（莫斯科省、圣彼得堡省、卡卢加省、普斯科夫省）的拨款占预算的 2.5%～4.5%，17 个省占 5%～10%，9 个省占 10%～14%。[②] 所以说在俄国实行地方自治的头三年里，医疗支出只占预算的很小

① Б. Б. Веселовский, История земства за сорок лет, Т. 1 [М], С. 277; Л. А. Жукова, Земская медицина в России в конце 60-х-80-х годах XIX века// Земское самоуправление в России: 1864－1918, Т. 1, под ред. Н. Г. Королёвы [М], С. 402.

② Б. Б. Веселовский, История земства за сорок лет, Т. 1 [М], С. 273.

一部分。对其他史料的分析，也可以证明这一点。比如，下诺夫哥罗德省所有县份1867年的地方自治医疗费用占总预算的10.9%[①]；在雅罗斯拉夫尔省，地方自治局“并不急于聘请医生就职”，而一些县（莫洛加县、鲍里索格列布斯克县）的医生数量甚至在减少；奥洛涅茨省地方自治局在初期阶段的财政状况非常困难，实际上并没有在医疗方面投入任何资金，该省最大的医院——彼得罗扎沃茨克县医院只有1名医生，直到实行地方自治改革22年之后才新聘请了一位，该省医院的建设也几乎停滞，直到1879年才在普多日县建设了地方自治改革之后的第一家新医院。[②]

医生是开展医疗事务的基础。在地方自治改革刚开始实行的1865年，已经有18个省聘请了50名医生。1866年，29个省总共有283名医生；到1870年，33个省的医生总数已经增加到599人。[③] 这个数字看起来不大，但与改革之前相比，这种增长幅度还是相当大的。尽管如此，由于资金有限，很多地方自治局无力聘请自己的医生，只能通过向政府医生（правительственный врач）提供额外的拨款，让他们为农民治病。而这些医生除了自己的事情以外，还要管理城市医院、管理医士和牛痘接种员的治疗活动，为农民治病只是兼职，但是农民仍然要为他们支付报酬。这是当时社会贫困下的普遍状态，一时无法扭转。

在农村地区也没有多少医疗设施，地方自治局在供养医士和接种牛痘方面的开支完全由农村公社来承担。此外，有些地区还为医疗事务而向农民征税。例如，诺夫哥罗德省的旧俄罗斯县在1871年之前没有向农村医疗投入任何资金，反而从每位农民身上收取9戈比的份地税，每年总收入达5000卢布。到1881年之前还没有急诊室，而在1882年虽然开设了急诊室，

---

① Л. А. Жукова, Земская медицина в России в конце 60-х-80-х годах XIX века// Земское самоуправление в России: 1864 – 1918 , Т. 1, под ред. Н. Г. Королёвы [M], С. 402.

② Л. А. Жукова, Земская медицина в России в конце 60-х-80-х годах XIX века// Земское самоуправление в России: 1864 – 1918 , Т. 1, под ред. Н. Г. Королёвы [M], С. 402; В. Ю. Кузьмин, Роль власти и земства в становлении отечественной медицины XVII- начала XX века [J], Известия Российского государственного педагогического университета им. А. И. Герцена, 2003 г. , Т. 3, Номер 5, С. 248.

③ Н. В. Пирумова, Земская интеллигенция и ее роль в общественной борьбе до начала XX в. [M], С. 20.

但是名不副实，连地方自治局也承认“那里任何器械也没有”①。

在南方情况最好的要数赫尔松省，但“在最初阶段，几乎所有的县份，除了敖德萨县和亚历山大里亚县之外，都试图将自治地方医疗建立在农村公社之中，企图让它们负责雇用医士和建立急诊室的开支，而自己则只负责邀请医生（其主要职责是控制医士）和向医生、医士提供药品”②。难怪 C. H. 科尔任涅夫斯基这样说道：“总的来说，在地方自治局展开活动的前五六年，它对医疗事业的关注极少：直到下一个十年，也就是 70 年代，我们还是能不止一次地看到，那些医院与社会救济衙门的医院没什么大的区别。”③

除此之外，有些县级地方自治局在聘请了医生之后，或由于财力所限，或由于对医疗的重要性认识不足，经常发生辞退医生、缩减医生编制的事情。据 Б. Б. 维谢洛夫斯基统计，从 1865 年到 1904 年，俄国 359 个地方自治县份中，一共有 124 个县发生了 159 起缩减医生编制的事件，其中大部分发生在 60～70 年代，少部分发生在 80 年代。④ 有些县份只在平时保持少量医生，等到出现流行性疾病的时候，才想起要招聘医生。

对于这些现象，Б. Б. 维谢洛夫斯基评价道：“第一批地方自治活动家对于维护国民健康的态度总体上远远没有那么热心，在这方面占主导地位的还是等级制和农奴制印记，这表现在为医疗事业而向农民征收大量的苛捐杂税，更愿意向农民提供低廉的医士救助……地方自治会议喜欢传播各种各样田园诗般美好的设想，但是很少见到它认真的、深思熟虑的态度，至于拿出钱来着手实现这些愿望就更少见了。”⑤ 这些话虽然难免有以偏概全的嫌疑，但至少也反映了地方自治活动初期医疗事业发展的某些侧面。

总的来说，在地方自治改革之初，医疗事业的发展相对缓慢。这种状况与国民教育事业有很多相似之处。这一方面是因为当时的地方自治活动

① Б. Б. Веселовский，История земства за сорок лет，Т. 1 ［М］，С. 331.

② Б. Б. Веселовский，История земства за сорок лет，Т. 1 ［М］，С. 332.

③ Б. Б. Веселовский，История земства за сорок лет，Т. 1 ［М］，С. 328 – 329.

④ Б. Б. Веселовский，История земства за сорок лет，Т. 1 ［М］，С. 333.

⑤ Б. Б. Веселовский，История земства за сорок лет，Т. 1 ［М］，С. 335 – 336.

家还带有农奴制时代的贵族印记，不愿意为医疗增加投入；另一方面也是因为地方自治机构的主要任务是履行"必须性"义务，没有更多的资金来发展医疗。1870 年，一份自由派报刊《欧洲通报》在总结地方自治局 60 年代的活动时，描绘了这样一幅令人印象深刻的图景："地方自治机构……的预算大部分由必须性支出组成，而且地方自治机构无法参与决策。对生产性支出的拨款相对更少，有时甚至比地方自治局经费还要少。在分摊时没有仔细研究税务来源，主要的课税单位仍然是劳动……国民教育和国民健康被看作奢侈品，有的县级会议对此不拨一分钱，有的只给几个铜板，用它们什么也干不了。那些投入相当多资金的地区，并没有能力和愿望将它们运用到事业中。"[①] 这段话可以说真实地反映了地方自治医疗事业在起步阶段的状况。

从 19 世纪 70 年代开始，地方自治局对于医疗事业日益重视起来，上述状况逐渐得到改善。

第三节　地方自治机构与医疗设施的建设

地方自治机构建设的医疗设施包括省地方自治局负责的省医院、精神病医院及各县级地方自治局负责的医疗区医院、农村诊疗所和助产士站点。

一　省医院的建设与省内医疗的去中心化

省医院，即省级地方自治局在省城建设和管理的中心医院，也被称为"省级躯体性疾病医院"［губенская соматическая больница，与"省级精神性疾病医院"（губенская психиатрическая больница）相对］，是地方自治局从社会救济衙门继承而来的主要遗产之一。

（一）省医院的建设

地方自治改革之初，各省级地方自治局便开始改善省医院的状况。首

① Б. Б. Веселовский，История земства за сорок лет，Т. 1［М］，С. 273.

先，以更加严格的制度管理病人，将他们分成几类，各有自己的病房，传染病人被安置到单独的病房，以免交叉感染。其次，通过发放无息贷款等方式新建、扩建医院大楼，修缮医院的基础设施。再次，聘请更多的医生到医院接诊。最后，确立医生的劳动分工原则，建立医院的内科、外科、产科、精神病科等科室。

经过这样的建设，省医院的面貌焕然一新，其不仅成为省内医疗的最重要部门，也是医生、医士的科研培训中心。有些医院已经有了现代化医院的气派。例如，到 1901 年，萨马拉省医院在省地方自治局的资助下已经发展成为一家规模较大、门类齐全的医院。它拥有 15 名医生和 19 名医士，建设有急诊室、内科、外科、妇科、皮肤性病科（分为男科和女科）、眼科、儿科、喉科、鼻科和耳科等科室。除此之外，省医院还设立了产房、弃婴收留所、巴氏疫苗接种站、细菌实验室、病理解剖室以及医士学校。[①] 这种医疗条件在地方自治改革之前是不可想象的。

面对省医院这样的建设规模，“衙门资金”的利息已经不足以弥补缺口，所以需要地方自治局投入巨资。例如，1867～1869 年维亚特卡省地方自治局在省医院修缮方面就耗费了大量资金（1867 年为 17166 卢布，1871 年为 19530 卢布），为了修建澡堂、厨房和面包房又额外支出了 1055 卢布，为了建设附属于医院的小教堂花费了 4697 卢布。[②] 而在萨马拉省，1872 年省地方自治局为省医院产院建设了一座新的大楼，耗资达 22 万卢布。[③]

各地方自治局 1901 年对省医院的支出为 216.54 万卢布，对县级城市医院的支出稍微高一些，为 269.3 万卢布，对农村诊疗所的支出为 261.52 万卢布，对于各种诊疗所点的支出为 37.56 万卢布。[④] 这样算来，省医院支出占地方自治局在医院事业支出（除了精神病医院）的近 28%。相比之下，

① П. С. Кабытов, Самарское земство: опыт практической деятельности (1865 - 1918 гг.) [М], С. 196 - 197.

② Л. А. Жукова, Земская медицина в России в конце 60-х-80-х годах XIX века// Земское самоуправление в России: 1864 - 1918, Т. 1, под ред. Н. Г. Королёвы [М], С. 411.

③ П. С. Кабытов, Самарское земство: опыт практической деятельности (1865 - 1918 гг.) [М], С. 196.

④ Б. Б. Веселовский, История земства за сорок лет, Т. 1 [М], С. 287.

地方自治局对广大农村地区的医疗投入颇为不足，地方自治局对农村诊疗所和各种诊疗所的支出只占全部支出的38%，对县级城市医院的支出也只占34%。一些省份对于省级躯体性疾病医院的支出极大，比如比萨拉比亚省、叶卡捷琳诺斯拉夫省、波尔塔瓦省、下诺夫哥罗德省和哈尔科夫省。叶卡捷琳诺斯拉夫省地方自治机关对省医院、县级城市医院和农村诊疗所支出分别为17.5万卢布、8.09万卢布、9.51万卢布，下诺夫哥罗德省分别为11.2万卢布、6.01万卢布、4.97万卢布，哈尔科夫省为22.56万卢布、6.85万卢布、5.96万卢布。[①] 在这些省份，对省医院的支出比其他所有类型医院的支出都要高。

（二）省医院的发展与省内医疗大众化之间的矛盾及其解决

在资金有限的条件下，地方自治局向省医院投入大量资金，不可避免地会挤压向县级医院和农村诊疗所的拨款，致使其医疗卫生状况长期得不到改善。正如M. И. 彼得伦凯维奇、В. Д. 切内卡耶夫、Н. И. 杰济亚科夫等权威专家所言："在所有的县都在兴办和扩展自己的医疗事业的时候，省医院成为一家有害的机构，因为它消耗了太多的资金，削弱了各县的活力。"[②] 由于缺乏资金，各县级医院的发展受到阻碍。В. О. 波尔图加洛夫在1874年去过维亚特卡省的县级医院之后，描述了这些医院运行中令人难以相信的一幕幕。据他所言，由于科捷利尼奇市位于沼泽地带，该市的地方自治医院内遍地是蟑螂和臭虫，而病房的墙壁上"糊着一种纸，弥漫着化脓的气味"[③]。在这种情况下，各地的议员们便开始思考省医院的一枝独秀是否妥当。

此外，省级地方自治局耗费巨资在省会建设省医院，将大多数资源集中到一处，但真正到省医院就医的只是附近县市的少数人，在更广大的农村地区和偏远县份则很少有人到省医院来就医。本来地方自治局和医生们

① Б. Б. Веселовский，История земства за сорок лет，Т. 1［М］，С. 287.
② Б. Б. Веселовский，История земства за сорок лет，Т. 1［М］，С. 285.
③ Л. А. Жукова，Земская медицина в России в конце 60-х-80-х годах XIX века// Земское самоуправление в России：1864－1918，Т. 1，под ред. Н. Г. Королёвы［М］，С. 411.

一开始都认为，在农村地区医疗状况堪忧的情况下，建设省级中心医院便可以吸引一些民众到此就医，部分缓解那里医疗资源匮乏的状况。但是事实很快证明，情况并不如他们所想，来省医院就医的主要是“近水楼台先得月”的本县城市居民，而不是远道而来的外县农村居民。由于医疗本身有一定的服务半径，再加上交通条件的制约，省医院只能算是服务一个城市的地区性医院，是县级医院的扩大版，而无法成为真正为全省服务的医院。

这就造成了以下不公平的局面。省医院的建设给省会城市所在的县提供了巨大的便利，其利用自己的地理优势，充分利用省医院，极力压缩自己的医疗支出。实际上，1877年，在34个省城所在的县中，有19个（包括敖德萨县）的医疗投入占预算的比重在本省各县中最低，如下诺夫哥罗德县和哈尔科夫县的医疗支出只占预算总额的4.4%，卡卢加县占7.2%，弗拉基米尔县也只占8.6%。[①] 这种不公平性在于，一方面，省会所在县的医疗支出比重最小，但是省医院的存在使该县居民能够享受到相对较好的医疗服务；另一方面，由于距省医院较远，其他各县医疗设施落后，居民享受不到足够的医疗保障，尽管它们的医疗支出比重相对较高，有一部分资金已经被用于建设省医院。

这就导致了各县医疗发展的不均衡，引起了各县地方自治局的不满。19世纪80年代，许多省的地方自治会议（如萨拉托夫省、诺夫哥罗德省、特维尔省、普斯科夫省、切尔尼戈夫省等）都提出，应停止向省医院提供大量拨款，因为能使用省医院的主要是城市居民，至多也只是一个县的居民。例如，切尔尼戈夫市议员卢达诺夫斯基在1886年声称，在省医院住院的病人中，有27%为切尔尼戈夫市的居民，与此同时，在省医院每年所得的10万卢布经费中，该市提供的只有2160卢布。[②]

在省级躯体性疾病医院暂时无法成为真正的专业诊疗机构、民众仍然很难享受其服务的情况下，有些距省会较远的县因为没有享受到省医院的

① Б. Б. Веселовский, История земства за сорок лет, Т. 1 [M], С. 284.

② Б. Б. Веселовский, История земства за сорок лет, Т. 1 [M], С. 282.

便利便向省地方自治局申请补助，有些县提议废除省医院，有些则提出将省医院转交给省会所在县。例如，1896 年，诺沃西利县地方自治会议以该县地处偏远而无法享受到省医院的便利为由，向图拉省地方自治局申请 5000 卢布的资助，用于支付县医院一些病床的费用，结果被否决，省里认为，“在县级与省级地方自治局利益一致的情况下，精准地权衡和考量各自的功绩是没有必要的”。1903 年诺沃西利县和奥多耶夫县地方自治局又提出了废除省医院的问题，这时议员 И. И. 沙提洛夫指出，“省医院的专门化完全是多余的，这种改革后的医院未必能为各县使用”，但是该提议又一次遭到省地方自治局的否决。[①]

有些省地方自治局考虑到各县之间的公平问题，提出省会所在县要建立自己的地方自治医院，否则的话就应该为本县居民到省医院就医而交钱，并逐渐实行各县分摊费用的多种方法。第一种是要求县地方自治局为省医院提供补贴；第二种是根据各县病人在省医院的治疗天数，向各县征收附加税；第三种是省医院的所有费用都以上述方式由各县分摊（这样做的有沃罗格达省、叶卡捷琳诺斯拉夫省、科斯特罗马省、库尔斯克省、奔萨省、比尔姆省、梁赞省、坦波夫省、雅罗斯拉夫尔省等）。例如，1883 年奥洛涅茨省地方自治会议促使彼得罗扎沃茨克县地方自治局负责省医院的开支，每年要上交 3000 卢布，从 1891 年起，这一款项增加到 5000 卢布。在梁赞省，从 1871 年至 1873 年，梁赞县地方自治局每年要为治疗本县患者而向省医院支付 2309 卢布。后来几年，省医院每年向县自治局索要的追加款项越来越多，到 1884 年这一追加款项由各县分摊，哪个县的病人到省医院治疗的天数多，哪个县分摊的款项就多。1884 年各县一共分摊了 28439 卢布，其中丹科夫县分摊的最少（232 卢布），梁赞县分摊的最多（20478 卢布）。此后，梁赞县地方自治局就建立起了自己的医院。[②]

大部分省级地方自治局实行了这种平均方法，效果立竿见影：省会所在的县（如梁赞县）或者建立了自己的医院，或者增加对医疗的投入。而

① Б. Б. Веселовский, История земства за сорок лет, Т. 1 ［М］, С. 281.

② Б. Б. Веселовский, История земства за сорок лет, Т. 1 ［М］, С. 280, 281.

在此之前，其对医疗的投入比本省其他县份都要少。实际上，到 1890 年，在 34 个此类县份（包括敖德萨县）中，只剩下 13 个县在本省所有县份中对医疗的投入占预算的比重较低，1901 年仍然有 13 个。无论怎样，这种由各县分摊省医院经费的做法在一定程度上消除了各县医疗事业发展中的不均衡现象。

与此同时，省医院的发展引起各地方自治局的思考：是应该将医疗资源集中到省会，还是应该将其均衡地分散到各地？从大多数地方自治局的实践来看，它们更多地选择了第二条道路，意图实现医疗服务的“去中心化”。一个明显的例子是，自 19 世纪 90 年代许多地方（有 14 个省份）已经开始缩减省医院的编制。从 1890 年至 1898 年，各省医院的编制病床数从 6284 张缩减到 5504 张，下降了 12%。其中，下诺夫哥罗德省医院的病床从 450 张缩减至 250 张，下降了 44%；奥廖尔省医院从 310 张病床减少到 200 张，下降了 35%；奔萨省从 273 张病床减少到 172 张，下降了 37%；普斯科夫省从 200 张病床缩减至 65 张，下降了 68%；等等。[①] 1903 年 12 月 21 日，萨马拉省地方自治局决定，省医院的编制病床数量不能超过 250 张，而且主要接收来自各县的病人。[②] 在这些地区，省医院的发展受到一定程度的限制，而更多资源被用于各县农村地区医疗事业的发展，这表明地方自治局在以实际行动推进医疗的大众化。

不过，当一些地方自治局在有计划地压缩省医院编制的同时，另一些省份（一共 12 个）则屈服于民众的需求压力，在有系统地增加省医院的编制。但是尽管如此，省医院的扩张仍然无法满足民众的医疗需求，一些省医院早已经人满为患了，而且这种状况也出现在那些缩减编制的省份，如比萨拉比亚省、沃罗涅日省、叶卡捷琳诺斯拉夫省、下诺夫哥罗德省、梁赞省、坦波夫省、雅罗斯拉夫尔省等。比萨拉比亚省从 1890 年至 1898 年将省医院的编制病床从 165 张增加到 300 张，但是接诊量也与日俱增，1898

---

① Б. Б. Веселовский，История земства за сорок лет，Т. 1 ［М］，С. 286，288.

② П. С. Кабытов，Самарское земство：опыт практической деятельности（1865 – 1918 гг.）［М］，С. 197.

年被使用的病床数量达到 436 张；下诺夫哥罗德省的编制病床数量减少到 250 张，但是实际使用量达到 348 张，可见当时的床位供应是多么紧张。[①]

总的来说，省医院的大规模建设的确导致省内医疗资源的分布不均，引发了医疗建设去中心化的趋势，而去中心化的另一面就是各县医疗服务的均衡化。当然有些地区没有压缩省医院的编制，但无论省医院的规模是大是小，那里都是人满为患，这也说明各省医疗设施的建设还有很多工作要做。

二 省地方自治局与精神病医院的建设

各地方自治局从社会救济衙门手中接收的精神病医院，最初的名字是“疯人院”。它们不是独立的机构，而是省医院的一个科室，所以就随着省医院一起转交给地方自治局。这些“疯人院”的规模各不相同，编制病床数量最低的是奥洛涅茨省的 6 张，而最高的是波尔塔瓦省的 70 张，各地加起来一共有 1167 张编制病床。[②]

“疯人院”实际上并不是医院，而是监禁精神病人的地方，精神病人在里面受到的监管就跟在监狱里一样，日常活动普遍戴着锁链，还经常遭受虐待。由于缺乏有效的治疗手段，基本上各种可能的限制手段都会使用——拘束衣、皮带、连枷，他们会遭受拷打，被冷冰冰地对待。[③] 而且那里没有精神病医生，也根本谈不上对精神病人的治疗。就居住条件而言，在波尔塔瓦省地方自治局接收过来的“疯人院”，“房间潮湿、狭窄、阴暗，缺少通风，臭气熏天——那里连健康人也受不了，更像是地下室和马厩”[④]。

而即便是这样的地方，精神病人在里面“治疗”仍需要其家庭交纳一大笔费用——平均每人每月 7.5 ~ 10 卢布。这个数字是什么概念呢？

---

① Б. Б. Веселовский，История земства за сорок лет，Т. 1 [М]，С. 288.

② Б. Б. Веселовский，История земства за сорок лет，Т. 1 [М]，С. 293.

③ А. К. Гажа，С. И. Низкин，Н. А. Раю，А. В. Баранов，История создания и развития Тамбовской психиатрической больницы// Выдающиеся психиатры России (история и современность)，под ред. Т. Б. Дмитриевой и Ю. А. Александровского [М]，С. 32.

④ Б. Б. Веселовский，История земства за сорок лет，Т. 1 [М]，С. 292.

1866 年，普通工人的月工资是 4 卢布 80 戈比，矿工每月能挣 4～6 卢布，马车夫每月能挣 5 卢布，裁缝每月能挣 6 卢布，农业工人一年能挣 30～50 卢布。[①] 这说明精神病人每月在“疯人院”的费用是普通民众月工资的两倍左右。

民众对于这些“疯人院”没有丝毫兴趣，于是它们通常不会满员。比如，在弗拉基米尔省有着 30 张编制床位的精神病诊疗所，只有不超过 20 名病人；沃罗格达省的诊疗所有 20 张床位，但只有 11 名病人；奔萨省的诊疗所有 30 张床位，但只有 20 名病人；波尔塔瓦省的诊疗所有 70 张床位，但只有 60 名病人；等等。[②]

这样，地方自治局只能从头开始建设。应该指出，19 世纪 60 年代地方自治局还没有对“疯人院”采取任何措施，甚至很少注意它。直到 70 年代中期，这项事业才渐有起色。一方面，因为 1875 年 7 月 15 日枢密院的条例规定，地方自治局必须毫无条件地接收精神病人；另一方面，医生代表大会和地方自治活动家们都注意到了精神病院令人难以忍受的状况，地方自治局不得不有所行动。比如，1873 年的特维尔省医生代表大会向自治局表示：“最好把‘疯人院’完全关闭，也比现在这种情况好。”省地方自治局的检查委员会在视察完“疯人院”之后报告说：“视察当天在精神病科看到的情况，无法找到相应的词来形容。”[③] 省地方自治局也承认这种不堪的状况存在，所以当有了资金之后，就开始着手改善那里的条件。

总的来看，地方自治局采取了以下措施。

第一，免除或者降低接收精神病患者的费用。根据《社会救济机构管理章程》第 263 条之规定，地方自治局应该“无偿地”接收没有财产的精神病患者，而对于有财产的则“收取适当费用”。但是认定某人是否有支付能力完全取决于地方自治局的考察，而且大部分地方自治局长时间内并没

① 〔俄〕恩·弗列罗夫斯基（瓦·瓦·别尔维）：《俄国工人阶级状况》，陈瑞铭译，商务印书馆，1997，第 416～417、366、383 页。

② Б. Б. Веселовский，История земства за сорок лет，Т. 1 ［М］，С. 292.

③ Б. Б. Веселовский，История земства за сорок лет，Т. 1 ［М］，С. 293.

有免除农民的费用，而是向他们“收取适当费用”[①]。这项费用由农民公社和市民公社以连环保的形式收取。

各地对精神病患者的免费医疗并不是一下子实现的。最初，在雅罗斯拉夫尔省地方自治局的倡议下，许多省份从1867年起取消了治疗费用，其他省份［如萨马拉省（1865年）、特维尔省（1871年）］则免去了穷人的治疗费。[②] 但由于政府要求必须将本省内的所有精神病患者送入医院，地方自治机构很快就感受到了巨大的财政压力。最终，在众多申请的压力之下，部长委员会在1879年出台规定，地方自治局在建设精神病医院时可以从政府那里得到50%的资助，这一规定得到了亚历山大二世的批准。但是这项补助必须在内务部批准之后才能发放。[③] 政府的资助使地方自治局有条件建设新的精神病医院并改造旧的，结果精神病院的病床数量从1865年至1887年增长了4.56倍，达到6489张。[④]

截至19世纪90年代中期，各地方自治局在收取精神病患者费用上形成了以下几种形式：有12个省完全免费收容精神病患者（莫斯科、圣彼得堡、斯摩棱斯克、辛比尔斯克、诺夫哥罗德、坦波夫、比尔姆、喀山、普斯科夫、弗拉基米尔、沃罗格达和乌法）；而在奥洛涅茨和维亚特卡，农民免费，其他人则每月需缴纳6卢布；在萨马拉，穷人和身患绝症者可以免费；在特维尔、奔萨、哈尔科夫、下诺夫哥罗德、图拉和赫尔松，只对有支付能力的人收费。在其余省份，各地方自治局都讨论了《社会救济机构管理章程》第263条，但它们几乎对所有人都收费，平均每月为6卢布50戈比（在卡卢加省为3卢布75戈比，在梁赞省为10卢布），同时雅罗斯拉夫尔省和科斯特罗马省对县级地方自治局收费，促使后者也向农村公社和其他团体收费。直到1903年3月12日连环保制度被废除，医疗费用上的担保制度才被取消，一些省份也免除了对精神病患者的收费。

第二，增加医护人员的编制。地方自治局聘请了精神病医生作为住院

① Б. Б. Веселовский, История земства за сорок лет, Т. 1 ［М］, С. 297.
② Б. Б. Веселовский, История земства за сорок лет, Т. 1 ［М］, С. 297.
③ Б. Б. Веселовский, История земства за сорок лет, Т. 1 ［М］, С. 298.
④ Б. Б. Веселовский, История земства за сорок лет, Т. 1 ［М］, С. 295.

医师，聘请医士作为医疗服务人员。最先聘请精神病医生的是库尔斯克省地方自治局（1867 年），然后是科斯特罗马省（1879 年）、沃罗格达省（1878 年）等，其中很多医生后来都成为著名学者（如 В. П. 塞尔布斯基、В. И. 雅科文科、С. И. 斯坦伯格等）。到 1898 年，17 家精神病院共有医生 63 人、医士 122 人以上（12 家精神病院的数据），每名医生对应的患者数量在 91～130 人，其中最低的是莫斯科省，每名医生对应 31 名病人；最高的是切尔尼戈夫省，每名医生对应 227 名病人。[①] 这说明经过 30 年的发展，民众对精神病院的认可程度提高了很多，也说明精神病医生的配置仍然不能满足实际的需要，数量仍然太少。每名医生对应大约 100 名精神病患者，实际上仍然很难对他们进行有效的治疗，即便加上低级的医士等医护人员，也只能对他们进行救济和看管。

不过，随着医护人员的增加，精神病患者在精神病院的生活和治疗条件有所改善，用锁链限制精神病患者的行为也逐渐减少。更重要的是，心理学家和精神病医生在一定程度上改变了对精神病患者简单和粗暴的看管模式，创造出一种全新的精神病治疗方式，即劳动疗法，提高了治疗的科学性和成功率。例如，坦波夫省精神病院的 Н. И. 斯克里亚尔、莫斯科省精神病院的 В. И. 雅科文科、梁赞省医院精神病科的第一位精神病医生 Н. Н. 巴热诺夫，都支持对精神病患者施以人文关怀，让他们在医院里能够感受到完全的自由，医院还针对有劳动能力的精神病人设计了劳动课程，以帮助他们加强锻炼，尽快回归正常人的生活。在 19 世纪初 20 世纪末，坦波夫省精神病院为精神病患者建设了各种小作坊（制鞋作坊、装订作坊、裁缝作坊、细木工作坊），让病人在实践中学到职业技能，或者学习新的手工业本领。他们在作坊中每年都会制造或者修缮几百件产品，其中的绝大部分为医院所用，也有拿去销售的。医院还为病人开辟出菜园，让他们在那里从事农业劳动，种植各种农作物（在不同时段会有 28～61 种作物）。总的来说，在此期间坦波夫省精神病院平均每年都有 150～200 人在从事不同的

① Б. Б. Веселовский, История земства за сорок лет, Т. 1 ［М］, С. 294.

工作。[①]

第三，从19世纪80年代起，各地将精神病科从省医院中分离出来，设为独立的机构，科主任也便成为精神病院的院长。到了90年代，那些要求废除省医院或者缩减其编制的人，也有一种理由是省地方自治局必须将自己的注意力和拨款转向精神病医院。这是因为在他们看来，与省医院相比，精神病医院是全省性的需求，省地方自治局加大对它的投入正是彰显公平之举。确实，从90年代起，当许多地方自治局在压缩省医院编制时，精神病诊疗所的建设速度明显加快。除此之外，各地还建设了一批专业的精神病院。1884年10月25日，俄国的第一家专业精神病医院——特维尔省地方自治局创办的布拉舍夫精神病医院正式成立，其建立者是俄国著名的心理学家 М. И. 利特维诺夫，参与者还有 В. И. 雅科文科等人。这家医院为俄国后来的许多精神病医院树立了典范，П. П. 卡先科等很多医生都到这里来学习和交流经验。[②]

第四，增加病床数量。1866年，各地的编制病床数量为1167张。随着接收的精神病患者数量不断增加，各地被使用的病床数量也在急剧增加，特别是90年代以后的势头更猛：1877年各地精神病院的病床数量为6489张，1893年为9055张，1898年为13562张，1904年为19164张。[③] 到1910年，34个地方自治省份的精神病院病床总数达到2.35万张。[④]

第五，进行精神病学统计。地方自治局要知道建设多少精神病院、配备多少张病床和精神病医生，就必须弄清楚精神病人占总人口的比重是多少。莫斯科省、圣彼得堡省、下诺夫哥罗德省和坦波夫省的精神病医生为此进行了精神病学统计。其中，1893年对莫斯科省精神病人进行统计（也

---

① А. К. Гажа, С. И. Низкин, Н. А. Раю, А. В. Баранов, История создания и развития Тамбовской психиатрической больницы// Выдающиеся психиатры России (история и современность), под ред. Т. Б. Дмитриевой и Ю. А. Александровского [М], С. 34.

② А. В. Кириллов, К 150-летию со дня рождения В. И. Яковенко // Выдающиеся психиатры России (история и современность), под ред. Т. Б. Дмитриевой и Ю. А. Александровского [М], С. 74.

③ Б. Б. Веселовский, История земства за сорок лет, Т. 1 [М], С. 294 – 295.

④ М. Б. Мирский, Медицина России X-XX веков: Очерки истории [М], С. 316.

是俄国的第一次精神病学统计）的是著名精神病医生 В. И. 雅科文科。7 年之后，他在所获统计资料的基础上写出了《莫斯科省精神病人》一书。这本著作对搜集到的资料进行了深入而全面的分析，明确了莫斯科省精神病人的总数、疾病名称、性别、年龄、家庭住址、姓名、职业、患病时间、行为特征以及对病人和周围人的危险程度等。他的调查结果表明，莫斯科省（除了莫斯科市以外）需要建设总床位为 834 张的精神病院。① 这本书成为俄国精神病医疗史上的经典著作。

第六，尝试对慢性病患者实行监护。早在 1872 年，梁赞省地方自治局就通过了一项决议——建议病情不太严重的病人由亲属对其实施监护，然后地方自治局可以给他们一笔补偿款。从 90 年代中期开始，同样实行这种制度的有下列省份：库尔斯克省、莫斯科省、乌法省、斯摩棱斯克省、叶卡捷琳诺斯拉夫省。它们为每位照看慢性精神病患者的农民每月发放 2～5 卢布。② 但直到 20 世纪初，这一制度还没有广泛推广。

地方自治局要改善精神病院的环境和提高精神病患者的治愈率，自然需要比社会救济衙门更大规模地增加开支。改革前社会救济衙门平均每年为一位被救济的精神病患者投入 90 卢布，到 19 世纪 80 年代中期，地方自治局为救济一位精神病患者需要支出 180～215 卢布。救济一位精神病患者所需的资金增加了 1 倍，而精神病患者的数量增加了 15～16 倍，再加上楼房建设等支出，地方自治局对精神病院的支出迅速增长，并占到其预算的很大一部分。比如，1901 年这项拨款达到 238.93 万卢布（省级地方自治局拨款 224.58 万卢布，县级地方自治局拨款 14.35 万卢布），占到了对医院、诊疗所、门诊点全部支出的 23%。有 7 个省份对精神病院的支出成为地方自治局医疗支出项目中的最大项，有的甚至比农村诊疗所和门诊点支出的总和还要多（比如梁赞省和特维尔省）；有 22 个省份，地方自治局对精神

① А. В. Кириллов, К 150-летию со дня рождения В. И. Яковенко // Выдающиеся психиатры России (история и современность), под ред. Т. Б. Дмитриевой и Ю. А. Александровского [M], Москва, ГНЦ ССП им. В. П. Сербского, 2007 г., С. 76.

② Б. Б. Веселовский, История земства за сорок лет, Т. 1 [M], С. 298.

病院的支出超过了对省医院的支出。①

三 县级地方自治局与农村地区医疗设施的建设

与省级地方自治局建设省医院和精神病院不同，县级地方自治局面对的是面积广大、人口众多但是医疗条件极端落后的农村地区。要在这些地区建设医疗设施，县级地方自治局必须摸索出一套新的方法，以保证各地的农村居民尽可能地享受医疗服务。经过数十年的实践，地方自治局建立起了一套包括医疗区医院、诊疗所和急诊室等在内的完整有序的医疗救护体系。

在经历最初的混乱状态之后，到 19 世纪 70 年代初期，各地方自治局开始对医疗服务体制进行改革。

改革的原因是多方面的，但最重要的原因还是以往的医疗体制不适应新时代的发展。事实上，当医生数量极少、医疗设施极不完善的时候，如何使各地民众较为均衡地享受医疗服务的问题尚未凸显。但随着医疗支出的增长，地方自治局也不断增加医生的数量，不断建设各种医疗设施，这时候医疗事业的规划问题便提上日程，如何更加均衡、更加节约地在各县配置医疗资源的问题便日益凸显。地方自治局在发展医疗的时候，不仅要考虑各方的利益，兼顾公平，而且要知道在哪些地方适合配备什么样的医疗资源，否则毫无章法的建设只会导致徒劳无益的支出。所以说，随着医疗事业的发展，如何以最小的开支来保障最大多数民众的医疗需求越来越成为一个重大的问题。为此，一些地方自治局从 70 年代就开始对医疗事业进行规划和改革。改革的结果，就是在各地形成了医疗区制度。以医疗区为框架，各地兴建了一批又一批医疗设施，医护人员的数量也随之快速增长。

具体的改革措施是这样的：每个县被划分为若干个医疗区（медицинский участок），每个医疗区设立一家医疗区医院（участковая больница），有医

① Б. Б. Веселовский, История земства за сорок лет, Т. 1［М］, С. 298 – 299, 287.

生（也有做辅助工作的医士、助产士等人）在那里坐诊，这样的医院与县城医院一起被称作医生站点（врачебный пункт）；每个乡设立一处诊疗所，偏远地区还有急诊室，有一名医士在那里负责接诊病人，这种诊疗所或者急诊室被称为独立的医士站点（самостоятельный фельдшерский пункт，简称“医士站”）。

（一）医疗区的建设与发展

开始时，各地方自治局很少设立医疗区，即便有，每个医疗区的面积也很大，囊括的村庄和人口也很多。这样的医疗区当然无法满足实际的需求。随着地方自治局不断增加医疗区的数量，每个医疗区的面积越来越小，医疗设施距离民众也就越来越近。1870～1890 年医疗区建设与发展情况详见表 2－1。

表 2－1　1870～1890 年医疗区建设与发展情况

基本指标	1870 年	1880 年	1890 年
医疗区总数	530	925	1440
设有农村医院和门诊部的医疗区数量	70	370	690
在县城里设有医院的医疗区数量	225	310	315
没有医院的医疗区数量及所占百分比	135，25%	245，26%	435，30%
中等医疗区面积（平方俄里）	4860	2690	1740
医疗区半径（俄里）	39	29	23
中等医疗区内村庄数	550	300	190
医疗区内平均人口数（千人）	95	58	42

资料来源：Л. А. Жукова，Земская медицина в России в конце 60-х-80-х годах XIX века// Земское самоуправление в России：1864－1918，Т. 1，под ред. Н. Г. Королёвы［M］，С. 408。

表 2－1 可以告诉我们很多信息。

首先，从表 2－1 可以看出，医疗区的数量一直在增长。从 1870 年到 1890 年，在 34 个自治省份的 359 个县，医疗区的数量从 530 个增加到 1440 个。与此同时，随着医疗区数量的增多，医疗区面积不断减小，1870 年一个中等医疗区有 4860 平方俄里，到 1880 年缩减到 2690 平方俄里，到 1890

年缩减到 1740 平方俄里。相应的，医疗区半径、中等医疗区内村庄数和医疗区内平均人口数都在不断下降。

到 1910 年，全俄各自治省份的医疗区数量增加到 2686 个，到 1913 年又增加至 4282 个，是 1890 年的 3 倍左右。尽管俄国人口数量在此期间迅速增长，但是医疗区数量的增加使医疗区内平均人口数相应降低了，从 1870 年的 9.5 万人降到 1913 年的 2.8 万人。[①] 这种趋势从单个省的资料中也可以看出来。例如，诺夫哥罗德省医疗区的数量在 1866 年有 4 个，1870 年有 10 个，1875 年有 19 个，1888 年有 42 个，1910 年有 63 个，1913 年有 68 个。[②] 这也反映出地方自治医疗在 19 世纪末 20 世纪初的快速发展。

其次，虽然规划中在每个医疗区建设一家医院和若干处诊疗所，但是由于资金和医学人才不足等原因，医疗设施的建设并不能跟上医疗区的规划。1870 年，每个医疗区所辖的面积和人口数量都非常庞大，但是仍有 25% 的地区（135 个医疗区）没有医院；到了 1890 年，医疗区的数量剧增，所辖的面积和人口数量大大减少，没有建设医院的医疗区数量在增加，达到了 435 个，占总数的 30% 左右。这说明，在不少地区医疗设施还不完善，无法满足民众的需求。而对于那些开设有医院的医疗区来说，1890 年的建设水平也并不值得炫耀。按照著名地方自治活动家 М. Я. 卡普斯京在 19 世纪 80 年代末的观点（医疗区的最大半径是 15 ~ 20 俄里，区内人口不应该超过 2 万 ~ 3 万人）[③]，1890 年医疗区的建设仍然相对滞后——医疗区平均半径为 2.3 俄里，服务人口达到 4.2 万人，在这种条件下，必定有很多民众无法享受医疗服务，更不用说 1870 年和 1880 年的状况了。

在医疗设施的建设速度无法满足民众需求的情况下，地方自治局该怎么办呢？这时，它们会聘请县城或者城市医院的医生和医士到农村地区巡

---

① Л. А. Жукова，Земская медицина// Земское самоуправление в России：1864 – 1918 ，Т. 2，под ред. Н. Г. Королёвы ［М］，С. 216，225.

② М. В. Дружинин н Л. В. Зверьков，Анализ деятельности земской медицины новгородского уезда（1864 – 1910）［J］，Вестник новгородского государственного университета ，2000 г.，№ 14.

③ Б. Б. Веселовский，История земства за сорок лет，Т. 1 ［М］，С. 374 – 375.

诊，并支付其额外的工资。这就是所谓的巡诊制度。关于这一点，我们在下一节中会详细讲到。

各县级地方自治局在建设医疗区的时候，很少考虑到县不是抽象的单位，而是与其他各县紧密相邻的单位。它们在维护自己的独立性时，不可避免地牺牲了边远地区民众的利益，特别是各县边境地区的村庄无法充分享受医疗服务。当医生很少、医疗区面积很大的时候，各县不可能因为对边远地区的“不公平”而展开大规模讨论，因为这时全县各地区的医疗服务几乎是一穷二白。但是随着时间的推移，当许多地区医疗设施已经建立起来时，边远地区的医疗服务还比较缺乏。在这种情况下，一些相邻的县级地方自治局试图签署协议，以提高这些地区的医疗水平，但是这类的协议只是个别现象，并不牢固。从 19 世纪 80 年代末开始，有些省份的医生代表大会系统性地提出了建设跨县医疗区的设想，并主张这些医疗区应该由省级地方自治局承担经费。在莫斯科省地方自治局的倡议下，先后有一些省份开始将各县边境地区加以整合，建设跨县医疗区和医生站点。到 1907 年，这样的跨县医疗区有 83 个，其中莫斯科省有 14 个。①

（二）医院的建设与医生数量的增长

如果说医疗区规划为地方自治医疗的发展确定了方向，那么医疗区医院的建设就为它构建了最重要的框架。医院是最重要的医疗设施，没有医院，医疗区也就有名无实了。对于农村地区来说，医院的建设与聘请医生一样，都是最为紧迫的任务。从表 2－1 中可以看出，1870 年地方自治局拥有的医院和诊疗所共有 295 座（其中 70 座在农村，225 座在县城），1880 年增加到 680 座（其中 370 座在农村，310 座在县城），1890 年再增加至 1005 座（其中 690 座在农村，315 座在县城）。从绝对数来看，农村地区的医院和诊疗所的数量增长远远快于县城。尽管如此，仍然有许多农村无法接触到医院。医生 А. И. 维列杰尼科娃在 1882 年从尼古拉耶夫斯克军医院学完妇女医学课程之后，来到乌法省别列别耶夫县步兹达克村工作，后来她回

① Б. Б. Веселовский，История земства за сорок лет，Т. 1 ［М］，С. 378.

忆道，由于缺乏农村医院或者门诊部，她的第一批手术直接在她所居住的农民家里进行，为此她在身体上和精神上遭受了巨大的压力。①

到 1898 年，除了 4 个县（弗拉基米尔县、卡卢加县、斯摩棱斯克县和雅罗斯拉夫尔县——全都是省会所在地）根本没有医院之外，其余的 355 个县共有 1440 家医院（包括诊疗所、急诊室），平均每个县有 4 家。这些医院的规模也大小不一，急诊室只有 2～3 张病床，而大型医院则拥有 50～75 张甚至 100 张病床。②

1866 年专门的自治地方医生（不在其他任何地方担任职务）有 288 名，平均每个县有 0.873 名；1880 年有 1125 名，平均每个县 2.505 名；1890 年有 1610 名，平均每个县有 4.493 名；截至 1905 年，包括跨县医疗区医生在内，医生的总人数增加到 2608 名，平均每个县有 7.078 名。1870～1905 年各省地方自治医生的数量增长情况详见表 2－2。

表 2－2　1870～1905 年各省地方自治医生的数量增长情况

省份＼年份	1870	1875	1880	1885	1890	1895	1900	1905
比萨拉比亚	13	28	32	38	44	53	56	58
弗拉基米尔	26	31	33	46	51	61	64	70
沃罗格达	5	9	16	20	29	31	42	45
沃罗涅日	31	41	43	45	52	58	80	86
维亚特卡	27	45	45	50	57	60	74	77
叶卡捷琳诺斯拉夫	20	28	32	38	44	58	72	78
喀山	17	24	28	40	42	48	56	60
卡卢加	11	15	18	24	31	44	45	49
科斯特罗马	17	22	28	36	40	43	54	61
库尔斯克	18	30	45	59	69	96	104	111
莫斯科	21	24	40	46	69	99	125	132

① Л. А. Жукова, Земская медицина в России в конце 60-х-80-х годах XIX века// Земское самоуправление в России: 1864－1918 , Т. 1, под ред. Н. Г. Королёвы［M］, С. 415.

② Б. Б. Веселовский, История земства за сорок лет, Т. 1［M］, С. 388.

续表

年份 省份	1870	1875	1880	1885	1890	1895	1900	1905
下诺夫哥罗德	18	19	21	29	32	39	53	62
诺夫哥罗德	18	28	33	38	46	55	62	63
奥洛涅茨	7	8	11	14	17	21	28	28
奥廖尔	19	29	43	44	45	54	60	66
奔萨	22	26	32	34	34	32	37	41
比尔姆	5	28	41	55	73	78	94	102
波尔塔瓦	26	38	56	70	81	88	115	138
普斯科夫	9	20	20	30	33	37	43	44
梁赞	18	24	37	41	47	57	63	69
萨马拉	19	28	32	46	52	52	87	108
圣彼得堡	14	24	29	34	41	53	59	61
萨拉托夫	30	33	36	43	56	76	98	106
辛比尔斯克	20	33	37	40	42	43	45	50
斯摩棱斯克	12	20	27	33	38	57	62	66
塔夫里奇	17	22	29	34	46	62	81	93
坦波夫	27	41	43	49	59	66	82	104
特维尔	17	26	33	37	46	66	84	89
图拉	19	27	33	35	39	44	51	53
乌法	—	19	20	24	38	37	42	49
哈尔科夫	22	29	40	47	60	72	71	120
赫尔松	18	29	38	40	53	69	83	94
切尔尼戈夫	19	37	52	61	73	90	113	127
雅罗斯拉夫尔	17	19	22	27	31	41	47	48
总计	599	904	1125	1347	1610	1940	2352	2608

资料来源：Б. Б. Веселовский，История земства за сорок лет，Т. 1 ［М］，С. 358。

从表 2－2 可以看出，地方自治医生数量增长最快的时候是 19 世纪 70 年代前半期，因为那时地方自治局组建不久，正是开始向医疗建设投入资金并改革医疗制度的时期。在此之后，进入了平稳增长期。到了 80 年代中期以后，地方自治医生数量的增长速度也有所加快。

从表 2－2 还可以看出，除了奔萨省、雅罗斯拉夫尔省、图拉省之外，几乎所有省份的医生数量都获得了跳跃式增长：每隔 5～15 年，它们的医生数量都急剧增加，有的还实现了倍增。其中增长最为迅猛的是库尔斯克省和莫斯科省。

到 1910 年，地方自治医生的数量增加到 3787 名，平均每个县 10.5 名。①

这些医生能够在多大程度上满足民众的医疗需求呢？这可以从两个角度进行考察，一是每名医生对应多少人口，二是每名医生对应多大的面积。

Б. Б. 维谢洛夫斯基统计了 1870～1905 年俄国省内各县医生数量（名）的区间，以及 1905 年每名医生所对应的人数（千人）和面积（平方俄里）的区间，具体情况如表 2－3 所示。

表 2－3　俄国省内各县医生数量区间及 1905 年每名医生对应人数和面积区间

单位：名，千人，平方俄里

省份	1870 年	1880 年	1890 年	1905 年	1905 年各县每名医生所对应的	
					人数	面积
比萨拉比亚	1～3	3～7	4～9	7～9	26.8～44.1	437～809
弗拉基米尔	1～3	1～4	2～6	4～9	18.2～33.8	427～955
沃罗格达	0～2	0～3	1～4	3～7	15.6～65.2	1325～21267
沃罗涅日	2～4	3～5	3～7	4～11	19.9～63.0	420～1420
维亚特卡	1～5	2～11	2～11	4～13	35.9～71.5	1008～4015
叶卡捷琳诺斯拉夫	0～8	2～6	4～7	7～14	18.2～41.6	268～1379
喀山	0～3	1～4	2～6	3～7	21.7～63.3	693～1168
卡卢加	0～2	0～4	1～8	2～9	12.6～37.4	292～778
科斯特罗马	0～4	0～4	1～6	1～9	18.1～58.0	492～3276
库尔斯克	0～2	2～5	3～7	5～9	19.5～35.7	273～603
莫斯科	0～4	2～5	3～12	6～21	8.2～21.3	114～331
下诺夫哥罗德	1～3	1～3	1～5	3～8	18.0～61.6	459～1178
诺夫哥罗德	0～3	1～5	3～7	4～8	17.2～37.5	1006～3264
奥洛涅茨	0～2	1～2	1～3	3～5	6.0～23.2	2502～7031
奥廖尔	0～4	2～5	2～5	4～7	20.0～59.0	380～1493

① Л. А. Жукова, Земская медицина// Земское самоуправление в России: 1864－1918, Т. 2, под ред. Н. Г. Королёвы ［М］, С. 216.

续表

省份	1870 年	1880 年	1890 年	1905 年	1905 年各县每名医生所对应的	
					人数	面积
奔萨	0～3	2～4	2～4	3～6	28.7～57.6	589～1512
比尔姆	0～2	2～6	4～10	5～14	20.0～62.0	1368～10377
波尔塔瓦	1～4	2～5	4～9	6～15	17.4～31.5	232～445
普斯科夫	0～3	0～6	3～6	3～7	21.3～38.3	541～1905
梁赞	1～3	1～4	3～6	3～10	19.6～44.0	390～832
萨马拉	1～6	3～8	3～12	7～25	18.1～49.7	774～1764
圣彼得堡	1～3	1～8	3～10	4～13	4.9～33.7	135～1548
萨拉托夫	1～4	3～5	3～9	7～17	17.4～32.0	539～971
辛比尔斯克	1～4	3～7	3～8	5～8	25.5～42.0	662～1207
斯摩棱斯克	0～3	1～4	2～5	3～9	21.2～39.3	544～1075
塔夫里奇	0～6	1～11	2～11	5～23	7.6～24.7	155～980
坦波夫	0～5	1～5	3～8	5～18	19.7～39.6	359～940
特维尔	0～3	2～4	2～5	5～10	13.8～35.0	262～1358
图拉	0～3	2～4	2～5	3～7	14.2～38.6	344～873
乌法	—	3～5	4～8	6～10	36.0～64.4	1259～3077
哈尔科夫	1～4	4～9	5～11	10～21	13.1～34.5	529～801
赫尔松	1～3	1～5	2～8	4～15	16.0～41.8	247～1308
切尔尼戈夫	0～4	2～7	3～7	5～9	14.4～33.8	274～578
雅罗斯拉夫尔	1～3	1～4	2～4	3～9	17.3～34.0	332～1308
整体	0～8	0～11	1～12	1～25	4.9～71.5	114～21267

资料来源：Веселовский Б. Б. История земства за сорок лет, Т. 1 [М], С. 360。

通过对俄国省内各县医疗状况的分析，我们可以发现，从每名医生所对应的人口数来看，各地方自治省份医疗发展状况可以分成以下几种类型。

情况最好（每名医生对应 2 万人以下）的是莫斯科省和与之邻近的特维尔省、图拉省，然后是南方的塔夫里奇省和赫尔松省，以及小俄罗斯的部分地区。在圣彼得堡省、诺夫哥罗德省和奥洛涅茨省的某些地区，每名医生对应的人数也不多，其主要原因是这里人口稀少，且每个医疗区面积很大。除此之外，我们不要忘记，省会所在县的医疗也得到了省医院的良好保障。

属于第二梯队的（每名医生对应的人数为 2 万～3 万人）包括以下地

区：（1）诺夫哥罗德省、斯摩棱斯克省、普斯科夫省、特维尔省、卡卢加省和图拉省；（2）中部工业区的大部分地区；（3）小俄罗斯的大部分地区；（4）坦波夫省和萨拉托夫省的接壤地区。

属于第三梯队的（每名医生对应的人数为3万~4万人）首先是坦波夫省、图拉省、奔萨省、辛比尔斯克省和萨马拉省的相邻各县，然后是叶卡捷琳诺斯拉夫省的大部分地区、乌法省的东部以及比尔姆省和卡卢加省的绝大部分地区。

最后，情况最差的是东部和东南部的沃罗格达省、维亚特卡省，以及比尔姆省、乌法省、喀山省的大部分县份，以及其他省份的部分地区。

从每名医生对应的面积来看，条件最好的是中部省份（莫斯科省、库尔斯克省、卡卢加省、梁赞省、图拉省、弗拉基米尔省），然后是小俄罗斯诸省、坦波夫省、萨马拉省、赫尔松省和塔夫里奇省。条件最差的是北部和东北部各省（奥洛涅茨省、沃罗格达省、维亚特卡省、比尔姆省、乌法省），以及萨马拉省、诺夫哥罗德省、奥廖尔省和沃罗涅日省。

1905年，在大多数县里，每名医生对应的人口数在2万~4万。少于2万的有65个县，多于4万的有53个县，具体情况如表2-4所示。

表2-4　1898年和1905年每名医生对应的人数

每名医生对应的人数（千人）	县的数量	
	1898年	1905年
10以下	9	8
10~15	17	16
15~20	30	41
20~30	135	145
30~40	111	96
40~50	36	34
50~75	19	19
75以上	2	0
总计	359	359

资料来源：Б. Б. Веселовский，История земства за сорок лет. Т. 1［M］，С. 364。

1905 年，在大部分县份，每名医生的服务半径为 12～20 俄里（多集中在 16～17 俄里），对应面积在 450～1250 平方俄里（多为 1000 平方俄里左右）。有 90 个县的医生分布较为稠密，平均服务半径在 12 俄里以下；但是，还有 70 个县超过了 20 俄里，甚至有的县还超过了 40 俄里。1905 年医生所对应的面积及其服务半径详见表 2－5。

表 2－5　1905 年医生所对应的面积及其服务半径

每名医生的服务半径（俄里）	每名医生所对应的面积（平方俄里）	县的数量
10 以下	300 以下	29
10～12	300～450	61
12～15	450～700	97
15～20	700～1250	102
20～25	1250～2000	36
25～40	2000～5000	26
40 以上	5000 及其以上	8
总计	—	359

资料来源：Б. Б. Веселовский，История земства за сорок лет，Т. 1［М］，С. 366。

到 1910 年，34 个地方自治省份的医生数量已达到 3802 名[①]，比 1905 年增长接近 46%。

（三）医士站点的建设与医士数量的增长

在地方自治改革之前和之后的很长一段时间内，医士是农民能够接触到的主要医务人员，而医生的数量较少，医生除了给民众提供有限的医疗服务之外，主要任务就是监督医士的活动。这种以医士为主导的医疗组织制度，被称为“医士制度”（фельдшеризм）。医士站点是医士制度存在的基础。这种制度在改革前就已经存在，地方自治局则继承和发展了这一制度，并将医士站点的建设纳入医疗区的总体建设之内。在地方自治局的推动下，医士站点数量得以迅速增长，具体情况如表 2－6 所示。

① М. Б. Мирский，Медицина России Ⅹ-ⅩⅩ веков：Очерки истории［М］，С. 316.

表 2－6　各地方自治省份医士站点数量的增长情况

省份	1880 年	1890 年	1898 年	1900 年后
比萨拉比亚	36	41	52	—
弗拉基米尔	52	57	59	1904 年：48
沃罗格达	74	96	98	1900 年：87
沃罗涅日	139	158	162	1904 年：125
维亚特卡	110	91	119	—
叶卡捷琳诺斯拉夫	63	134	161	1903 年：128
喀山	41	62	69	—
卡卢加	44	44	37	1905 年：36
科斯特罗马	51	52	57	—
库尔斯克	131	87	32	1903 年：36
莫斯科	30	15	1	—
下诺夫哥罗德	46	47	47	1899 年：50
诺夫哥罗德	81	51	81	1901 年：86
奥洛涅茨	30	69	79	—
奥廖尔	45	50	59	—
奔萨	19	44	57	—
比尔姆	145	169	179	—
波尔塔瓦	220	239	259	—
普斯科夫	33	54	59	—
梁赞	27	29	34	1903 年：27
萨马拉	89	58	47	1900 年：56
圣彼得堡	55	61	75	—
萨拉托夫	82	104	98	1903 年：101
辛比尔斯克	62	86	99	1903 年：103
斯摩棱斯克	33	37	22	1904 年：16
塔夫里奇	80	91	112	—
坦波夫	80	104	91	1900 年：102
特维尔	61	52	34	1903 年：32
图拉	27	10	11	—
乌法	52	23	33	1904 年：45
哈尔科夫	135	216	155	—

续表

省份	1880 年	1890 年	1898 年	1900 年后
赫尔松	63	78	60	—
切尔尼戈夫	119	165	165	—
雅罗斯拉夫尔	32	47	45	1900 年：50
总计	2387	2721	2748	—

资料来源：Веселовский Б. Б. История земства за сорок лет，Т. 1［М］，С. 341。

从表 2－6 可以看出，医士站点的增长主要是发生在 1880 年之前。从总量上来看，1880 年之后医士站点的增长就比较缓慢了，10 年之间增加了不到 400 个，而 1890～1898 年甚至只增长了 27 个，可以说是处于一种停滞的状态。从单个省来看，在此期间，有的省份不断增加医士站点的数量，而另一些省份则在不断减少。这种趋势一直延续到 20 世纪初期。例如，萨马拉省的医士站点从 1900 年的 56 个增加到 1913 年的 108 个。[①] 这说明，1880 年之后医士制度总体上发展缓慢，在有些地区趋于衰落，有些地区则在坚持发展医士制度。

总的来看，19 世纪 80 年代医士站点减少的有下列省份：莫斯科省、库尔斯克省、特维尔省、图拉省、萨马拉省、乌法省、维亚特卡省和诺夫哥罗德省。其中后两个省份的减少可能是因为 1890 年的数据不准确，因为它们在 1898 年的医士站点数量又急剧增加了。在 1890～1898 年医士站点减少的省份，除了上面列举的 6 个省（不计入维亚特卡省和诺夫哥罗德省）之外，还有以下 7 个省份：卡卢加省、萨拉托夫省、斯摩棱斯克省、坦波夫省、哈尔科夫省、赫尔松省和雅罗斯拉夫尔省。在 1900 年之后接着削减医士站点的省份有弗拉基米尔省、沃罗格达省、沃罗涅日省、叶卡捷琳诺斯拉夫省、梁赞省和波尔塔瓦省，但是一些省份（雅罗斯拉夫尔省、坦波夫省、乌法省、萨拉托夫省和诺夫哥罗德省）重新开始增加医士站点。

医士分为两类。一些医士工作在医士站点，每个站点里有一名医士。另外的医士工作在医院里，作为医生的助手和医院的护理人员。从表 2－6

① Н. Ю. Кривопалова，Мдицинская интелигенция Самарской губернии в 1907 － 1914 гг.［J］，Известия Сатарского центра Российской академии наук，2007г.，Т. 9，№ 2，С. 359.

可以看出，1880～1898年医士站点数量从2387个增加到2748个，增幅不是很大，仅为15%。而在这段时间之内，辅助性医护人员（包括站点医士、医院医士、助产士等在内）的总数增加了好几倍。1870～1904年各省辅助性医护人员增加情况如表2－7所示。

表2－7　1870～1904年各省辅助性医护人员增加情况

省份	1870年	1880年	1890年	1904年	1870年以来增加的倍数
比萨拉比亚	55	113	123	122	1.2
弗拉基米尔	76	137	175	270	2.5
沃罗格达	31	148	192	257	7.3
沃罗涅日	150	227	294	294	1.6
维亚特卡	95	127	272	345	2.6
叶卡捷琳诺斯拉夫	57	143	232	345	5.1
喀山	90	136	179	181	1.0
卡卢加	57	89	135	95	0.7
科斯特罗马	83	146	171	286	2.4
库尔斯克	127	211	271	364	1.9
莫斯科	87	114	155	249	1.9
下诺夫哥罗德	82	132	149	233	1.8
诺夫哥罗德	99	151	204	280	1.8
奥洛涅茨	17	53	129	182	9.7
奥廖尔	58	107	181	263	3.5
奔萨	41	71	164	189	3.7
比尔姆	123	277	348	366	2.0
波尔塔瓦	132	291	384	428	2.3
普斯科夫	35	95	126	157	3.5
梁赞	60	110	174	195	2.2
萨马拉	139	180	219	345	1.5
圣彼得堡	45	124	122	169	2.7
萨拉托夫	146	198	237	362	1.5
辛比尔斯克	82	161	180	237	1.9
斯摩棱斯克	48	110	123	52	0.1
坦波夫	140	243	299	150	0.1

续表

省份	1870年	1880年	1890年	1904年	1870年以来增加的倍数
塔夫里奇	67	114	163	237	2.5
特维尔	79	146	170	238	2.0
图拉	62	117	127	153	1.4
乌法	123	125	98	143	0.2
哈尔科夫	71	255	370	465	5.5
赫尔松	88	157	212	272	2.1
切尔尼戈夫	92	201	271	339	2.7
雅罗斯拉夫尔	57	102	139	183	2.2
总计	2794	5101	6778	8546	2.1

资料来源：Веселовский Б. Б. История земства за сорок лет，Т. 1［М］，С. 347－348。

从表2－7中可以发现两种现象。首先是各省医护人员的数量增长极不一致，彼此相差极大：一些省份增加了近10倍（如奥洛涅茨省），另一些省份（坦波夫省、斯摩棱斯克省、乌法省）几乎还在原地踏步。更重要的是，站点医士在所有辅助性医护人员中所占的比重在不断下降：1880年为46.8%，1890年占40.2%。如果考虑到站点医士的数量在进入20世纪后增长缓慢，那么1905年，它的比重还会更低。这说明，医院医士数量的增长要远远快于站点医士，也说明医院（包括精神病院）的发展要快于独立医士站点的发展。这一点非常重要，它正是医士制度趋于衰落的主要标志之一。

（四）病床数量的增长情况

各地方自治局从社会救济衙门那里继承而来的省医院和县级医院的病床总数大约为1.14万张。到1890年这个数字增长到26571张，到1898年增长到30122张。与此同时，从1890年至1898年省医院的病床数量从6284张减少到5504张，而县级医院的病床数量则几乎没有变化（从11702张增加到11735张），但是在农村地区病床数量从8470张增加到12883张，增幅达52%。[①] 这充分说明，随着医疗区数量的增加，农村地区医院和诊疗所的

① Б. Б. Веселовский，История земства за сорок лет，Т. 1［М］，С. 386.

建设有了较大的进步。而省城病床数量减少、县城病床数量微增，广大农村地区病床数量大幅度增加的现象，也表明地方自治局促进医疗服务“去中心化”的工作收到了很大的成效，也只有这样才能最大限度地满足农民的医疗需求。各地方自治省份病床数量的变化如表 2 - 8 所示。

表 2 - 8　各地方自治省份病床数量的变化

省份	省自治局接收的病床数量	编制病床数量		县城病床数量		农村病床数量	
		1890 年	1898 年	1890 年	1898 年	1890 年	1898 年
比萨拉比亚	100	611	775	154	154	292	321
弗拉基米尔	361	850	892	459	498	118	181
沃罗格达	182	570	786	333	333	147	278
沃罗涅日	552	860	908	295	325	285	367
维亚特卡	324	1253	1701	564	564	536	987
叶卡捷琳诺斯拉夫	361	633	948	220	277	313	473
喀山	405	1010	1020	416	370	407	475
卡卢加	246	695	780	397	370	114	182
科斯特罗马	337	715	806	400	380	195	276
库尔斯克	400	689	750	482	460	57	130
莫斯科	328	705	1304	380	350	325	954
下诺夫哥罗德	460	1073	877	385	395	238	232
诺夫哥罗德	212	527	672	374	401	53	271
奥洛涅茨	91	292	398	182	195	49	90
奥廖尔	398	938	960	392	392	236	368
奔萨	235	759	679	400	357	86	150
比尔姆	340	1248	1544	470	470	578	764
波尔塔瓦	797	948	928	373	320	315	395
普斯科夫	385	639	701	335	320	104	208
梁赞	331	865	888	513	513	202	225
萨马拉	255	772	927	285	285	237	429
圣彼得堡	123	441	562	176	190	265	372
萨拉托夫	438	885	994	316	316	370	418

续表

省份	省自治局接收的病床数量	编制病床数量		县城病床数量		农村病床数量	
		1890 年	1898 年	1890 年	1898 年	1890 年	1898 年
辛比尔斯克	170	1021	1007	267	250	538	557
斯摩棱斯克	264	638	743	390	390	98	183
塔夫里奇	230	514	708	204	217	220	401
坦波夫	466	1329	1329	445	420	509	714
特维尔	335	720	909	372	372	278	451
图拉	402	736	770	350	390	95	155
乌法	181	495	538	187	234	213	234
哈尔科夫	464	769	952	187	400	214	372
赫尔松	169	715	972	162	162	453	710
切尔尼戈夫	554	730	684	405	350	205	204
雅罗斯拉夫尔	312	790	710	321	315	25	125
总计	11208 *	26435	30122	11591	11735	8370	12883

＊有 6 个县的医院缺乏数据。

资料来源：Веселовский Б. Б. История земства за сорок лет，Т. 1［М］，С. 386－387。

除了切尔尼戈夫省，所有省份农村诊疗所的病床数量在 1890～1898 年都出现了增长，有的还增长迅猛。比如，沃罗格达省几乎增长了 1 倍，库尔斯克省增长了 1 倍多，普斯科夫省增长了 1 倍，莫斯科省增长了近 2 倍，雅罗斯拉夫尔省增长了 4 倍。

现在可以对比一下，农村和县城中医院事业发展的情况。在 1898 年，农村诊疗所的病床数量就已经超过县城医院大约 10%，而在 1890 年它还比后者少约 30%。所以说，19 世纪 90 年代各县医疗服务朝着去中心化的方向已经迈出实质步伐。1898 年有 17 个省的县城医院病床数量多于农村诊疗所。这些地方主要是：（1）北部及其他医疗事业发展薄弱的地区（沃罗格达省、奥洛涅茨省、诺夫哥罗德省、普斯科夫省）；（2）医疗事业耗资巨大的工业地区（弗拉基米尔省、下诺夫哥罗德省、科斯特罗马省、雅罗斯拉夫尔省等）。其中后一种比较典型。很明显，那里对县城医院的关注并不是偶然的，而是服务于在当地有影响的工厂主的利益的，工厂主们更关心县城医院，以利于自己的工人去那里就医。

第四节　地方自治医疗的组织和管理制度的转变

在地方自治医疗开始后的很长一段时间内，它一直沿着改革前的基本方向继续发展。在这种情况下，地方自治医疗（特别是在农村地区）实际上是以两种制度为基础的：一是医士制度（фельдшеризм），二是巡诊制度（разъездная система）。如前所述，所谓的医士制度就是以医士作为医疗主体的制度，即主要由医士而不是医生为民众提供医疗服务，各地主要的医疗设施是医士站点而不是医院。但是也需要对医士进行监督，他们散落在农村各处，地方自治局不可能对他们实施近距离的管理，于是就委托医生下乡巡查，检查他们的工作。与此同时，医士毕竟是较为低级的医务人员，更何况其数量并不充足，无法满足民众的医疗需求，这就需要医生的补充，所以医生要到农村各处去巡查疑难病症，帮助医士解决难题。于是医生就肩负起管理和帮助医士的职责。简而言之，为了监督医士的行为，医生要下乡巡查；为了弥补医士治疗的不足，医生要下乡接诊，这就是所谓的巡诊制度。

这两种制度是相辅相成的。一方面，医士制度是地方自治医疗的组织制度，地方自治局在各地建设独立的医士站点，向民众提供最低水平的医疗服务，这就需要巡诊制度进行保障和补充；另一方面，巡诊制度是地方自治医疗的管理制度，它以医士为管理对象，并补充医士医疗的不足，一旦医生取代医士、医生站点取代医士站点成为医疗的主体，那么医生也就没必要到各处巡诊和巡查了，巡诊制度也会随之消亡。所以说医士制度是根本，巡诊制度是依附于医士制度的，它们共同塑造了地方自治医疗在很长一段时间内的主要面貌。

但是，随着地方自治局医疗投入的不断加大，各地纷纷建起医院，越来越多的医生在医院里坐诊，而不是到各地巡诊，越来越多的医士在医院里充当辅助性的医护人员，而不是被派到各地的医士站点，这样就形成了住院制度（стационарная система），即医生和医士都固定在医院里。在这种情况下，医士制度和巡诊制度逐渐没落，走向衰亡。虽然一直到第一次世界大战爆发之前，住院制度取代医士制度和巡诊制度的进程仍然没有最终完成，但是大致的趋势已经确定下来了。

下面我们就来看一看，地方自治医疗的组织制度和管理制度是如何形成和转变的。

一　医士制度的形成和转变

（一）医士制度形成的原因和表现

在地方自治改革之前，很多地区以医士作为面向民众的主要医务人员，在没有医生的情况下让其充当医生的角色。初期的地方自治活动家们也支持继承这一旧的医疗组织制度，发挥医士的这种作用，于是不少医士站点得以建立起来。他们支持医士制度的主要理由有 3 个，有些还获得了医生代表大会的某种支持。

第一，农民多认可医士制度。初期地方自治领导人多次说医士就是“庄稼汉的医生”，而对医生则多有怀疑。很多医士都出身于农民，与农民之间有着天然的联系，故医士制度更能获得农民们的支持。例如，1881 年哈尔科夫省的地方自治人员就说：“如果地方自治局中有人提出废除医士制度，那么农民就可能取消对医疗的支出……如果没有医士，自治地方医疗也就可能不存在了。”[①] 有些医生也认为，“医士可以作为科学与无知之间的环节，非常适合在粗野和未受教育的民众中间充当正确观念的传播者”，而且农民会把他们看作“自己人”，所以民众对他们非常有好感。[②]

第二，医士是医生和民众的中间人，不可或缺。地方自治局认为，独立的医士站点之所以不可缺少，不仅因为它对于治疗有利，而且它作为中间站点，能够在流行性疾病发生时及时发现，并且能够最先采取措施，然后报告给医生。有些医生代表大会也赞同这一点，认为在很多地方，尽管医护人员在不断增多，但是医生服务范围仍然太大，特别是在地广人稀的

① Б. Б. Веселовский, История земства за сорок лет, Т. 1 ［М］, С. 337.

② Б. Б. Веселовский, История земства за сорок лет, Т. 1 ［М］, С. 339.

地区，这时“设置医士站点是有利的”[①]。

第三，医士制度比医院制度更加廉价，也是地方自治局的财力能够负担的。对于地方自治改革来说，最初阶段的确是这样的。医士制度需要地方自治局投入的资金非常少，这主要是因为对医士的绝大部分支出由农民负担。

医士制度就是在这种背景下发展起来的。

独立的医士站点是医士制度的基础，其数量增长的情况，我们在上一节已经讲过了。此外，随着医士站点数量的增长，由医士接诊的病人数量也会增多。特别是在地方自治初期，在医生数量不足的情况下，由医士接诊的病人占全部门诊病人的比例相当高。到 1898 年，在医士站点数量增长幅度放缓的背景下，还有 80 个县超过一半的门诊病人由医士来治疗，特别是在北方各省，这一比例更高。[②]

总的来看，到 1898 年，医士制度最发达的是北部各省（奥洛涅茨省、沃罗格达省、维亚特卡省）、小俄罗斯诸省、东部各省（乌法省、比尔姆省），以及西北部的诺夫哥罗德省、普斯科夫省等地。

（二）医士制度逐渐消亡的原因和表现

初期地方自治局提出的上述三条理由并不能说明医士制度是合理的。或者说，随着地方自治医疗的发展，这些理由都无法阻止医士制度的衰落。

第一，农民对于医士制度的习惯和某种忠诚并不能说明这种制度的合理性，他们可能对医士比较熟悉，但是他们对医士制度没有整体上的评判标准，无法对医士制度进行完整的评价。正如 M. Я. 卡普斯京所言：“如果人们对巫医的治疗完全满意，但这并不能说明巫医是有益的。”[③]

第二，医士的确能够作为医生和民众的中间人，但他们并不能胜任这一角色。这里的主要原因是医士作为学识和素质都较差的低级医护人员并不具备救治病人的能力。的确，与受过高等医学教育的医生相比，医士的

① Б. Б. Веселовский，История земства за сорок лет，Т. 1 ［М］，С. 340.

② Б. Б. Веселовский，История земства за сорок лет，Т. 1 ［М］，С. 345.

③ Б. Б. Веселовский，История земства за сорок лет，Т. 1 ［М］，С. 337.

知识水平实在太低。截至 19 世纪 70 年代末，在医士中还有数量庞大的连队医士（ротный фельдшер），也就是卫生兵，他们只是在军队服役期间接受过短期强化培训，他们学到的通常是如何照顾病人，如怎样包扎伤口之类，不是如何诊断和治疗疾病（包括传染性疾病和流行性疾病）。受过中等医学教育而成为医士的人很少，即便受过教育，其医学技能水平也无法与医生相比。医士的知识和技能水平之低下、素质之恶劣，地方自治局不可能不知道，因为它们经常能够接到这样的报告，说“医士行为不端”，“酗酒成性，几乎每周必醉”，等等。[①] 因此大多数自治地方医生代表大会从一开始就坚决反对医士制度。按照 М. Я. 卡普斯京的说法，医士制度就是“对科学医疗的侮辱”，比尔姆省第一届医生代表大会就反对医士制度，认为“医士没有任何借口可以被容许进行独立的实践活动”[②]。

更为重要的是，由于医士的医学水平有限以及医士站点内的医疗设施不完善，延误病情的例子并不罕见。在医士站点最初存在的 20 年里，除了极少数例外，站里的设施非常差，提供的药品没有任何系统性，数量还远远不够。在这种条件下，医士站点的救治水平无法令人满意，医士大多数时候只能采用顺势疗法。结果，很多人去找医士看病的时候还只是小病，但是经过不合理的治疗后反而变成了大病；而有些患有严重疾病的人因为去看医士而不是医生，结果延误了病情。

第三，当医士主要由农村公社供养着的时候，地方自治局当然认为这比较廉价，反正自己拿出的资金总是有限度的。但是随着医疗事业的发展，地方自治局不得不承担起这方面的支出，这时医士制度就未必是廉价的了。作为旧制度的遗产，医士的独立行医在很大程度上将医疗事业带入混乱的无政府状态，他们的医术和对药品的使用都存在着许多不合理的地方，为了对他们进行监督和管理，地方自治局又实行了医生巡诊制度，且不说巡诊制度本身也有严重的弊端，单单是这一整套制度的运行成本就非常高昂。因此，在这种情况下，医士制度的廉价只是一种假象。

---

① Б. Б. Веселовский，История земства за сорок лет，Т. 1 ［М］，С. 336.

② Б. Б. Веселовский，История земства за сорок лет，Т. 1 ［М］，С. 339.

后来，先进的地方自治省份和县份的实践表明，医士的治疗活动代价过高，医士制度也就丧失了进一步存在的主要和基本依据，阻碍了医疗的发展，所以必须尽快地废除这一改革前时代就实行的制度。

这种观点也得到了医生们的大力支持。医生们认为，应该建立更多的医院而不是医士站点，应该让医士在医生的直接指导下工作，而不是让他们直接行医。

在这种情况下，大约从 19 世纪 80 年代中期开始，一些地区开始裁撤医士站点，代之以医生站点。一般的情况是一名医生取代 3 ~ 4 个独立医士，而且这样并不增加地方自治局的预算。所以我们才看到，从 1890 年至 1898 年，医生的人数有了大幅度增长，而有些省份的医士站点在不断减少，医士站点的总数也止步不前。另外，医院医士的增幅也快于站点医士。这都是医生站点取代医士站点的表现。到 1898 年，已经有 50 个县完全放弃了医士制度，约占总数的 1/7。这些县份主要位于莫斯科、库尔斯克、斯摩棱斯克、图拉等省。同时，减少医士站点的省份也越来越多，这种趋势一直保持到 20 世纪初。

但同时我们也看到，另一些省份的医士站点数量一直在增长，医士站点的总数一直保持比较高的比例。这说明，医士制度消失得极其缓慢。为什么会出现这种情况？Б. Б. 维谢洛夫斯基给出的解释是："在大多数情况下，这种状况出现的原因仍然是，增加医士工作站的绝大部分支出——租赁门诊部和医士所需的房屋等——几乎（总是在农村公社的申请下）都会落到农民的身上。"①

二 巡诊制度的形成和消亡

除了医士的医学技能水平饱受诟病以外，医士制度受到医生的激烈反对，还跟它与巡诊制度（разъездная система）的紧密联系相关。在这种制度下，地方自治医生必须经常性地巡查各个医士站点（从一周两次到一年

① Б. Б. Веселовский, История земства за сорок лет, Т. 1 [М], С. 339.

数次不等）。巡诊的目的就是监督医士的工作，并在医士站点接诊病人。在有些情况下，医士站点没有门诊部，医生只能在医士的家里接诊。在一些县里，医生在主管县城医院的同时，还必须与医士一起巡诊本医疗区内的各个村庄，平均两个月三次。乡政府负责提前向民众通告医生前来的日期。如有病人请求，前去应诊的基本上是医士，而医士的活动则要受到两三个由县地方自治局招聘来的医生的监督。在萨马拉省、萨拉托夫省和其他省的许多县里都存在着“巡回门诊”（在另一些地方它们被称为“移动门诊”），这种门诊部里没有人，只有一些医生定期前来接诊病人。乌法省是从 1875 年才开始实行地方自治的，该省一些县的巡诊制度是医生和医士在逢集的日子带着药箱奔波在各个村落之间，前去查看病人和分发药品。[①] 从总体上看，19 世纪 70 年代地方自治医疗的基础就是巡诊制度。

正是这种巡诊制度，给地方自治医疗活动带来了极大的不便。

首先，在这种制度下，医生要寻找病人而不是病人寻找医生，医生将大部分时间用在路途上；当有人生病需要治疗时，他却不知道该往哪里才能找到医生。另外，医生在巡诊时，身上不可能携带很多医疗器具，在需要时也无法再回医院将必需的器械取过来使用，这就限制了医生的施救行为。而且，即便医生在巡诊时医治了某个病人，但由于医生一直在走马观花似地各处旅行，他无法对病人实施跟踪观察和治疗。此外，由于医生长期脱离医院，他也会忽视对医院病人的照料。所以综合来看，这种制度大大影响了医生的治疗效果。

其次，巡视制度并不能改变医士在农村医疗中的主导地位，也不能从根本上改变医士医疗造成的混乱局面。虽然医生负责监督医士，但是这种监督是有限度的，因为医生并不会在一个医士站点待太长时间。

最后，医士制度与巡诊制度的结合，并没有向地方自治局想象得那样廉价。地方自治局原以为通过少量的拨款就能使这套制度运转起来，为民众提供最低限度的、在表面上较为“均衡”的医疗服务。但实际上，这套

① Л. А. Жукова, Земская медицина в России в конце 60-х-80-х годах XIX века// Земское самоуправление в России: 1864 - 1918, Т. 1, под ред. Н. Г. Королёвы［М］, С. 409.

制度的隐性成本很高，如医士对药品的不合理支取和医生不断巡查所耗费的资金，都要由地方自治局来承担，而最大的受害者仍然是农民。

因此，在各地医生代表大会的呼吁下，地方自治局终于意识到了医士制度和巡诊制度的不合理。一些省份开始废除巡诊制度，实行住院制度，即医生不再到各地巡诊，而是在固定的医院里坐诊，只有在紧急情况下——遇到危重病人、流行病或者需要接种牛痘时才会去农村。早在 1875 年，莫斯科省地方自治会议就认定住院制度是最合理的，并向各地推荐这一制度；从 1878 年起，该省就已经自己出资建设农村诊疗所。①

但是巡诊制度并没有立刻被住院制度所取代，而是经历了一段漫长的转型期，在许多地方形成了一种“混合制度”，即“定期巡诊制度”或者“住院－巡诊制度”。在这种中间制度下，医生要主管医院（医疗区医院或者县城医院），同时又定期下乡巡诊，以弥补医士治疗的不足。

巡诊制度之所以出现，一个重要原因是某些省份的人口密度不大，如北部的奥洛涅茨省、沃罗格达省、特维尔省、维亚特卡省、诺夫哥罗德省，南方草原地区的萨拉托夫省、奥廖尔省等地，在有的县份，一名医生所对应的地域面积达到 1000 多平方俄里甚至更多。在这种情况下，正如萨拉托夫省的 В. Д. 切内卡耶夫在 1888 年所言：“在萨拉托夫省某些地区人口如此稀少的情况下，严格的住院制度是完全不能忍受的，因此它不能也不应该成为关心地方民众健康的理想方式。我们被迫对这一制度做出修改，以适应当地的环境。……每周组织一次外出是可以的，也没有产生新的任何开支，它使民众免于广泛发展的医士制度的弊端，取而代之的是均衡分布在全县所有民众中间的医生的救治。”②

所以在 19 世纪 80 年代，尽管大多数地区意识到住院制度的优越性，但是自然条件、医学人才、资金条件等方面的限制促使它们选择一种折中的方案，即住院制度和巡诊制度的混合体。到 80 年代末期，混

① Л. А. Жукова, Земская медицина в России в конце 60-х-80-х годах XIX века// Земское самоуправление в России: 1864 – 1918 , Т. 1, под ред. Н. Г. Королёвы ［М］, С. 410, 412.

② Б. Б. Веселовский, История земства за сорок лет, Т. 1 ［М］, С. 352 – 353.

合制度实行于 359 个县中的 262 个县，占了绝大多数，而实行纯粹住院制度的只有 47 个县。随着非自然条件的改善，住院制度的优势越来越显现出来，到 1900 年已经有 138 个县实行纯粹住院制度，实行混合制度的县份下降到 219 个，而实行纯粹巡诊制度的县份只剩下 2 个，完全成为一种特例了。①

地方自治事业最发达的莫斯科省，到 19 世纪末已经在全省各县实行了纯粹的住院制度。比萨拉比亚省、梁赞省、圣彼得堡省、斯摩棱斯克省等地，也在大多数县实行了纯粹的住院制度。但是直到 1913 年，这一制度也没有在全俄各自治地方完全铺开。尽管医疗区医院的数量在增加，但是独立医士站点的存在表明，医生仍然需要定期地下乡巡诊。例如，诺夫哥罗德省的医生到 1910 年还要到医士站点巡诊。②

从另一个角度看，住院制度也是跟医疗区的建设紧密相关、相辅相成的。在地方自治局意识到住院制度的优势之后，医疗区医院的数量迅速增长。从 1890 年到 1910 年，农村医院数量从 690 家（8470 张病床）增加到 1715 家（大约 22295 张病床），县城医院从 315 家（11702 张病床）增加到 331 家（大约 14895 张病床）。③ 这样，遍地开花的医疗区医院成为农村地区的疾病治疗和预防中心，使广大农民越来越多地享受到高水平的医疗服务。

总之，在地方自治机构发展医疗事业的几十年中，俄国的主要医疗力量从医士向医生转变，主要医疗机构从医士站向医院转变，主要的治疗和管理方式从巡诊巡查向医院坐诊转变。俄国的医疗事业走出了治疗和管理上的低水平状态，迈出了建立现代医疗体系的第一步。尽管这一转变并没

① Б. Б. Веселовский，История земства за сорок лет，Т. 1 ［М］. С. 353 – 354.

② М. В. Дружинин и Л. В. Зверьков，Анализ деятельности земской медицины новгородского уезда（1864 – 1910）［J］，Вестник новгородского государственного университета，2000 г.，№ 14.

③ М. Б. Мирский，Медицина России X-XX веков：Очерки истории ［М］，С. 316.；Б. Б. Веселовский，История земства за сорок лет，Т. 1 ［М］，С. 386.；Л. А. Жукова，Земская медицина в России в конце 60-х-80-х годах XIX века// Земское самоуправление в России：1864 – 1918，Т. 1，под ред. Н. Г. Королёвы ［М］，С. 408.

有最终完成，但仍然意义重大，被称为“地方自治医疗最伟大的成就之一”①。

第五节　地方自治机构的免费医疗实践

各地方自治局并不是从一开始就在所有医疗领域实行免费，其中有一个较为曲折的过程。到20世纪初期，免费医疗的原则在俄国绝大多数自治地方局得以确立。

一　免费门诊治疗

在地方自治活动初期，医士站点是不收取门诊费用的。原因很简单，这些医士站点的存在依靠的不是地方自治局的拨款，而是农民自己上交的资金。而且由于病人不多，即使对他们收费，数目也不大。这也是地方自治局认为医士制度较为“廉价”的原因之一。

但是随着时间的推移，情况逐渐起了变化。从19世纪70年代开始，各地方自治局大量建设医士站点，它们的建设和维持费用都是一笔不小的支出。在这种情况下，很多地方自治局，包括一些比较发达的省份，迫于财政压力，开始越来越频繁地从病人身上收取费用。

一些地方自治局除了从经济上考虑收费治疗以外，还认为这事关公平问题。它们认为，在全县农民不可能均衡地享受到医生的服务时，向那些得到更多的人收取额外的费用是完全应该的。也有人认为，药品虽然收费，但是金额并不大，与免费药品相比，农民们会更加珍惜它。但是这些都不过是经济原因的另一种解释。

与此同时，医士站点的大量建设遭到了医生们的反对，为了尽快结束医士制度，将有限的资金投入医院建设中，他们支持向前来问诊的病人收费，以减少那里的门诊流量，降低它们在农民心中的地位。正如1874年

① М. Б. Мирский, Медицина России X-XX веков: Очерки истории ［М］, С. 308.

M. Я. 卡普斯京所言："在地方自治局的资金很少的情况下，最好向来访的病人收取建议费和药品费，而在医院的治疗还应该是免费的。"① 按照这种观点，为了废除医士制度，1879 年巴拉绍夫县地方自治局的医生们赞成向门诊病人收取 5 戈比的费用，其他各县纷纷效仿。②

除了经济原因，向门诊病人收费还有以下几种动机。比如，一些自治地方人员指出，"免费医治是不公平不道德的"；另一些人认为，"药品虽然收费，但是数量不大，但是与免费药品相比，农民会更加珍惜它们"；还有人认为，"收取药方费能够使医生门诊免于人满为患的状态，因为许多向医生咨询的人只不过是得了一些无关紧要的小病"。③ 最后，地方自治局也不止一次地提到了公平问题。它们指出，全县居民不可能均衡地享有医生的救助，所以"对获得更多医疗服务的人收取额外的费用是完全公平的，而且这笔资金也能为缺乏医生救助的地区创造更多的条件，实现地区间的相互平等"④。

无论如何，各地方自治局从 19 世纪 80 年代开始大规模地对药品、药方、医疗器械等收费。但是这种收费并没有统一的标准。各地收费的形式千差万别，有的地方只对药品收费，有的只对医疗器械收费；有的只在医士站点实行收费，有的只在医生站点实行收费，还有的在这两处都收费。收费的金额也不一样，病人得到一份药方或者药品需缴纳 5~10 戈比。⑤

在收费的方式和金额上，各地也不一致。有些地方自治局对医生的建议收费，有些对药品或药方收费，还有些对器皿器械收费。1898 年，69 个

① М. Б. Мирский, Медицина России X-XX веков: Очерки истории [M], С. 315; Ташбекова Ирина Юрьевна, Становление и закрепление правовых основ бесплатной медицины в России во второй половине XIX-начала XX века [J], Юридическая наука, 2011 г., № 2, С. 20.

② Б. Б. Веселовский, История земства за сорок лет, Т. 1 [M], С. 395.

③ Б. Б. Веселовский, История земства за сорок лет, Т. 1 [M], С. 395; Ташбекова Ирина Юрьевна, Становление и закрепление правовых основ бесплатной медицины в России во второй половине XIX-начала XX века [J], Юридическая наука, 2011 г., № 2, С. 29.

④ Б. Б. Веселовский, История земства за сорок лет, Т. 1 [M]. С. 396.

⑤ Б. Б. Веселовский, История земства за сорок лет, Т. 1 [M]. С. 397.

自治地方对“建议”和“药品”的收费在5~10卢布。[①] 有些地方自治局只在医士站点收费，有些则只在医生站点收费，还有些在这两处都收费。收费的数额也各不相同，有时高于药品价值，有时则较低。在有些地方只对奎宁收费。

还有一些地方自治局没有对“建议”和“药品”收取专门费用，而是向农民开征特别税。例如，圣彼得堡省的皇村县为了雇用医士和购买药品，向农民征收一项人均25戈比的特别税；在波尔塔瓦省的霍洛尔斯克县，县地方自治会议在1879年决定，向全县征收人均35戈比的医疗建设税。[②]

总的来看，1880年有63个县实行收费门诊制度，到1890年增加到99个县。[③] 特别是在梁赞省、特维尔省和诺夫哥罗德省，收费门诊最为普遍。医疗费收入超过1000卢布的有57个县。其中收入最多的县级地方自治局有：莫斯科县、谢尔普霍夫县（主要针对来访病人收费）、伊丽莎白格勒县（主要针对市民收费）、萨波日科夫县、卡尔松县和里亚日斯克县。在某些情况下，这种收费占到了医疗预算的16%~32%。[④]

对于医护人员来说，向来访病人收费总是会导致大量的不愉快，甚至引起医生与地方自治局的冲突。这里的原因在于，最初根据枢密院的命令，“没有支付能力的”病人只有在得到警察局或者地方自治局的签字之后才能免于收费，但是这种程序非常麻烦，1876年之后改为完全由医生自己审查患者是否有支付能力。这时地方自治局便对医生设定了一些限制，如免费药方的数量不能超过总数的10%等。如果超出这一限额，地方自治会议就以医生自己填补亏空相威胁。[⑤]

但是很快，收费门诊制度的实行使各医士站点和医生站点的门诊量大

① Б. Б. Веселовский, История земства за сорок лет, Т. 1 [M]. С. 397; Ташбекова Ирина Юрьевна, Становление и закрепление правовых основ бесплатной медицины в России во второй половине XIX-начала XX века [J], Юридическая наука, 2011 г., № 2, С. 29.

② Ташбекова Ирина Юрьевна, Становление и закрепление правовых основ бесплатной медицины в России во второй половине XIX-начала XX века [J], Юридическая наука, 2011 г., № 2, С. 20.

③ Б. Б. Веселовский, История земства за сорок лет, Т. 1 [M]. С. 396.

④ Б. Б. Веселовский, История земства за сорок лет, Т. 1 [M]. С. 400.

⑤ Б. Б. Веселовский, История земства за сорок лет, Т. 1 [M]. С. 398.

大降低。在斯摩棱斯克省，没有实行收费的各县医疗区的接待数量平均多出 27%。而根据 C. H. 科尔任涅夫斯基的数据，在特维尔省实行收费的县份，门诊病人占总人口的 24%～40%，而在没有实行收费的其余地区，这一比例为 50%～72%。[①] 所以说，收费医疗与地方自治医疗的社会性、大众化原则是背道而驰的。在门诊病人减少的同时，地方自治局从病人那里得到的收入也在减少。在医疗预算总体增长的背景之下，这些收入只占其中极小的一部分。地方自治局收取的费用无法弥补其对医疗的支出，无法起到它应有的作用。最后，医士站点存在着大量的乱收费问题。这就促使地方自治局较早地取消医士站点的收费，后来又取消医生站点的收费。到 1898 年，在全部的 359 个县中，实行免费门诊治疗的县增加到 290 个。[②]

二　免费住院治疗

与门诊治疗不同，住院治疗从一开始就是收费的。收费治疗是以 1857 年和 1892 年的《社会救济章程》为基础的，是建设医院的一种方式。这是因为，各级地方自治局建设医疗卫生事业需要大量的财政支出，而它们拿不出这么多钱来。省医院的收费相对较高（每个月 6～12 卢布），能够免费治疗的只有“患有特殊疾病的”病人以及从各县来的传染病人。这项费用完全从各县级地方自治局那里征收，而各县级地方自治局则向治愈的病人征收。[③] 对于那些“无支付能力的”病人，各地方自治局经过长时间的争论后决定仍然一律收费，因为它们已经不愿意为省医院投入更多资金。取消收费的另一项障碍是各县居民对省医院的使用并不均衡，因此省地方自治局认为，维持这种收费是为了恢复“公平”，能使各县处于同一水平线上。

起初，县医院的住院收费与社会救济衙门的医院一样多（每个月 6～9 卢布），但是县级地方自治局不断地减少这一收费，而且对某些病人实行免费。到后来，县城医院成为主要的收费医院，而且只针对外县居民，大部

① Б. Б. Веселовский, История земства за сорок лет, Т. 1 ［М］. С. 397.

② Б. Б. Веселовский, История земства за сорок лет, Т. 1 ［М］. С. 396.

③ Б. Б. Веселовский, История земства за сорок лет, Т. 1 ［М］. С. 394.

分省份的农村诊疗所已经不再收费了。但是，实行完全免费医疗的县并不是很多。在实行巡诊制度的年代，这种收费治疗的方式使得农民更难以接近医院。但是在很长一段时期内，地方自治机关从经济上无力提供免费的住院治疗，从心理上也无法认同为贫贱的农民等级提供免费医疗的模式。

最开始的住院治疗是按月收费，即住院几天要交一个月的钱，住院一个整月也要交一个月的钱。对于患小病的人来说，这是相当不公平的。而且当时的收费标准确实比较高，一般民众负担不起，所以他们不愿意住院。

在这种情况下，许多省长都向内务部请示，请求将按月收费改为按天收费。当时的萨拉托夫省省长说道："按天收费可以让贫苦民众尽可能地接受。"① 政府注意到这一点，于是在 1867 年 2 月向各省传达了内务部的态度，在综合各省的看法之后，政府规定将医院的按天收费制度分成三类：住院 10 天以下，需缴纳 10 天的费用；住院 11 天至 20 天，则缴纳 20 天的费用；住院 20 天至 30 天，则缴纳 30 天的费用。②

这一规定遭到了地方医生们的反对。他们发现，无论是收取门诊费、医药费还是住院费，哪怕是最低的费用，都会降低民众对医疗服务的需求，有时甚至会使地方医生无法及时发现疫情，更不用说对疫情采取有效措施了。显然，这将损害整个地方自治医疗系统在公共卫生方面的价值。

医生的观点得到了地方自治活动家的认同，后者意识到，医疗的普及性是阻止和预防疾病蔓延的基础。

从 19 世纪 80 年代中期开始，随着地方自治医疗预算的增加，一些地方减少了住院治疗的收费。到 1898 年，在住院治疗方面，有 75 个县对所有病人都免费；有 215 个县对本县居民免费，对外县居民则收费；有 47 个县对本县居民中没有支付能力的人免费，对外县居民和有支付能力的本县居民

① Ташбекова Ирина Юрьевна, Становление и закрепление правовых основ бесплатной медицины в России во второй половине XIX-начала XX века [J], Юридическая наука, 2011 г., № 2, С. 19.

② Ташбекова Ирина Юрьевна, Становление и закрепление правовых основ бесплатной медицины в России во второй половине XIX-начала XX века [J], Юридическая наука, 2011 г., № 2, С. 19.

收费；还有 97 个县是纯粹的收费治疗，无论对于本县居民还是外县居民都收费，一昼夜的费用从 5 戈比到 40 戈比不等。① 例如，在喀山省的乌尔朱穆斯克县和奥廖尔省的小阿尔汉格尔斯克县，一昼夜的住院费用在全国最低，为 5 戈比；库尔斯克省的立戈夫县为 20 戈比，算是比较适中的；而比萨拉比亚省的别列茨克县最高，为一昼夜 40 戈比。② 当时萨马拉省的《民事医疗机构章程补充法案》规定，“医院的直接使命就是为民事部门和属于地方自治局的病人提供医疗救助；医院可以分别从这两个部门中每月收取 6 卢布”，“除此之外，对于无力支付医疗费用的穷人，如果提交地方政府开具的贫困证明，医院应该接收；对于有能力支付医疗费用但假装贫穷的人，医院也可接受”。③

到 20 世纪初，俄国政府已将免费自治医疗合法化。1903 年 В. К. 普列维政府制定了管理地方事务的专门条例。该条例第 104 条明确规定，“对于由地方资金建立起来的所有农村医疗设施，省内居民可以免费使用”④。

这样，地方自治医疗的免费性原则最终形成。这就意味着：门诊免费、开药免费、医疗设备免费；住院免费，无论是在医疗区医院、县城医院还是在省医院；外科手术免费、专业治疗免费、助产服务免费；所有的抗击传染病措施和卫生措施都免费。免费性是俄国地方自治医疗最为突出的特点之一，能够使普通民众的医疗需求得到最大的保障。无论是后来的苏联还是现在的俄罗斯，都继承了当年地方自治机构的免费医疗原则。

А. И. 申加廖夫在 1907 年召开的第五届皮罗戈夫代表大会上指出：“免费医疗原则……是俄国地方医生和地方自治医疗机构最大的收获……无论是德国的医疗处医生（кассовые врачи），还是法国的公共医生（коммунальные врачи），都无法与我国的地方自治医生相提并论。免费医

① Б. Б. Веселовский，История земства за сорок лет，Т. 1 ［М］，С. 385.

② Ташбекова Ирина Юрьевна，Становление и закрепление правовых основ бесплатной медицины в России во второй половине XIX-начала XX века ［J］，Юридическая наука，2011 г.，№ 2，С. 19.

③ П. С. Кабытов，Самарское земство：опыт практической деятельности（1865 – 1918 гг.）［М］，С. 205.

④ М. Б. Мирский，Медицина России X-XX веков：Очерки истории ［М］，С. 316.

疗并不是出于慈善目的，它的主要原因是社会福利……免费医疗的另一个原因是为了在道德上影响医生，否则就容易出现恶性竞争，医生就会变成商人。”[①] 俄国免费医疗原则之所以能够确立，地方自治医生功不可没。

三　免费医疗与地方自治药店

地方自治局早就意识到，免费医疗的实现离不开低价药品。为了降低药品支出，地方自治局被迫寻找购买廉价药品的渠道。但是当时的药品有专卖制度保护，并受到政府的严格管制。1868 年和 1871 年特维尔省地方自治局两次向政府申请，请求以低价销售药品。结果枢密院在 1872 年决定，允许药店按照采购价格出售非处方药品。但同时枢密院还规定，只有在患者出示由警察局开具的贫困证明的情况下，地方医生才可以免费出售药品。这无疑是对地方免费医疗的限制。于是为了得到免费药品，大量民众请求警察局开具贫困证明。由于这种申请太多，1876 年 9 月 20 日枢密院不得不再次颁布命令：警察局的证明可以替换成地方医生的证明。[②] 这样，在不断向政府施加压力的情况下，地方自治局的门诊所和医院获得了向贫穷居民免费发放药品的权利。

为进一步降低地方药品的价格，一些省级地方自治局（1886 年的圣彼得堡省，1887 年的库尔斯克省等）申请废除药品专卖制度。但是政府在这个问题上坚决不让步。从 19 世纪 80 年代起，很多地方自治局开始尝试开设自己的药店，或者从私人手中收购药店。由于绝大部分药品是免费发放的，因此大多数药店很快就因亏损而关闭了。

尽管如此，到 90 年代初，几乎所有省份都拥有了自己的药店，这些药店由药剂师管理，在药店工作的还有药店助手和学徒。一些县级地方自治局还在农村和工厂门诊部设立了药店的分店。在 1905 年，全国共有 159 家拥有自由销售权的县级地方自治药店和 1 家省级地方自治药店（比尔姆省）。它们在各省的分布很不均衡，多的如特维尔省共有 15 家，维亚特卡

---

① М. Б. Мирский，Медицина России X-XX веков：Очерки истории ［M］，С. 316.

② Б. Б. Веселовский，История земства за сорок лет，Т. 1 ［M］，С. 401.

省 14 家，卡卢加省 12 家，下诺夫哥罗德省、沃罗格达省 9 家，少的如比萨拉比亚省、萨马拉省、萨拉托夫省、辛比尔斯克省、图拉省和哈尔科夫省各只有 1 家，叶卡捷琳诺斯拉夫省、圣彼得堡省和赫尔松省则没有。[①]

与此同时，一些地方自治局从 19 世纪 80 年代末开始大规模订购药品，除在俄国国内采购外，更多地是在国外集中采购，这样就能将药品支出节省 20%。例如，当时的新闻报道说：1896 年上半年，梅利托波尔县地方自治局从国外订购了价值为 3889 卢布的药品。而按照位于哈尔科夫的俄国药品贸易协会的价格，这些药品的价值应为 4403 卢布 50 戈比，除此之外，购买这些药品还需支付运输费和包装费共计 271 卢布。这样，该县地方自治局就节省了 785 卢布 50 戈比，这笔优惠对于该县地方自治局来说是一个不小的数目。[②] 在 1901 年已经有 9 个省级地方自治局（维亚特卡省、库尔斯克省、下诺夫哥罗德省、诺夫哥罗德省、莫斯科省、比尔姆省、辛比尔斯克省、圣彼得堡省、斯摩棱斯克省）从国外及俄国的药店批量采购药品。除此之外，在特维尔省还设有省级地方药品仓库，经营得非常成功，每年的营业额达到 12.5 万卢布。[③]

为了向民众提供免费药品，到 1901 年各地方自治局大约投入了 450 万卢布，其中各县级地方自治局支出 378.7 万卢布，占其医疗预算的 20.6%，药品也成为仅次于医务人员工资的第二大医疗支出项目。由于省级地方自治局将大部分资金投入省医院和精神病院的建设中，它对药品的投入相对较少，为 60.7 万卢布，占其医疗预算的 7.9%。[④]

20 世纪初，内务部医务厅成立了一个专门委员会，以拟定新的药店章程草案。医疗总检察官 Л·Н·马林诺夫斯基被任命为该委员会主席。到 1908 年 10 月初，章程草案拟定完毕。章程的主要原则是根据大城市、各省和各县的人口数量确定其所需要的药店数量。在莫斯科及其他人口超过 2 万

① Б. Б. Веселовский, История земства за сорок лет, Т. 1 ［М］, С. 401—402.

② Л. А. Жукова, Земская медицина// Земское самоуправление в России: 1864 - 1918 , Т. 2, под ред. Н. Г. Королёвы ［М］, С. 212.

③ Б. Б. Веселовский , История земства за сорок лет, Т. 1 ［М］, С. 404.

④ Б. Б. Веселовский, История земства за сорок лет, Т. 1 ［М］, С. 404, 424.

的城市，每家药店对应的人数是1.2万人。在人口不超过2万的城市，每家药店平均对应7000人。在人口为2000～5000的城市，每家药店对应8500人。在人口为5000～1万的城市，每家药店对应1000人。在人口为1万～2万的城市，每家药店对应1100人。[①] 新的药店章程规定，城市及地方自治社会组织可以优先获得开设药店许可证，然后是私人药剂师。

据官方统计资料，第一次世界大战爆发前夕在俄国共计有5594所药店（其中2334所位于乡村），1913年处方销售及零售药品的总收入共计33061527卢布。[②] 地方自治药店的发展是免费医疗的坚强保障。

第六节　地方自治机构的卫生防疫活动

在地方自治活动之初，各地方自治会议经常讨论地方自治医疗的优先方向究竟是“卫生”（санитария）还是“治疗”（лечение）。与后来的实践活动相反，当时的地方自治活动家大多赞成前一种方向。他们认为，必须让卫生学家成为地方自治医疗的中心人物，这样才能为广大民众提供卫生防疫服务。如果医生整天在医院里坐诊，就无法下乡熟悉农村的卫生状况，无法知晓发病的根源，无法向农民宣传抗击流行病的正确知识——这些也是地方自治局反对纯粹住院制度的重要原因。但是直到19世纪90年代，各地方自治局对卫生防疫领域的主要任务、主要措施等并没有清晰的概念和统一的思路，因此在该领域的具体行动并不多，即便有，也经常是朝令夕改，并没有多少实际意义。1891年的饥荒造成了霍乱和斑疹伤寒的大规模流行，导致了大量人员死亡，于是各地方自治局重新重视卫生防疫，并采取各种措施保护民众的健康。

总的来说，地方自治机关在卫生防疫领域的主要活动可以分为以下几个方面：公共卫生、卫生慈善机构、抗击流行病以及较为特殊的防治天花。

---

① Л. А. Жукова，Земская медицина // Земское самоуправление в России：1864 – 1918，Т. 2，под ред. Н. Г. Королёвы［М］，С. 214.

② Л. А. Жукова，Земская медицина// Земское самоуправление в России：1864 – 1918，Т. 2，под ред. Н. Г. Королёвы［М］，С. 215.

一 发展公共卫生事业

为了改善地方的卫生环境，普及医疗卫生知识，防止流行病和传染病的暴发，地方自治局首先设置了卫生医生（санитарнвй врач）这一职位。卫生医生并不像一般的住院医生那样在医院里为病人治病，而是主要从事公共卫生方面的实际调查、研究和宣传工作。1872 年比尔姆省地方自治局任命 И. И. 莫烈松医生为俄国的第一个卫生医生，在他的倡导下，比尔姆省设立了卫生委员会，着重研究梅毒的传播途径和危害，并且全省提前实施了接种疫苗的措施。[①] 卫生医生是公共卫生活动的基础，到 20 世纪初期，许多省份聘请了自己的卫生医生。1911 年，在 14 个地方自治省份共有 129 名卫生医生，其中在莫斯科省和圣彼得堡省各有 14 名，哈尔科夫省有 11 名，奥廖尔省和科斯特罗马省各有 10 名，沃罗涅日省和叶卡捷琳诺斯拉夫省各有 9 名，弗拉基米尔省有 8 名，赫尔松省有 7 名，卡卢加省有 6 名，乌法省有 5 名，下诺夫哥罗德省有 3 名。[②]

进入 19 世纪 80 年代，一些省份设置了医疗统计局（медико-статистичемкое бюро），以管理和支持卫生医生的工作。到 1890 年，各地方自治局已经设置了 25 个医疗统计局。[③] 在此条件下，俄国的卫生统计工作取得了重大成就，特别是发病率统计学，在当时走在了西欧地区的前面。卫生医生深入工厂、医院、学校、地下室、地主庄园等地，实地考察各类人群的生活、劳动条件和发病率。遇到流行病暴发，卫生医生还必须深入疫区，检查伤寒、斑疹伤寒、出血性腹泻（痢疾）、猩红热、麻疹、白喉和天花等传染病的发病情况，直到疫情结束才能离开。他们会试图找出疫情产生和蔓延的原因和条件，并与医疗区医院的同行们一起制定和实施抗击

① М. Б. Мирский, Медицина России X-XX веков: Очерки истории［M］, С. 320.；Т. С. Сорокина, Земская медицина-приоритет России［J］, журнал «Земский врач», 2011 г., № 1, С. 8.

② Л. А. Жукова, Земская медицина// Земское самоуправление в России: 1864－1918, Т. 2, под ред. Н. Г. Королёвы［M］, С. 228.

③ Б. Б. Веселовский, История земства за сорок лет. Т. 1［M］, С. 312.；М. Б. Мирский, Медицина России X-XX веков: Очерки истории［M］, С. 322.

流行病的措施。①

19 世纪 90 年代中期以后，为了加强对公共卫生的管理，各省级地方自治局设立了卫生委员会（санитпрный совт），管理卫生和医疗方面的所有工作，并将医疗统计局改组为卫生局（санитарное бюро），作为卫生委员会的执行机关。卫生委员会的委员包括省地方自治局的全体成员、3 ~7 名省地方自治会议议员、省会城市市长、各县级地方自治局主席、医生检查员、省医院和精神病院的主任医师、县级地方自治医生代表、省地方自治局的全体卫生医生、省级兽医，每年至少召开 2 次会议。② 到 1911 年，俄国已经有 31 个省级地方自治局建立了卫生局，没有建立卫生局的有维亚特卡省、奥廖尔省和波尔塔瓦省。③

在这里，不得不提 Е. А. 奥西波夫和 Ф. Ф. 艾利斯曼这两位著名卫生统计学家的名字。④ Е. А. 奥西波夫作为莫斯科省地方自治卫生组织的领导者，制定并实施了一系列卫生调研工作规划。在对莫斯科省各地方自治医院的 642582 张疾病登记卡⑤进行 5 年的研究之后，1890 年 Е. А. 奥西波夫出版了著作《1878 ~1882 年莫斯科省人口发病率统计》。⑥ 他又与 П. С. 库尔金和 И. В. 波波夫一起，在 1899 年出版了公共医疗研究的经典著作——《俄国的地方自治医疗》。1879 ~1885 年，Ф. Ф. 艾利斯曼和他的两位助手对 1080 家企业的 11.4 万名工人进行了调查。这是世界上首次对工业无产阶级生活

---

① М. Б. Мирский，Медицина России Х-ХХ веков：Очерки истории［М］，С. 324

② М. Б. Мирский，Медицина России Х-ХХ веков：Очерки истории［М］，С. 326 –327.

③ Л. А. Жукова，Земская медицина// Земское самоуправление в России：1864 –1918 ，Т. 2，под ред. Королёвы Н. Г. ［М］，С. 228.

④ Т. С. Сорокина，Земская медицина-приоритет России［J］，журнал «Земский врач»，2011 г.，№ 1，С. 9.

⑤ 莫斯科省地方自治局早在 19 世纪 80 年代就制定了疾病名录以及相应的病人登记卡，在这些卡片的正面不仅写有疾病名称，还标注了接诊日期及病人的姓名、年龄和性别、家庭状况、职业种类和等级属性、民族、住址和县名。在卡片的反面，标注的是医生或者医士治疗病人的方法。这种卡片是地方自治医疗统计研究的基础，许多地方自治局很快将其作为病人登记的必需品。详见 Л. А. Жукова，Земская медицина в России в конце 60-х-80-х годах ХIХ века// Земское самоуправление в России：1864 – 1918 ，Т. 1，под ред. Н. Г. Королёвы［М］，С. 413。

⑥ Т. С. Сорокина，Земская медицина-приоритет России［J］，журнал «Земский врач»，2011 г.，№ 1，С. 9.

状况的综合性社会卫生研究，为后来对外来农业工人健康状况进行调查树立了典范。他们出版的 17 卷本的《莫斯科省 1879～1885 年工厂卫生调查资料全集》，是当时最为优秀的工厂统计学著作，揭示了工人极其恶劣的劳动和生活条件，展示了传染性疾病广泛传播的骇人景象。在这项研究的基础上，政府在 1882 年制定《童工法》，1885 年制定《夜间工作法》和《雇佣工人法》，以保障工人的合法权益。①

另外，从 19 世纪 70 年代开始，沃罗格达省、叶卡捷琳诺斯拉夫省、科斯特罗马省、哈尔科夫省及其他几个省还建立起卫生监督站（санитарное попечительство），这对各地卫生环境的改善起到了重要作用，也极大方便了医生们的医疗研究。这些卫生监督站设置在医疗区内，每个医疗区设有 5 名以上的监督员。这些监督员由县地方自治会议从德高望重的当地居民中选出，其职责是定期对工商企业的厂房、市场、街道、房屋、水井等进行卫生检查，然后向医疗区医生通知检查结果。卫生监督机构的资金主要靠个人捐款和地方自治机关的拨款。截至 1913 年，哈尔科夫省共有 100 家卫生监督站，叶卡捷琳诺斯拉夫省有 63 家。②

在制度建设方面，从 19 世纪 90 年代起各地方自治局还针对民众生活和劳动的卫生条件出台强制条例，以保持公共场所、企业等地的清洁卫生，预防传染病、流行病和地方病。例如，1901 年莫斯科省、叶卡捷琳诺斯拉夫省和诺夫哥罗德省就制定了在农村地区开办屠宰场的卫生强制条例。叶卡捷琳诺斯拉夫省还制定了为矿山工人和工厂工人建设住房的强制条例，另外，为了保护农业工人免受机器事故的伤害，该省在 1901 年实施了《保护工人免于不幸事故条例》，规定严禁夜间使用机器工作，严禁 13 岁以下的儿童使用机器，而且机主要采取措施防护机器最危险的部分。③ 在这种情况下，卫生医生还有义务监督这些卫生法规的实施，并提出专业性的指导意见。

① Т. С. Сорокина, Земская медицина-приоритет России ［J］, журнал «Земский врач», 2011 г., № 1, С. 9.

② Л. А. Жукова, Земская медицина// Земское самоуправление в России: 1864 – 1918, Т. 2, под ред. Н. Г. Королёвы ［M］, С. 228.

③ Б. Б. Веселовский, История земства за сорок лет, Т. 1 ［M］, С. 315, 318.

二　建设卫生慈善机构

为了防止流行病在特定人群中的集中暴发，地方自治局在 19 世纪 90 年代后半期还建立起了卫生慈善机构——医疗 - 食品站（лечебно-продовольственный пункт）和夏季托儿所 - 避难所（ясли-приют в летнее время для детей）。

医疗 - 食品站出现于 1896 年的萨马拉省，针对的人群是外来务工人员。这些工人，以及林场的林业工人、码头上的船舶工人都生活在人口密集、梅毒等流行病高发的地区。医疗 - 食品站通过向他们提供医疗服务和食品供应，能有效减少他们的发病率。虽然这种设施遭到了地主阶级的反对，因为他们担心这促使工人们并不急于寻求雇佣，而是期待更好的工作条件，并在总体上帮助工人掌握市场的行情，但是到 1906 年，仍然有 6 个省级地方自治局开设了大约 60 个这样的站点。[①] 赫尔松省从 1892 年起成立了 17 个医疗 - 食品站，每年共接纳 3 万 ~8 万人。叶卡捷琳诺斯拉夫省在 1912 年也有 17 个这样的站点，接纳人数超过 3.3 万。[②] 这些站点除了治疗疾病以外，还会协助进行日常的卫生监督并采取措施预防流行病。

在比尔姆省医生代表大会的提议下，为了使儿童免于夏季腹泻之苦，降低儿童的死亡率，1896 年该省设立了所谓的夏季托儿所 - 避难所。哈尔科夫省在 1896 年建设了 12 家托儿所，到 1905 年已经增长到 38 家。[③] 在 1910 ~1913 年，哈尔科夫省几乎每年都会成立将近 100 家类似的托儿所，能够容纳 6000 ~9000 名儿童。后来，该省的托儿所数量从 300 家增长到 429 家，能容纳 5 万名儿童。叶卡捷琳诺斯拉夫省 1915 年共有 73 家托儿所，能够容纳 8000 名儿童；而波尔塔瓦省在 1898 ~1902 年托儿所的数量从 50 家增至 150 家，共容纳 1 万名儿童。[④] 这些托儿所 - 孤儿院的出现有效地降低

① Б. Б. Веселовский，История земства за сорок лет，Т. 1 ［М］，С. 319.

② М. Б. Мирский，Медицина России Х-ХХ веков：Очерки истории ［М］，С. 330 -331.

③ Б. Б. Веселовский，История земства за сорок лет，Т. 1 ［М］，С. 320.

④ М. Б. Мирский，Медицина России Х-ХХ веков：Очерки истории ［М］，С. 330 -331.

了儿童的高发病率和高死亡率，对儿童的集中管理也减少了因儿童玩火而造成的火灾隐患。

三 防治流行病和传染病

19 世纪下半期至 20 世纪初期，俄国经常发生霍乱、白喉、斑疹伤寒、鼠疫、回归热等流行病（如 1892～1893 年，1905～1908 年，1909 年和 1911 年），每次都会有大量人员伤亡。因此各地方自治局非常重视防治流行病。早在 19 世纪 80 年代，在没有出现流行病的时候，诺夫哥罗德省、莫斯科省、萨马拉省等地就已经向辖区内各县派遣专门的流行病医生，密切观察各地的疫情。而在流行病暴发期间，各地方自治机关经常召开大小会议，以商讨应对之策。总的来说，它们的防治措施包括以下几个方面。

（1）制定防治流行病的行为规则。从 1871 年 7 月 2 日到 8 月 11 日，萨马拉省发生了霍乱，省地方自治局制定了《医士防止霍乱指南》，规定了医治病人和照顾霍乱病毒携带者所应遵守的准则。1880 年 9 月 12 日，萨马拉省地方自治局制定《卫生委员会准则》（Правила для санитпрного комитета），规定警察局、地方自治局、医生、医士和卫生监督员都应该遵守规定；当出现可疑病症时，禁止找巫医治病，以免延误病情和扩大传染范围。[①]

（2）设立临时医院和临时病床。1909 年斯摩棱斯克省暴发斑疹伤寒，该省地方自治局在 10 个村庄为伤寒病人开设了 12 间临时病房，共有 92 张病床，一共救治了 339 个病人（平均住院时间 11 天）。[②]

（3）省级和县级地方自治局加强合作。1911 年政府颁布了《省级和县级地方自治局共同防治流行性疾病的规则》，其中规定，为了防止传染病蔓延，初期工作由县地方自治机关负责。省地方自治局在每个县常设一名流

① П. С. Кабытов, Самарское земство: опыт практической деятельности（1865 – 1918 гг.）［М］, С. 211 – 212.

② Л. А. Жукова, Земская медицина// Земское самоуправление в России: 1864 – 1918, Т. 2, под ред. Н. Г. Королёвы［М］, С. 230.

行病医士，并为临时医务人员提供工资，为流行病医院租建临时场地，要拨款为传染病人建造病房。①

（4）发布关于流行病的权威信息，加强对民众的流行病教育。1909 年 7～12 月，在圣彼得堡省出版了流行病简报，用一些专栏来介绍霍乱在国内的传播情况。在许多省份，流行病信息还出现在每月一次的医疗卫生简报和定期出版的省公报上。由于卫生教育工作进行得很好，农民们逐渐了解了“预防疾病”的重要性。②

（5）最重要的，是组织许多医生施救。在流行病暴发的时期，医生为病人诊治是要冒着生命危险的。例如，在 1892～1893 年伤寒疫病流行期间，37% 的医生因感染而死亡，有的地方医生的病亡率高达 60%，其中有一半是因为感染了斑疹伤寒。③ 1903～1910 年，萨马拉省鉴于医疗防疫工作的危险性，为医务人员购买了霍乱期间的死亡保险：医生为 5000 卢布，医士为 3000 卢布。④

在流行疾病横行期间，地方自治机关遇到了医疗人才不足的问题，无论是在医疗区的救治工作还是到各村巡诊，人手都不够。例如，为了防治霍乱，库尔斯克省地方自治局在 1905 年 3 月召开了一次特殊会议，结果发现仅两个县拥有完整的医生编制，其他 7 个县里平均只有两位医生，全省共有 35 个地方自治医生的空缺。⑤ 因此像其他省一样，库尔斯克省地方自治局只好聘请医学系的高年级大学生来参与流行病防治工作。

20 世纪初，随着卫生学的迅速发展，在地方自治医疗领域出现了一场“钢笔还是试管”的争论，即卫生防疫和防治流行病哪一个才是优先考虑的

① Л. А. Жукова，Земская медицина// Земское самоуправление в России：1864 – 1918，Т. 2，под ред. Н. Г. Королёвы［М］，С. 230.

② Л. А. Жукова，Земская медицина// Земское самоуправление в России：1864 – 1918，Т. 2，под ред. Н. Г. Королёвы［М］，С. 230 – 231.

③ А. В. Ушаков，Интеллигенция и рабочие в освободительном движении России：конец XIX-начало XX века［М］，С. 58.

④ П. С. Кабытов，Самарское земство：опыт практической деятельности（1865 – 1918 гг.）［М］，С. 204.

⑤ Л. А. Жукова，Земская медицина// Земское самоуправление в России：1864 – 1918，Т. 2，под ред. Н. Г. Королёвы［М］，С. 230.

方向。有人认为应该是“钢笔”——卫生活动（描述各地卫生状况、从事卫生教育工作和卫生统计）；有人认为是“试管”，即实际的卫生－流行病学工作。争论的结果是大部分地方自治医生达成了妥协，承认两者的重要性，认为应该将它们结合起来。

四　防治天花

在 1864 年以前，天花的防治专门由各地的天花委员会领导。在它的管理之下，各地的“天花基金”向各乡提供种痘物品，而雇用牛痘接种员和具体的接种事务则由农村公社负责。

随着地方自治的实行，“管理牛痘接种的事务”成为地方自治局的“必须性义务”（обязательная повинность）。除了极少数例外（如奥洛涅茨省、普斯科夫省、库尔斯克省等），省级地方自治局都将这种义务交给县级地方自治局完成，而县级地方自治局也不愿管理（最多是提供少量资助），于是将全部重担交给农村公社承担，所以农民等级仍然要负担主要的经费和管理具体的事务。1864 年的命令规定，农民公社应该“从自己的社员或者其他人中挑选年轻人，向当地医生免费学习接种牛痘”，并向其支付报酬。这些“牛痘接种员”在临时担任职务期间由农村公社提供报酬和接种牛痘的器具，免于缴纳“人头税，并免于增加地方和公社的任何劳役，免于兵役”[①]。地方自治局的任务只是提供防天花的物资。

但是从 19 世纪 70 年代中期开始，这种管理方式遭到了医生等阶层的反对。其主要原因有二。首先，随着地方自治医疗事业的总体发展，单独由牛痘接种员进行天花防治所产生的不便已经非常明显。他们接种牛痘没有任何计划性和系统性，而且医生们对此几乎无从监管。其次，养活数量庞大的牛痘接种员已经成为农民的一项沉重负担。

在这种情况下，从 19 世纪 80 年代中期开始，各地方自治局越来越多地接手这一事务，并为此提供资金和人才。牛痘接种员逐渐退出了历史舞台，

① Б. Б. Веселовский, История земства за сорок лет, Т. 1［М］, С. 406.

转而由地方医务人员和医学院学生来从事种痘工作。截至1890年，仅用医疗人员从事接种牛痘工作的县份，占到全部县份的56.5%，到1900年这一比例达到87.5%。①

随着时间的推移，省级地方自治局的参与度也在加大。它的主要工作是为所有需要的县份建设天花牛犊舍，以培养防天花的淋巴液。到1890年，已经有15个省份拥有这样的牛犊舍。至1904年又有13个省份建立了天花牛犊舍。②

根据医疗管理总局1904年的数据，在实行地方自治的省份中，每1万人中接种牛痘者的人数为368人（没有实行地方自治的省份为327人），但是各省的差别很大。比如奥廖尔省的这一数据为525人，但是奥洛涅茨省只有241人，诺夫哥罗德省只有270人，比尔姆省只有275人。总的来说，每1万人中接种牛痘者的人数超过500人的只有1个省，400~500人的有9个省，300~400人的有17个省，300人以下的有7个省。③

第七节　地方自治机构对医务人员的培养和管理

医学人才是发展医疗事业的基础。在19世纪末20世纪初，俄国不同等级的医学教育能培养各种医学人才，尤其是地方自治局开设的学校提供了做基础工作的大量医务人员，但是他们的数量仍然相对不足。与此同时，地方自治机关也着力加强医务人员的物质保障，并通过组建医生代表大会等形式对他们实施有效管理。

一　医学教育与医务人员的培养

从事地方自治医疗的医务人员可以分为三类：受过高等教育的医生和药剂师；受过中等教育的医士、助产士和药剂师助手、药店学徒；受过初

---

① Б. Б. Веселовский，История земства за сорок лет，Т. 1 ［М］，С. 408 – 409.

② Б. Б. Веселовский，История земства за сорок лет，Т. 1 ［М］，С. 410.

③ Б. Б. Веселовский，История земства за сорок лет，Т. 1 ［М］，С. 410.

等教育、掌握一定医学知识的接生婆、牛痘接种员等。他们占地方自治局雇用工作人员总数的 1/4。[①]

俄国地方自治机关并没有建立自己的大学和医学院，因此高等医学人才的培养要依靠政府。医生们一般毕业于大学的医学系和军事医学院。内务部医务厅规定了他们在实际医疗活动中的权利，并将其姓名列入《俄国医疗名册》（«Российский медицинский список»）之中。[②] 当时的大学并没有设置专门的配药系，因此药剂师助手在经过长时间的实践锻炼之后，在学完大学的配药课程并通过药剂师专业考试之后，才能得到高等教育学位。

这里尤其需要强调的是，日益发展的地方自治医疗迫切需要大量的女医生。在当时的俄国，由于农村女性受教育水平低和社会中的习惯性偏见，她们通常不愿意找男医生看病，因此出现很多延误病情的例子。从 19 世纪 60 年代开始，地方自治机关开始探讨培养女医生的问题。然而社会舆论又认为，女性担任医生职务“简直是不体面的事情”[③]。经过长期的激烈斗争，1872 年在圣彼得堡军事医学院设立了欧洲第一个女子高等医学培训班。到 20 世纪初期，圣彼得堡、莫斯科、基辅、哈尔科夫、敖德萨都开设了培养女医生的医学院校，女医生越来越多地到地方自治医院从事妇科、产科等方面的工作。1894 年她们占地方自治医生总数的 3.1%，在 19 世纪末占 5%，到 1913 年占到 7.6%。[④] 截至 1917 年，俄国的 17 所大学平均每年培养 1500 名女医生。[⑤]

---

① Л. А. Жукова, Земская медицина// Земское самоуправление в России: 1864 - 1918, Т. 2, под ред. Н. Г. Королёвы [M], С. 214.

② Н. Ю. Кривопалова, Мдицинская интелигенция Самарской губернии в 1907 - 1914 гг. [J], Известия Сатарского центра Российской академии наук, 2007г., Т. 9, № 2. С. 360.

③ Л. А. Жукова, Земская медицина// Земское самоуправление в России: 1864 - 1918, Т. 2, под ред. Н. Г. Королёвы [M], С. 220.

④ Н. Ю. Кривопалова, Мдицинская интелигенция Самарской губернии в 1907 - 1914 гг. [J], Известия Сатарского центра Российской академии наук, 2007г., Т. 9, № 2, С. 358.; Л. А. Жукова, Земская медицина// Земское самоуправление в России: 1864 - 1918, Т. 2, под ред. Н. Г. Королёвы [M], С. 221.

⑤ Л. А. Жукова, Земская медицина// Земское самоуправление в России: 1864 - 1918, Т. 2, под ред. Н. Г. Королёвы [M], С. 221.

但是并不是得到学位的女医生都能立刻凭借自己的专业找到一份独立的工作。与男医生相比，有些地方自治机关对她们设置了一些障碍，即需要她们在一段时期内（不超过 2 年）在省医院住院医师的指导下完善自己的技艺，以证明自己有权占据医院里的空缺职位。例如，在 1913 年的萨马拉省医院，除了基本编制的 18 名医生之外，经主任医师批准后，还有 29 名毕业于女子医学院和 1 名毕业于女子高等辅导班的女医生自愿（也就意味着不收取任何报酬）在里面工作。①

为提高地方自治医生的专业技能，各地方自治局从 19 世纪 80 年代末开始制定了新的规定，即每隔 3～5 年就让他们进修一次，每次大约 3 个月，这也叫带薪休假，为此一些大学的医学系和某些医院从 90 年代起为地方自治医生成立了专门的技能进修培训班。②

中等医务人员的受教育水平并不高，特别是在地方自治初期，农村中还存在着相当多的连队医士（ротный фельдшер）。为了培养中等医务人员，从 1867 年起，许多省级地方自治局设立了自己的医士学校和助产士学校。为了提高中等医疗人员的技能水平，内务部医务厅医疗委员会于 1872 年 11 月制定了地方医士学校的标准章程。这些学校附属于地方自治医院，受省级地方自治局领导。这些学校的学制为 3 年，第一年是通识课程，第二年和第三年为专业课程。在修完课程并通过毕业考试之后，这些医士必须工作 4.5 年，以回报将他们送入学校的县地方自治局。③ 到 19 世纪 80 年代末，在地方自治局的努力下，各县医疗工作人员的状况逐渐好转。全国共

① Н. Ю. Кривопалова, Мдицинская интелигенция Самарской губернии в 1907 – 1914 гг. [M], Известия Сатарского центра Российской академии наук, 2007г., Т. 9, № 2, С. 360.

② Б. Б. Веселовский, История земства за сорок лет. Т. 1 [M], С. 366 – 367; Н. Ю. Кривопалова, Мдицинская интелигенция Самарской губернии в 1907 – 1914 гг. [J], Известия Сатарского центра Российской академии наук, 2007г., Т. 9 № 2, С. 361; Л. А. Жукова, Земская медицина // Земское самоуправление в России: 1864 – 1918, Т. 2, под ред. Н. Г. Королёвы [M], С. 221; П. С. Кабытов, Самарское земство: опыт практической деятельности (1865 – 1918 гг.) [M], С. 205.

③ Л. А. Жукова, Земская медицина в России в конце 60-х-80-х годах XIX века// Земское самоуправление в России: 1864 – 1918, Т. 1, под ред. Н. Г. Королёвы [M], С. 407.

建有 14 所地方医士学校，图拉省还建有助产士学校（акушерская школа），维亚特卡省、奔萨省、普斯科夫省、坦波夫省建立了地方助产士学校（школа для земских повитух）。由于这些学校都附属于省医院，学生们可以在有技能的医生手下进行锻炼。对于将要去自治地方工作的学生，某些医士学校和助产士学校免去了他们的学费、教材费，有时连午饭也是免费的。这些学校由省级地方自治局提供经费。县级地方自治局则设立奖学金，以吸引学生到县里工作。

对于地方自治局来说，医士学校和助产士学校所需的经费太过庞大，平均每年对每位学生的支出为 130～185 卢布。[①] 由于缺乏资金，斯摩棱斯克、辛比尔斯克、库尔斯克、沃罗格达被迫关闭了医士学校，斯摩棱斯克的助产士学校在 1883 年也被迫关闭。[②] 到 1905 年，俄国共建有 22 所地方医士学校，学生大约 2600 名，其中女生接近 240 名[③]；助产士学校 5 所，学生 240 名。[④] 到 1910 年，医士学校增加到 23 所，学生增加至 3261 人。[⑤]

到 20 世纪初，医士的受教育水平有了明显的提升。但是在很多省份还存在着一些连队医士。例如，在 1899 年的坦波夫省，在医士工作站共有 144 名医士在独立工作，其中有 35 名是连队医士。[⑥] 这种情况说明医士的培养并没有满足地方自治医疗对他们的需求。

19 世纪末 20 世纪初，药剂师助手和药店学徒的培养都在药店进行。他们除了必须懂拉丁语、知道基本的自然史以外，还必须拥有专业的配药知识和能力：在处方部分，要按照药典的规则来配制药方；在实践部分，要会在实验室里制药。在药店工作 3 年以后，药店学徒在理论和实践上都日渐完善，才有权利参加在大学或者军事医学院举行的药剂师助手资格考试。

---

① Л. А. Жукова, Земская медицина в России в конце 60-х-80-х годах XIX века// Земское самоуправление в России: 1864－1918, Т. 1, под ред. Н. Г. Королёвы［M］, С. 407.

② Б. Б. Веселовский, История земства за сорок лет, Т. 1［M］. С. 290.

③ Б. Б. Веселовский, История земства за сорок лет, Т. 1［M］. С. 290－291.

④ Б. Б. Веселовский, История земства за сорок лет, Т. 1［M］. С. 413.

⑤ В. Ю. Кузмин, Подготовка медиков России в XVIII-начала XX века［J］, Вестник Оренбургского государственного университета, 2003 г., № 4, С. 111.

⑥ Л. А. Жукова, Земская медицина// Земское самоуправление в России: 1864－1918, Т. 2, под ред. Н. Г. Королёвы［M］, С. 222.

药剂师助手已经能在药店独立完成相当多的工作，在通过专门的药剂师考试之后，才能获得高等教育学位。①

牛痘接种员和接生婆属于低等医务人员，最初他们很多是由农民担任，仅仅掌握一些基本的医疗常识。随着中等医学教育的逐渐发展，地方自治机关越来越多地聘请医士和助产士从事接种牛痘和助产的工作，有些牛痘接种员和接生婆在通过考试后成为中等医务人员。②

二　地方自治医务人员的物质生活状况

（一）医生的工资水平

如前所述，到 19 世纪末，大多数地方自治教师的年薪为 300 卢布左右。但与教师相比，地方自治医生的收入要高得多。最初地方自治医生的年薪为 800 ~ 900 卢布，到 19 世纪末 20 世纪初，男医生的年薪一般能达到大约 1200 卢布，有的甚至能达到 1500 ~ 1800 卢布，成为地方自治职员中收入最高的知识分子。③

同时，各地方自治机构都对医生实行形式上的奖励制度——随着职员工龄的增长，定期为他们增加工资。19 世纪 90 年代末的乌法省地方自治局，地方医生工作 3 年后就会得到工资补贴，工作 9 年以后工资增加 50%。④

① Н. Ю. Кривопалова, Мдицинская интелигенция Самарской губернии в 1907 – 1914 гг. [J], Известия Сатарского центра Российской академии наук, 2007г., Т. 9, № 2, С. 361 – 362.

② Б. Б. Веселовский, История земства за сорок лет, Т. 1 [M], С. 413; Н. Ю. Кривопалова, Мдицинская интелигенция Самарской губернии в 1907 – 1914 гг. [J], Известия Сатарского центра Российской академии наук, 2007г., Т. 9, № 2, С. 359.

③ Т. И. Волкова, Материальное положение земского медицинского персанала в начале XX века [J], Ярославский педагогический вестник, 2010 г., № 4, Том 1 (гуманитарные науки), С. 45; Л. А. Жукова, Земская медицина// Земское самоуправление в России: 1864 – 1918, Т. 2, под ред. Н. Г. Королёвы [M], С. 218 – 219; А. В. Ушаков, Интеллигенция и рабочие в освободительном движении России: конец XIX-начало XX века [M], С. 58.

④ Л. А. Жукова, Земская медицина// Земское самоуправление в России: 1864 – 1918, Т. 2, под ред. Н. Г. Королёвы [M], С. 219.

另外，对于每周都要去边远村庄接诊病人的医生，有些地方自治局还会提供住宿费补贴和差旅费补贴。这样，医生每年的实际收入会高于其基本工资。当然在不同地区，这些补贴的金额是不一样的。例如，在 1904 年的弗拉基米尔省，弗拉基米尔县、维亚兹尼科夫县和舒伊斯克县医生的基本工资都是 1200 卢布，但是他们因为出差接诊病人每年可以收入 2150～2400 卢布；而格罗霍维茨县、尤里耶夫县、穆罗姆县和亚历山大罗夫县的医生，每年的实际收入从 1400 卢布至 1550 卢布不等。[①]

当然，医生的薪酬也存在性别差异。女医生的收入则低一些，如当时库尔斯克省法捷日县的女医生年薪为 750 卢布。

医生的工资水平如此之高，首先与他们的受教育水平有关。所有的医生都受过高等医学教育，有些甚至获得了医学博士学位。如果没有学完课程，就根本不能当医生（这一点跟教师有很大不同，有不少教师实际上连中学都没有读完）。而且，他们只能在俄国国内接受高等医学教育，从国外回来的医学人才还要通过俄国的医学考试才能当医生。总体来说，医生是地方自治职员中受教育水平最高的人群。除此之外，他们的工作非常繁杂（有时需要连续工作三四十个小时），且对他们的医学水平要求很高。医生们一般要掌握内科、外科、产科、儿科、妇科等多方面的医学知识，有些医生还应清楚常见药物的制作方法。[②] 而且一旦发生流行病疫情，医生们都必须亲赴一线救死扶伤，而这是要冒着生命危险的。在这种情况下，地方自治会议会通过决议，向医务人员临时增加工资。

（二）医士等其他医务人员的工资水平

医士的收入水平要低得多。最初，大部分自治地方有数量庞大的连队医士，他们在农村公社提供住房的条件下，每年可收入 100～120 卢布。19

① Т. И. Волкова, Материальное положение земского медицинского персанала в начале XX века [J], Ярославский педагогический вестник, 2010 г., № 4, Том 1 (гуманитарные науки), С. 45.

② Л. А. Жукова, Земская медицина// Земское самоуправление в России: 1864 – 1918, Т. 2, под ред. Н. Г. Королёвы [M], С. 215.; А. В. Ушаков, Интеллигенция и рабочие в освободительном движении России: конец XIX-начало XX века [M], С. 58.

世纪 80 年代中期，医士的平均薪水一般达到 200～250 卢布，90 年代中期为 250～300 卢布；到 20 世纪初，大部分医疗区医士的年收入达到 300～400 卢布。[①] 至第一次世界大战爆发前夕，许多省级地方自治局（如弗拉基米尔省、图拉省、科斯特罗马省、雅罗斯拉夫尔省等地）将医士的最低工资提升至 420～675 卢布，其中收入最高的是助产医士。[②]

除基本工资以外，地方自治机关也会按照医士的工龄增加补贴，有些需要巡诊的医士也会有差旅费补助。医士的工资通常是每 3～5 年增加 2～4 次。到 1914 年，罗斯托夫县的医士工资涨到 696 卢布，雅罗斯拉夫尔县涨到 660 卢布，波申霍纳县和乌格里奇县涨到 624 卢布，达尼洛夫斯克县涨到 576 卢布，雷宾斯克县和梅什金县涨到 540 卢布。[③]

药店人员每天的工作时间是 14 个小时，而且在一个月内有 14～15 天要上夜班。药店学徒的月平均工资为 22.5 卢布，药剂师助手为 47.5 卢布，药剂师为 52.5 卢布。[④]

三　省级地方自治局对医生的管理

（一）医生代表大会

省级地方自治机关的一项系统性任务便是组织全省范围内的地方自治医生代表大会。19 世纪 60 年代末，著名的地方自治活动家 А. И. 瓦西里奇科夫第一次指出，必须召开与省地方自治会议同时举行的医生代表大会。

① Б. Б. Веселовский, История земства за сорок лет. Т. 1 [М], С. 346 - 347.; Л. А. Жукова, Земская медицина// Земское самоуправление в России: 1864 - 1918, Т. 2, под ред. Н. Г. Королёвы [М], С. 222; А. В. Ушаков, Интеллигенция и рабочие в освободительном движении России: конец XIX-начало XX века [М], С. 58.

② Т. И. Волкова, Материальное положение земского медицинского персанала в начале XX века [J], Ярославский педагогический вестник, 2010 г., № 4, Том 1 (гуманитарные науки), С. 46 - 47.

③ Т. И. Волкова, Материальное положение земского медицинского персанала в начале XX века [J], Ярославский педагогический вестник, 2010 г., № 4, Том 1 (гуманитарные науки), С. 46 - 47.

④ А. В. Ушаков, Интеллигенция и рабочие в освободительном движении России: конец XIX-начало XX века [М], С. 58.

于是各地纷纷响应，1871 年特维尔省召开了第一次地方自治医生代表大会。除了在霍乱时期召开的特别会议之外，1871 ~ 1905 年各省共召开了 298 次地方自治医生代表大会，其中举办代表大会最多的省份有莫斯科省（16 次）和赫尔松省（16 次），最少的是奥洛涅茨省（2 次）。[①] 内务部不允许几个省份共同派代表参加医生大会。但是，1881 年，南方地区白喉的感染范围非常广泛，大量儿童死亡，于是南方各省就抗击白喉流行病举办了地区性地方医生代表大会，当时派代表与会的省份有沃罗涅日省、库尔斯克省、哈尔科夫省、赫尔松省、切尔尼戈夫省和波尔塔瓦省。

随着省级医生代表大会的陆续建立，各县级地方自治局也开始举办定期召开的县级地方自治医生代表大会，即所谓的“医生委员会”。截至 1890 年，165 个县地方自治局设立了医生委员会，也就是说占到了全部县级地方自治局的 46%，到了 1892 年这一比例增长到 55%，1898 年增长到 65%，即 231 个县。[②]

医生代表大会是地方自治医生活动的中心，他们利用这种机会研究当地所有的医疗问题，无论是医士制度、巡诊制度还是住院制度，无论是开展卫生防疫还是抗击流行病，地方自治医生代表大会都会予以关注，并给出具体的政策性建议，供地方自治机关参考。医生代表大会的决议，地方自治机关不一定会全部立即采纳，但是其对于医疗事务的发展大有裨益。事实上，地方自治医疗中的许多重要问题是医生代表大会提出并推动解决的。但是，与地方自治机构相比，俄国政府对于医生代表大会这种组织并不重视。例如，从 1883 年到 1901 年，医生代表大会向政府提交了 88 份申请，其中 70 份没有得到任何回音，17 份得到的回复是否定的，只有 1 份申请得到了政府的批准。[③]

---

① 据 Д. Н. 日班诺夫统计，在 1905 年之前共召开了 300 次代表大会，见 Б. Б. Веселовский，История земства за сорок лет. Т. 1［М］，С. 300 – 301.

② Б. Б. Веселовский，История земства за сорок лет，Т. 1［М］，С. 307.

③ В. Ю. Кузьмин，Роль власти и земства в становлении отечественной медицины XVII - начала XX века［J］，Известия Российского государственного педагогического университета им. А. И. Герцена，2003 г.，Т. 3，Номер 5，С. 248.

（二）医疗工作者的职业协会

除了医生代表大会以外，与教师相类似，医疗工作者也组建了自己的职业性团体，包括医生协会、兽医协会、医士协会、药剂师协会等。这些协会属于自发组织的团体，并不受地方自治机构的管辖，但是协会的参加者很多是地方自治职员，所以仍然有必要介绍一下。

19世纪90年代后半期，医疗工作者的这种团体超过了70个，其中有些团队拥有的会员达到100～300人，有的则超过400人。① 拥有医生协会的城市有莫斯科、阿尔汉格尔斯克、巴统、别尔哥罗德、维亚特卡、伊尔库茨克、喀山、卡卢加、喀琅施塔得、明斯克、莫吉廖夫、敖德萨、普斯科夫、顿河罗斯托夫、坦波夫、托木斯克、雅罗斯拉夫尔，其中大部分位于实行地方自治的省份。拥有兽医协会的有莫斯科和圣彼得堡。拥有医士协会的有莫斯科、喀山、圣彼得堡、叶卡捷琳诺斯拉夫、坦波夫、库尔斯克和基辅。拥有药剂师协会的有莫斯科和圣彼得堡。

在诸多的医疗工作者协会当中，全俄Н.И.皮罗格夫医生协会（Всероссийское общество русских врачей имени Н. И. Пирогова，简称“皮罗格夫协会”）是全国性的医生活动中心。1881年，为了纪念俄国著名的外科医生、教育家、社会活动家Н.И.皮罗格夫开启医疗事业50周年，他的一些好友和学生产生了组建医生协会的想法。到1883年，该协会正式成立。皮罗格夫协会最重要的工作就是定期（每三年一次）召开皮罗格夫代表大会。从1885年至1913年，一共召开了12次例行代表大会，1905年和1916年还分别为抗击霍乱和商讨战时医疗问题而召开两次紧急代表大会，二月革命和十月革命之后又分别召开了非常代表大会。参加皮罗格夫代表大会的医生来自全国各地，总人数从最开始的500多人增加到后来的2000人甚至更多。在这些与会者中，地方自治医生占据重要地位。他们通过的决议会提交给政府，供其参考。

医生们在代表大会上畅所欲言，不仅仅交流经验和成果，还提出了

① А. В. Ушаков, Интеллигенция и рабочие в освободительном движении России：конец XIX-начало XX века［M］, С. 59.

与医疗和卫生相关的许多问题，甚至包括一些社会和政治议题，因为他们知道，要解决医疗和卫生问题，必须有现实条件的保证。例如在莫斯科举行的 1902 年第八届皮罗格夫医生代表大会上，医生们在报告和决议中都提出了社会政治要求。著名的社会活动家 Д. Н. 日班科夫在大会上宣读了关于允许女性进入大学的报告。许多医生提到，铁路工人、手工业工人、农业工人、电报员等的劳动和生活条件非常恶劣。舍尔文斯基教授在说到抗击结核病的措施时表示，只有向全体民众提供免费医疗，实行疾病保险、伤残保险和养老保险，在每个家庭实行赡养人死亡保险的情况下，只有在以法律形式保护劳动工人的情况下，才能战胜结核病。代表大会通过的决议称，要向政府申请取消对农民的体罚。1905 年，皮罗格夫协会举办了一次以应对霍乱为主题的代表大会，分别从霍乱的历史、病理学、细菌学（诊断、接种和消毒）、防扩散、疾病统计等方面进行相应的部署，但与此同时，与会者也认为，“只有在取消已经过时了的官僚体制，制定以全民直接选举权为基础的绝对自由的选举制度的情况下，才能充分落实和推广所制定的措施。只有在制定了新的国民管理体系的条件下，才能提高人民的福利水平，才能保证抗击有害流行病措施的贯彻落实”。面对当时的革命形势，本次代表大会甚至通过了极具政治色彩的决议，它谴责“当局极端专横政策”，号召“大家同广大劳动人民携手反对官僚体系，直到将其彻底消除，也为了能够早日召开立宪会议而进行坚决的斗争”。①

但总的来说，政府对于皮罗格夫协会召开的代表大会所通过的决议并不重视。根据该协会的统计，在向政府提交决议的 20 年里，有 2/3 的决议音信全无，有 20% 以上的答复是否定的，还有 10% 以上的答复是书面形式的敷衍。② 尽管如此，皮罗格夫协会的拳拳为民之心仍值得尊敬。

① М. Б. Мирский, Медицина России X-XX веков: Очерки истории [М], С. 345.

② М. Б. Мирский, Медицина России X-XX веков: Очерки истории [М], С. 344.

第八节　地方自治机构的医疗卫生活动总结

一　地方自治医疗的特点总结

在地方自治改革之前，虽然俄国历届沙皇政府对于医疗事业采取了一定的措施，但总的来说，医疗设施落后，医疗人才严重匮乏，医疗管理制度混乱，农村地区几乎是一片空白，这当然无法给广大民众提供有效的医疗服务。这种情况，一方面使得地方自治机构发展医疗事业的起点非常低，另一方面也使其有机会创造出一种新的医疗体系。

像发展教育事业一样，在地方自治改革之初，医疗事业的发展比较缓慢，因为地方自治机构还没有从农奴制的状态中走出来。但是从19世纪70年代开始，地方自治局的医疗投入不断增长，而且开始对医疗建设进行全面的规划。在医疗区的框架下，地方自治机构在农村地区设立了越来越多的医疗区医院、医士站等医疗设施，建成了完整的医疗保障网络，以便让各地民众尽可能地享受到医疗服务。这就是地方自治医疗的第一个重要特点——全民性。

全民性还表现在其余很多方面。比如在省级地方自治机构的大力参与下，最开始时省医院的建设顺风顺水，成为各省医疗的重点。但是这种医疗资源的集中化分配与民众对医疗需求的普遍性是相违背的，于是很多省份又开始压缩省医院，将更多的发展机会留给各县和农村地区。而省级精神病院的发展之所以没有受到阻碍，是因为地方自治机构认为这是全省性的需求，也能保证那里的病人来自全省各地。所以，地方自治机构在发展医疗事业的时候，越来越考虑到它的普及性，以免医疗成为少数人的专利。

地方自治机构发展医疗事业，并不仅仅是建设医院、医士站和培养医学人才，它还广泛地开展卫生防疫活动。卫生是防止疾病大规模蔓延的有效措施，防疫则是在流行病期间最大限度地减少伤亡的方式，它们的对象都是广大的普通民众，特别是农村居民和城市工人。

地方自治医疗的另一个重要特点是免费性。如前所述，一开始免费医疗并没有成为准则。门诊治疗最初是免费的，但后来随着地方自治局医疗支出的扩大，有不少县份又开始收费了；而住院治疗最初是收费的，而且费用也并不低。但是在医生的推动下，地方自治机构认识到收费医疗的诸多不便甚至不利之处——既阻碍普通民众的看病求医，又妨碍卫生防疫的顺利进行——于是越来越多的县份确立了免费医疗的原则，最终该原则在 20 世纪初期得到了政府的认可。当然，由于各地的财政状况并不一致，收费医疗仍在少数县份实行，但那已经是特例了。由此可见，在地方自治医疗事业发展并不充分的情况下，免费性原则能够在大多数县份确定下来，无论如何也是一件值得称道的事情。

医疗作为一项面向全民的社会性事业，它的免费性对于普通民众的重要意义是显而易见的。反过来说，地方自治机构正是考虑到了普通民众的医疗需求，才确立了医疗的免费性原则。在当代的俄罗斯，宪法第 41 条明确规定，“国家和市政卫生机构依靠相关财政、保险费以及其他收入，向公民实施免费医疗”，明显是受到了地方自治医疗的影响。① 但在实际生活中，这一原则执行得并不好，医疗机构人员利用各种借口，如强制医疗保险并不能弥补所有的医疗费，医疗人才匮乏，专业设备、药品、试剂不足等，向病人收取各种费用。② 由此可见，在地方自治机构财政收入不足的情况下，坚持向普通民众提供免费医疗，是一件多么不容易的事。

总的来看，地方自治医疗开启的是一种全民免费医疗的新模式。这种模式早已经超越了改革之前那种粗放式的、松散式的、低水平的医疗救助体系，使普通民众得以享受具有现代特色的医疗服务。在俄国社会历史上，这不啻是一种飞跃式的进步。如果说当时的俄国在很多方面甚至医学水平和医学人才的培养上落后于西欧和美国，那么地方自治机构创造出来的全

① Ташбекова Ирина Юрьевна, Становление и закрепление правовых основ бесплатной медицины в России во второй половине XIX-начала XX века [J], Юридическая наука. 2011 г., № 2, С. 17.

② Ташбекова Ирина Юрьевна, Становление и закрепление правовых основ бесплатной медицины в России во второй половине XIX-начала XX века [J], Юридическая наука, 2011 г., № 2, С. 17.

民免费医疗模式则走到了它们的前面。在 100 多年之后的今天，这种模式在相当多的国家仍然没有建立起来。

二　地方自治医疗的发展成就总结

对于地方自治机构在医疗卫生方面的活动，我们可以从下两点来考察：（1）历年医疗投入及其在总预算中的比重；（2）非地方自治省份与地方自治省份之间在医疗方面的差距表现在哪里。

（一）地方自治局的医疗预算

地方自治局的医疗预算，从 1868 年的 120.4 万卢布（占地方自治预算的 8%），增加到 1871 年的 222.92 万卢布。到 1903 年，这项预算已经达到 3026.57 万卢布，占地方自治预算的 28%，远远超过地方自治机关的其他支出。[①] 到 1913 年，34 个地方自治省份的医疗支出已经达到 6378.2 万卢布，占地方自治预算的 25.13%，仅次于教育支出。[②] 各省对医疗事业的拨款额如表 2－9 所示。

表 2－9　1871～1913 年俄国 34 个地方自治省份的医疗预算

单位：千卢布

省份＼年份	1871	1876	1880	1890	1895	1903	1913
比萨拉比亚	35.8	67.7	124.7	225.5	322	710.1	1755
弗拉基米尔	69.3	55.3	130.1	418.7	640.5	994.7	1574
沃罗格达	33.6	100.6	146.8	285.6	370.6	740.8	1574
沃罗涅日	96.9	177.2	212.4	318.3	401	979.9	1883
维亚特卡	162.8	375.1	397.8	489.9	613.7	1197.8	2414
叶卡捷琳诺斯拉夫	76.2	145.3	198.1	385.5	395	1182.8	3794
喀山	78.3	145.9	204.8	333.1	395.3	756.1	1273

① Б. Б. Веселовский, История земства за сорок лет, Т. 1 ［М］, С. 414 – 415.；М. Б. Мирский, Медицина России X-XX веков: Очерки истории ［М］, С. 315.

② Н. Г. Королёва, Финансовое обеспечение земских программ в 1907 – 1914 годах// Земское самоуправление в России: 1864 – 1918 , Т. 1, под ред. Н. Г. Королёвы ［М］, С. 134 – 137.

续表

省份＼年份	1871	1876	1880	1890	1895	1903	1913
卡卢加	48.6	84.3	84	228.9	289.3	619.2	1320
科斯特罗马	49	108.1	164.8	188.6	231.9	763.2	1907
库尔斯克	76.5	167.9	262.7	389.2	581.8	1184.1	2260
莫斯科	57.7	104.8	227.2	364.2	733.1	1333	2668
下诺夫哥罗德	74.9	123.2	154.7	230.3	29707	812.9	1563
诺夫哥罗德	68.4	126	187.1	223.9	335.6	662.3	1040
奥洛涅茨	11.5	34.3	51.2	88.7	110.9	386.9	647
奥廖尔	78.2	102.2	218.4	298.3	358.7	743.5	1274
奔萨	75.8	150.2	180.3	227	343.2	612.5	1167
比尔姆	119.9	357.7	506.3	732.6	914.2	1488	3384
波尔塔瓦	58.3	132.5	199.1	588.4	703.8	1253	2761
普斯科夫	31.1	82.6	139.8	187.7	239.7	499.4	850
梁赞	76.3	188.9	185.9	342	455	851.2	1398
萨马拉	163.2	179	331.4	356.8	665.9	1163	2652
圣彼得堡	50.6	78.1	119.2	204.8	3085.2	562.8	1167
萨拉托夫	76.8	165.8	199.5	329.5	538.5	1042	2030
辛比尔斯克	69.5	158.8	201.9	254.3	372.2	590.2	1318
斯摩棱斯克	31.6	62.6	85	216.2	272.5	562.5	1174
塔夫里奇	52.7	96.2	179	279.6	421.7	931.2	1820
坦波夫	111.5	247.2	352.2	584.8	801.6	1209	2490
特维尔	60.7	157.6	192.5	403.5	578.9	981.3	2613
图拉	56.9	128.7	156.7	333.2	351.9	514.6	1406
乌法	—	98.3	155.9	256.2	266.9	650.2	1812
哈尔科夫	49	108.3	194.7	310.8	391.2	1105.5	3222
赫尔松	86.4	192.3	243	354.7	666.2	1609.7	2806
切尔尼戈夫	—	119.3	206.4	290.8	480.8	862.8	1628
雅罗斯拉夫尔	42.2	91.7	129.4	186.6	280.1	707.8	1158
总计	2229.2	4713.2	6723.8	10908.5	15129.7	30265.7	63782
每省平均拨款额	69.7	138.6	196.9	320.8	445	890.2	1876

资料来源：Б. Б. Веселовский, История земства за сорок лет, Т. 1［М］, С. 414－415; Н. Г. Королёва, Финансовое обеспечение земских программ в 1907－1914 годах// Земское самоуправление в России: 1864－1918, Т. 1, под ред. Н. Г. Королёвы［М］, С. 134－137。

从表 2 - 9 可以看出，弗拉基米尔省、梁赞省和卡卢加省出现过医疗预算绝对数减少的情况，其他各省的医疗预算一直在增长，尽管速度不一。总的来说，各省医疗预算的年均增幅在 19 世纪 70 年代为 11.7%，80 年代为 5%，1890 ~ 1895 年为 6.8%，1895 ~ 1903 年为 8%，1903 ~ 1913 年为 7.7%。由此可见，增长速度最快的要数 70 年代，尤其是 70 年代上半期，地方自治局的医疗预算在 5 年之间就翻了一番。当然，这个时候地方自治机构的医疗活动刚开始不久，医疗预算的总量较小。从绝对数来看，在1871 ~ 1913 年的 42 年里，医疗预算总共增加了 27.6 倍，平均年增长率为 8.2%。

医疗和教育是地方自治机构做出重要贡献的两大领域，我们可以将两者做一下对比。具体情况如表 2 - 10 所示。

表 2 - 10 医疗和教育情况对比

单位：千卢布，%

年份	34 省总预算金额	34 省国民教育预算总和	平均每省教育预算	教育占总预算的百分比	34 省医疗卫生预算总和	平均每省医疗预算	医疗占总预算的百分比
1871	20656	约 1600.0	49.3	7.7	2229.2	69.7	10.8
1880	35074	约 5200.0	152.6	14.3	6723.8	196.9	19.2
1890	47047	7225.8	212.5	15.3	10908.5	320.8	23.2
1895	65600	9128.6	268.2	16.1	15129.7	445	23.1
1903	105045	19756.4	581.1	18.8	30265.7	890.2	28.8
1913	253737	79629	2342	31.4	63782	1876	25.1

注：1871 年和 1880 年为估计数（缺少萨马拉省的数据）。另外，1871 年乌法省还没有建立起地方自治局。

资料来源：Б. Б. Веселовский, История земства за сорок лет, Т. 1 [М], С. 252 - 253, 255, 568, 414 - 415; П. С. Кабытов, Самарское земство: опыт практической деятельности (1865 - 1918 гг.) [М], С. 326.; Галкин П. В. Земство и народное образование // Земское самоуправление в России, 1864 - 1918, Т. 2, под отв. ред. Н. Г. Королёвы [М], С. 118, 120 - 121; Н. Г. Королёва, Финансовое обеспечение земских программ в 1907 - 1914 годах// Земское самоуправление в России: 1864 - 1918, Т. 1, под ред. Н. Г. Королёвы, С. 134 - 137。

从表 2 - 10 可以看出，一直到 20 世纪初期，地方自治局更加重视医疗，对医疗的投入一直比教育多得多。可以说，在长时间里，医疗卫生工作一直是地方自治机构最重要的非必须性义务。直到普及教育开始之后，地方自治机构才将重点转移到教育领域，但是医疗仍然是最为重要的领域之一。

由于县级和省级地方自治局都开展医疗卫生活动，但有不同的任务，因此两者在这方面也各有侧重。相对而言，省级地方自治局专注于省医院和精神病院的建设，而县级地方自治局则把资金集中在城乡医院、医务人员、药品等方面。1901 年县级和省级地方自治局医疗预算的各项支出比例如表 2－11 所示。

表 2－11　1901 年县级和省级地方自治局医疗预算的各项支出比例

单位：%

项目	县级地方自治局	省级地方自治局
供养医生	17.2	8.2
供养其他人员	17.4	3.1
药品	20.6	7.9
县级医院	14.5	0.1
省级医院	0.0	28.3
精神病医院	0.7	31.2
农村诊疗所	13.0	2.8
门诊点	1.9	0.1
防治流行病	0.9	4.6
其他	13.8	13.7
总计	100.0	100.0

资料来源：Б. Б. Веселовский，История земства за сорок лет，Т. 1 ［М］，С. 424。

从表 2－11 可以看出，县级地方自治局供养医护人员的费用占到了预算的 1/3，但是省级地方自治局的这项支出只占到了预算的 1/9。县级地方自治局的药品支出占到了预算的 1/5，省级地方自治局的这项支出只占预算的 1/12。县级地方自治局对医院和门诊点的支出占到了预算的 3/10，省级地方自治局的这项支出占预算的 3/5。

关于地方自治局对于医疗卫生活动的资金投入，我们还可以看另一个指标，即各省的人均医疗支出。从 1871 年至 1904 年，34 个省份的人均医疗支出增长了接近 11.5 倍，具体情况如表 2－12 所示。

表 2－12 1871～1904 年各省的人均医疗支出

单位：戈比

省份＼年份	1871	1880	1890	1901	1904
比萨拉比亚	3.3	10.8	19.7	27.2	37.0
弗拉基米尔	5.4	9.2	26.7	46.4	82.0
沃罗格达	3.4	15.0	22.1	41.5	51.0
沃罗涅日	4.4	8.2	15.0	31.6	28.0
维亚特卡	6.5	13.8	17.5	32.9	38.0
叶卡捷琳诺斯拉夫	5.6	12.5	24.9	43.2	60.0
喀山	4.5	10.6	20.0	28.2	44.0
卡卢加	4.8	8.0	14.5	35.6	42.0
科斯特罗马	4.2	11.9	21.5	41.3	51.0
库尔斯克	4.0	12.8	17.8	44.3	49.0
莫斯科	4.3	14.8	26.2	47.0	106.0
下诺夫哥罗德	6.0	12.2	21.6	45.0	53.0
诺夫哥罗德	6.6	18.0	23.7	36.8	41.0
奥洛涅茨	3.7	16.0	38.6	90.0	82.0
奥廖尔	4.8	12.5	29.6	32.2	40.0
奔萨	6.2	14.2	19.3	29.0	32.0
比尔姆	5.4	22.6	25.8	42.1	52.0
波尔塔瓦	2.8	8.5	19.4	36.5	34.0
普斯科夫	4.3	19.1	34.2	35.6	23.0
梁赞	5.2	12.1	23.7	36.2	30.0
萨马拉	9.0	16.9	19.3	34.6	34.0
圣彼得堡	7.9	16.6	19.1	21.7	47.0
萨拉托夫	4.3	10.6	26.6	35.5	54.0
辛比尔斯克	5.8	16.8	17.1	32.9	35.0
斯摩棱斯克	2.6	6.7	22.6	32.5	49.0
塔夫里奇	7.4	21.2	31.2	58.2	63.0
坦波夫	5.2	15.3	21.4	40.2	38.0
特维尔	4.0	12.5	21.8	47.8	33.0
图拉	4.9	13.4	24.1	32.9	38.0
乌法	0.0	9.2	13.4	20.2	33.0

续表

省份 \ 年份	1871	1880	1890	1901	1904
哈尔科夫	2.8	9.5	20.7	34.3	57.0
赫尔松	5.6	11.5	31.1	37.5	54.0
切尔尼戈夫	3.6	11.2	14.3	34.5	29.0
雅罗斯拉夫尔	4.7	11.3	25.2	46.5	59.0
平均	4.5	12.6	20.4	36.0	56.0

资料来源：Б. Б. Веселовский, История земства за сорок лет, Т. 1［M］, С. 422。

可以看出，到 20 世纪初，人均支出较多的是南部、北部和中部工业区的省级地方自治局（莫斯科省、弗拉基米尔省、雅罗斯拉夫尔省），较少的是中部黑土区各省（沃罗涅日省、奔萨省、奥廖尔省、梁赞省、坦波夫省），以及波尔塔瓦省、切尔尼戈夫省、辛比尔斯克省、乌法省和特维尔省。1890~1904 年增长最快的是：莫斯科省、弗拉基米尔省、卡卢加省、库尔斯克省、哈尔科夫省和下诺夫哥罗德省。

（二）地方自治省份与非地方自治省份之间在医疗方面的差距

对地方自治省份和非地方自治省份在人均医疗支出上进行比较是很有意义的。实行地方自治的 34 个省份的人均医疗支出几乎是没有实行地方自治的欧俄 14 个省份的两倍。具体情况如表 2-13 所示。

表 2-13　地方自治省份与非地方自治省份在人均医疗支出上的差距

单位：戈比，%

地区	1892 年	1904 年	增长比例
34 个地方自治的省份	34.0	56.0	64.7
14 个非地方自治省份	16.6	22.0	32.5

资料来源：Б. Б. Веселовский, История земства за сорок лет, Т. 1［M］, С. 423。

从这里我们可以看出，地方自治省份不仅人均医疗支出是非地方自治省份的两倍多，而且其增长速度也快于后者。

如果将地方自治省份与全国各地区相比，那么它的人均医疗支出仅次于最为开放和发达的波罗的海沿岸地区，而大大超过其他地区。1904 年俄国各地区的人均医疗支出情况如表 2-14 所示。

表 2－14　1904 年俄国各地区的人均医疗支出情况

单位：戈比

地区	人均医疗支出	地区	人均医疗支出
实行地方自治的省份	56	顿河地区	44
没有实行地方自治的省份	22	高加索地区	32
波兰	24	西伯利亚	33
波罗的海沿岸地区	66	中亚	9

资料来源：Веселовский Б. Б. История земства за сорок лет，Т. 1［М］，С. 423。

另外，1892～1904 年俄国地方自治省份与非地方自治省份的注册病人数量如表 2－15 所示。

表 2－15　1892～1904 年俄国地方自治省份与非地方自治省份的注册病人数量

地区＼年份	1892	1898	1899	1900	1901	1902	1903	1904
14 个非地方自治省份	159	213	230	236	255	263	276	268
34 个地方自治省份	321	447	458	475	478	514	547	539

资料来源：Б. Б. Веселовский，История земства за сорок лет，Т. 1［М］，С. 429。

在地方自治省份，医生和医士的接诊数量是非地方自治省份的两倍，不仅 1892 年是这样，1904 年也是如此。

与此同时，1904 年，地方自治省份医生接诊的病人占全部病人数量的比例即医生使用率为 67.9%，而在非地方自治的省份，这一比例只有 52.8%。在医院救助方面，1904 年，在实行地方自治的省份，每千名居民在医院就诊的有 19.0 人，而在非地方自治的省份，则只有 8.6 人。这些都可以通过表 2－16 反映出来。

表 2－16　1904 年俄国不同地区每千名居民中注册病人数量及治疗情况

地区	每千名居民中注册病人数量	其中			医生使用率
		接受医生治疗的病人数	接受医士治疗的病人数	在医院就诊的病人数	
14 个非地方自治省份	268	141	127	8.6	52.8%
34 个地方自治省份	539	366	173	19.0	67.9%

资料来源：Б. Б. Веселовский，История земства за сорок лет，Т. 1［М］，С. 430。

由此可见，地方自治省份在医疗卫生领域的建设已经远远超过了非地方自治省份。1867 年，俄国每千人死亡数为 37 人，1887 年降低为 34 人，1907 年再降低为 28 人，1917 年降低为 27 人。[①] 人口死亡率的下降固然跟生活水平的提高有很大关系，但是地方自治机构推行的面向全民的免费医疗也起到了举足轻重的作用。

俄国地方自治机构建立起来的医疗制度对世界产生了重要影响，1934 年国际联盟卫生组织向世界各国推荐俄国的医疗区制度。[②]

---

① Ташбекова Ирина Юрьевна, Становление и закрепление правовых основ бесплатной медицины в России во второй половине XIX-начала XX века [J], Юридическая наука, 2011 г., № 2, С. 20.

② Т. С. Сорокина, Земская медицина-приоритет России [J], Журнал «Земский врач», 2011 г., № 1; Л. А. Жукова, Земская медицина в России в конце 60-х-80-х годах XIX века// Земское самоуправление в России: 1864 – 1918, Т. 1, под ред. Королёвы Н. Г. [M], С. 234.

第三章　地方自治机构的兴农活动

与国民教育和医疗卫生相比，农业和农民问题不是地方自治机构关注的重点内容。但由于它直接关系到农民的生活，地方自治机构也为此采取了大量的措施。面对农奴制废除以后的俄国农业危机，地方自治机构首先想到的是发展农村金融业，从初期的地方自治银行、互惠信贷公司、贷款储蓄公司，到后来的小额土地贷款、农民土地银行、粮食抵押贷款等，都是向农村“输血”的方式。为了解决农民少地化和无产阶级化的问题，地方自治机构还推动农民迁徙，并对村社持保护态度。此外，为了改善农业状况、繁荣农村经济，地方自治机构聘请农艺师、发展农业组织，向农村地区传播先进技术和知识，后来又进行农区的规划和建设，提供全面的农业服务。建设农业仓库以推广改良农机具、建设试验田等以推广改良农作物也是地方自治机构发展农艺事业的重要举措。家庭手工业并非纯粹的农业和农民问题，但是与其紧密相关，地方自治机构为它的发展也采取了不少措施。首先是19世纪六七十年代资助建设手工业劳动组合，但多以失败告终。19世纪末20世纪初，又建设了手工业博物馆以加强手工业产品的销售，同时向手工业者提供资金以增强它的活力，并着力提高手工业产品的质量。

第一节　地方自治机构与抗击农业危机

一　农业危机的出现

在农奴制被废除之后，俄国资本主义生产关系发展起来，劳动生产率在提高，粮食产量不断增加，国内的总体形势是逐渐好转的。但是在农业领域，出现了一场长时间的危机。无论是农民还是地主都处于破产的边缘，无法在危机中置身事外。总的来说，农业危机表现在以下几个方面。

（一）农民破产

在 1861 年改革中，农奴制虽然被废除，但是农民们为此付出的代价非常高昂，他们除了赎买自己原先耕种的土地以外，还必须向地主赎买自己的“人身”。这是贵族地主同意解放农民的条件之一，也是改革后农民贫困的重要原因。

农民的土地在改革后非但没有增加，反而减少了。农民每人平均只分到 3.3 俄亩的土地，还不到改革前的一半，而地主通过“割地”，占有了农民原来耕种土地的 1/5 以上。[①] 农民要想获得份地，还要向地主交纳赎金，为了支付巨额赎金，大量农民债台高筑。1871 年，农民为了支付赎金而欠债高达 1286.2198 万卢布，到 1881 年增加至 1973.371 万卢布。[②] 与此同时，农民赎回“人身”也是一项极为沉重的负担。根据 А. И. 洛西茨基的统计，不算农民对土地的赎买，仅仅因为赎买“人身”这一项，黑土带的地主就收入 1.23 亿卢布，非黑土带的地主收入 1.87 亿卢布。[③] 因此，1861 年的农奴制改革一方面造成了农民的少地化，另一方面造成农民的贫困化，再加上沉重的赋税，农民的破产危机到来了。此外，俄国农村人口迅速增长，但是粮食产量并没有跟上人口的增长速度，这导致人均粮食产量不断降低。例如在卡卢加省，全部土地上的人均粮食产量在 1860～1861 年为 26.1 普特，而 1891～1900 年降低为 17.5 普特。[④] 在这种情况下，农民的生存都成了问题。

当时斯摩棱斯克省的地主 А. Н. 恩格尔加特的一段话说明了农民生活的悲惨状况：“在尝试了新事物之后，人民快活起来……但是农民并没有高兴多久。为了偿还所有的债务，农民被迫立刻卖掉粮食、牲畜、大麻……他

① 陶惠芬：《俄国近代改革史》，第 199 页。

② 陶惠芬：《俄国近代改革史》，第 199 页。

③ Б. Б. Веселовский, История земства за сорок лет, Т. 2 ［М］, С. 57.

④ Т. А. Свиридова, Калужское земство. 1865 – 1918. Очерки истории ［М］, С. 56.

们需要钱，政府还逼迫他们……很糟糕。荒年，很糟糕；丰年，同样很糟糕。地主的利益、土地商人和富农的利益与广大农民的利益正好相反……18年过去了，地主经济非但没有好转，反而一年不如一年……而且农民也很窘迫，很贫困……农业在衰落……国家很贫困。新地主用最守旧的方式经营产业，他们从事农村高利贷，做各种投机倒把，经营也没有任何起色。他们所有的事情就在于榨取农人的血汗。”①

（二）地主破产

在农奴制改革以后，地主经济难以适应新的经济环境，也走向了衰落，甚至处于破产的边缘。根据地方自治局的统计资料，莫斯科省、圣彼得堡省、特维尔省、普斯科夫省、图拉省、弗拉基米尔省、梁赞省、辛比尔斯克省、卡卢加省、斯摩棱斯克省、诺夫哥罗德省和萨拉托夫省的地主产业数量大幅下降，下降幅度达到1/3～1/2。② 例如在科斯特罗马省：“1867年全省共有地主庄园1254座；到1873年已经有356座被迫关门，还有308座被完全放弃；到1876年，在还保存有产业的509个地主庄园中，很多被地主放弃了，转而租给别人，还剩下一些小型集约化的庄园。”③

19世纪70年代下半期，地主经济的危机并没有好转，反而越发严重。当时的莫斯科省地方自治会议发现：“大量的研究表明，俄国大部分地区的经济都在衰落，支付能力下降，这就导致了欠款的大量积累。”④

总的来说，改革后的贵族经济遭到严重破坏。随着农奴制的废除，贵族越来越多地失去了自己的土地，特别是在中部工业区和草原地区，如特维尔、雅罗斯拉夫尔、莫斯科、科斯特罗马、塔夫里奇、赫尔松等省，这

① Н. Г. Королёва, Основные направления хозяйство-экономической деятельности земств в XIX-начале XX века// Земское самоуправление в России: 1864 – 1918, Т. 1, под ред. Н. Г. Королёвы [M], С. 308.

② Н. Г. Королёва, Основные направления хозяйство-экономической деятельности земств в XIX-начале XX века// Земское самоуправление в России: 1864 – 1918, Т. 1, под ред. Н. Г. Королёвы [M], С. 309.

③ Б. Б. Веселовский, История земства за сорок лет, Т. 2 [M], С. 132.

④ Н. Г. Королёва, Основные направления хозяйство-экономической деятельности земств в XIX-начале XX века// Земское самоуправление в России: 1864 – 1918, Т. 1, под ред. Н. Г. Королёвы [M], С. 310.

些地区的贵族土地损失最多。表 3－1 反映的就是各地地主每年损失的土地占土地总面积的百分比。

表 3－1　各地地主每年损失的土地占土地总面积的百分比

单位：%

时间	中部工业区	草原地区	中部黑土区	小俄罗斯	西北部地区	西南部地区
1863～1872	1.22	1.41	0.89	0.63	0.21	0.10
1872～1882	2.45	1.53	1.07	0.94	0.42	0.42
1882～1892	2.09	2.13	0.61	0.42	0.80	0.45
1892～1897	2.45	1.37	1.06	1.60	0.85	0.84

资料来源：Б. Б. Веселовский，История земства за сорок лет，Т. 2［М］，С. 60。

结合表 3－1 可以看出，在 1863～1882 年，中部工业区的地主失去了 35.48% 的土地，1882～1897 年又失去了 33.15% 的土地，到 1897 年后只剩下原来 31.37% 的土地。草原地区地主在 1863～1882 年失去了 27.99% 的土地，1882～1897 年又失去了 28.15% 的土地，到 1897 年后只剩下原来土地的 43.86%。中部黑土区的情况稍好一些，1863～1882 年地主失去了 16.37% 的土地，1882～1897 年失去了 11.4% 的土地，所以到 1897 年之后，那里的地主还保留有 1863 年土地数量的 72.23%。

（三）粮食价格下跌

19 世纪 70 年代末期，俄国粮食遭遇了海外粮食的竞争，粮食价格急剧下跌，最终演变成一场农业危机。从 19 世纪 80 年代初到 1894 年，俄国粮价下降了一半以上，其中黑麦和小麦在各地的价格如表 3－2 所示。

表 3－2　19 世纪 80 年代初和 1894 年黑麦、小麦在俄国各地的价格

单位：戈比/普特

地区	黑麦		小麦	
	80 年代初	1894 年	80 年代初	1894 年
南部	62	31	85	40
中部黑土区	58.5	25	81.5	39
伏尔加河中游地区	15	32	90	44
伏尔加河下游地区	66	27	81	44

资料来源：Б. Б. Веселовский，История земства за сорок лет，Т. 2［М］，С. 131。

粮食价格的下跌，不仅给农民造成巨大损害，也严重影响了地主的利益，因为这样会使他们的粮食销售收入大幅度减少，使得私有土地的经营日益艰难，导致贵族庄园的加速破产。与此同时，由于粮价下跌，农民购买土地的积极性也降低了。

二　地方自治机构与农村金融业的发展

在农业危机蔓延和持续的情况下，各地方自治机构首先想到的是发展农村金融业，向农村经济“输血”，所以，从19世纪60年代中期开始，在此后大约30年的时间里，地方自治机构开展和参与了形式多样的金融活动，利用各种方式发放贷款。但总的来说，这些实践并不成功。

在地主和农民都需要资金的情况下，地方自治机构首先考虑的是贵族地主的利益。其具体做法就是不断地申请建立地方自治银行（земский банк），以便向他们提供贷款。这种选择也反映了他们作为贵族的代表，还没有从农奴制传统中摆脱出来。但是，建立地方自治银行的活动开启了地方自治局在19世纪六七十年代发展农村金融业的先河。

地方自治局在农村金融业方面的活动可以分成三个阶段。1866～1871年，几乎所有的省级地方自治局都在谈论建立地方自治银行的问题，以便为大型私人土地所有者提供贷款。1871～1874年，这些方案都被废除了，取而代之的是小额信贷机构——贷款储蓄公司（ссудо-сберегательное общество），以及互惠信贷公司（общество взаимного кредита）。19世纪70年代中期以后，特别是从80年代开始，这些贷款储蓄公司也逐渐被废除，地方自治局开始向农民发放小额土地贷款，但由于资金不足，开始支持政府设立农民银行和贵族银行。

（一）地方自治局与地方自治银行

建立地方自治银行（包括贷款储蓄公司）的方案几乎全都是由省级地方自治局提出的，其目的是满足贵族地主的资金需求。县级地方自治局很少讨论设立银行的问题，即便有，它们的方案也与省级地方自治局的大同小异。

1866 年，许多地方自治会议都提出，要为大型私有土地所有者发放贷款，而且贷款分长期贷款（以土地作为抵押）和短期贷款两种，以尽量满足贵族地主的需求。对那些申请了长期土地抵押贷款的地主，还降低了他们的税率。

在坦波夫省，首先提出设立银行的是著名地方自治活动家 Г. Б. 布兰克。1866 年省地方自治会议委托他和沃尔孔斯基详细制订方案，并将粮食衙门、社会救济衙门等单位转交给地方自治局的各种资金作为银行的固定资产。根据布兰克制订的方案，设立银行的目的首先是“以土地作抵押发放贷款”，而且这些贷款还应该分为长期贷款和短期贷款。但是因具有强烈的等级色彩，布兰克方案并没有获得地方自治会议的赞同。1869 年，坦波夫省地方自治会议又推选 Б. Н. 齐切林和沃耶伊科夫制订银行建设方案，但是经过一再探讨，终于不了了之。1877 年，在齐切林的建议下，地方自治会议放弃了建立银行的想法。

1866 年，叶卡捷琳诺斯拉夫省地方自治会议通过了由地方自治局主席制订的银行建设方案。根据这一等级色彩明显的方案，只有当愿意进行交易的业主不低于 40 人，其不动产价值不低于 50 万卢布时，银行才能开办业务。1866 年，地方自治会议申请从粮食资金中拿出 10 万卢布作为银行的固定资本。[①] 这些做法遭到了一些议员的反对，在 1867～1869 年，地方自治会议上不断有人就设立银行的问题进行激烈争辩。从 1870 年开始，这一问题就没有人再提了。

斯摩棱斯克省地方自治会议在 1866 年认为，“在本省内设立土地银行对于地方自治局的未来十分重要”。其最初的方案指出，发放的贷款每笔要不低于 100 卢布，而且抵押的地产要不少于 5 俄亩。1867 年，地方自治局还申请从粮食资金中借用 5 万卢布、从储备资金中借用 2.5 万卢布作为银行的固定资本。[②] 与叶卡捷琳诺斯拉夫省的情况一样，这一方案也遭到了反对。1868～1871 年，这一问题在地方自治会议上就没有人再提起了，到

① Б. Б. Веселовский, История земства за сорок лет, Т. 2 [М], С. 32.
② Б. Б. Веселовский, История земства за сорок лет, Т. 2 [М], С. 32.

1872 年就不了了之。

在诺夫哥罗德省地方自治局，设立银行的问题首先是 А. И. 瓦西里奇科夫提出的。1867 年地方自治会议批准了银行方案，并且申请从储备资金中借用 5 万卢布作为银行的资本。为了尽快批准银行的章程，地方自治会议提前任命了银行的经理。但是到 1871 年，地方自治会议转变了看法，认为“在地方自治局资金状况很糟糕的情况下”不可能开设银行。[①]

设立地方自治银行的类似情况在其他很多省份也都有出现，如 1867 年的雅罗斯拉夫尔省，1866～1869 年的喀山省，1869 年的哈尔科夫省，1865 年的沃罗涅日省，等等。

在当时地方自治局的众多方案中，只有一个得以实现，根据方案，1865 年赫尔松省土地银行得以设立。这家银行以赫尔松省为根据地，专门发放土地抵押贷款，逐渐将自己的业务扩展至小俄罗斯地区的四个省份。1904 年，该银行存有 3148995 俄亩的土地，其中在赫尔松省有 1635913 俄亩，占 51.9%；在比萨拉比亚省有 469241 俄亩，占 14.9%；在叶卡捷琳诺斯拉夫省有 452552 俄亩，占 14.5%；在塔夫里奇省有 591289 俄亩，占 18.7%。[②]该银行的业务非常广泛，到 1899 年时达到发展的顶峰，之后便开始下滑。例如，1898 年抵押在该银行的土地总量为 3316532 俄亩，银行新进存款 19298.56 万卢布，贷出 19277.70 万卢布；到 1904 年，抵押土地总量下降至 3148995 俄亩，新进存款 9476.02 万卢布，贷出 9461.63 万卢布。[③]

比较特殊的是，在 19 世纪 60 年代，只有下诺夫哥罗德、萨拉托夫和弗拉基米尔三个省份的地方自治局在讨论过设立银行的问题后转而对设立银行持否定态度。例如，下诺夫哥罗德省在 1868 年就表示拒绝设立银行，一是因为当地已经有不少类似银行；二是因为该省地方自治局认为，与其设立这样一家银行，不如建设农村银行网点，以便发放小额贷款。弗拉基米尔省也不愿意设立银行，认为这样“没有必要”。[④]

---

① Б. Б. Веселовский, История земства за сорок лет, Т. 2 ［М］, С. 32－33.

② Б. Б. Веселовский, История земства за сорок лет, Т. 2 ［М］, С. 34.

③ Б. Б. Веселовский, История земства за сорок лет, Т. 2 ［М］, С. 32.

④ Б. Б. Веселовский, История земства за сорок лет, Т. 2 ［М］, С. 33.

总而言之，初期多数地方自治局都有建立地方自治银行的想法，也进行了一次又一次的讨论。尽管这些做法在一定程度上缓解了地主资金匮乏的状况，但是很快就半途而废了。至 19 世纪 70 年代上半期，这一话题在各地方自治会议上逐渐降温，后来便不了了之。

当时地方自治银行之所以没有大规模建立起来，主要原因有以下几点。

第一，地方自治局的资金不足。由于经济支出只是地方自治局的非必须职责，在应付其他众多的必须职责之后，地方自治局无力拿出更多的资金建设地方自治银行。当时作为银行资本的是转交给地方自治局的各种资金（主要是粮食资金和社会救济衙门资金），偶尔也会动用地方自治局储备资金和保险资金，这也说明当时的这些资金数量都很少。而如果将有限的资金都作为银行的资本，那么地方自治局手中的资金就更少了，这无疑会加剧财政紧张局面，影响地方自治局其他职能的发挥。

第二，地方自治局提出的银行建设方案等级色彩太浓厚，遭到部分议员的强烈反对。从前面几个省的银行建设方案可以看出，其贷款条件非常苛刻，门槛很高，很明显是为大土地所有者服务的。这难免会遭到一些议员的强烈反对。因为他们反对将慈善事业的资金作为银行资本，也认为农民作为地方自治局经费的提供者却无法从银行那里得到任何好处。例如，坦波夫省的一些议员就认为："地方自治局的资金，主要依靠农民积累起来，不能被用于设立只对大型土地所有者有利的银行。"①

第三，政府的反对。政府认为，将长期业务与短期业务混合在同一个机构中并不合适，而且也不同意将粮食资金等作为银行的资本。因此地方自治局的绝大多数方案并没有得到政府的批准。

从 1871 年开始，地方自治局关于信贷问题的讨论进入了一个新的发展阶段。1871 年 5 月 17 日，政府出台条例，允许设立地方自治银行，其目的有二：一是"为了发放以不动产作为抵押的长期贷款"，二是"为了接收存

① Н. Г. Королёва, Основные направления хозяйство-экономической деятельности земств в XIX-начале XX века// Земское самоуправление в России: 1864 – 1918 , Т. 1, под ред. Н. Г. Королёвы [М], С. 308; Б. Б. Веселовский, История земства за сорок лет. Т. 2 [М], С. 32.

款和发放以期票贴现或者以动产作为抵押的贷款”。[①] 与此同时，政府还设定了一项必要条件，即使长期信贷和短期信贷业务不在同一个机构中进行：在制定长期信贷银行章程时，政府推荐参照赫尔松地方自治银行；而在制定短期信贷银行章程时，则推荐参照互惠信贷银行。

这时的地方自治局虽然获得了设立长期信贷银行的权力，但是没有一个像在19世纪60年代那样雄心勃勃地试图在这方面有所建树。于是地方自治局对于地方自治银行的关注就告一段落。

（二）地方自治局与互惠信贷公司

在1871年5月17日的政府条例颁布之后，一些地方自治局开始组建互惠信贷公司，以便开展面向农民的短期信贷业务。

当时出现的第一家类似的大型机构是1871年圣彼得堡县地方自治局建立的“互惠信贷银行”。根据其章程的第1条，该银行的任务是“为自己的成员——主要是圣彼得堡县从事农业、工商业的人员——提供安置自己财产的机会，并使其获得必要的工商业流通资本”。[②] 但是，每一位进入银行的成员都要用现金交付其贷款额的10%，并且要就其与银行的借贷业务提供担保。根据章程，银行可以进行期票贴现，可以发放以债券、股票的利息作为抵押的短期贷款（6个月以内）。个人借贷的最低金额是300卢布，最高金额由银行理事会决定。[③] 银行的事务由全体大会，以及选举出来的理事会和董事会管理。而且银行的章程规定，银行利润的10%将用来“建设圣彼得堡县的交通线路、兴办学校等，促进工业和贸易的发展；这些资金转交给圣彼得堡县地方自治局”。[④]

该银行的业务增长非常迅速。到1883年8月1日，它拥有1886个成员，资产12605965卢布。然而在政府的农民银行成立之后，其业务增长逐渐放缓，到1904年达到1373.1万卢布，成员达到4252人。[⑤]

① Б. Б. Веселовский, История земства за сорок лет, Т. 2 [M], С. 35.
② Б. Б. Веселовский, История земства за сорок лет, Т. 2 [M], С. 35.
③ Б. Б. Веселовский, История земства за сорок лет, Т. 2 [M], С. 36.
④ Б. Б. Веселовский, История земства за сорок лет, Т. 2 [M], С. 36.
⑤ Б. Б. Веселовский, История земства за сорок лет, Т. 2 [M], С. 36.

总体来说，虽然圣彼得堡县的互惠信贷银行仅仅满足了圣彼得堡县工厂主、企业家的需求，违背了其最初的承诺，但它的发展还是比较不错的，它不但不需要地方自治局为它拨款，反而成为地方自治局稳定且极其重要的收入来源。1871 年，圣彼得堡县为该银行注入 1 万卢布作为其周转资金，在 1872～1882 年，该县地方自治局就获得了 5700 卢布的红利，除此之外，银行还向它转交了 10% 的利润，共计 68050 卢布。1903 年，地方自治局获得了 800 卢布的红利和 13785 卢布的利润分成。[①] 而圣彼得堡县地方自治局就利用这些资金修建道路、发展工商业等。

除了圣彼得堡省以外，叶卡捷琳诺斯拉夫、诺夫哥罗德、奥廖尔和哈尔科夫诸省也成立了互惠信贷公司，其中值得一提的是叶卡捷琳诺斯拉夫省的互惠信贷公司。

叶卡捷琳诺斯拉夫省地方自治局在 1873 年成立了自己的“互惠信贷公司”，为其注资 1500 卢布，并提供总额 5 万卢布、年息 5% 的贷款，在该银行存入活期存款 3.5 万卢布。1873 年又决定向该银行提供 20 年期的贷款，共计 9.5 万卢布，年息 5%，作为该银行的固定资本。到 1903 年，该银行已经拥有成员 1852 人，固定资本达到 55.3 万卢布，储备资本达到 15.9 万卢布，1902 年的营业额为 620 多万卢布。[②]

1898 年 4 月 27 日政府出台了一项法律，规定地方自治机构不准参与建设互惠信贷公司之类的信贷机构。到 20 世纪初期，地方自治局建立的互惠信贷公司中存留下来的只有圣彼得堡县的互惠信贷银行，其余的要么倒闭，要么脱离了地方自治局管理。

（三）地方自治局与贷款储蓄公司

19 世纪 60 年代末，有人看到西欧国家特别是德国流行农村贷款储蓄公司，于是就提出要在俄国建立类似的机构。其中 А. В. 雅科夫列夫还在 60 年代末出版了《西欧和俄国国民信贷论集》一书，这引起了众人对于贷款储蓄公司的关注。

---

① Б. Б. Веселовский, История земства за сорок лет, Т. 2 [М], С. 36.

② Б. Б. Веселовский, История земства за сорок лет, Т. 2 [М], С. 37.

尽管当时各地都知道农民的支付能力非常低，但是以 A. И. 瓦西里奇科夫为首的自由派地方自治活动家主张，最好还是通过设立信贷机构缓解经济困难，这种看法得到了大多数地方自治会议的支持。小型农业贷款“被地方自治活动家看作一种灵丹妙药……认为向农民提供固定资金和少量流通资金就已经足够了，在此基础上就能通过购买土地、牲畜或者农具来提高经营活动的收益率”。[①]

从 19 世纪六七十年代开始，由于一连串的饥荒以及不断增加的农村公社欠税行为，农民少地的问题不仅引起舆论的关注，也引起地方自治会议的关注。但是当时的绝大多数地方自治会议在对这一问题进行激烈的争论之后，并不承认农民缺地少地情况的存在，而是认为农民贫困的主要原因在于饥荒、家庭分裂、农民的酗酒、赋税沉重、人头税征收规则、没有文化等。只有一些地方自治局认为，农民少地化已经非常严重，必须扩大农民的份地。当时奥廖尔、梁赞、辛比尔斯克、坦波夫等省的地方自治活动家认为，国家有义务“分配土地和资助农民获得土地”，而特维尔省、塔夫里奇省的地方自治局认为，可以利用储备资金来发放小额贷款。所以建设贷款储蓄公司、发放小额贷款与少地化问题有直接的关系，地方自治局希望借此改善农民的财政状况，提高他们购买或者承租额外土地的能力。

此外，地方自治局还希望通过建设贷款储蓄公司，使农民免受高利贷者的盘剥。地方自治统计员在对信贷比较发达的工业省份进行调查后发现，农民严重受制于高利贷者。卡卢加省地方自治局在一本宣传贷款储蓄公司的小册子中写道：“农民中有很多人都需要钱，特别是在饥荒的时候。但是得到钱并不容易。他们不得不贱卖不可或缺的牲畜，或者求助于高利贷者。农民希望增加自己的产业，承租更多的土地或者购买更多的马匹，但是没有钱。”[②] 统计资料显示，莫斯科县农民每年借的高利贷达到 7 万卢布，年利率甚至达到 40%；借款中有 50% ~60% 用于购买农具，32% ~35% 用于

① Н. Г. Королёва，Основные направления хозяйство-экономической деятельности земств в XIX-начале XX века// Земское самоуправление в России：1864 – 1918，Т. 1，под ред. Н. Г. Королёвы［М］，С. 311.

② Т. А. Свиридова，Калужское земство. 1865 – 1918. Очерки истории［М］，С. 61.

交税。[①] 在农村分化日趋严重的情况下，高利贷资本越发猖獗，在根本上破坏了地方自治局让缺地少地农民购买额外土地的政策。在资本主义条件下，土地成为一种商品，无论它们掌握在谁的手中，对国家和地方自治局来说都是一个不容忽视的问题。因此各地方自治局都认为，要对土地进行重分。当时波尔塔瓦省的地方自治人员 И. В. 卢奇茨基说道："土地被瓜分完了……转移到富农的手里，成为被交易的对象。这是最简单的道理，无视这一点就是犯罪。"[②]

与此同时，有些地方自治局还注意到地主不断被迫出售土地的严峻形势。地主希望能够出售收益较少的庄园土地，或者以较为有利的条件将土地出租，并调整谷物的价格。所以地方自治局希望在满足农民土地需求的同时，能够满足地主清理地产的要求。这两者正好形成一对供需关系，于是一些地方自治局便向农民发放小额贷款，以帮助农民购买或承租地主手中的土地。这一方面能缓解农民的缺地少地状况；另一方面也能增加贵族地主手中的资金，帮助他们增加产业。

尽管并没有成功的把握，但是莫斯科省、特维尔省、斯摩棱斯克省、波尔塔瓦省、比尔姆省、诺夫哥罗德省、沃罗涅日省、维亚特卡省、塔夫里奇省、赫尔松省、哈尔科夫省、萨拉托夫省、库尔斯克省、叶卡捷琳诺斯拉夫省、雅罗斯拉夫尔省地方自治局还是拿出资金，向贷款储蓄公司提供贷款，以帮助它们发展。在性质上，贷款储蓄公司与互惠信贷公司不同，它是民间力量创办的金融机构，而互惠信贷公司则是地方自治局自己出资创办的金融机构。

按照规定，任何一个贷款储蓄公司都可以接受存款、发放贷款、订立借约，但是它们的章程都要获得最高政府机关——部长委员会的批准。贷

① Н. Г. Королёва, Основные направления хозяйство-экономической деятельности земств в XIX-начале XX века// Земское самоуправление в России: 1864 – 1918 , Т. 1, под ред. Н. Г. Королёвы［М］, С. 322.

② Н. Г. Королёва, Основные направления хозяйство-экономической деятельности земств в XIX-начале XX века// Земское самоуправление в России: 1864 – 1918 , Т. 1, под ред. Н. Г. Королёвы［М］, С. 322.

款储蓄公司的流通资金分为五个部分：入股金、存款、地方自治机关的贷款（作为固定资本）、借款和部分储备资金。①

为了建设这种公司，从 1869 年至 1875 年，诺夫哥罗德省地方自治局一共发放贷款 67550 卢布。1872 年该省有 19 家贷款储蓄公司，到 1873 年增加为 30 家，1877 年为 42 家，其中 36 家的周转资金达到 1302838 卢布。② 从 1878 年起，该省地方自治局意识到，俄国的农业和农民状况比较危险，仅仅发放一种短期贷款是不够的，于是便停止支持贷款储蓄公司，转而发放小额土地贷款。

普斯科夫省地方自治局在 1874 年之前向 9 个贷款储蓄公司发放了 4500 卢布的贷款，在 1874 ~ 1883 年，当地又出现了 17 家这样的公司。③ 在 1877 年之前，这些公司已有了明显的发展，但是从 1877 年开始，公司的成员数量开始减少，中等富裕的农民没有从公司获得贷款支持，就离开了。到 19 世纪 70 年代末期，特维尔省有 14 家贷款储蓄公司，斯摩棱斯克省有 25 家。④

除此之外，莫斯科省、萨拉托夫省、塔夫里奇省、赫尔松省、奥洛涅茨省、圣彼得堡省、沃罗格达省、维亚特卡省等许多省份对贷款储蓄公司进行扶持。圣彼得堡省、维亚特卡省、沃罗格达省、喀山省、弗拉基米尔省、莫斯科省、坦波夫省地方自治局向贷款储蓄公司提供的资助从 5000 卢布至 1.5 万卢布不等，但是大部分省份的拨款在 1000 卢布至 3000 卢布之间。⑤

① Я. А. Васильев и М. В. Мазилкина, Кредитные цчреждений Ногородской губернии и их деятельность（вторая половина XIX-начало XX в.）[J], Известия Санкт-Петербургского университета экономики и финансов, 2007 г., № 2, С. 123.

② Б. Б. Веселовский, История земства за сорок лет, Т. 2 [М], С. 39; Н. Г. Королёва, Основные направления хозяйство-экономической деятельности земств в XIX-начале XX века// Земское самоуправление в России: 1864 – 1918, Т. 1, под ред. Н. Г. Королёвы [М], С. 312.

③ Б. Б. Веселовский, История земства за сорок лет, Т. 2 [М], С. 39.

④ Н. Г. Королёва, Основные направления хозяйство-экономической деятельности земств в XIX-начале XX века// Земское самоуправление в России: 1864 – 1918, Т. 1, под ред. Н. Г. Королёвы [М], С. 312.

⑤ Н. Г. Королёва, Основные направления хозяйство-экономической деятельности земств в XIX-начале XX века// Земское самоуправление в России: 1864 – 1918, Т. 1, под ред. Н. Г. Королёвы [М], С. 312.

地方自治局的这些贷款年利率在 5% 至 6%，还款期限为 2～6 年，甚至莫斯科省地方自治局还发放了年息为 10%、还款期限为 18 年的长期贷款。①

从 1870 年至 1887 年，获得地方自治局资助的贷款储蓄公司共有 422 家，其中 19 世纪 70 年代为 359 家（1872～1877 年数量最多，共有 231 家获得资助），80 年代有 63 家。在这种激励作用下，这一时期各地方自治省份一共开设了 1226 家贷款储蓄公司，其中开设数量最多的时期是 1872～1877 年，为 782 家。② 也就是说，地方自治局资助的贷款储蓄公司占总数的 1/3 左右。到 80 年代初期，贷款储蓄公司的发展达到顶峰，共有 295 个县设立了储蓄贷款处，参加者达到 27 万人。③

从 1878 年起，地方自治局在这方面的活动逐渐减少，从 1878 年至 1887 年，地方自治局一共资助了 82 家贷款储蓄公司，到 1888 年则停止了对贷款储蓄公司的资助。④ 这是因为地方自治局的关注点已经发生了改变，它们开始担心发放的贷款无法收回，于是开始收回贷款，因此贷款储蓄公司迅速走向衰退。在贷款储蓄公司发展较早的诺夫哥罗德省，这种趋势显现得也比较早。例如 1870～1873 年，在地方自治局的支持下，该省新成立的贷款储蓄公司有 30 家，1874～1877 年只有 8 家。⑤

地方自治局建立贷款储蓄公司，初衷是帮扶农村中不太有支付能力的人，希望让他们得到更加廉价和便利的贷款。但是，地方自治局并没有意识到这一任务能够在多大程度上完成，也没有考虑到该为贷款储蓄公司的发展创造怎样的条件。后来的事实表明，贷款储蓄公司主要是对有支付能

① Н. Г. Королёва，Основные направления хозяйство-экономической деятельности земств в XIX-начале XX века// Земское самоуправление в России：1864 – 1918，Т. 1，под ред. Н. Г. Королёвы［М］，С. 312.

② Б. Б. Веселовский，История земства за сорок лет，Т. 2［М］，С. 39.

③ Н. Г. Королёва，Основные направления хозяйство-экономической деятельности земств в XIX-начале XX века// Земское самоуправление в России：1864 – 1918，Т. 1，под ред. Н. Г. Королёвы［М］，С. 312.

④ Б. Б. Веселовский，История земства за сорок лет，Т. 2［М］，С. 39.

⑤ Я. А. Васильев，и М. В. Мазилкина，Кредитные цчреждений Ногородской губернии и их деятельность（вторая половина XIX-начало XX в.）［J］，Известия Санкт-Петербургского университета экономики и финансов，2007 г.，№ 2，С. 123.

力的农村居民有利，而穷苦人仍然无法利用贷款。B. Ю. 斯卡隆曾在莫斯科县地方自治会议上说道："虽然地方自治局至今仍然希望向最为贫困的民众提供他们求之不得的贷款，但是他们依然被排除在贷款储蓄公司的活动范围之外，因为公司主要根据客户的财产来开展业务"，"绝大多数农村居民都没有利用到贷款储蓄公司，它们的存在未必会给广大民众带来好处，而实际上是为上等人服务的"。[①] 此话绝非虚言。1891 年莫斯科省地方自治局在报告中说，贷款储蓄公司向自己的成员发放的贷款平均金额非常之高：1885 年为 363 卢布，1886 年为 413 卢布，1887 年为 341 卢布，1888 年为 283 卢布，1889 年为 365 卢布。[②] 由此可见利用到这些贷款的仍然是地主和富农阶级。当时莫斯科省的地方自治活动家说道："最穷苦的人仍然无法利用到贷款储蓄公司，它们对农村公社的帮助也比较少。进入公司里的绝大多数是富人，其中有些人甚至不需要贷款，他们在这里贷款只是为了发放高利贷。"[③] 1880 年塔夫里奇省地方自治局成立的储蓄贷款公司代表大会也指出，"现在的地方自治局并没有满足穷人在贷款方面的需求，因为穷人很难找到担保人"[④]。乌法省和波尔塔瓦省地方自治局也不得不承认，通过贷款储蓄公司来发放贷款并不符合小土地所有者和贫苦农民的利益。

这也是农村无抵押的小额贷款面临的现实困境。穷人需要钱，但是他们本身又没有钱，地方自治局要给他们发放贷款，是要冒很高的风险的。一旦贷款收不回来，银行坏账累积，这种业务将无法开展。所以地方自治局后来采取谨慎的态度是有其现实依据的，而不是像 Б. Б. 维谢洛夫斯基所言的"它们（地方自治局）没有意识到民众对于贷款的真正需求，没有一个表现出不曾消退的热情"[⑤]，毕竟在资金很有限的情况下，仅凭"不曾消退的热情"是无法成事的。

---

① Б. Б. Веселовский, История земства за сорок лет, Т. 2 ［М］, С. 42.

② Б. Б. Веселовский, История земства за сорок лет, Т. 2 ［М］, С. 43.

③ Н. Г. Королёва, Основные направления хозяйство-экономической деятельности земств в XIX-начале XX века// Земское самоуправление в России: 1864 – 1918 , Т. 1, под ред. Н. Г. Королёвы ［М］, С. 311.

④ Б. Б. Веселовский, История земства за сорок лет, Т. 2 ［М］, С. 44.

⑤ Б. Б. Веселовский, История земства за сорок лет, Т. 2 ［М］, С. 42.

所以，到 19 世纪 70 年代末期，各地方自治局或多或少地明白，贷款储蓄公司未必能给民众生活的改善带来有利影响，之前的大兴大建是对俄国的现实条件考虑不周的结果，于是它们的注意力转向了发放小额土地贷款。这些贷款有土地作为抵押，其风险系数要小很多。

所以总的来讲，地方自治局最开始创办的农村贷款储蓄公司基本上以失败告终。从 19 世纪 90 年代中期开始，小额短期贷款问题才重新引起地方自治会议的注意。到 90 年代末期，这项业务在某些方面已经有所发展。

（四）地方自治局与小额土地贷款

地方自治局并没有完全放弃小额贷款，特维尔省、莫斯科省、雅罗斯拉夫尔省、科斯特罗马省、塔夫里奇省、诺夫哥罗德省、波尔塔瓦省和赫尔松省开始发放小额土地抵押贷款。这些贷款以土地作为抵押，贷款额不超过土地价值的 40%～50%，还款期限为 3～5 年，利率与国家利率相同。[①] 其初衷是帮助最贫困的农民，但实际上仍然是对农村中有支付能力的阶层有利。

除了诺夫哥罗德省缺乏资料以外，农民通过上述各省地方自治局获得的土地面积和贷款数量如表 3－3 所示。

表 3－3　农民通过各省地方自治局获得的土地面积和贷款数量

单位：俄亩，卢布

省份	时间	土地面积	贷款数量
特维尔	1876～1896 年	29223	292232
莫斯科	1881～1899 年	3051	63521
雅罗斯拉夫尔	1881～1899 年	12451	163112
科斯特罗马	1880～1897 年	5773	52156
赫尔松	1880～1881 年	1450	12630
塔夫里奇	1886～1899 年	9943	69376
波尔塔瓦	1895～1899 年	917	—

资料来源：Б. Б. Веселовский，История земства за сорок лет，Т. 2［М］，С. 62。

① Н. Г. Королёва，Основные направления хозяйство-экономической деятельности земств в XIX-начале XX века// Земское самоуправление в России：1864 – 1918 ，Т. 1，под ред. Н. Г. Королёвы［М］，С. 313.

最先向农民发放贷款用以购买土地的是特维尔省地方自治局（从 1876 年开始），一直持续到 19 世纪 90 年代末期。在 1876～1896 年，它一共发放了 292232 卢布的贷款，帮助农民购买了 29223 俄亩的土地。在 1883 年农民土地银行成立之后，特维尔省地方自治局像大多数地区一样，发放贷款只是为了补充农民土地银行贷款的不足，几乎或者完全停止了独立业务。

贷款数量排名第二的是雅罗斯拉夫尔省地方自治局，在 1881～1899 年，一共发放贷款 163112 卢布。1879 年，当时的省地方自治局主席在向地方自治会议提交的报告中提议设立地方自治赎买银行。省地方自治会议也认识到，一方面，地主贵族等级的大型和中型地主，由于债务、缺乏自由资本和廉价劳动力而不堪重负，强烈要求出售自己的土地以获得资金；而另一方面，在许多农村公社，农民数量急剧增加，他们迫切需要扩大自己的份地。于是 1880 年地方自治局拿出资金发放贷款 3 万卢布，1881 年贷款量增加到了 5 万卢布。[①]

塔夫里奇省在 1878 年发现，贷款方案既可以使农民有机会扩大自己的份地，又可以使地主获得新的土地大买家，于是地方自治会议在 1880 年拨款 15 万卢布作为放贷资本，在 1886～1899 年，共发放贷款 69376 卢布，帮助农民购买了 9943 俄亩的土地。[②]

塔夫里奇省的一些县级地方自治局也发放土地贷款。例如，截至 1902 年，辛菲罗波尔县地方自治局将 2.23 万卢布、梅里托博尔县地方自治局将 12.17 万卢布（其中 11.33 万卢布是现金）用于发放贷款，扩大土地规模。[③]

除上述地方自治局以外，发放土地贷款的还有科斯特罗马、赫尔松和诺夫哥罗德等省。其中，科斯特罗马省的贷款规模相对较大（从 1880 年至 1897 年共发放贷款 52156 卢布，购买了 5773 俄亩的土地），而其余两个地方自治局的贷款规模较小，持续时间也短。[④] 萨马拉、辛比尔斯克、图拉、哈尔科夫等省份也提出要发放小额土地贷款，但成效并不显著。

---

① Б. Б. Веселовский, История земства за сорок лет, Т. 2 [М], С. 63.

② Б. Б. Веселовский, История земства за сорок лет, Т. 2 [М], С. 63.

③ Б. Б. Веселовский, История земства за сорок лет, Т. 2 [М], С. 63.

④ Б. Б. Веселовский, История земства за сорок лет, Т. 2 [М], С. 67.

地方自治局支持发放小额土地贷款的一个原因是，农村无产阶级的增长对于地主是不利的，所以有些地方自治局为了避免这种局面的发生就通过向农民贷款对他们进行扶持。

当然，并非所有的贵族都能忍受其土地的丧失，因为这会导致他们丧失在当地生活中的影响力。这就促使许多地主反对为农民发放土地贷款，因为这种措施会导致贵族土地以更快的速度流失，会动摇贵族等级在当地生活的统治基础。正如1880年斯摩棱斯克省的议员所说，随着小额贷款的发放，“大地主会吃亏，不得不抛弃自己的产业，最终会彻底地走向破产”。[①]

从上面的分析可以看出，中部非黑土区和草原地区的省份特别支持帮助农民购买土地，因为这些地方贵族土地所有制衰落得特别厉害，贵族们急切地需要买家。而且，承认农民份地不足并组织发行小额土地贷款的地方自治局，通常位于改革后贵族经济遭受严重破坏的地区。而在黑土区（中部和东部）的省份，虽然农民少地化现象非常严重，但是贵族土地所有制损失最小，土地的价格非常高，而且租金上涨很快，超过了中部工业区和草原地区，况且黑土区的农民不像非黑土区的农民那样有额外的收入，所以那里的地方自治局较少帮助农民购买土地。

（五）地方自治局与农民土地银行

在发放土地贷款的时候，地方自治局清楚地意识到，自己的那些资金不足以开展大规模的贷款业务。例如，在这方面最为积极的特维尔省地方自治局，在1876～1896年只发放了292232卢布的贷款，帮助农民购买了29223俄亩的土地，而该省的贵族每年减少的土地有2884俄亩。也就是说，贵族每年出售的土地中只有一半被得到贷款的农民买去了。[②] 为此，地方自治局尽力使用别的资金，如粮食资金、保险资金、社会救济衙门的资金和罚金，以及赎金等农民资金来发放贷款。但是使用这些资金的申请没有得到政府的批准，而且即便被批准了，这些资金太少，也起不了多大的作用。于是地方自治局从19世纪70年代末期开始申请政府贷款，用于开展长期的

① Б. Б. Веселовский, История земства за сорок лет, Т. 2［M］, С. 65.

② Б. Б. Веселовский, История земства за сорок лет, Т. 2［M］, С. 70.

小额土地贷款业务，并设立农民土地银行。1878～1880年，地方自治局在报告中一致认为，在发放贷款方面政府应该起到自己的作用，它要么向地方自治局提供资金，要么以政府保证金的形式为地方自治局发放的抵押证件做出担保。另外地方自治局之所以支持发放长期贷款，是因为这种贷款比较稳定，收益率也较高，而且对于贷款者来说风险也较低，有利于其长期经营。但是之前设立的各种贷款公司都只能发放短期贷款，于是地方自治局就向政府申请成立一家能够发放长期贷款的银行。

除此之外，各地方自治会议不断向政府申请开设农民银行，因为它们发现在农民迫切需要资金的情况下，很多贷款条件并不好的私人银行也能够获得不错的发展。例如，卡卢加省的议员 Г. Д. 谢尔巴切夫对当地卡卢加米留京兄弟银行的活动进行分析后发现，尽管该银行的土地贷款利息比较高，还款压力非常大，但是农民还是利用其提供的贷款购买了不少土地。于是他向地方自治局建议，如果发放贷款的利息更低一些，那么将会有更多的农民购买地主的土地，也将会有更多的地主愿意将自己的土地卖给农民。[①]

在地方自治局的申请下，政府准备独自建设专业的农民土地银行。1882年5月18日，农民银行的章程被批准；1883年4月7日，农民银行正式开始运营。到1890年，农民银行已将其业务扩展至除波罗的海沿岸地区和高加索地区的全部欧俄地区（包括波兰王国）。

农民银行是一家面向农民、以土地作为抵押发放长期贷款的银行。农民银行的章程规定，贷款要发放给农村公社、农民信用社和某些户主。在公社土地使用制下，最高贷款金额为每位男性125卢布；在部门土地使用制下，每位户主最高贷款500卢布。农民银行发放的是长期贷款，贷款以现金形式发放，期限为34.5年的贷款年息为7.5%，期限为24.5年的贷款年息为8.5%，比国家银行的高一些。[②]

① Т. А. Свиридова, Калужское земство. 1865 – 1918. Очерки истории [M], С. 66.

② Б. Б. Веселовский, История земства за сорок лет, Т. 2 [M], С. 72; Н. Г. Королёва, Основные направления хозяйство-экономической деятельности земств в XIX-начале XX века// Земское самоуправление в России: 1864 – 1918, Т. 1, под ред. Н. Г. Королёвы [M], С. 314.

农民银行与地方自治贷款处之间的最大不同是，银行是长期信贷机构，而大部分的地方自治贷款处为短期信贷机构。在贷款规模上，它们也是差异巨大：截至 1896 年，农民银行发放的贷款中有 60% 是正常贷款利率，而地方自治贷款处的这一比例则达到 90%、95% 甚至 100%（塔夫里奇省），只有特维尔省发放的贷款中有 50% 是正常贷款利率。[①]

从总体上看，农民银行的章程符合地方自治局的意愿。但是地方自治局也有不满意的地方。首先是政府建立的农民银行几乎将地方自治局完全排除在外，地方自治局在管理问题上几乎没有任何发言权，农民银行主要受地方和中央政府部门管理。在地方自治局看来，这是“对贵族土地所有制的威胁”，于是奥廖尔、叶卡捷琳诺斯拉夫、萨拉托夫、辛比尔斯克、库尔斯克等地方自治局开始向政府申请成立农业部，并设立贵族土地银行。除此之外，地方自治局还不满于农民银行的贷款利率过高，它们认为这样将把许多支付能力不强的小农排除在银行的大门之外。

虽然农民银行的贷款利率过高，但是其业务发展很快。在它的帮助下，1884 年农民购买了 210047 俄亩的土地，1885 年为 318092 俄亩，1886 年为 294688 俄亩。[②] 但是，贷款利率过高的不利后果很快显现出来：农民们开始抛弃他们购买的土地，还款也非常不积极；银行在出售抵押土地的时候遇到了很大的困难。从 1887 年开始，银行开始压缩自己的业务量，并且逐年减少贷款。

银行贷款的减少，导致了地价的下降，这当然为贵族地主所不满，因为他们迫切需要出售自己的地产。所以说，从 1887 年开始，农民银行成为地方自治局尖锐批评的对象，许多地方自治局要求更改其章程，以便扩展其业务量，减少农民购买土地的困难，有些地方自治局还申请降低贷款利率，并延长还款期限。1895 年，农民银行的新章程出台了。

随着对银行的重组，银行的业务量也大大增加。在改组前，农民在银行的资助下每年购买的土地有 14.8 万～18.3 万俄亩，而改组后每年的购买

① Б. Б. Веселовский, История земства за сорок лет, Т. 2 [М], С. 72.

② Б. Б. Веселовский, История земства за сорок лет, Т. 2 [М], С. 73.

量达到35.6万~81.7万俄亩，而地价也随之上扬。在改革前，农民借助银行而获得的土地每俄亩平均价格为39~52卢布，改组后地价立刻上升了，而且持续高速上涨：1897年为71卢布，1898年为76卢布，1899年为78卢布，1900年为83卢布，1901年为91卢布，1902年为108卢布。[①] 值得一提的是，在土地价格上涨的同时，银行对每俄亩土地的估价也在上涨，银行的贷款量也在增加。银行放贷越多，农民买地越多，地价上涨越多。在这种情况下，获利最多的当然是土地的卖家。

（六）地方自治机构其他形式的农民贷款

在19世纪80年代末期，各地还形成了其他发放贷款的方式。一些地方自治局发放小额贷款（1000~5000卢布）用于排干沼泽、灌溉土地，以及购买马匹、农具和种子。1887年，莫斯科省地方自治会议决定发放3000卢布的贷款用于帮助农民购买农具，而且农民可以分期付款。维亚特卡省地方自治局也向农业公司发放11000卢布的贷款用于销售农具。[②] 特维尔省和乌法省还向没有马匹的农户发放贷款。普斯科夫省、科斯特罗马省、斯摩棱斯克省、波尔塔瓦省、沃罗涅日省、塔夫里奇省还利用农业仓库向农民发放贷款，这种贷款能够满足农民的生产需求，并有助于农业措施的推行。

总的来说，初期地方自治局设立贷款机构的举措大多不是很成功。无论是地方自治银行还是贷款储蓄公司，最开始的时候地方自治局对它们给予很大希望，指望通过向农民和地主“输血”，来防止农村的贫困化，缓解农业经济危机。地方自治局甚至专门为贫苦农民开辟了贷款的通道。但是最终这些措施都无法达到预期的效果。其主要原因在于农民太过于贫困，农村的商品货币关系还不够发达。而政府的阻挠干涉，以及地方自治局本身对于当时农村经济形势了解不够（从而导致一些政策不符合实际）也是其中的重要原因。

---

① Б. Б. Веселовский，История земства за сорок лет，Т. 2 ［М］，С. 75.

② Н. Г. Королёва，Основные направления хозяйство-экономической деятельности земств в XIX-начале XX века// Земское самоуправление в России：1864 – 1918 ，Т. 1，под ред. Н. Г. Королёвы ［М］，С. 314.

（七）19 世纪末 20 世纪初地方自治机构的农民信贷业务

经过长期的沉寂，到 19 世纪 90 年代中期以后，地方自治局重新开展信贷业务。其主要包括两种：实物贷款和货币贷款。

19 世纪 90 年代中期，地方自治局开始开展实物贷款业务，即以粮食和动产作抵押的贷款业务。根据 1893 年 8 月 23 日的法律，地方自治局从国家银行那里获得贷款，然后利用这笔资金发放以粮食和其他农产品作抵押的贷款，使生产者避开在粮食便宜的秋季出售粮食。[①] 地方自治局之所以向农民发放粮食抵押贷款，一是因为当时粮食价格不高，农民出售粮食没有多少利润可言，所以有必要建立粮仓将农民的粮食储存起来，以防止谷贱伤农；二是因为当时的富农通过倒卖粮食让贫农苦不堪言。例如在诺夫哥罗德省，由于贫苦农民缺乏资金，他们不得不在粮食收获之后将其出售给富农，以换取生活日用品。而富农在秋季收购粮食的时候把价钱压得极低，农民的一俄斗粮食只能卖 40 戈比。到了春天的时候，富农又将这些粮食以一俄斗 1 卢布 50 戈比甚至 2 卢布的价钱再卖给贫农，这样富农就能获得 200%～300%的利润。[②] 这种情况使得贫农甚至小地主的正常生活变得很艰难。

由于地方自治局也缺乏资金，它从国家银行那里获得贷款是它自己开展粮食抵押贷款的第一步。19 世纪末，有一些地方自治局就获得了这种贷款。伊丽莎白格勒县地方自治局获得的贷款达到 30 万卢布，1893～1894 年利用这笔资金发放的贷款量为 85413 卢布，而 1897～1898 年增长到 235537 卢布。[③] 1894 年，比尔姆省地方自治局组建了两家仓库－抵押贷款银行，以粮食和动产作抵押发放贷款。其贷款额从 1894 年的 6861 卢布增长到 1902 年的 78888 卢布。[④]

---

① Б. Б. Веселовский, История земства за сорок лет, Т. 2 ［М］, С. 260.

② Н. Г. Королёва, Основные направления хозяйство-экономической деятельности земств в XIX-начале XX века// Земское самоуправление в России: 1864 － 1918 , Т. 1, под ред. Н. Г. Королёвы ［М］, С. 317.

③ Б. Б. Веселовский, История земства за сорок лет, Т. 2 ［М］, С. 260.

④ Б. Б. Веселовский, История земства за сорок лет, Т. 2 ［М］, С. 262.

进入20世纪，更多的地方自治局开始开办粮食贷款业务。例如萨马拉省、库尔斯克省、下诺夫哥罗德省、诺夫哥罗德省、奥洛涅茨省、波尔塔瓦省、圣彼得堡省、辛比尔斯克省等，其中发展最迅猛的是维亚特卡省。1901年，该省拨款11万卢布（每个县1万卢布）用于开设粮食信贷银行，最终只有5个县利用了这笔资金，其中诺林斯克县和奥廖尔县地方自治局的贷款业务量到1903年分别增加近3万卢布和2万卢布。①

但是粮食信贷银行没有获得较大的发展。这首先是因为1899年6月23日的法令为农民确立了交税期限，而且连环保的废除也对此造成了不利影响。其次，国家银行的贷款利率过高，再用这些资金去发放粮食抵押贷款并不划算。再次，粮价较低的时代已经过去，从19世纪90年代后半期开始，粮价迅速上升，发放粮食抵押贷款已无必要。最后，由于铁路网的建设，秋粮和春粮之间的价格差极大缩减了。

1895年6月1日政府出台的《发放小额贷款条例》规定，地方自治局可以直接参与发放小额贷款。于是各地方自治局开始对小额信贷公司（мелкие кредитные товарищества）进行扶持。

在这方面比较突出的是比尔姆省。1900年，比尔姆省地方自治局召集了贷款储蓄公司代表大会，以研究小额贷款发放条件问题。此次代表大会提出，地方自治局要建立一个专门机构，以对小额贷款公司进行核算、检查和监管。于是比尔姆省成立了贷款储蓄公司事务局。截至1906年，比尔姆省地方自治局向12家贷款公司发放贷款1万卢布。②

维亚特卡省地方自治局拿出2.5万卢布用于为信贷公司发放贷款，并赞成召集农村小额贷款活动家代表大会。1902年，该省成立了2家贷款公司，1903~1904年又成立了17家，但是很快其中有5家倒闭。于是地方自治会议对于此事更加谨慎，并在1904年决定，只有在县级地方自治局的担保之下才能发放贷款。③

① Б. Б. Веселовский, История земства за сорок лет, Т. 2 ［M］, С. 262.

② Б. Б. Веселовский, История земства за сорок лет, Т. 2 ［M］, С. 267.

③ Б. Б. Веселовский, История земства за сорок лет, Т. 2 ［M］, С. 267.

哈尔科夫省地方自治局设立了总金额为10万卢布的基金，用以发展信贷公司。每家公司最多能得到1000卢布的贷款，年息4%。[①]

雅罗斯拉夫尔省地方自治局在1902年决定，向每个县拨款2000卢布，用以发展信贷公司。库尔斯克省地方自治局从保险资金中拿出5万卢布，决定最多向每家公司发放500卢布的贷款，为期10年，年息为4%。到1904年，该省一共有19家贷款公司。[②]

采取类似做法的还有乌法、辛比尔斯克、莫斯科、波尔塔瓦、喀山、科斯特罗马等省。在卡卢加省，1904年全省共有小额贷款机构79家，1913年增加到134家，1914年为138家。[③] 到1905~1906年，已经有229个县级和省级地方自治局开展向农民发放贷款的业务。[④] 总的来说，地方自治局向贷款公司发放的贷款并不多，每个公司最多为1500卢布。许多地方自治局甚至推行25卢布的贷款，以便贫苦的农民能够使用。[⑤]

在一些地方自治会议的呼吁下，1906年6月14日政府批准了《地方自治小额贷款处条例》，以减轻农民和手工业者贷款的难度，并设立了小额贷款管理局。从1907年开始，一些地方自治局设立了贷款处，以方便手工业者和农民的生产流通，并扶持小额信贷机构和互惠信贷公司。截至1908年4月1日，这样的贷款处一共有20个，固定资本为17.5万卢布，还有30个贷款处被批准建立，固定资本为30.5万卢布。[⑥] 到1910年，已经有一半的省级和县级地方自治局建立起小额贷款处。[⑦] 在卡卢加省的196个乡中，已

① Б. Б. Веселовский, История земства за сорок лет, Т. 2 [М], С. 267.

② Б. Б. Веселовский, История земства за сорок лет, Т. 2 [М], С. 267.

③ Т. А. Свиридова, Калужское земство. 1865 - 1918. Очерки истории [М], С. 90.

④ Н. Г. Королёва, Основные направления хозяйство-экономической деятельности земств в XIX-начале XX века// Земское самоуправление в России: 1864 - 1918, Т. 1, под ред. Н. Г. Королёвы [М], С. 317.

⑤ Н. Г. Королёва, Основные направления хозяйство-экономической деятельности земств в XIX-начале XX века// Земское самоуправление в России: 1864 - 1918, Т. 1, под ред. Н. Г. Королёвы, С. 317.

⑥ Б. Б. Веселовский, История земства за сорок лет, Т. 2 [М], С. 270.

⑦ Н. Г. Королёва, Основные направления хозяйство-экономической деятельности земств в XIX-начале XX века// Земское самоуправление в России: 1864 - 1918, Т. 1, под ред. Н. Г. Королёвы [М], С. 317.

经有69个乡创办了贷款合作社，吸引民众达到8.4万户，占全省的1/3以上。①

三　地方自治局与农民迁徙

在19世纪90年代初期之前，一些地方自治局对于农民的迁徙更多地持一种反对态度，有的甚至为外来迁居者提供资助。支持农民迁徙的只有切尔尼戈夫省、奥廖尔省、维亚特卡省。这并不是这些地方没有感到人多地少的矛盾，而是因为初期的地方自治会议担心，随着人口的迁出，地主就会失去廉价的劳动力和地租收入。例如波尔塔瓦省认为，人口稀少对于本省的发展是不利的，因为人口密度较高会促进工业和社会的发展，并能够为土地的集约化经营创造条件。② 这种反对农民迁徙的态度一直持续到19世纪90年代初期。

19世纪90年代之后的饥荒使迁徙这一话题又被提上台面。这次迁徙的支持者变得多一些，但是其中许多地方自治局带有附加条件，以保护地主的利益。例如，哈尔科夫省地方自治局认为，如果不能完全禁止民众从哈尔科夫省迁出，那么必须将外迁人口限制在一定比例，或者使其与份地数量相称，也就是说必须留下一部分民众，使其土地占有量达到平均数。该省认为，“不应该鼓励或者在物质上奖励民众迁徙”。③

但是从19世纪90年代中期开始，一些地区开始尝试帮助民众迁徙。例如，波尔塔瓦县地方自治局在1894年拨款3000卢布，1895年拨款5000卢布，用以发放贷款，以购买迁徙者留下的地块，贷款还款期限为10年，年息6%。到1897年，一共发放了42笔贷款，总金额5920卢布，平均每笔141卢布。这些业务都非常成功，贷款者都按时还款。④

进入20世纪，农业问题委员会（комитеты о нуждах сельско-хозяйстве

① Т. А. Свиридова，Калужское земство. 1865 – 1918. Очерки истории ［М］, С. 94.

② Б. Б. Веселовский，История земства за сорок лет，Т. 2 ［М］, С. 85.

③ Б. Б. Веселовский，История земства за сорок лет，Т. 2 ［М］, С. 87.

④ Б. Б. Веселовский，История земства за сорок лет，Т. 2 ［М］, С. 87 – 88.

нной промышленности）和一些地方自治会议也赞同组织民众迁徙，并将其作为解决农业问题的一个重要措施。在各地的农业委员会中，赞成民众往边疆迁徙的有 75 个县和 15 个省。[①]

1902 年波尔塔瓦省和哈尔科夫省农民暴动，以及 1904～1906 年农民暴动之后，地主们更加关注如何让农民分散居住和迁徙。这在小俄罗斯地区省份和一些南方地区省份更加明显。例如，波尔塔瓦省地方自治局在《波尔塔瓦省人多地少的问题以及对民众迁徙问题的安排》的报告中指出，“扩大农民的土地，无论是从其意义上看，还是从其紧迫性上看，都超过了国家建设的其他所有问题”。而且“波尔塔瓦省作为典型的人稠地狭的地区，更需要解决土地问题”。“迁徙最终将是不可避免的，即便是将所有的私人地产全部国有化也是如此，在迁徙这一事务上，任何的耽搁都会对波尔塔瓦省造成致命的后果。”[②] 省地方自治会议批准了这份报告，并拨款 4000 卢布，用于聘请相关人士管理民众的迁徙，并且拨款 2500 卢布作为资助迁徙的路费。同样在 1906 年，地方自治会议聘请农艺师索科洛夫斯基前往俄国亚洲部分的草原地区，去考察那里是否适合小俄罗斯地区的民众迁居。地方自治会议根据他回来后提供的信息，决定设立 5 个联络点（每个 1000 卢布），以便于与迁徙者交流沟通、帮助他们处理财产等。总体而言，在 1907 年上半年，波尔塔瓦省的迁徙者中有大约一半的人得到了地方自治局的帮扶（这段时期内迁徙者共计 3.2 万人）。[③]

1907 年在哈尔科夫召开了第一届“地区迁徙代表大会”，会上有 12 名土地官员、15 名地方自治活动家和 12 名其他代表参加。会上成立了全体地方自治迁徙组织。此次代表大会主张通过中央政府与地方政府的合作，增加经费，推动欧俄地区的农民向西伯利亚地区迁徙。

另外，弗拉基米尔、维亚特卡、沃罗格达、科斯特罗马、库尔斯克、莫斯科、比尔姆、梁赞、乌法、哈尔科夫、萨马拉、斯摩棱斯克、塔夫里

① Б. Б. Веселовский, История земства за сорок лет, Т. 2［М］, С. 88.
② Б. Б. Веселовский, История земства за сорок лет, Т. 2［М］, С. 89.
③ Б. Б. Веселовский, История земства за сорок лет, Т. 2［М］, С. 90.

奇等省地方自治局也认为，必须通过组织农民进行省内迁徙来扩大农民的份地，农民银行应该为农民购买土地提供低息贷款。有的地方自治局坚持认为，政府应该在购买土地后将其转交给无地和少地的农民。

四 地方自治机构与保护农村公社

实际上，在地方自治改革之初，地方自治活动家对于农村公社的态度并不好。在他们看来，村社不过是农民使用土地和把他们组织起来的一种传统形式。而且，在自由主义思潮兴盛的19世纪六七十年代，村社被有些人看作造成农民不思进取和不愿掌握先进经营方式的罪魁祸首。

在当时的地方自治局内部，存在着各种思想潮流，既有资产阶级自由派，也有保守的斯拉夫派，既有民粹派，也有社会民主派，其中社会民主派在地方自治职员中比较典型。地方自治局在自己的实践活动中认识到，随着农民的日益贫困化和不断分化，农民开始逃离农村，这导致农村劳动力不足，农民的无产阶级化加剧，大多数地方自治会议在自己的决议中表达了这样的担心："大批民众变得无家可归对于国家来说是一件可怕的事情。"① 于是村社开始被看作防止农民无产阶级化、为农村留住劳动力、将农民固定在农村的绝佳手段。"农村公社长期以来在俄罗斯民族的生活中是农民唯一的共同生活形式，它已经深深地扎根于农民的生活之中，只有在公社里才能进行正常的劳动生活……失去村社的农民，尽管是自愿的，也终将是流离失所的人。"② 当然也有例外，比如南部省份的地方自治局认为这样正好可以填补当地的劳动力缺口。

随着农民少地化现象日益严重，地方自治局对于农村公社的支持力度大大加强。比尔姆省、奥廖尔省、图拉省、普斯科夫省、辛比尔斯克省、特维尔省、科斯特罗马省、诺夫哥罗德省、哈尔科夫省、圣彼得堡省、雅

---

① Н. Г. Королёва, Основные направления хозяйство-экономической деятельности земств в XIX-начале XX века// Земское самоуправление в России: 1864 – 1918 , Т. 1, под ред. Н. Г. Королёвы ［M］, С. 319.

② Б. Б. Веселовский, История земства за сорок лет, Т. 2 ［M］, С. 98.

罗斯拉夫尔省地方自治局都是传统公社土地所有制的坚决支持者，这是因为这些地区农民出身的议员较多，他们与农民之间有天然的联系。在他们看来，“农民们需要村社土地所有制，因为不管多么糟糕，在大多数情况下，他们都会有土地”。①

在19世纪80年代初期地方自治会议关于农村公社的激烈争论中，地主和工厂主的利益发生了冲突。这在莫斯科省表现得最为明显。工厂主认为，村社对农业技术的接受能力较差，阻碍了农村新事物的产生，束缚了农民的成长。而地主则希望地方自治局能够为农村聘请农艺师。

从19世纪80年代到20世纪初，地方自治局内部对于公社问题进行了长期的争论，支持公社者有之，反对公社者亦有之（下诺夫哥罗德、奥廖尔、沃罗涅日等省）。但无论如何，大部分地方自治局支持村社进行改革，并要求政府对1861年的法案进行修订。

诺夫哥罗德省地方自治局认为，村社能够保护农民的利益，应该通过法律手段巩固村社的经济地位。塞兹兰县地方自治局得出结论，农村公社已经深入农民的生活之中，“农民只有在公社中才能进行正常的劳动生活”。② 在19世纪八九十年代，大部分县级地方自治局对村社持类似的看法。

为了保护村社，一些地方自治局希望采取一系列措施为其提供帮助。库尔斯克省地方自治局认为，村社是农民最容易接受的土地所有制形式，应该支持村社兼并农民在农民银行的帮助下购买的土地。塔夫里奇省、赫尔松省、切尔尼戈夫省、波尔塔瓦省地方自治局请求政府允许农村公社承租国有土地，而不限制其承租的规模和时间，而且如果没有村社的许可，不准将承租的土地重新分散或者转让给别人。普斯科夫、辛比尔斯克、奥廖尔、梁赞以及中部工业区的大部分省份、西北部省份的地方自治局都请

① Б. Б. Веселовский, История земства за сорок лет, Т. 2 ［М］, С. 97.

② Н. Г. Королёва, Основные направления хозяйство-экономической деятельности земств в XIX-начале XX века// Земское самоуправление в России: 1864 – 1918 , Т. 1, под ред. Н. Г. Королёвы ［М］, С. 321.

求，要为村社土地重分设定 10～12 年的期限。[①] 普斯科夫县地方自治局就认为，应该设立 12 年的土地重分期限，在此期间禁止土地重分，而且不能以简单多数，而是以 2/3 以上的多数来解决多缴和少缴赋税的问题。[②] 政府也批准了地方自治局的申请，在 1883 年出台了一项法令，将重分土地的期限定为 12 年。[③]

与此同时，为了使村社免于分裂，许多地方自治会议申请废除 1861 年条例第 165 条。这条法令规定，在村社成员 2/3 以上多数的许可下，农民可以提前赎买和卖出属于他们的那份村社土地。[④] 地方自治会议担心，随着赎买截止日期的临近，愿意分离出去的户主数量会大大增加，这样就会损害广大社员的利益。只有圣彼得堡省地方自治会议认为村社无法给农民带来真正的利益，成为唯一反对废除 1861 年条例第 165 条的地方自治机构。[⑤] 但是在绝大多数地方自治局的要求下，1893 年 12 月 14 日政府出台的新法令对 1861 年条例第 165 条进行了修订，对村社社员转移私有财产的权利进行了严格限制。[⑥]

但是到了 20 世纪初期，地方自治局对于村社的看法发生了转变，它们开始支持按户拥有土地。第一，经济的发展导致了农民分化日益严重，无独立经济能力的家庭越来越多，村社已经无力阻止无产者队伍的发展壮大。第二，资本主义的发展导致地主需要更多的劳动力，而村社的存在对于劳

① Н. Г. Королёва, Основные направления хозяйство-экономической деятельности земств в XIX-начале XX века// Земское самоуправление в России: 1864 – 1918 , Т. 1, под ред. Н. Г. Королёвы [М], С. 321.

② Б. Б. Веселовский, История земства за сорок лет, Т. 2 [М], С. 99.

③ Н. Г. Королёва, Основные направления хозяйство-экономической деятельности земств в XIX-начале XX века// Земское самоуправление в России: 1864 – 1918 , Т. 1, под ред. Н. Г. Королёвы [М], С. 321.

④ Н. Г. Королёва, Основные направления хозяйство-экономической деятельности земств в XIX-начале XX века// Земское самоуправление в России: 1864 – 1918 , Т. 1, под ред. Н. Г. Королёвы [М], С. 321.

⑤ Б. Б. Веселовский, История земства за сорок лет, Т. 2 [М], С. 100 – 101.

⑥ Н. Г. Королёва, Основные направления хозяйство-экономической деятельности земств в XIX-начале XX века// Земское самоуправление в России: 1864 – 1918 , Т. 1, под ред. Н. Г. Королёвы [М], С. 321 – 322.

动力的自由流动无疑是一种阻碍。根据 A. A. 楚普洛夫的统计，在 34 个省份中，有接近 60 个县支持按户拥有土地，约占总数的 1/6。①

在 1904～1906 年农民暴动之后，越来越多的地方自治局开始坚决支持废除村社。

第二节　地方自治机构与改善农业状况

除了克服农业危机的影响之外，地方自治机构着力于改善农业状况、发展农村经济的活动实际上是从 19 世纪 70 年代开始的。1866 年，莫斯科省农业协会主席 Н. И. 沙提洛夫在一份报告中建议地方自治局设立专门的省县两级委员会，以开展农村工作和创办农业教育。按照 Н. И. 沙提洛夫的建议，这种专门委员会的职责包括：传播农学知识和农业经验、收集统计信息、向政府部门传达农业方面的需求和满足这些需求所要采取的方式等。②但是当时的地方自治局在农业领域热衷于发放小额贷款，并没有重视这一建议。

在 19 世纪 70 年代，随着地方自治机构开始研究农业问题并聘请农艺师，它们在该领域的活动才算正式开始。虽然这不是地方自治局的必须性义务，其在该领域也没有像教育和医疗领域那样投入巨资，但是它涉及农业的方方面面。具体来说，它包括以下几个方面：培养农业人才（前文已述，作为国民教育中的职业教育类型）、聘请农艺师指导农业生产、进行农区规划建设、创立农业组织、传播农业知识和技术、推广使用改良农机具和农种、改善农作物生产方式、加强农业基础设施建设、完善农产品销售、提供农业服务等。当然，各地方自治局的工作并非都涉及这些方面，由于农业经济特色的不同，它们在实际工作中会有所侧重。需要指出的是，地

① Б. Б. Веселовский, История земства за сорок лет, Т. 2 ［М］, С. 103.

② Б. Б. Веселовский, История земства за сорок лет, Т. 2 ［М］, С. 133; Н. Г. Королёва, Основные направления хозяйство-экономической деятельности земств в XIX-начале XX века// Земское самоуправление в России: 1864 – 1918 , Т. 1, под ред. Н. Г. Королёвы ［М］, С. 331.

方自治机构在农业领域的诸多活动都少不了农艺师的参与，其中有很多活动是农艺师提出和实际领导的。本节即从上述各个方面出发，展示地方自治机构的农业活动。

一　地方自治机构与农艺师

农艺师是地方自治机构聘请的农业方面的专家，是农业生产的组织者，也是连接地方自治局、农业协会和农民之间的纽带，他们用自己的实际行动提高农业生产效率，传播农业知识和技术。农艺师并不是突然出现的，地方自治局对此有过长期的酝酿。开始时农艺师被分为省级农艺师和县级农艺师两种，他们都有各自的任务。后来随着地方自治局进行农区的规划和建设，各地又出现了更加深入民众的农区农艺师。

（一）地方自治机构与省县两级农艺师的出现

首先通过聘请农艺师来改善农业状况的是那些所谓的“农民地方自治局”（即1/3以上的议员出身于农民或者代表农民的利益）①，如维亚特卡省。1871年，维亚特卡省地方自治局通过决议，要研究省内各个地区的经济状况，为此还聘请了农艺师。该省的沙德林斯克县地方自治局比较积极，不仅设立了农艺学管理员的职位，还提前制定了他们的工资标准。

1872～1878年，农业主代表大会先后在莫斯科、哈尔科夫、敖德萨举办，会上由地方自治局开展农艺学建设的建议得到了越来越多的关注。1876年，莫斯科省农业协会的 M. B. 涅鲁恰耶夫向该省地方自治会议提交了题为《推广农业知识和改善耕作方式》的报告，正式提出要建立农艺学组织（агрономическая организация），但是并没有得到省地方自治会议的认同。不仅莫斯科省如此，沃罗涅日、比尔姆、哈尔科夫等省均是如此。这一方面是因为当时的地方自治局首先关注的是农民的教育和医疗，另一方面则是因为地方自治局认为在经济衰落的情况下，聘请农艺师于事

① Н. Г. Королёва, Основные направления хозяйство-экономической деятельности земств в XIX-начале XX века// Земское самоуправление в России: 1864 – 1918 , Т. 1, под ред. Н. Г. Королёвы [M], С. 331.

无补。

随着经济危机的加深，地方自治局对于改善农业技术越来越关注。1878 年，比尔姆省的上图拉县地方自治局聘请了农艺师。在 A. B. 弗拉基米尔斯基和 H. A. 索科夫宁的领导下，该省开始培养农业人才。1883～1886 年，比尔姆省剩下的 11 个县都建立起了农艺学组织，以便指导农业生产。[①] 但是这些农艺师的任务并不纯粹，有时还需要充当保险代理人，而且长期承担粮食方面的任务。

在 19 世纪 80 年代，各地方自治会议对于某些农业措施，包括推广农业工具、建立农艺学组织等，进行了广泛的讨论，有的甚至已经制订了计划。赫尔松、比萨拉比亚、斯摩棱斯克、特维尔、切尔尼戈夫、叶卡捷琳诺斯拉夫、哈尔科夫、莫斯科、塔夫里奇、沃罗涅日、辛比尔斯克、萨马拉等省地方自治局不仅聘请了农艺师，还制定措施以建设试验田、农场和推广农业知识等。

19 世纪 90 年代，俄国接连发生农业饥荒，地方自治局的储备商店和粮食资金都无法满足需求，对民众的帮助比较有限。农民的饥饿和贫困状况促使地方自治局通过提高农业技术来改变当时的困境。甚至可以说，许多地方自治局对于经济问题的关注与 1891～1892 年的大饥荒以及 19 世纪 80 年代经常出现的歉收有着直接的关系。

在这种情况下，各地方自治局纷纷开始聘请农艺师。省级地方自治局聘请的为省级农艺师，县级地方自治局聘请的为县级农艺师。他们都有着不同的任务。

县级农艺师的任务包括：（1）处理地方自治局农业领域的公文；（2）提交农业措施方面的报告；（3）担任县农业委员会秘书；（4）管理农业仓库及其分支机构；（5）设立示范性地区，展示农业机器；（6）举办农业会议。在某些省份（科斯特罗马省、比尔姆省、乌法省），县级农艺师还要研究家庭手工业的状况并制定改善其经营状况的措施。一般来说，县级农艺师要根据各地不同的土壤类型和经营方式，确定应该使用哪种样式的犁和耙，

① Б. Б. Веселовский, История земства за сорок лет, Т. 2 ［М］, С. 133.

要观察农业劳作的整个周期，并进行相关的试验，同时在农村地区宣传农业知识，协助推广改良农具和种子，并管理当地的农业仓库。

与县级相比，省级地方自治局的农艺师出现得要晚。到 1905 年，斯摩棱斯克省、塔夫里奇省和特维尔省还没有省级农艺师。

省级农艺师的任务通常包括：（1）作为省级地方自治局的农业问题顾问；（2）就农业问题向省地方自治会议提交报告，研究新的问题和措施；（3）将各县农艺师联合起来；（4）对省仓库的活动进行技术监督，以便向地主和农民供应改良农具、农种和草籽。除此之外，省级农艺师的任务有时还包括统计（奥廖尔省和坦波夫省），以及指导县级农艺师的活动（维亚特卡省、科斯特罗马省、赫尔松省）。有些省份还设立了专门的农业学校和农业公司，通常会将其交给省级农艺师管理。有的地区还让省级农艺师举办农产品展会、开办农业培训班等。

1898 年已经有 17 个省和 92 个县聘请了农艺师，到 1901 年则增长到 25 个省和 153 个县。[①] 在有些地区，一个县甚至不止一名农艺师。例如在萨马拉省，布祖鲁克县由于境内南部和北部农业环境差异巨大，聘请了 2 名农艺师；而尼古拉耶夫斯克县和新乌津斯克县则因为县域面积太大，也聘请了 2 名农艺师。[②]

有些地区还为省级和县级农艺师聘请了助手。他们是农艺师在各种辅助型组织中的任务执行人，从事直接管理试验田等工作。到 1904 年，省级和县级农艺师及其助手一共有 312 名，每个省平均大约有 9 名。最少的卡卢加省和奔萨省只有 2 名，最多的库尔斯克省有 20 名。[③]

1903 年，省级农艺师几乎全是由受过高等农业教育的人担任（占 96%），而县级农艺师中有一半以上的人也受过高等农业教育（占 52%），

① Н. Г. Королёва, Основные направления хозяйство-экономической деятельности земств в XIX-начале XX века// Земское самоуправление в России: 1864 – 1918 , Т. 1, под ред. Н. Г. Королёвы ［М］, С. 340.

② П. С. Кабытов, Самарское земство: опыт практической деятельности（1865 – 1918 гг.）［М］, С. 240.

③ Б. Б. Веселовский, История земства за сорок лет, Т. 2 ［М］, С. 136.

其余受过中等教育（主要是莫斯科农业学校、克拉斯诺乌菲姆斯克专门学校、赫尔松省地方自治局的农业学校等）的占 48%。[①]

一些地方自治局建立了农业组长体制，在有些地区的农业和技术领域，还出现了各种指导员，包括葡萄酒酿造工、园丁、种菜员、养蜂人、林业指导员、亚麻种植指导员、黄油制作指导员、手工业技术工等。

到 1905 年，省级农艺师有 31 名，县级农艺师有 250 名，农艺师助手有 31 名，农业组长有 47 名，各种指导员有 85 名。[②]

（二）地方自治局对于省县两级农艺师的管理

农艺师是地方自治机构聘请的农机经济方面的专家，为了充分发挥农艺师的作用，地方自治局建立了一系列机构和组织对其进行管理，常设机构包括经济委员会或者农业委员会，定期会议有农艺师会议和农艺师代表大会。它们研究农业技术和组织方面的所有问题，但只是地方自治局的参议机构，并不是具体政策的执行机关。为了发挥农艺师的主动性，还有一些地区定期举办农艺师代表大会或者农艺师会议。

至 19 世纪 80 年代中期，农艺师数量逐渐增多，各县级地方自治局开始尝试设立经济委员会，有些地方称之为农业委员会。到 1890 年，有 15 个县建立了这种集体性的经济组织。到 90 年代，在农业部的号召之下，设立农业委员会成为一种风尚，它的数量在 1895 年增长到 91 个，1900 年增长到 171 个，1904 年增长到 252 个，大约 70% 的县地方自治局设立了委员会。[③]也就是说，基本上每一个拥有农艺师的县份都设立了农业委员会。农业委员会的成员通常包括：县地方自治局的全体成员、地方自治会议选举出来的份地和私有土地代表、县级和省级农艺师。农业委员会由地方自治局主席领导，他也可以聘请其他人士以备咨询。

19 世纪 90 年代以后，各省级地方自治局也建立起了自己的农艺师机构，即省级经济委员会或者农业委员会。其通常包括以下人员：省地

---

① Б. Б. Веселовский, История земства за сорок лет, Т. 2［M］, С. 137.

② Б. Б. Веселовский, История земства за сорок лет, Т. 2［M］, С. 139.

③ Б. Б. Веселовский, История земства за сорок лет, Т. 2［M］, С. 152.

方自治局成员、省地方自治会议的某些议员、省级农艺师、县级地方自治局的代表、农业部农业经济方面的代表。同时，省地方自治局还可以邀请其他人士以备咨询。在有些地方，参加省级集体性组织的还有当地经济协会的代表（弗拉基米尔、哈尔科夫、雅罗斯拉夫尔）和所有的县级农艺师（莫斯科、库尔斯克、赫尔松），以及省地方自治局某些部门（如统计部门、兽医学部门、手工业博物馆）的负责人（莫斯科、乌法、雅罗斯拉夫尔）。省级经济委员会的主席通常由省地方自治局主席担任，但是在库尔斯克、莫斯科、图拉、乌法等省，则由省地方自治会议选举产生。到 1904 年，除了奥洛涅茨省和特维尔省以外，其余各省都已经设立了经济委员会，其中维亚特卡省、莫斯科省和比尔姆省在 80 年代末就已经设立了经济委员会。其职责是：研究如何改善农民的经济状况，就各县在此方面的措施进行交流。

除此之外，某些省级和县级地方自治局还设立了农业委员会或者经济委员会的执行机构——农业处或者农业科。省级（县级）农业处的成员包括省级（县级）农艺师及其助手、办事员和文员等。省级农业处的职责有：提前研究向省级经济委员会提交的问题、筹备农艺师会议、向农民宣传农业知识等。县级农业处的职责包括：调查农村居民的需求、管理试验田、向农民提出农业方面的建议、采取措施防治害虫等。[①] 所以在农业处里，农艺师专心从事实际工作，而不必被办公室事务所束缚。到 1904 年，已经有 64 个县和 20 个省的地方自治局设立了农业处。[②] 省级农艺师是省级地方自治局与各县农业处的中间人，并与县级农艺师保持联系。

随着农艺师数量的增长，召开农艺师代表大会、共同商讨工作规划的呼声越来越高。于是，在地方自治议员的参与之下，一些省级地方自治局召开了一年一度的农艺师代表大会或者农艺师会议。这种代表性会议由省

---

① П. С. Кабытов, Самарское земство: опыт практической деятельности (1865 – 1918 гг.) [М], С. 242.

② Б. Б. Веселовский, История земства за сорок лет, Т. 2 [М], С. 158.

地方自治局主席召集，与会者包括省县两级农艺师、农业企业和其他农机机构负责人，以及省级地方自治会议推选出来的农户。[①] 到 1906 年，召开过类似会议的有 17 个省，其中比尔姆、维亚特卡、莫斯科、赫尔松和库尔斯克五个省份的代表大会召开得最为频繁且有系统。[②] 除了审理省级经济委员会的农业措施和规划以外，省级农艺师会议的任务还包括研究农业方针、示范产业、农村畜牧业甚至农业拨款等问题。

（三）地方自治机构对农艺师的资助

在 20 世纪初期，省县两级地方自治局对于农艺师的管理包括以下三种模式。

第一，大部分省级地方自治局都向各县拨款，以发展农艺学组织，有些还为农艺措施提供资助。[③] 例如，哈尔科夫省地方自治局从 1900 年起向各县提供资助，承担各县所有支出的 2/3，但是每个县不能超过 1500 卢布。资助的目的是：使农艺师都接受高等教育，使地方自治局组建农业委员会，建立农具仓库。有 12 个省份（比萨拉比亚、弗拉基米尔、叶卡捷琳诺斯拉夫、喀山、卡卢加、科斯特罗马、莫斯科、波尔塔瓦、普斯科夫、圣彼得堡、萨拉托夫、辛比尔斯克）提出，承担县级地方自治局在农学人才培养方面的一半支出。在萨马拉省，县级地方自治局聘请的农艺师工资每年平均为 500 卢布，而且农艺师还必须受过高等教育，其工资每年不得超过 1200 卢布。在库尔斯克省，县级地方自治局每年为受过高等教育的农艺师支付 600 卢布的工资。

第二，在 12 个省份（沃罗格达、沃罗涅日、奥廖尔、下诺夫哥罗德、奔萨、梁赞、斯摩棱斯克、塔夫里奇、坦波夫、特维尔、图拉和切尔尼戈夫）中，县级农艺师只能由县级地方自治局支付工资。

第三，在维亚特卡、奥洛涅茨、比尔姆、乌法、赫尔松、切尔尼戈夫

---

① П. С. Кабытов, Самарское земство: опыт практической деятельности（1865 – 1918 гг.）[M], С. 241.

② Б. Б. Веселовский, История земства за сорок лет, Т. 2 [M], С. 161 – 162.

③ Б. Б. Веселовский, История земства за сорок лет, Т. 2 [M], С. 147.

和雅罗斯拉夫尔，县级和省级地方自治局都有自己的农艺学组织，分别向自己的农艺人员支付工资。

总的来说，34 个省份中有 21 个省份的省级和县级地方自治局协同向农业人员支付工资。这种“机械奖励”制度的缺点的确很多，但是与在教育方面相比，在农艺学方面的缺点相对较少。这是因为它调动了县级地方自治局的主动性，省级地方自治局不需要支出太多就可以了。

1889 年，34 个省份对于农艺师的拨款达到 22.2 万卢布，1900 年增加到 27.9 万卢布，1901 年为 33.5 万卢布。[①] 到 1904 年，仅省级地方自治局对于农艺师的支出就已达到 33.24 万卢布。[②] 1904 年，在 359 个县中，有 130 个县对农艺师没有任何拨款，有 96 个县的拨款少于 1000 卢布，98 个县在 1000 卢布到 2000 卢布之间，只有 35 个县超过了 2000 卢布。[③]

（四）地方自治机构的农区建设与农艺师的转变

19 世纪末 20 世纪初，在农业改革的背景之下，粗线条地设置省级农艺师和县级农艺师的做法已经不能满足农业进一步发展的需要。虽然大部分省份和县份都拥有了自己的农艺师，但是面对全县的广大地域和众多人口，仅靠一两名农艺师来推广农业技术和传播农业知识显然是不够的。这就需要不断增加农艺师的数量。但是在农业改革的背景之下，对地方自治机构来说，仅仅增加农艺师的数量并不能取得最佳效果，因为他们是“县级”的农艺师，不是“乡级”的，更不是“村级”的，单纯的数量增加并不意味着能够更加深入地接触农民。也就是说，农艺师的设置受到地方自治机构本身的限制，没有更低层次、更小单位上的农艺师，这就阻碍了农艺师最大限度地发挥作用。当农艺师数量较少的时候，这一矛盾尚不明显；随着农艺师数量的增多，就需要对他们进行规划安排，让他们更加深入地接触农村。在这方面，地方自治机构有设置医疗区的成功经验，于是它们仿

---

① Н. Г. Королёва, Основные направления хозяйство-экономической деятельности земств в XIX-начале XX века// Земское самоуправление в России: 1864 – 1918 , Т. 1, под ред. Н. Г. Королёвы [М], С. 341.

② Б. Б. Веселовский, История земства за сорок лет, Т. 2 [М], С. 149 – 150.

③ Б. Б. Веселовский, История земства за сорок лет, Т. 2 [М], С. 149.

照医疗区的规划，也对各县农村地区进行规划，设置若干个农区（агрономический участок），一个农区下辖若干个乡，力争每个农区都有一名常驻的农区农艺师（участковый агроном），以便解决农民的实际问题。这种农业规划改革是地方自治机构为发展农业经济而采取的重大举措。

于是，地方自治局开始重点聘请农区农艺师。库尔斯克、莫斯科、下诺夫哥罗德、奥洛涅茨、萨马拉、乌法等省都聘请了自己的农区农艺师。在萨马拉省，按照 20 世纪初期的规划，305 个乡要设立 200 个农区，每一个农区都要建设试验田、苗圃场、菜园和有育种牲畜的农场。[①] 到 1910 年，省内 7 个县已经全部设立了农区，当年全省共有 39 个农区；后来，像医疗区的建设一样，农区规划也越来越细致，农区的数量越来越多，每个农区的面积也相应缩小，到 1914 年，全省的农区数量已经增加到 74 个。[②] 相比较而言，商品谷物农业地区的农区建设更加迅速，如新乌津斯克县的农业区在 1910 年为 13 个，到 1914 年增加到 20 个，布古鲁斯兰县从 6 个增加到 12 个，而萨马拉县和布古利明斯克县到 1914 年也分别有 4 个和 6 个农区。[③] 在辛比尔斯克省，1910 年该省地方自治局计划在全省建立 31 个农区，每个农区配套建设有农具展示站、种子和肥料仓库、农业示范区。每个县的农区数量也不一样，最少的库尔梅什斯克县和阿拉特里县有 3 个农区，最多的塞兹兰县有 5 个农区。[④]

农区农艺师的主要任务是向各种土地所有者提供农艺学方面的帮助，包括近距离地指导农民耕作，推广使用符合当地条件的农业技术和工具等。在有些地区，农区农艺师还有权在农村贷款储蓄公司的会议上发言。在萨马拉省，农区农艺师还要遵循该省农业经济协会的指示。

---

① П. С. Кабытов，Самарское земство：опыт практической деятельности（1865 – 1918 гг.）［M］，С. 247.

② П. С. Кабытов，Самарское земство：опыт практической деятельности（1865 – 1918 гг.）［M］，С. 243.

③ П. С. Кабытов，Самарское земство：опыт практической деятельности（1865 – 1918 гг.）［M］，С. 243.

④ А. В. Григорьев，Взаимоотношение земских учреждений и крестьянских общин в начале XX века（на материале средневолжских губерний）［J］，Вестник Екатериннского института，2011 г.，№ 2（14），С. 122.

农区农艺师来到某一个地方之后，首先要熟悉当地的总体环境，然后要制订改善农业的方案、建立农业示范区并向当地民众宣传农业新技术和农作物新品种。宣传的方式有交谈、宣讲和展示等。一般的，交谈和展示在农村集市上进行，与农民进行毫不拘束的交流，就农业方面的各种问题交换意见，而宣讲则会在农村学校和图书馆进行。农区农艺师可以在地主和农民的土地上或者单独开辟出一小块展示区，向他们展示合理的耕作方法和优良农作物品种。

在设置农区农艺师的同时，地方自治机构也没有废除省县两级农艺师的职位，而是让他们作为协调者，解决各个农区农艺师的困难和问题。

为了建设农区，不少地方自治局和政府一起分担农区的建设经费。例如在辛比尔斯克省，每个农区每年的设备费用是2000卢布，每年的运营经费是1000卢布，农艺师的年工资是1500卢布，这些资金都由地方自治局和政府平均分摊。在这种情况下，省县两级地方自治局对农区的经费投入为30080卢布，1912年增加到33750卢布。①

当然，由于农艺学人才的培养并不能满足实际需求，并不是每个农区都设置有农艺师，这跟并非每一个医疗区都能配备一名医生是一样的道理。到1914年，在萨马拉省的74个农区中，只有61名农区农艺师，此外还有8名县级农艺师。②

二　地方自治机构与农业组织

有些农业组织如农业协会等早在地方自治改革之前就已经存在。例如，成立于1849年的卡卢加省农业协会（Калужское общество сельского хозяйства）便声称自己的任务是“根据当地的气候、土壤、经营状况以及其他条件，从各个领域发展卡卢加省的农业”，要想成为该协会的会员必须

① А. В. Григорьев, Взаимоотношение земских учреждений и крестьянских общин в начале XX века（на материале средневолжских губерний）[J], Вестник Екатериннского института, 2011 г., № 2（14）, С. 122.

② П. С. Кабытов, Самарское земство：опыт практической деятельности（1865 – 1918 гг.）[M], С. 243.

每年缴纳5个银卢布或者一次性缴纳50个银卢布，所以会员一般是贵族。[①]为了发展农业，这些组织周围不仅聚集了一批农业主，还有一些农业专家。

农业协会有自己的纲领和行动计划，独立地对农业状况和农业发展措施等发表意见。对地方自治局的农业活动影响最大的要数莫斯科省农业协会，后者曾经声称，对于农业政策方面的所有问题，“只有在农业协会和农业主代表大会的专家们预先讨论过之后”，政府才应该着手研究。[②]他们凭借自己的专业背景，对地方自治机构的农业活动进行了规划，认为地方自治局应该为农艺师、试验田等提供经费，并发展初等农业学校。1892年末，为了“彻底弄清楚地方自治局在农业问题上的措施并将这些措施的实施结果传达给其他地方自治局”，莫斯科省农业协会成立了一个专门的委员会，希望借此能够改变各地方自治局之间彼此隔绝的状态。该协会认为，只有政府、地方自治局和其他社会机构的力量协调起来，才能帮助农业生产走出危机，而改善农业状况的最有效方式就是“实现农业科学的作用和意义，赋予地方农业协会和农业主代表大会崭新的地位”。[③]这种观点得到了一些地方自治局的认同，它们之间展开了合作。

在地方自治局看来，农业协会也可以作为在农村实施农业政策的有力助手，农业协会越多、规模越小，就越能使农民接触到农业方面的专家。因此地方自治局鼓励地方上建立小型农业协会（包括小型专门农业协会，如养蜂人协会），甚至为其提供资助。而对于农业协会来说，能够在地方自治局的支持下发展自己的底层组织，也是增强自己力量的重要方式。

在波尔塔瓦省，省地方自治局决定向新成立的小型农业协会一次性拨款200卢布，然后每年拨款100卢布，并要求县级地方自治局也拿出同等数目的

① Т. А. Свиридова, Калужское земство. 1865 – 1918. Очерки истории［M］, С. 60.

② Н. Г. Королёва, Основные направления хозяйство-экономической деятельности земств в XIX-начале XX века// Земское самоуправление в России: 1864 – 1918, Т. 1, под ред. Н. Г. Королёвы［M］, С. 336.

③ Н. Г. Королёва, Основные направления хозяйство-экономической деятельности земств в XIX-начале XX века// Земское самоуправление в России: 1864 – 1918, Т. 1, под ред. Н. Г. Королёвы［M］, С. 335 – 336.

资助资金，条件是每个协会每年必须提交自己的报告。[①] 比尔姆省地方自治局的经验表明，小型农业协会丝毫不会妨碍地方自治局的活动，反而有助于它的发展。总的来看，在波尔塔瓦、萨马拉、维亚特卡、比尔姆、萨拉托夫、圣彼得堡、图拉等省，农业协会与地方自治局之间保持了良好的关系，其数量迅速增长。到 1906 年，波尔塔瓦省建立了 72 个普通农业协会和 1 个专门农业协会，萨马拉省建立了 45 个普通农业协会和 4 个专门农业协会，维亚特卡省建立了 34 个普通农业协会和 8 个专门农业协会，圣彼得堡省建立了 19 个普通农业协会和 13 个专门农业协会。[②] 到 1906 年，34 个省份成立的小型普通农业协会有 497 个，小型专门农业协会有 162 个，总计 659 个。[③] 总的来看，农业协会的数量并不多，而且在实际上有些协会的存在时间并不长。

除了农业协会以外，地方自治局还支持召开农业主代表大会（съезды сельских хозяев）。对于政府来说，它更愿意召开此类会议，而不是地方自治代表大会。在政府对地方自治局的活动进行干涉的时候，后者就希望通过农业主代表大会来探讨各种农业问题，如歉收、动物疫病、农产品销售等。代表大会上会提出改善农业、发展农艺学的建议。各省地方自治局组织本省的农业主代表大会，并适时推动召开全俄农业主代表大会。

早在 19 世纪六七十年代，哈尔科夫省、塔夫里奇省、诺夫哥罗德省、弗拉基米尔省、科斯特罗马省、叶卡捷琳诺斯拉夫省就提出要召开全俄农业主代表大会。前五届全俄农业主代表大会分别在 1865 年、1870 年、1872 年、1875 年和 1878 年举行，此后直到 1895 年才召开新一届全俄农业主代表大会。到 90 年代中期，随着农业经济危机的加深和地方自治局在农艺学组织方面的推进，农业主代表大会又重新出现了。乌法省地方自治局认为："这种代表大会的主要目的，就是制定地方自治机构在农业领域的共同规

① Б. Б. Веселовский, История земства за сорок лет, Т. 2 ［М］, С. 165.

② Б. Б. Веселовский, История земства за сорок лет, Т. 2 ［М］, С. 165.

③ Б. Б. Веселовский, История земства за сорок лет, Т. 2 ［М］, С. 165; Н. Г. Королёва, Основные направления хозяйство-экономической деятельности земств в XIX-начале XX века// Земское самоуправление в России: 1864 - 1918 , Т. 1, под ред. Н. Г. Королёвы ［М］, С. 341.

划。"[1] 终于在 1895 年，第六届全俄农业业主代表大会在莫斯科举行，与会者包括各省的地方自治活动家，他们对于地方自治农业问题给予了很多关注。但是到 1905 年革命之后，农业主代表大会被迫停止召开。

总的来说，进入 20 世纪之后，地方自治局越来越成功地就地方自治事务，特别是经济事务互相交流经验。1902 年召开了全俄手工业者代表大会，1901 年在波尔塔瓦召开了地区性的手工业者代表大会，1904 年在库尔斯克举办了手工业博物馆代表大会，1907 年举行了第一届地方自治移民代表大会。除此之外，地方自治局还多次组织某些专业领域的代表大会，例如，库尔斯克省在 1903 年、萨马拉省在 1904 年举办了养蜂人代表大会；库尔斯克省在 1906 年召开了试验田活动家代表大会；比尔姆省在 1901 年、乌法省在 1907 年召开了贷款储蓄公司代表大会。代表大会上讨论的主题与时俱进，这些代表大会也成为地方自治局经济活动的重要环节。

三 地方自治机构与改良农作物

地方自治局在改良农作物方面的活动可以分为以下几个部分：建立农场（фирма）、试验田（опытное поле）、示范区（показательный участок）、验证区（доказательный участок）。另外，为了改善农作物种植方式、提高农民对土地的使用效率，地方自治局还推广种植牧草。

（一）农场

在 19 世纪 80 年代，一些地方自治局开始建设农场。但由于农场造价高昂，它们并没有普及。到 1908 年前后，地方自治局大约开设了 30 家农场。之所以用“大约”，是因为有些农场就其组织形式来说应该被列为试验田的变种，它们今年可能是农场，明年就可能变成试验田。农场的规模不一，格拉佐夫县的上苏诺农场有 227 俄亩，乌尔朱姆斯克县的奥库涅夫农场有 173 俄亩，瓦尔纳维诺县的农场只有 20 俄亩。有些农场还建有很多辅助设施。例如，科斯特罗马省地方自治局的格罗季谢庄园建有磨坊、奶油站、

[1] Б. Б. Веселовский, История земства за сорок лет, Т. 2［М］, С. 160.

亚麻加工站和养蜂场。1900 年，这家农场又聘请了专门的医士。该农场每年的支出达到 4500 卢布左右，而农场设备价值超过 2.5 万卢布。[①]

这些农场可以分为两种：独立农场和农业学校下属农场。其中后者占到了农场总数的一半左右，它们主要是为教学服务的。独立农场有 17 家，其中维亚特卡省有 7 家，比尔姆省有 6 家，科斯特罗马省有 3 家，奥洛涅茨省有 1 家。[②] 农场的建设费用是非常高的，地方自治局建设农场也能得到政府的扶持，如维亚特卡省的一家大型农场每年能够得到的政府补贴为 1000～1500 卢布。[③]

（二）试验田

地方自治局对于试验田的关注度要大得多。建设试验田的想法是比尔姆省地方自治局首先提出的。试验田的面积大小不一，一些可以作为农场，另一些更接近示范区。试验田与农场一样，有些是独立的，有些则附属于农业学校。其中面积最大的是赫尔松省和波尔塔瓦省的试验田，其他各地的试验田面积较小。县级地方自治局发展试验田通常会获得省级地方自治局的资助，如卡卢加省对每块试验田的资助额为340～750 卢布，萨马拉省为 500 卢布。[④]

在莫斯科、维亚特卡、科斯特罗马、萨马拉、普斯科夫等省，地方自治局还在政府的扶持下建立了农业试验站（сельскохозяйственные опытные станции），它的任务不仅是向农民展示试验结果，更重要的是从事农业方面的科学研究。在这些农业试验站的基础上，苏联于 20 世纪二三十年代建立起了一些农艺学研究中心。例如，在份地部门的资助下，萨马拉省划出 325 俄亩的土地，创办了一个服务于萨马拉、辛比尔斯克和乌法三个省的别泽楚克农业试验站，以研究如何在干旱地区栽培农作物，那里除了有试验

① Б. Б. Веселовский，История земства за сорок лет，Т. 2［M］，С. 200.

② Б. Б. Веселовский，История земства за сорок лет，Т. 2［M］，С. 200.

③ Н. Г. Королёва，Основные направления хозяйство-экономической деятельности земств в XIX-начале XX века// Земское самоуправление в России：1864 – 1918，Т. 1，под ред. Н. Г. Королёвы［M］，С. 341.

④ Б. Б. Веселовский，История земства за сорок лет，Т. 2［M］，С. 202.

田以外，还有实验室和气象站，它包含四个科室：作物栽培科、机械制造科、育种科和计量科（即气象站）。该试验站不仅试验了在旱区栽培作物的技术，研究出了抗旱的方法，还栽培了一年生和多年生的牧草，培育出了农作物新品种。[①] 普斯科夫省也建有一个服务于普斯科夫、圣彼得堡、特维尔、诺夫哥罗德等省份的农业试验站。该农业试验站的前身是一个土壤实验室，它不仅分析土壤，还研究种子、饮用水、奶制品等。后来，它的主要任务变为研究如何进行亚麻育种。1913 年，普斯科夫省地方自治局向该农业试验站拨款 8000 卢布，1915 年增加到 10560 卢布，另外农业部的拨款还有 8060 卢布。[②]

（三）示范区和验证区

地方自治局还建立了用于教学的示范区，以促进农业方法的推广。验证区是示范区的补充，它们的区别是验证区并不是确定的区域，只要农民或者地主同意农艺师在自己的土地上试验某项农业方法，这份田地就叫验证区。示范区和验证区合称为展示区（демонстративный участок）。

维亚特卡省地方自治局早在 1891 年就开始推广设立展示区。到 1898 年，有 40 个县和 2 个省地方自治局设置了类似的展示区。展示区数量最多的是比尔姆省、维亚特卡省、下诺夫哥罗德省、赫尔松省、科斯特罗马省和叶卡捷琳诺斯拉夫省。在叶卡捷琳诺斯拉夫省，展示区是由国民教师直接管理的。到 1905 年，已经有 126 家县级地方自治局和几家省级地方自治局拥有了示范区，而且波尔塔瓦省还对设立示范区的县级地方自治局进行资助。[③]

1889 年，34 个省份对于建设试验田、农场、试验站的总支出为 19.2 万卢布，1900 年增加到 22.4 万卢布。[④] 1904 年，各地对上述项目的拨款总额

---

① П. С. Кабытов, Самарское земство: опыт практической деятельности（1865 – 1918 гг.）[М], С. 249 – 250.

② А. В. Флимонов, Из истории Псковской сельскохозяйственной опытной станции [J], Псков. Научно-практический, историко-краеведческий журнал, 2011 г., № 34, С. 199 – 200.

③ Б. Б. Веселовский, История земства за сорок лет, Т. 2 [М], С. 203.

④ Н. Г. Королёва, Основные направления хозяйство-экономической деятельности земств в XIX-начале XX века// Земское самоуправление в России: 1864 – 1918, Т. 1, под ред. Н. Г. Королёвы [М], С. 341.

为 32.74 万卢布，其中省级地方自治局拨款 15.79 万卢布，县级地方自治局拨款 16.95 万卢布，分别占其总支出的 9.2% 和 8.3%。[①]

（四）种植牧草

地方自治机构改善农作物种植方式的一项措施就是推广种植牧草（травосеяние），包括三叶草、梯牧草、野豌豆、紫花豌豆等。一方面，在位置较远的份地种植牧草能够改善天然草地，增加牲畜的饲料；另一方面，在耕地上轮种牧草，改变连年播种单一作物的传统，可以有效地抗重茬，并为土地提供更多的矿物肥料，恢复地力。

这项措施是莫斯科省在 19 世纪 80 年代末首先提出的。农艺师们向农民宣传，重茬即连续播种同一种作物导致土壤肥力的消耗，使粮食产量下降，所以应该采用多区轮作制（многопольный севооборот），播种含氮物质多的三叶草、梯牧草等，以增加土壤的肥力。最开始的时候农民对此不太容易接受，经过一系列成功的试验之后，他们的怀疑打消了。到 1903 年，莫斯科省实行牧草种植的有 770 个村庄，它们一共拥有 22 万俄亩的土地。在维亚特卡省，1901 年种植牧草的土地为 67.5 万俄亩，其中在公共土地上有 35.75 万俄亩。[②] 地方自治局为了奖励种植牧草，还免费提供种子。到 1900 年，共提供种子 12490 普特，价值 11920 卢布；1901 年为 11535 普特，价值 9173 卢布。[③] 在推广种植牧草的大部分县份，“农民对于种植饲料作物的结果几乎总是满意的”。[④] 在 1902 年和 1903 年，莫斯科农艺师代表大会对于在农民土地上种植牧草的实践表示了赞赏。

在卡卢加省，从 1904 年开始，邻近莫斯科省的博罗夫斯克县、小雅罗斯拉维茨县、梅登县先后开始推广种植牧草。一开始农民们对于农艺师的建议很谨慎，只有 10 个村庄愿意这样做；但是一年之后种植牧草的村庄在

① Б. Б. Веселовский, История земства за сорок лет, Т. 2 ［М］, С. 204.

② Б. Б. Веселовский, История земства за сорок лет, Т. 2 ［М］, С. 205.

③ Б. Б. Веселовский, История земства за сорок лет, Т. 2 ［М］, С. 205 – 206.

④ Н. Г. Королёва, Основные направления хозяйство-экономической деятельности земств в XIX-начале XX века// Земское самоуправление в России: 1864 – 1918, Т. 1, под ред. Н. Г. Королёвы ［М］, С. 342.

全省范围内达到近 100 个。[①] 为了帮助农民种植牧草，地方自治局还向农民提供购买种子的贷款，甚至免费向农民发放种子。1910 年，在卡卢加省的沃洛科拉姆斯克县，大约有一半的村社实行了多区轮作制，58.4% 的份地播种上了牧草。[②] 在卡卢加县，播种牧草的村庄在 1904 年有 4 个，1913 年有 39 个，1914 年增加到 73 个。[③]

到 1904 年，资助种植牧草的有 8 个省级地方自治局（弗拉基米尔、库尔斯克、诺夫哥罗德、萨马拉、萨拉托夫、辛比尔斯克、图拉和雅罗斯拉夫尔）和 28 个省的接近 80 个县级地方自治局。[④] 倡导种植牧草的地方自治局多是非黑土区的省份，而在黑土区省份种植牧草的做法并不普及。非黑土区省份之所以相对较早地开始推广种植牧草，是因为那里土壤较为贫瘠，自然条件不是太好，将播种粮食的耕地换成饲料地对于农民来说比较有利，而黑土区则是较为发达的农业区，那里的农民关注的是如何尽可能地将偏远的土地种上粮食，所以几乎没有地方来种植牧草。

四　地方自治机构与农机具和良种的推广

农业技术水平低下是造成农业落后和农民贫困的重要原因。要改善农业耕作方式，提高农业耕作技术，增加粮食产量，就必须在农村中推广使用先进的农机具，推广使用良种。为此，地方自治机构创建了农业仓库（主要从 19 世纪 90 年代开始），并由农艺师负责采购和销售农机具和良种，向农民展示在当地采用某种新技术的优势。所以说农业仓库像国民教育中的书库一样，并不是单纯的仓库，而是一个产品销售中心。地方自治机构通过建立农业仓库，降低了农机具和良种的价格，而且其不仅从事现金销售，还开展贷款销售业务，这就使贫苦农民也有机会使用先进农机具和良种。

---

① Т. А. Свиридова，Калужское земство. 1865 – 1918. Очерки истории ［М］，С. 85.

② Т. А. Свиридова，Калужское земство. 1865 – 1918. Очерки истории ［М］，С. 85.

③ Т. А. Свиридова，Калужское земство. 1865 – 1918. Очерки истории ［М］，С. 86.

④ Б. Б. Веселовский，История земства за сорок лет，Т. 2 ［М］，С. 206.

（一）在农业仓库建立之前地方自治局推广农机具和良种的方式

在19世纪六七十年代，就有一些县级地方自治局开始关注推广农机具和良种。但是由于资金有限，地方自治机构对于这项活动的拨款非常少，一般二三百卢布，很少超过1000卢布。[①]

在19世纪70年代，有16个县级地方自治局在推广机器和农机具，有20个县级地方自治局在推广种子。[②] 这些县份几乎都位于非黑土带——沃罗格达、维亚特卡、科斯特罗马、比尔姆等省，而在黑土带，有如此行动的只有极少数县份。其中原因不难理解：黑土带地区土壤肥沃、气候适宜，即便不用先进农机具和良种也能获得相对较好的收成，这就让它们没有更多的动力去提高农业技术；而非黑土带则没有这一天然优势条件，只能用技术来弥补自然条件的不足。

与非黑土带相比，黑土带的地方自治局资助的往往不是农民，而是地主。例如，1877年塔夫里奇省向27个人卖出了价值9866卢布的机器，平均每人365卢布。[③] 显然，这种农机只有地主和富农能够买得起。这跟黑土带的地主经济较为发达有密切的关系。

到19世纪80年代，从事推广农机具的县份达到近40个，而推广种子的接近25个。[④] 可见从80年代开始，地方自治局关注的焦点转移到了推广农机具上面，而销售种子则退居二线。这主要是因为改良农种需要配套建设农场并不断进行试验和筛选，否则种子就容易退化，它的技术难度和成本相对更高一些。

但是由于没有固定的销售场所，各县级地方自治局主要依靠乡公所帮助销售农机具和良种，而且几乎仅用现金交易而不是贷款，所以它们的销售范围和销售额都很有限，难以实现推广农机具和良种的任务。例如，在19世纪90年代之前依靠乡公所做销售做得最好的是维亚特卡省，但该省在

① Б. Б. Веселовский，История земства за сорок лет，Т. 2 ［М］，С. 178.
② Б. Б. Веселовский，История земства за сорок лет，Т. 2 ［М］，С. 179.
③ Б. Б. Веселовский，История земства за сорок лет，Т. 2 ［М］，С. 179.
④ Б. Б. Веселовский，История земства за сорок лет，Т. 2 ［М］，С. 179.

1882～1889 年仅仅销售了价值 18752 卢布的农机具。[①] 这当然无法满足实际需要。

总的来说，在农业仓库设立之前，无论从地域来说还是从金额来说，地方自治机构在推广农机具和良种方面的作为比较有限。

（二）农业仓库的产生和发展历程

进入 19 世纪 90 年代以后，俄国的工业部门已经能够生产出在当时条件下满足农业生产需要的农机具，但是价格比进口商品高很多，能够使用它的只有一些地主和富农。而对于大量的普通农民来说，不用说农用机械，他们连较为先进的农具都买不起。于是，为了推广农机具和良种，建立起自己的农业仓库逐渐成为绝大多数县级地方自治局的首选。

而省级地方自治局则没有那么统一，农业仓库并没有成为它们的一致选择。到 20 世纪初期，省级地方自治局参与推广农具和种子的方式有 5 种：（1）完全不管，有沃罗涅日、比萨拉比亚、坦波夫、梁赞、斯摩棱斯克、塔夫里奇、赫尔松和切尔尼戈夫 8 个省份；（2）拥有自己的省级农业仓库，有 14 个省份；（3）资助农业协会，有 3 个省份；（4）向县级地方自治局贷款，有维亚特卡、库尔斯克、比尔姆、圣彼得堡和波尔塔瓦 5 个省份；（5）主要向县级地方自治局提供资助，同时或多或少地参与县级农业仓库的建设，是县级地方自治局的代理人，这样的省份有 4 个（莫斯科、叶卡捷琳诺斯拉夫、萨拉托夫和哈尔科夫）。[②] 但总的来讲，建设农业仓库是推广农机具和良种的最好方式，也是大多数地方自治局（特别是县级地方自治局）的选择。

1890 年的《省级和县级地方自治机构条例》第 2 条第 11 款规定，地方自治机构可以"使用属于地方自治局的方式促进农业、贸易和工业的发展"[③]，这就是它们建设农业仓库进行贸易活动的法律依据。在法律政策的

① Б. Б. Веселовский，История земства за сорок лет，Т. 2［М］，С. 181.

② Б. Б. Веселовский，История земства за сорок лет，Т. 2［М］，С. 186.

③ П. С. Кабытов，Самарское земство：опыт практической деятельности（1865 – 1918 гг.）［М］，С. 159.

支持下，各地方自治局开始拨款建立更多的农业仓库。

最开始，地方自治局为农业仓库提供的只有一些普通的棚子，用来存放货物。仓库的经营者是由地方自治局任命的，不一定是农艺师。后来随着农艺师数量的增长和农艺学的发展，仓库一般交给农艺师来管理。因为农艺师知道，农民要达到某种目的需要用什么样的农具或农机，这样农民就能够买到自己所需要的产品。

从 19 世纪 90 年代起，各县农业仓库的数量迅速增长。1885 年只有 12 家，1890 年为 37 家，到了 1894 年增加到 118 家，1895 年为 152 家，1898 年为 254 家，1905 年为 312 家，也就是说 86% 的县已经拥有自己的县级农业仓库。除此之外，它们还有 504 家分支机构。此外，有 14 个省级地方自治局拥有自己的省级仓库和 52 个分支机构。总的来说，到 1905 年一共有 326 家仓库和 556 家分店，共 882 个销售地点。① 其中仓库数量最多的省份是莫斯科、维亚特卡、诺夫哥罗德、库尔斯克、比尔姆、萨拉托夫、萨马拉、辛比尔斯克、特维尔、乌法、卡卢加、哈尔科夫和雅罗斯拉夫尔，这些省份的每个县都拥有自己的农业仓库。最少的是普斯科夫、叶卡捷琳诺斯拉夫、比萨拉比亚、塔夫里奇、图拉、切尔尼戈夫、卡卢加、喀山和梁赞。到 1914 年，萨马拉省已经设立了 27 家农机仓库和 18 家种子仓库。②

在 19 世纪 80 年代末，农用机器和种子的销售额最多只有 10 万卢布；1894 年，销售额最多的波尔塔瓦省和莫斯科省的农业仓库销售额分别只有 3.7 万卢布和 2.9 万卢布；而到了 1905 年，根据 Б. Б. 维谢洛夫斯基的估计，大约为 1150 万卢布，其中县级仓库大约为 950 万卢布，省级仓库大约为 200 万卢布。③ 这些仓库销售额的增长也可以通过周转贷款（оборотный кредит）额表现出来，当然，后者的数额比销售额小。农业仓库部分年份

① Б. Б. Веселовский, История земства за сорок лет, Т. 2 [М], С. 181; Н. Г. Королёва, Основные направления хозяйство-экономической деятельности земств в XIX-начале XX века// Земское самоуправление в России: 1864 – 1918, Т. 1, под ред. Н. Г. Королёвы [М], С. 345.

② П. С. Кабытов, Самарское земство: опыт практической деятельности (1865 – 1918 гг.) [М], С. 251.

③ Б. Б. Веселовский, История земства за сорок лет, Т. 2 [М], С. 196.

的周转贷款额为：1896 年 97 万卢布，1898 年接近 188.5 万卢布，1903 年 679.7 万卢布，1904 年 723.6 万卢布。[①] 由此也可以看出农用仓库的发展之迅速。1903 年，在 311 个县级仓库中，营业额超过 2 万卢布的有 84 个，其中超过 10 万卢布的有 7 个。[②] 从 1900 年至 1904 年，各农业仓库的资本总额从 10.5 万卢布增加至 67.1 万卢布。[③] 在辛比尔斯克省，阿拉特里县的农业仓库在 1909 年营业额为 33475 卢布，1910 年增加到 44752 卢布，塞兹兰县农业仓库的营业额在 1910 年达到 163825 卢布。[④]

在农业仓库，所有的商品一般可以分为以下几个种类：一是小型农具，如钐刀、镰刀、钉齿耙、斧子；二是耕地农具，如犁、耙；三是播种机械和收割机械，如割草机、收割机、脱粒机、扬场机；四是种子、蜂箱、铁皮和钉子。相对来说，小型农机具的需求量要大得多。例如，萨马拉省的地方自治农业仓库在 1895～1899 年的 5 年里，钐刀的销量最多，为 135907 把；其次是镰刀，为 67360 把；单铧犁卖出了 6497 个，双铧犁卖出了 1844 个；割草机的销售量是 412 台，马拉耙机为 308 台；销量最少的是脱粒机，为 156 台，而且基本上是马拉脱粒机，蒸汽动力脱粒机在全省范围内一年只能卖出一两台。[⑤] 屋面铁皮是一种防火用具，因为地方自治局提供贷款，其销售量不断增长。从 1901 年至 1904 年，通过仓库销售的屋面铁皮占其销售总量的比例从 29% 上升到 34%。[⑥]

在 20 世纪初期，政府也开始对地方自治局购买农业机械和铁皮进行资

---

① Б. Б. Веселовский，История земства за сорок лет，Т. 2 ［М］，С. 183.

② Б. Б. Веселовский，История земства за сорок лет，Т. 2 ［М］，С. 188.

③ Н. Г. Королёва，Основные направления хозяйство-экономической деятельности земств в XIX-начале XX века// Земское самоуправление в России：1864 – 1918 ，Т. 1，под ред. Н. Г. Королёвы ［М］，С. 347.

④ А. В. Григорьев，Взаимоотношение земских учреждений и крестьянских общин в начале XX века（на материале средневолжских губерний）［J］，Вестник Екатериннского института，2011 г.，№ 2（14），С. 123.

⑤ П. С. Кабытов，Самарское земство：опыт практической деятельности（1865 – 1918 гг.）［М］，С. 160.

⑥ Н. Г. Королёва，Основные направления хозяйство-экономической деятельности земств в XIX-начале XX века// Земское самоуправление в России：1864 – 1918 ，Т. 1，под ред. Н. Г. Королёвы ［М］，С. 348.

助，向它们提供贷款。在北部地区，地方自治局对于农具和屋面铁皮的需求有92%能够得到满足，西北部为65%，南部和东部为20%~25%，中部地区为55%。[①]

受农业仓库之利最多的是农民。无论在数量上还是在金额上，他们都是仓库购买者的主体。例如在萨马拉省，从1895年至1899年，农业仓库的农民消费者数量增长了100倍，达到2042人，占到总数的86%，而地主消费者的数量仅增长了5.7倍，达到167人；与此同时，农民的消费金额达到7.5万卢布，而地主只有3万卢布。[②]

事实上，到1905年前后，县级农业仓库约950万卢布的营业额中，对农民的销售额大约为650万卢布，占2/3，对地主的销售额大约为300万卢布，占1/3；省级仓库销售额大约为200万卢布，其中对农民和地主的销售额大约各占一半。所以，总的来看，省县两级仓库对地主的销售额大约为400万卢布，对农民的销售额大约为750万卢布。[③]

这里需要指出的是，农民和地主在农业仓库购买的农机具有较大的差异。无论是省级仓库还是县级仓库，虽然购买商品的农民比地主人数更多，但他们购买的几乎都是小型农机具——镰刀、钐刀、单马犁、种子等，最大的是风扬机，而地主购买的大多数为大型农用机械，平均价格要高很多。例如，19世纪末的萨马拉省，农业仓库在5年之间销售最多的是小型农具，多被农民购买；地主在农业仓库的一次消费额平均为448卢布，而农民仅为51卢布。[④] 所以农民的消费额超过地主主要是靠人数取胜。而省级仓库距离下层民众较远，不利于农民购买，所以那里对农民和地主的销售额相差不大。

---

① Н. Г. Королёва, Основные направления хозяйство-экономической деятельности земств в XIX-начале XX века// Земское самоуправление в России: 1864 – 1918 , Т. 1, под ред. Н. Г. Королёвы, С. 348.

② П. С. Кабытов, Самарское земство: опыт практической деятельности (1865 – 1918 гг.) [М], С. 160.

③ Б. Б. Веселовский, История земства за сорок лет, Т. 2 [М], С. 196 – 197.

④ П. С. Кабытов, Самарское земство: опыт практической деятельности (1865 – 1918 гг.) [М], С. 160.

（三）农业仓库的优势

总的来说，利用农业仓库发展农机具和良种贸易的优势有以下几点。

第一，这种仓库可以越过中间商而直接从厂家订货，销售价相对其他地方要便宜很多，这对于农机具和良种的推广极有好处。例如在萨马拉省，县级地方自治局的批发价只比出厂价高 2%，仓库最终销售时也只是再加价 5%。[①] 与当时的私营商业公司相比，该省地方自治农业仓库的产品销售价更低。例如，商业公司出售的铧犁售价为 50 戈比，播种机为 105 戈比，马拉脱粒机为 65 戈比，割草机为 160 戈比或 150 戈比，而农业仓库的这些农机具的售价分别为 40 戈比、88 戈比、52 戈比和 139 戈比。[②] 不仅如此，地方自治仓库还直接从俄国和外国的厂商那里共同订购货物，甚至各省级和县级地方自治局为此联合在一起。1899 年，在奥廖尔省地方自治局的倡议下，中部地区的 40 个地方自治局进行了共同采购，总额为 9 万卢布。1900 年，喀山省、奥廖尔省邀请众多地方自治局的代表开会共同商讨从外国订购货物的问题。从此之后，订购的规模也越来越大，在 1902～1903 年通过奥廖尔省进行订购的地方自治局数量达到 73 个。[③] 1904 年，奥廖尔、图拉和莫斯科三个省份再次商讨集体订购的问题，这三个省份已成为这方面的领导者。由于大量订货，地方自治局在贷款方面能够给予仓库很多让利和优惠。这种不经过中间商的大规模直接采购，使仓库能以出厂价订购商品，降低了成本，为农民购买农机具和良种创造了优惠的条件。此外，地方自治局直接分散订货也能带来其他好处，即可以形成厂商之间的竞争，有利于地方自治局在交易中掌握主动权。

但不可否认的是，由于地方自治农业仓库只是终端销售机构，它在降低农机具价格方面受到很多限制。这是因为俄国生产的农机具价格昂贵，而国外同类产品虽然廉价，但是俄国政府为了保护本国工业而采取了贸易保护主

① П. С. Кабытов, Самарское земство: опыт практической деятельности (1865 – 1918 гг.) [М], С. 161.

② Н. Г. Королёва, Основные направления хозяйство-экономической деятельности земств в XIX-начале XX века// Земское самоуправление в России: 1864 – 1918, Т. 1, под ред. Н. Г. Королёвы [М], С. 346.

③ Б. Б. Веселовский, История земства за сорок лет, Т. 2 [М], С. 192.

义策略，对进口商品开征高额关税，所以进口农机具的价格也很高。虽然地方自治局在销售环节做了很多努力，降低了农机具的销售价格，但是对于贫困的农民来说农机具仍然比较昂贵。1903 年，地方自治局承认，“由于没有大量的资金，民众减少了对仓库的使用，这对它们的流通产生了不利影响”。① 地方自治局向政府表示，政府的关税保护主义政策提高了农民的生产成本，使他们在与“使用价格更低的农具和机械”的国外农民的竞争中处于不利地位，不利于农业经济的繁荣，因此需要对政府的财政政策进行修订。

在实践中，为了尽可能地扩大农机具的适用范围，地方自治局采取了三种办法：一是号召农民合伙购买不太复杂的农机具；二是发展贷款销售；三是许多地方自治局只卖农机具的金属部分，而让农民回去后用手工方法补充上木质部分。

第二，地方自治局的农用仓库不仅支持现金贸易，而且更多地开展贷款销售。农民可以先交商品价的 1/4 作为定金，然后一年之内将其余的数额补齐；也可以进行贷款，贷款时地主需持有期票，农民需持有担保证明，贷款的期限比较长，为 3～5 年，年利率为 6%。② 这就方便了穷人购买农机具和良种。在 1899 年的萨马拉省，贷款购买农机具的地主有 13 人，农民有 326 人，贷款总额达到 16542.09 卢布，而当年的仓库销售总额也不过是 20 万卢布。③ 另外，贷款销售促进了复杂农机具在农村的普及。例如在萨马拉省，19 世纪末期，普及程度最高的农机具是犁和耙，扬场机、脱粒机、割草机、打捆机的推广速度也很快；从 1908 年起，普通播种机也日益走进寻常百姓家。④

① Н. Г. Королёва, Основные направления хозяйство-экономической деятельности земств в XIX-начале XX века// Земское самоуправление в России: 1864 – 1918, Т. 1, под ред. Н. Г. Королёвы [М], С. 345.

② П. С. Кабытов, Самарское земство: опыт практической деятельности (1865 – 1918 гг.) [М], С. 161; Н. Г. Королёва, Основные направления хозяйство-экономической деятельности земств в XIX-начале XX века// Земское самоуправление в России: 1864 – 1918, Т. 1, под ред. Н. Г. Королёвы [М], С. 346.

③ П. С. Кабытов, Самарское земство: опыт практической деятельности (1865 – 1918 гг.) [М], С. 161.

④ П. С. Кабытов, Самарское земство: опыт практической деятельности (1865 – 1918 гг.) [М], С. 251.

第三，地方自治农业仓库与地方上的经销商形成了竞争，迫使这些垄断农机销售市场的私营商人也降低销售价格，有些商人把价格降低了 20% 甚至更多。[①] 例如在萨马拉省，两年之内私营商人将马拉耙机的价格降低了 21%，割草机价格降低了 11.8%，播种机价格降低了 17.4%。[②] 这种降价对于普通农民来说毫无疑问是有利的。

第四，像书库一样，农业仓库经营的成功也为地方自治局带来了一笔可观的收入。如果农业仓库不获利，最初的资金投入就会逐渐消耗殆尽，其将无法存在。但是它们又不能随意提价，地方自治局也不会让它们销售的产品价格太过高昂，这样它们只能最大限度地增加销售额，以赚取代理费。在这种思路下，地方自治局创立的农业仓库都获得了利润。例如萨马拉省的农业仓库在 1905 年的纯利润达到 102675 卢布。[③] 这些利润对于地方自治局来说有着重要意义，它使其有可能依靠自己不断增长的资金收入来扩大预算支出，用于发展教育、医疗等。地方自治局类似的获利部门还有药店、印刷厂、书库等。

因为农业仓库有这么多的优势，所以在省县两级地方自治机构的配合之下，它们的营业范围不断扩大，集体订购的不再仅仅是农业用品，还包括药品、文化用品等。

五　地方自治机构与农业工人问题

在 1861 年改革之后，一些地主（特别是在南部地区）对廉价劳动力的不足感到不满。在改革期间，保证地主经济的劳动力供应一直是一个重要问题。在这方面，地方自治局的作为可以分为前后两个阶段。在 19 世纪 80 年代末期之前，地方自治局受到阶级立场的影响，主要考虑的是如何为地主经济提供足够的廉价劳动力，于是强迫农业工人履行与地主的合同。90

---

① Б. Б. Веселовский，История земства за сорок лет，Т. 2 ［М］，С. 193.

② П. С. Кабытов，Самарское земство：опыт практической деятельности （1865 － 1918 гг.）［М］，С. 161.

③ П. С. Кабытов，Самарское земство：опыт практической деятельности （1865 － 1918 гг.）［М］，С. 163.

年代以后，地方自治局对农业工人的管制有所放松，逐渐允许农业工人外出打短工。随着机器的普及，农村劳动力缺乏的状况得到极大缓解，地方自治局又开始采取一系列措施提高工人的地位，保障他们的权益。

为了加强对工人的管理，在 1865～1873 年，一些地方自治会议推出了工人证（рабочие книжки）制度。这些证件的作用就在于让工人彻底服从于企业主，加大其违约的难度。最先实行工人证制度的是沃罗涅日省地方自治局（1865 年），它规定，不仅工人要有工人证，而且雇佣者也应该具备；未缴欠款的农民（实际上就是所有农村居民）失去了迁居 30 俄里外地区的权利，因此只能将自己的劳动力以便宜的价格出卖给当地的地主。①

此后，很多地方自治局都将工人证作为雇佣的凭证，如果没有工人证，工人就不能被雇佣。对于破坏合同的行为，许多地方自治局对工人和地主区别对待。在一些地方（赫尔松县），如果地主招聘了没有证件的工人，那么他将会被处以罚款，但这种罚款太少，地主根本不会放在眼里；而在另一些地方（哈尔科夫省），雇主如果招收了没有证件的工人，只需负民事责任，而工人要负刑事责任。② 如果工人逃跑，警察在抓获之后会将其交给雇主，并以欺诈罪处罚违约工人。除此之外，违约工人还会被送去做公益工作（общественные работы），送进习艺所（работные дома）、强制劳动队（арестанские роты）等。1879 年，斯摩棱斯克省地方自治局认为，为了赔偿雇主的损失，要将工人送入工人之家，做公益工作，甚至可将其投入监狱。库尔斯克省、萨拉托夫省等地的地方自治局也持这种观点。③ 不过，如果工人有较高的工资和较好的工作条件，他当然不会逃走，雇主也就不需要想出各种措施来惩罚工人的违约行为。实际上，地方自治会议实行工人证制度，将逃跑的工人强制交给原雇主，都是为了使地主能够获得廉价的劳动力。

1886 年 7 月 12 日，政府出台了《农业工作雇佣法》。根据它的规定，

① Б. Б. Веселовский，История земства за сорок лет，Т. 2 ［М］，С. 106.

② Б. Б. Веселовский，История земства за сорок лет，Т. 2 ［М］，С. 108.

③ Б. Б. Веселовский，История земства за сорок лет，Т. 2 ［М］，С. 113.

签署正式合同对于劳资双方都不是必需的，但是一旦签署，工人违约则会遭到刑事处罚，雇主违约则会遭到民事处罚。1886年6月12日的法律通过以后，尽管在地方自治会议上加强镇压的观点还占主导，但是一些人已经对于强化惩罚措施持反对态度。有些议员认为，加强惩罚并不能保障雇主的利益，因此必须对1886年的法律进行修订，以保障合同的履行。

从1865年至1895年，只有22个县级地方自治局申请要从劳资两个方面保护合同关系，而主张加强对违约工人镇压的有72个地方自治局，它们主要分布在南部（34个）和中部耕作区（27个）。①

从1887年起，申请镇压工人的地方自治局大为减少，到1896年已经完全没有了。乍一看这可能与1886年的《农业工作雇佣法》有直接关系。但是实际上，这是因为私有经济经营条件的变化。从19世纪80年代末期，特别是从90年代初开始，俄国南部地区的农业生产中大规模采用机器，随后其他地区纷纷效仿，这导致经济关系发生了根本变化。对于地主来说，工人问题已经没有那么严重了。例如，南部省份的大地主A. A. 雅罗什科在1894年的莫斯科农业经济协会上说道："还在几年以前，新俄罗斯的经济还依赖于外来工人，特别是在丰收年份……有时候收入不可计数……而就在不久前，这种时代过去了，也不会重新出现了……这里的主要原因就是机器的普及，它们不仅是调整劳动报酬的助手……而且在五年之间几乎完全把之前的劳动组合从塔夫里奇的田野中赶走了。"②

从19世纪90年代中期开始，地方自治局才采取措施以解决农业中的工人问题。特别需要指出的是，在保护外来务工人员的利益方面，叶卡捷琳诺斯拉夫、萨马拉、萨拉托夫、赫尔松等省份为他们建立了医疗粮食站点，这具有重大的意义。

除此之外，一些地方自治局还颁布了一系列关于农业机器的行政命令。从1894年到1898年，叶卡捷琳诺斯拉夫省发生了1280起农业工人事故。③

① Б. Б. Веселовский，История земства за сорок лет，Т. 2［М］，С. 118.

② Б. Б. Веселовский，История земства за сорок лет，Т. 2［М］，С. 119.

③ Б. Б. Веселовский，История земства за сорок лет，Т. 2［М］，С. 126.

1896～1899年，赫尔松省的医生们登记了农业机器在工作中发生的不幸事故：1896年3个县共185起，1897年5个县253起，1898年2个县177起，1899年2个县127起。[①] 因此，对农业机器采取防护措施有着重大的意义。比萨拉比亚省、沃罗涅日省、坦波夫省、下诺夫哥罗德省、库尔斯克省、辛比尔斯克省、切尔尼戈夫省、哈尔科夫省都讨论了这一问题，而出台相应规定的除了叶卡捷琳诺斯拉夫省之外还有波尔塔瓦省、赫尔松省和塔夫里奇省。

六　地方自治机构的其他便农措施

地方自治机构为了方便农民的农业生产，还采取了其他便民措施，如建立簸谷站、气象站等。这些活动具有地方特色，规模较小，并没有在各地普及开来。

农业博物馆（сельскохозяйственный музей）的陈列品主要是农艺师在实践中使用的直观教具，向民众宣传最先进的农业技术和方法。这些展品也会在省级和县级的农业展览会上出现。

农具租赁站（прокатный пункт сельскохозяйственного инвентаря）的作用是向农民展示各种农具和农机，并以低价向农民出租，这就使农民更加容易地接触到先进的农业技术和农机具。如果农业机器数量不足，那么农民将不得不轮流使用。在租赁站里，农具的使用费用比较低。例如在辛比尔斯克省，分选1普特种子需要1戈比，使用扬场机扬谷物3普特需要1戈比，使用犁耕种1俄亩的熟地需要20戈比，耕种1俄亩的新地需要30戈比，如果使用耙，1俄亩需要10戈比。[②] 另外，农具租赁站中展示的农具引发了农民的大规模仿造，特别是条播机和中耕机。[③]

① Б. Б. Веселовский, История земства за сорок лет, Т. 2 [М], С. 127－128.

② А. В. Григорьев, Взаимоотношение земских учреждений и крестьянских общин в начале XX века（на материале средневолжских губерний）[J], Вестник Екатериннского института, 2011 г., № 2（14）, С. 123.

③ П. С. Кабытов, Самарское земство: опыт практической деятельности（1865－1918 гг.）[М], С. 252.

簸谷站（зерноочистительный пункт）有固定和流动之分，固定的被称为簸谷站，移动的被称为提纯车队（очистительный обоз），其目的就是通过收取少量费用（例如，1 普特 1 戈比）对种子进行提纯和分选，以利于播种或者销售。如果种子分选机数量不够，有些农艺师就将它按照一定的路线移动，让农民轮流使用。最开始有些农民担心种子分选机会对种子造成损害，当认识到簸谷站的好处之后，农民对种子分选机的需求大增。但是簸谷站的种子分选机数量有限，于是一些经济条件较好的农民便自己购买了种子分选机。

设立簸谷站较多的有维亚特卡省、乌法省等。从 1895 年到 1901 年，维亚特卡省清选的种子由 8000 普特增加到 15.3 万普特；从 1895 年至 1902 年，乌法县地方自治局分选的种子从 764 普特增加到 12140 普特。① 到 1904 年，建立起簸谷站的已经有 64 个县，其中 11 个位于黑土区省份，51 个位于非黑土区省份。②

在卡卢加省，一些县份还对簸谷站的建设进行了规划。例如梅晓夫斯克县地方自治局规定，每个簸谷站的服务半径为 4~5 俄里；1912 年该县共有 12 个簸谷站，到 1916 年增加至 32 个，而且全都配备了先进的种子分选机。③ 另外，卡卢加省的科泽利斯克县和佩列梅什利斯克县的簸谷站网络建设都取得了巨大成功。

气象站（метеорологическая станция）的任务是对当地的日常天气进行观测和记录，并尽可能地收集信息和进行天气预报，以指导农业生产。在萨马拉省，布古鲁斯兰县地方自治局在 1895 年成立了一座气象站，到 1897 年已经设置了 20 个雨量测量点。④ 该省的一些气象站并不仅仅观察本地的天气情况，记录当地的气压、温度、降水量和风向，还利用电报获得圣彼得堡气象台的数据和信息，以指导当地的天气预报。到 1904 年，有 100 个

① Б. Б. Веселовский, История земства за сорок лет, Т. 2［М］, С. 208.

② Б. Б. Веселовский, История земства за сорок лет, Т. 2［М］, С. 208.

③ Т. А. Свиридова, Калужское земство. 1865 – 1918. Очерки истории［М］, С. 85.

④ П. С. Кабытов, Самарское земство: опыт практической деятельности（1865 – 1918 гг.）［М］, С. 254.

县级地方自治局建设了大约308座气象站。[①] 除此之外，波尔塔瓦省地方自治局还建立了69个雨量监测点，塔夫里奇省地方自治局建立了63个。到1904年，类似的雨量监测点大约有500个。[②]

第三节　地方自治机构与家庭手工业的发展

俄国传统的家庭手工业（кустарный промысел）与农业密切相关，其从业者很多是缺地少地的农民。他们在农业耕作无法养家糊口的情况下，被迫从事各种手工业活动。例如在人多地少的卡卢加省，截至1900年，每年外出打工和从事手工业活动的人占农村人口的19%～20%，约占到农村劳动力总数的40%；农民外出打工的总收入为1099.4万卢布，而家庭手工业给农民带来的总收入达到230.7万卢布。[③] 到1909年，卡卢加省家庭手工业的产值达到264.4万卢布，纯利润为118万卢布。[④] 由此可见，家庭手工业也是农民的一项重要收入来源。家庭手工业者也会受到资本主义大工业的挤压，但是这样的额外收入对于贫苦的农民来说却是不可多得的财富。[⑤] 而且地方自治活动家、统计员和农艺师都认为，依靠家庭生产的家庭手工业的发展，能够有效减少农村劳动力的流失。家庭手工业与工厂工业有所不同，它生产的主要是大众化的生活用品，主要消费人群是农村和县城的居民，雪橇、四轮大车、编织品、金属制品、简单劳动工具、民间工艺品长期以来由家庭手工业者生产。到1910年，卡卢加省地方自治局的调查研究发现，该省存在着53种家庭手工业，其从业者占到全省人口的38%。[⑥] 地方自治机构对于家庭手工业较为重视，多次对工厂工业剥削农民的情况

① Б. Б. Веселовский，История земства за сорок лет，Т. 2［М］，С. 230.

② Б. Б. Веселовский，История земства за сорок лет，Т. 2［М］，С. 230.

③ Т. А. Свиридова，Калужское земство. 1865 – 1918. Очерки истории［М］，С. 56.

④ Т. А. Свиридова，Калужское земство. 1865 – 1918. Очерки истории［М］，С. 57.

⑤ Н. Г. Королёва，Основные направления хозяйство-экономической деятельности земств в XIX-начале XX века// Земское самоуправление в России：1864 – 1918，Т. 1，под ред. Н. Г. Королёвы［М］，С. 353 – 354.

⑥ Т. А. Свиридова，Калужское земство. 1865 – 1918. Очерки истории［М］，С. 57.

表达不满，在几十年的时间里也采取过一些措施促进家庭手工业的发展，特别是在 19 世纪末 20 世纪初，这些措施具有实质性的意义。因此我们将地方自治机构的这些活动也算在其“兴农”举措之内。

地方自治机构发展家庭手工业的活动可以分为明显的两个阶段。一是从 19 世纪 60 年代中期至 70 年代末期，地方自治机构受到民粹主义思潮的影响，希望通过发展劳动组合来使农民免于资本主义的剥削，但由于对经济形势缺乏了解等，建立起来的劳动组合先后破产，这场试验最后以失败告终。经过长期的沉寂，地方自治机构从 90 年代开始再次将发展家庭手工业看作自己的主要工作之一。地方自治机构采取了多种措施，如为手工业者提供原材料和资金、传播手工业技术、建立博物馆加强手工业产品的销售等，促进了家庭手工业的发展。

一　地方自治机构与初期的家庭手工业劳动组合

地方自治局早在 19 世纪 60 年代就开始关注家庭手工业劳动组合（кустарная артель），那时它们关注的仅仅是合伙干酪业，而且建立这些劳动组合的是非黑土地区的地方自治局（特维尔省、雅罗斯拉夫尔省和诺夫哥罗德省的部分地区），因为那里拥有发展乳业的合适土壤。到 70 年代，维亚特卡省、沃罗格达省等一些北方省份也开始组建手工业劳动组合。与此同时，一些地方自治局（特维尔省、科斯特罗马省和其他一些县）开始在别的生产领域发展劳动组合。总的来说，家庭手工业劳动组合的建设持续时间较短，很快就归于失败。到 70 年代末期，这些劳动组合几乎被完全取消了，地方自治局在很长时期内不再发展家庭手工业。

（一）干酪业和奶油业劳动组合

非黑土地区的干酪业和奶油业劳动组合的产生和发展跟它的支持者 H. B. 维列夏津有密不可分的联系。从 19 世纪 60 年代下半期开始，在 H. B. 维列夏津及其助手布朗多夫、扎沃尔斯基等人的鼓动下，特维尔、雅罗斯拉夫尔、维亚特卡、沃罗格达等省对干酪业劳动组合进行资助，这引起了政府的注意。

1866 年，特维尔省地方自治局向维列夏津的项目拨款 3000 卢布，用以建设劳动组合。1867 年成立了 4 个干酪业劳动组合，1868 年成立了 7 个。该省地方自治会议认为，不应该将劳动组合看作商业性营利企业，而应该看作一种义举。但是劳动组合经营不善，效益不佳，地方自治会议也被迫承认干酪厂的状况不尽如人意，逐渐对劳动组合丧失兴趣。1871 年，干酪业劳动组合的数量降低到 3 个；到 1890 年只剩下 1 个劳动组合；到 20 世纪初，这一个劳动组合也倒闭了。①

1871 年沙皇下诏规定，在 6 年之间，每年要向俄国的乳制品加工业拨款 1.5 万卢布，而且要建设干酪和奶油制造业学校。特维尔省最先开始办理此事，由维列夏津负责。利用国家的拨款，特维尔省在 1871 年建设了叶季姆诺夫干酪和乳制品加工学校。1871 年学校共有 31 名学生，1876 年达到 52 名，1881 年为 31 名。在 1871 ~ 1882 年进入学校的共计有男女学生 367 名，其中完成学业的有 229 名。②

在雅罗斯拉夫尔省，劳动组合主要由维列夏津的助手布朗多夫领导。1870 年雅罗斯拉夫尔省地方自治局拿出 4 万卢布贷款，用于建设奶油和干酪劳动组合。然后波舍霍尼耶县和莫洛加县地方自治局决定，向每个以劳动组合形式建立起来的干酪厂发放 300 ~ 500 卢布的奖励。当时的雅罗斯拉夫尔省共有 11 个这样的劳动组合，省地方自治局为它们发放了 8643 卢布的贷款，占其信贷总额的 1/5。③ 但是奶油加工厂并没有得到很好的经营，到 1874 年就放弃了劳动组合的原则，转而由私人控制，主要是转到布朗多夫之手。

维亚特卡省在 1869 年资助了维列夏津的另一位助手扎沃尔日斯基，向合伙干酪厂贷款 1500 卢布。1870 年，这样的劳动组合有 3 个。但是到 1871 年沙皇下诏禁止维亚特卡省以劳动组合的原则建设干酪厂，以保护当地民众的利益。④ 于是该省的劳动组合宣告结束。

---

① Б. Б. Веселовский，История земства за сорок лет，Т. 2 ［М］，С. 46.

② Б. Б. Веселовский，История земства за сорок лет，Т. 2 ［М］，С. 46.

③ Б. Б. Веселовский，История земства за сорок лет，Т. 2 ［М］，С. 46 – 47.

④ Б. Б. Веселовский，История земства за сорок лет，Т. 2 ［М］，С. 47.

1875 年，沃罗格达省地方自治局在维列夏津的建议下，聘请了乳制品技术人员。1876 年，在没有地方自治局参与的情况下，该省成立了 10 家乳制品工厂，但是这些工厂几乎全都设在有地主庄园的地方，农民很少享受到牛奶加工技术改进而带来的好处。1876 年省地方自治局解聘了这些技术人员，并将所有事务交给县级地方自治局管理。但是只有沃罗格达县地方自治局在 1880 年发放了一笔贷款。1886 年，省地方自治局再次对干酪厂进行资助，并向维列夏津资助 1000 卢布，用于为各县建设一个移动的奶油加工厂。1887 年，沃罗格达省地方自治局为此发放贷款 2000 卢布，1888 年再次发放贷款 2000 卢布，并无偿援助 1000 卢布。[①] 但是这些移动奶油加工厂并不尽如人意，到了 1889 年，地方自治局决定将其转变为固定工厂。

其他一些地方自治局对于这方面做的就更少了。在诺夫哥罗德、圣彼得堡、莫斯科、斯摩棱斯克等省，这样的劳动组合只有一两家而已。

以上就是 19 世纪 90 年代之前地方自治局为发展干酪业和奶油业而采取的措施。总的来说，这些措施并不成功，劳动组合并没有成为地方自治局发展手工业的有效方式。在最好的情况下，这些干酪厂发展成为资本主义组织形式的私人企业，而失去了工人合伙劳动的特色，而且这也不是受民粹主义思想影响的地方自治局想要的结果。

（二）其他手工业领域的劳动组合

在其他手工业领域建设劳动组合的设想起源于著名的地方自治活动家 B. H. 林德。在他看来，劳动组合是一种特殊的工业建设方式，地方自治局可以给予工人不多的资助，建立起家庭手工业的生产模式，使他们不必外出打工就能实现经济独立，通过在劳动组合中的锻炼和学习，工人有可能变成“资本家和企业家”。[②]

1871 年，特维尔县地方自治会议认可了 B. H. 林德的报告，为此拨款 5 万卢布成立了一项专门基金，用于为发展国民经济而发放贷款。这项贷款可以用来购买原料和生产设备、建造工厂和仓库、抵押货物等，但是只能

---

① Б. Б. Веселовский, История земства за сорок лет, Т. 2 ［М］, С. 47.

② Б. Б. Веселовский, История земства за сорок лет, Т. 2 ［М］, С. 50.

发放给独立成员不少于5人的劳动组合。[①] 劳动组合要想获得贷款，还必须将纯利润按照劳动和资本的比例在成员之间分配。

在行业选择上，特维尔县地方自治局将注意力主要放在锻造制钉手工业上，但事实证明这是不成功的。这是因为，随着机器制造铁钉工业的不断发展，这种手工业在当时的特维尔县已经处于衰落期，越来越多的手工业者在市场中败退，被迫转行。例如，在铁钉制造业中心特维尔县瓦西里耶夫乡，铁铺的数量从1851年的157家减少到1880年的96家，再减少到1891年的69家，从业人员也由1248人降低至689人，再降至378人。[②] 但是地方自治局并没有注意到这一趋势，没有考虑实际的生活需要，而是大力扶持这种日趋没落的手工行业：它们一口气在特维尔县开办了26家手工锻造劳动组合，然后协助销售铁钉。但是这些劳动组合制造的铁钉质次价高，并没有什么竞争力。至1874年，地方自治局发现这些劳动组合都逐渐停止了锻造铁钉，转而从事其他行业了。1875～1879年，地方自治局对这些锻造劳动组合进行了资产清算，结果亏损达1万卢布。[③]

特维尔县地方自治局当时设立的蒸馏焦油劳动组合也遭受了同样的命运。1871年，这样的劳动组合有1个，1872年为7个，1873年为17个，1874年为21个。1876年，地方自治局以年薪1500卢布聘请技术人员管理这些劳动组合。[④] 即便如此，劳动组合的经营状况并未好转，1877年这些技术人员就被辞退了，1878年部分劳动组合被转让给韦西耶贡斯克县地方自治局，到19世纪80年代初期，这些劳动组合亏损越来越多，开始遭到清理。

其他地方自治局在培育劳动组合方面的工作要比特维尔县差很多。例如，韦特卢加县地方自治局在A. Ф. 卢吉宁的推动下，于1872年拿出了2000卢布的贷款用于建设蒸馏焦油工厂。但是由于生产成本很高，劳动组合生产出来的产品价格过高，在市场上没有竞争力。到1874年，为免于倒

① Б. Б. Веселовский，История земства за сорок лет，Т. 2［М］，С. 50.
② Б. Б. Веселовский，История земства за сорок лет，Т. 2［М］，С. 51.
③ Б. Б. Веселовский，История земства за сорок лет，Т. 2［М］，С. 51.
④ Б. Б. Веселовский，История земства за сорок лет，Т. 2［М］，С. 51－52.

闭，这家工厂被转让给卢吉宁。[1]

1880 年，喀山省的察廖沃科克沙伊斯克县地方自治局“为发展县内以劳动组合方式运作的林业手工业”成立了贷款处。为了支持该贷款处的运营，省地方自治局还提供了为期 20 年、总额为 1 万卢布的贷款。1880 年，在贷款处的支持下，成立了 28 个劳动组合，其中大多数是蒸馏树脂的。1881 年其数量达到了 42 个，1882 年为 57 个，1883 年为 63 个，而到了 1891 年，只剩下 1 个劳动组合。[2] 喀山省的科济莫杰米杨斯克县，以及克拉斯诺乌菲姆斯克县，也都成立了贷款处，但是并没有取得多大成绩。

（三）地方自治局发展手工业劳动组合失败的原因

无论是干酪业和奶油业还是其他领域的手工业，地方自治局发展劳动组合都遭到了失败，原因是多方面的。粗略算来，有以下几条。

首先，劳动组合这种生产组织形式受到了当时流行的民粹主义思潮影响，地方自治局企图将工人组织起来，通过共同的劳动，把他们训练成资本家。但实际上，劳动组合的管理和运营是一大问题，地方自治局并没有解决好，当它们经营不下去的时候，只好将其转给他人。

其次，地方自治局对于地方上的经营环境缺乏足够的了解。有些地方自治局没有注意到当地奶牛数量不足的情况，建立了一批干酪厂，但很快就关门大吉。在另一些地方，劳动组合奶油厂吸纳了地主和农民参加，地主在自己牲畜数量不足的情况下，不得不使用农民的奶牛进行生产，但是很快这些奶油厂便成为地主农场的一部分。特维尔县锻造制钉手工业的衰落，也证明了地方自治局并没有认清经济发展的形势。

再次，地方自治局很少关心产品的销售问题。在建立起合伙奶油厂的各省，只有特维尔省地方自治局建设了干酪和奶油制品仓库，而且其交易量很大。在 1869 年该仓库接收的劳动组合的商品价值为 17066 卢布，私人商品为 10398 卢布，到 1870 年分别为 18119 卢布和 35246 卢布。[3] 但是到了

---

① Б. Б. Веселовский，История земства за сорок лет，Т. 2 ［М］，С. 53.

② Б. Б. Веселовский，История земства за сорок лет，Т. 2 ［М］，С. 54.

③ Б. Б. Веселовский，История земства за сорок лет，Т. 2 ［М］，С. 47.

1871 年，这家仓库被关闭了，奶油厂的产品销售问题无法得到解决。

最后，特维尔县及其他地方自治局发展劳动组合，实质上是受到了某些人物的偶然影响，随着这些人物的离开或者地方自治会议成员的改变，劳动组合就彻底走向衰落，然后就迅速被清理。

所有这些因素加在一起，造成了 19 世纪 70 年代的劳动组合危机。从此在很长一段时期内，地方自治局不再发展手工业。

二 19 世纪末 20 世纪初地方自治机构与家庭手工业的新发展

19 世纪 90 年代，在莫斯科省地方自治局的带动之下，一些地区采取了一系列措施发展家庭手工业。但此时地方自治局已经不再仅仅将家庭手工业看作让农民赚取额外收入的一种方式，而是将其视为一种与大工厂工业并驾齐驱的新产业。不过与之前的理想主义色彩不同，在莫斯科省地方自治局的推动之下，新时期地方自治局的目标和手段更加符合现实，关注的焦点转移到手工业产品的原料和销售问题、小额贷款和提高产品质量的问题上来，这与之前相比是一个很大的进步。与此同时，中部地区家庭手工业中发展最快的行业变成了织布业、细木工、雪橇、车床、柳编、家具、棉花加工。

但是地方自治局仍然认为，“劳动组合的形式在经济方面最为有利，也最符合民众的精神和习惯”，并为此制定了工业合作化的纲领。[①] 著名的合作化事业理论家 B. B. 希什尼亚科夫写道：“1904～1906 年的事件给民众的心理造成了难以察觉但是毫无疑问的影响，在此之后，合作化就像一场民众运动一样产生了，并迅速扩张自己的领地，现在已经成为我国生活中的重要一环和影响因素。在七八年间，俄罗斯出现了 12000 家信贷合作社、几千个奶制品和黄油制品劳动组合，几千家农业、手工业商品制造和销售领域的公司和商号。合作社运动不断扩展，展现了一幅国民事业迅速发展的

① Н. Г. Королёва, Основные направления хозяйство-экономической деятельности земств в XIX-начале XX века// Земское самоуправление в России: 1864 - 1918, Т. 1, под ред. Н. Г. Королёвы [M], C. 354.

图景。在信贷合作社中大约有 800 万人工作。”[①] 20 世纪初的合作化高潮是农村中资本主义关系发展的结果，但这种现象也反映了农民村社中的集体－社会特性和农民阶层的社会文化思潮。所以，俄国的合作化运动可以看作文化－经济结构中个人主义思想的抉择。俄国合作化运动促进了民众意识的觉醒，刺激了经济需求，使民众产生通过集体的合作力量带来一些改变的愿望。

（一）手工业博物馆的建设

手工业博物馆是地方自治局为了改善家庭手工业的状况而最先采取的措施，其目标就是为手工业产品增加销路。在这方面开风气之先的仍然是莫斯科省地方自治局。1882 年在莫斯科举办了全俄工艺手工业博览会，1885 年该省地方自治局在这一博览会的基础上开设了家庭手工业博物馆（Музей кустарной промышленности），该博物馆成为全国设立最早、规模最大、结构最复杂的手工业博物馆。这种博物馆不仅可以用于展示，还能够进行各种买卖，为手工业者提供原材料和销售商品，而且在博物馆周边分布着一大批作坊和仓库，有的工匠不仅能够改进现有的手工业生产技术，还是新技术的传播者。可以说，手工业博物馆就是产品的展示和销售中心。所以，博物馆之于家庭手工业的功能就相当于仓库之于农业的功能。

最开始的时候，莫斯科手工业博物馆不仅要求手工业者提高产品质量、降低价格，还要求在产品销售之后结算并交纳一定费用，这引起了手工业者的不满。因为手工业者，特别是小型手工业者，缺乏流通资金，不可能等到产品销售后再获得钱款，所以他们只能以便宜的价格进行现金交易。为此，莫斯科省地方自治局从 19 世纪 90 年代初期开始为手工业者发放原材料。从 90 年代开始，博物馆的零售业务开始迅猛增长，1890 年为 3.84 万卢布，1898 年为 14.44 万卢布，1904 年为 16.89 万卢布。但由于 1905 年革命的影响，1906 年的销售额迅速下降至 9.04 万卢布。[②] 从 1891 年开始，博

---

① Н. Г. Королёва, Финансовое обеспечение земских программ в 1907 – 1914 годах// Земское самоуправление в России: 1864 – 1918 , Т. 1, под ред. Н. Г. Королёвы［M］, С. 124.

② Б. Б. Веселовский, История земства за сорок лет, Т. 2［M］, С. 236.

物馆不仅销售商品，还开展批发业务。1891 年批发量达到 1.2 万卢布，1898 年达到 8.79 万卢布，1906 年下降到 7.65 万卢布。博物馆还有一项业务是出售手工业原材料，从 1892 年至 1898 年，其销售额从 11114 卢布增加到 45718 卢布。[①] 1885 年，博物馆内的手工业者只有 109 人，1897 年增加到 440 人，1904 年增加到 909 人。[②]

在莫斯科手工业博物馆的影响下，到 1903 年，已经有维亚特卡、下诺夫哥罗德、特维尔、坦波夫、沃罗格达、乌法、斯摩棱斯克等 15 个省建立了博物馆，总的流通金额达到 80 万卢布。[③] 在博物馆中销售着各种各样的商品：器皿、家具、服装、鞋类、编织品、煤油灯、玩具等。在城市里，石器装饰品、木制品、皮革、花边和刺绣制品比较受欢迎。

维亚特卡省 1892 年也仿照莫斯科建设了手工业博物馆，流通资金为 1.5 万卢布，到 1898 年已经增加到 8 万卢布。[④] 从 1892 ~ 1893 年度到 1902 ~ 1903 年度，该博物馆的纯利润从 738 卢布增加到 15900 卢布。[⑤] 博物馆的活动集中在以下两个方面：（1）向手工业者购买产品，然后零售或者批发；（2）以贷款的形式向手工业者出售原材料和器具。该博物馆还在维亚特卡省的 5 个县开设有分店，到 1904 年增加为 6 个。[⑥] 此外，该博物馆还在莫斯科、圣彼得堡、里加、喀山和辛比尔斯克建立了经销处。维亚特卡省的博物馆和仓库在手工业方面起到很大的作用：它使绝大多数手工业

① Б. Б. Веселовский, История земства за сорок лет, Т. 2 ［М］, С. 236.

② Б. Б. Веселовский, История земства за сорок лет, Т. 2 ［М］, С. 238; Н. Г. Королёва, Основные направления хозяйство-экономической деятельности земств в XIX-начале XX века// Земское самоуправление в России: 1864 – 1918 , Т. 1, под ред. Н. Г. Королёвы ［М］, С. 355.

③ Н. Г. Королёва, Основные направления хозяйство-экономической деятельности земств в XIX-начале XX века// Земское самоуправление в России: 1864 – 1918 , Т. 1, под ред. Н. Г. Королёвы ［М］, С. 356.

④ Б. Б. Веселовский, История земства за сорок лет, Т. 2 ［М］, С. 238; Н. Г. Королёва, Основные направления хозяйство-экономической деятельности земств в XIX-начале XX века// Земское самоуправление в России: 1864 – 1918 , Т. 1, под ред. Н. Г. Королёвы ［М］, С. 354.

⑤ Б. Б. Веселовский, История земства за сорок лет, Т. 2 ［М］, С. 239.

⑥ Б. Б. Веселовский, История земства за сорок лет, Т. 2 ［М］, С. 240.

者摆脱了中间商的转手，以及商人对原材料的控制，以至于维亚特卡省的商人协会向财政部申请禁止该省地方自治局从事原材料贸易。

（二）向手工业者提供资金

地方自治局认为，家庭手工业生产之所以效益不高，是因为其缺乏独立性，实际上成为富农采购商手下的加工车间，那些采购商才是手工业者的主人。因此地方自治局将为手工业者提供资金作为自己的重要任务。除了小额贷款公司之外，最重要的措施就是成立手工业银行。

1894 年，比尔姆省地方自治局拿出 10 万卢布，建立了家庭手工业银行（Кустарно-промвсловый банк），其任务是向不雇用工人的手工业者提供廉价的贷款。[①] 贷款期限从 1 个月到 3 年不等。该银行的贷款对象既包括私人手工业者，又包括手工业劳动组合，以及手工业贸易仓库。但是，针对后两者的业务规模不大。从 1894 年到 1903 年，家庭手工业银行的贷款总额从 32972 卢布增长到 189895 卢布，其中给个体手工业者的贷款从 26345 卢布增加到 165302 卢布。[②] 随着该银行的发展，每笔贷款的平均数额不断缩小：1895 年，贷款额在 50 卢布以下的有 18 次，在 50 ~ 150 卢布的有 57 次，超过 150 卢布的有 25 次；到 1905 年，贷款额在 50 卢布以下的有 60 次，在 50 ~ 150 卢布的有 36 次，超过 150 卢布的只有 4 次。[③] 可见该银行对于小手工业者的扶持力度在不断加大，而这也正是地方自治局所要实现的结果。除此之外，比尔姆家庭手工业银行还通过自己的代理处对手工业进行调查研究，与博物馆和仓库建立起了紧密的联系，招聘了讲授手工业课程的指导员。

（三）提高手工业产品的技术水平

为了提高手工业产品的技术水平，地方自治局采取了以下措施。

建设自己的手工业作坊。在这方面，下诺夫哥罗德省地方自治局比较

① Н. Г. Королёва, Основные направления хозяйство-экономической деятельности земств в XIX-начале XX века// Земское самоуправление в России: 1864 – 1918 , Т. 1, под ред. Н. Г. Королёвы [M], С. 357.

② Б. Б. Веселовский, История земства за сорок лет, Т. 2 [M], С. 243 – 245.

③ Б. Б. Веселовский, История земства за сорок лет, Т. 2 [M], С. 246.

积极。1898 年，它建设了蒸汽动力的作坊，利用冲压技术来制造锁。从 1898 年起，又开始制造农具，到 1903 年一共制造了 493 个犁、50 个耙、98 台风扬机，总价值 5325 卢布。[①] 此外，该省还建设了金属磨光作坊和干馏树木作坊。除此之外，维亚特卡省也建设了松节油工厂和树木干馏作坊。波尔塔瓦省建设了制革工厂，库尔斯克省建设了制靴作坊。

建设手工业教学作坊。从 19 世纪 90 年代起，莫斯科、维亚特卡、波尔塔瓦、库尔斯克、切尔尼戈夫和喀山等省就已经开始建设这种作坊。它的模式主要有三种。第一种是拥有专业技师的作坊，同时还是博物馆在地方上的代理处，这种作坊通常拥有原料和产品仓库。第二种是没有仓库，但是有工匠的作坊。第三种是最简单的移动式作坊。第一种数量较少，莫斯科有 6 家（金属制品作坊、制刷作坊、玩具作坊、编篮作坊、纸板作坊、细木工作坊），下诺夫哥罗德、维亚特卡也有一些，第二种数量是最多的，而第三种仅在个别地方可以见到。[②]

在莫斯科的作坊里，工匠担负着很多任务，其不仅是仓库或者博物馆的代理人，也是下属学校的校长，还必须是一个好的专家。通过这种方式，地方自治局或多或少地提高了作坊的生产技术水平。1903 年，莫斯科的 6 家作坊一共支出 59442 卢布。通过这些作坊，地方自治局向手工业主提供原材料，购买他们的产品。这些业务的交易额非常庞大，从 1902 年的 13.46 万卢布增加到 1904 年的 21.05 万卢布，1906 年为 18.51 万卢布。[③]

开办移动作坊的主要是波尔塔瓦省和维亚特卡省。它们的主要任务是传播新技术和新信息。当一个村子的工匠学会可制作产品的改良方法，他们就转到下一个村子。在维亚特卡省，类似这种移动学校式的作坊在 1899 年一共 47 家。省地方自治局每年需要为此拨款大约 2.5 万卢布。[④]

截至 1905 年，各县地方自治局的手工业教学作坊一共有 92 家，分布在 21 个省份。除此之外，省级地方自治局创办的手工业作坊有 66 家，其中仅

① Б. Б. Веселовский，История земства за сорок лет，Т. 2 ［М］，С. 248.

② Б. Б. Веселовский，История земства за сорок лет，Т. 2 ［М］，С. 251.

③ Б. Б. Веселовский，История земства за сорок лет，Т. 2 ［М］，С. 252.

④ Б. Б. Веселовский，История земства за сорок лет，Т. 2 ［М］，С. 253.

维亚特卡省就占了 51 家。因此，到 1905 年一共有 158 家作坊。[①]

总体上看，地方自治局在促进手工业发展方面已经有了比较好的表现。事实上，到 1906 年前后，博物馆、仓库和工厂的营业额达到了 130 万卢布以上，再加上 1150 万卢布左右的农业仓库营业额，总数已接近 1300 万卢布。[②]

1904 年，各地方自治局对于手工业的支出接近 90 万卢布，其中省级地方自治局支出 38.87 万卢布，县级地方自治局拨款 51.36 万卢布，分别占其经济支出的 22.8% 和 25.2%，对此进行支出的一共有 23 个省级地方自治局和 190 个县级地方自治局。[③] 在此方面支出较多的有比萨拉比亚省、叶卡捷琳诺斯拉夫省和波尔塔瓦省（主要是手工业学校），以及莫斯科省、维亚特卡省和下诺夫哥罗德省（主要是在手工业措施方面）。如果从上述 90 万卢布中拿掉对手工业学校的支出，那么手工业措施方面的支出则不超过 20 万卢布，就显得微不足道了。不得不注意的是，一些手工业发达的省份（雅罗斯拉夫尔、圣彼得堡、特维尔、弗拉基米尔、科斯特罗马等）的地方自治局几乎没有为促进手工业发展提供拨款。[④]

在 1907～1912 年，比尔姆省、波尔塔瓦省、下诺夫哥罗德省、弗拉基米尔省、莫斯科省和叶卡捷琳诺斯拉夫省地方自治会议对发展手工业的拨款增加了一倍或两倍（为从事农业原料加工的劳动组合、博物馆、仓库和手工业学校提供经费）。比如，比尔姆省地方自治局对于发展手工业的拨款从 5.3 万卢布增加到 16.9 万卢布，莫斯科省从 3.8 万卢布增加到 13.8 万卢布，维亚特卡省从 9.7 万卢布增加到 15.1 万卢布，下诺夫哥罗德省从 3.5 万卢布增加到 7.6 万卢布，波尔塔瓦省从 13.7 万卢布增加到 23.1 万卢布。[⑤]而雅罗斯拉夫尔省、奥廖尔省、比萨拉比亚省、特维尔省、塔夫里奇省、

① Б. Б. Веселовский, История земства за сорок лет, Т. 2 ［М］, С. 254 - 255.

② Б. Б. Веселовский, История земства за сорок лет, Т. 2 ［М］, С. 256.

③ Б. Б. Веселовский, История земства за сорок лет, Т. 2 ［М］, С. 256.

④ Б. Б. Веселовский, История земства за сорок лет, Т. 2 ［М］, С. 257.

⑤ Н. Г. Королёва, Финансовое обеспечение земских программ в 1907 - 1914 годах// Земское самоуправление в России: 1864 - 1918 , Т. 1, под ред. Н. Г. Королёвы ［М］, С. 129.

辛比尔斯克省、圣彼得堡省的地方自治局大幅度削减了对手工业的支出。

第四节　地方自治机构的兴农活动总结

本章讲述了地方自治机构在解决农业和农民问题方面采取的措施。实际上，无论是农业问题还是农民问题，本身都是外延极广、纷繁复杂的问题，地方自治机构在这方面的活动也自然就显得非常宽泛甚至杂乱。经过本章的梳理，我们将这些措施分为三个方面：一是为克服农业危机所采取的措施，二是为改善农业状况而采取的措施，三是为发展家庭手工业而采取的措施。这些都被 Б. Б. 维谢洛夫斯基统称为“经济措施”。

农奴制改革以后，俄国的农业出现了一次长时间的危机，不仅农民面临破产，而且地主经济也处在破产边缘。本书没有深究产生农业危机的原因有哪些（这也是一个很复杂的问题），而是重在介绍地方自治机构为解决这些危机而做了些什么。实际上，它们的主要活动就是向地主和农民提供贷款，为他们“输血”。为此，地方自治机构先后成立和支持了多种金融机构，发放了多种类型的贷款。

地方自治局成立之后的几年内，几乎所有地方都在提出建设地方自治银行的问题，其目的就是更方便地给大土地所有者发放贷款。但是由于阶级性过于明显和资金有限等，当时的众多方案先后夭折，只有一个方案得以实施，即赫尔松土地银行。后来地方自治局关注的焦点转移到建设小额信贷机构的问题上，其目的就是为农民提供贷款。少数地方自治局自己出资建设互惠信贷公司，大多数地方自治局则资助民众开办贷款储蓄公司。前一种金融机构没有获得大的发展，最后只剩下圣彼得堡互惠信贷银行一根独苗；后一种则在短时间内获得运动式的快速发展，各地出现的贷款储蓄公司多达 1000 多家。但是由于农民的贫困，这场试验最后仍以失败告终。非黑土区的一些地方自治局为了方便农民买地和地主卖地，发放了土地贷款，但是数额也并不大，持续时间也较短。在地方自治局缺乏资金的情况下，它向政府申请建立一家面向农民、以土地作为抵押、发放长期贷款的银行，这就是 1883 年成立的农民土地银行。尽管该银行的贷款利率比较高，但对农民购买土地和地主销售土地都起到了重要作用。随着地价的上升，受益者逐渐转向卖家一方。在19世纪末20世纪初，地方自治机构利用春秋两季的粮食差价，开展了粮食抵押贷款活动；在合作化运动的时期，地方自治机构还资助建设小额贷款机构。另外，为了解决某些地区人多地狭的矛盾，地方自治机构曾支持农民向西伯利亚和本省边境地区迁徙，并为此采取了一定的帮扶措施。为了使农民免于完全破产的境地，地方自治机构认为农村公社是一道有效的防波堤，于是对其采取保护态度，限制村社的土地重分。

如果说克服农业危机的影响是为了不使农业“往下坠落”，那么改善农业状况则是尽力使农业“向上发展”。农业状况的改善并非一朝一夕可成，也非一招一式即可奏效，它需要在长时间内采取多种手段对农业的生产、销售等进行全面的改造。在这方面，地方自治机构比较重视人才和技术的作用。最突出的，除了农业人才的培养以外，就是聘请农艺师深入指导农业建设。实际上，地方自治机构相当多的农业措施都是农艺师在具体操作。当农艺师数量较少的时候，地方自治局将其分为省县两级，并为他们安排了各自的任务；随着数量的增多，地方自治机构便以这些农艺师为中心，进行农业区的规划和建设。在这里，农艺师对农业区的意义就堪比医生对医疗区的意义，甚至更重要。如果没有医生，医疗区里可能还有医士；而如果没有农艺师，农业区几乎就是有名无实了。农艺师不仅要向农民宣传农业知识，还要组织建设试验田、示范区、农场、试验站等，近距离地向农民示范应该如何耕种土地，如何防治害虫，播种哪些农作物可以恢复地力提高产量等。他们既是农业技术的代表者，又是它的传播者。与此同时，农艺师还管理着各地不断出现的农业仓库。建立农业仓库是推广使用改良农机具和改良农种的最佳方式，而在农业仓库建立之前这项活动开展得比较有限。使用先进的农机和农具是提高农业生产力的重要方式，但是贫困的农民买不起这些。农业仓库一方面通过集体订购等多种方式降低农机具的售价；另一方面开展贷款销售业务，力争让农机具最大限度地走向农民。无论从人数上还是从金额上，农民都是农业仓库产品的最大消费群体，因此农业仓库对农业的促进作用不言而喻。此外，地方自治机构还建设了簸谷站、气象站、农具租赁站等便农服务设施。除了农艺师以外，地方自治机构还希望农业协会和农业主代表大会等农业组织也能成为传播农业知识和技术的使者，因此后者也获得了迅速的发展。地方自治机构对农业工人问题，在很长时期内主要考虑到作为雇佣者的地主的利益，而对农业工人采取了强制措施；后来地方自治机构越来越重视保护农业工人的权益，这种趋势与它所坚持的底层民众立场是一致的。

严格来讲，家庭手工业并非简单的农业范畴，因为它的从业者还包括市民。但是家庭手工业与农业有着密不可分的联系，一方面很多农民都在农村地区从事家庭手工业的生产，其原材料多来自农业；另一方面，家庭手工业是农民重要的收入来源，对于提高农民生活水平具有重大意义。所以本书也将家庭手工业作为农业和农民问题的重要方面。

地方自治机构在促进家庭手工业的发展方面可以明显地分为两个阶段。在 19 世纪六七十年代，一些地方自治局在民粹主义思潮的影响之下，帮助民众建立了一批手工业劳动组合，如干酪业劳动组合、蒸馏焦油劳动组合等，希望通过对参加者的实践培训，将他们培养成资本家式的人物。但是这项措施并没有普及，最终以失败告终。19 世纪末 20 世纪初，地方自治局重新对手工业的发展进行资助。虽然这次仍然采取了合作化的方式，但是这并非重点。此时的地方自治局采取了一系列切合实际的措施，如建设手工业博物馆以加强手工业产品的销售，建设手工业银行以提供资金支持，建设手工业教学作坊以提高产品质量，等等，这些措施为手工业的继续发展提供了保证。而初期的地方自治局发展手工业失败的一个重要原因就是没有考虑到产品的销售问题，而手工业博物馆的建设正是对症下药。

总的来说，地方自治机构开展的兴农活动既有成功也有失败。失败的如 19 世纪六七十年代的手工业劳动组合，地方自治局并没有考虑清楚当时的经济环境，没有注重产品的销售问题，只是受到当时社会思潮的影响，就盲目地发展劳动组合，结果遭遇了巨大的亏损。成功的例子也很多，如聘请农艺师指导农业生产、建设农业仓库等。实际上，通过总结地方自治机构几十年的兴农活动可以看出，地方自治机构最突出的贡献就是建设了以农艺师为中心的农业生产服务体系。农艺师作为农业专家，一方面通过建设试验田、示范区等向农民推广农业技术和知识，改良农作物品种，改善农业耕作方式；另一方面领导农业仓库等便民设施，促进改良农机具和良种在农民中的推广，以提高农业的劳动生产率，所以农艺师是农业生产能够提高的关键角色。地方自治局再配套以农区的规划和建设，将农艺师的农业服务推广到每个县甚至每个乡，使各地的农民都能享受到，农业的生产水平就能得到全面的提升。当然，由于资金有限等，地方自治机构的农艺师和农区建设并没有在各处全面推广，但是这预示着一种崭新的农业发展方向，与之前的粗放发展模式完全不同。

地方自治机构发展农业的经验对于当代社会仍然具有重要意义。我们现在仍在强调“科技兴农”和“深入群众”对于发展农业的必要性，实际上当年地方自治机构派遣农区农艺师到各处指导农业生产走的就是这条道路。由此可见地方自治活动家的先驱性作用。

在 1895 年之前，官方的预算汇编中并不包括对兴农活动的支出，只有 1877 年有详细的资料。在 1877 年之前，经济支出的规模在总量上是微不足道的。例如，在 1867 年，地方自治局的支出除了必须性支出、办公经费、国民教育和医疗四大项目之外的其他各项支出（包括偿还债务、修路、对兽医学和企业的支出等）加在一起只有 56.31 万卢布，占支出总额的 3.8%。[①]

1877 年，只有 93 个县级地方自治局（占总数的 28.4%）在预算中为发展经济而拨款，但是拨款的数量都不大，其中拨款在 500 卢布以下的就有 70 个县，500 卢布以上的只有 23 个县，而且所有的地方自治局对于经济措施的拨款不超过 5 万卢布，还有不少没有用完。[②] 这些少得可怜的拨款也说明，初期的地方自治局对于国民经济的发展并没有尽力。

从 1877 年至 1895 年，地方自治局的经济预算是如何增长的，我们不得

① Б. Б. Веселовский, История земства за сорок лет, Т. 1 [M], С. 252.

② Б. Б. Веселовский, История земства за сорок лет, Т. 2 [M], С. 17.

而知。1895 年，这项预算达到 94.45 万卢布，在 18 年间增加了大约 20 倍。[①] 这时，弗拉基米尔、奥洛涅茨、奔萨、卡卢加、梁赞、雅罗斯拉夫尔、辛比尔斯克等省份拨款较少，而比尔姆、维亚特卡、萨马拉、塔夫里奇、赫尔松、波尔塔瓦和叶卡捷琳诺斯拉夫等省份则拨款较多，而且赫尔松省、波尔塔瓦省、叶卡捷琳诺斯拉夫省对于职业学校的拨款也很多。

在县级和省级地方自治局的经济支出比例上，1895 年省级地方自治局支出 62.54 万卢布，而县级地方自治局支出 31.91 万卢布，前者约是后者的两倍。随着时间的推移，两者的地位发生了改变。到 1904 年，在全部经济预算中，省级地方自治局只占大约 45%，而县级地方自治局占 55%。[②]

1895～1913 年各地方自治局经济活动支出及占预算总额的百分比如表 3－4 所示。

表 3－4　1895～1913 年各地方自治局经济活动支出及占预算总额的百分比

单位：千卢布，%

年份	预算总额	经济活动支出	经济活动支出占预算总额的百分比
1895	65814	944.5	1.44
1896	67375	1306.8	1.93
1897	71640	1508.0	2.10
1898	69936	1755.6	2.50
1899	74683	1042.0	2.78
1900	88295	2366.6	2.66
1901	88648	2436.6	2.74
1902	95070	2988.3	3.01
1903	105045	3213.7	3.06
1913	253737	18989.0	7.48

资料来源：Б. Б. Веселовский，История земства за сорок лет，Т. 2［М］，С. 20；П. В. Галкин，Земство и народное образование // Земское самоуправление в России，1864－1918，Т. 2，под отв. ред. Н. Г. Королёвы［М］，С. 120－121。

从表 3－4 可以看出，1895～1913 年，各地方自治局经济活动支出的绝

① Б. Б. Веселовский，История земства за сорок лет，Т. 2［М］，С. 18.

② Б. Б. Веселовский，История земства за сорок лет，Т. 2［М］，С. 18－19.

对数增加了 19.1 倍，而预算总额才增长了 2.86 倍，经济活动支出占预算总额的百分比大幅度提高。这也说明，从 20 世纪初开始，发展经济在地方自治机构的工作中占据越来越重要的地位。这既是地方自治机构大力发展农艺学的时期，也是农业和手工业合作化迅速发展的时期。

第四章　地方自治机构在其他领域的民生活动

本章包括五个小节，分别介绍地方自治机构在兽医学、统计和修路等领域的活动。

第一节是地方自治机构在兽医学领域的活动。对于俄国农民来说，牲畜既是农业耕作的重要力量，也是土地之外的重要财产。但是在 19 世纪下半期，俄国经常发生动物疫病，导致很多牲畜死亡，造成很大的经济损失。发展兽医学，就是为了避免这种损失。地方自治局在这方面，首先是聘请兽医学人才，包括兽医医生和兽医医士。其中兽医医生从 1870 年的 22 名增加到 1905 年的 837 名，再增加到 1911 年的 1290 名。兽医医士从 1870 年的大约 200 名增加到 1905 年的 1396 名，再增加到 1911 年的 2170 名。同时，地方自治局还设立了兽医局作为兽医管理机构。地方自治局面临的另一项重要任务就是防治动物疫病。在 19 世纪下半期至 20 世纪初期，俄国面临的主要动物疫病包括以下几种：瘟疫（主要是牛瘟）、鼻疽（马）、西伯利亚瘟疫（猪、马、牛、羊）、丹毒（猪）、肺结核、肺炎等。这些疫病给民众带来巨大的经济损失，甚至直接影响到人的生命安全。对此，地方自治局采取了一系列措施，包括宰杀患病和疑似患病的牲畜，然后对农民进行经济补偿，也包括推广疫苗，降低牲畜的患病率。此外，像医疗一样，地方自治局在发展兽医学的时候，也进行了兽医区的规划，建设了一批兽医院。最后，地方自治局还大力推广牲畜保险。对参加牲畜保险的农民来说，如果其牲畜因感染动物疫病死亡，农民就能获得经济补偿。

第二节是地方自治机构在统计领域的活动。统计是国民经济运行的关键环节，但是政府的统计并不准确。地方自治局为了获得完整而可靠的社会经济信息，也为了征税的便利，就设置了统计局，开展各种统计活动。1893 年之前，是地方自治统计独立发展的阶段；1893 年之后，根据政府制定的法律，地方自治统计听命于政府新设立的统计委员会；1899 年又决定每年为统计活动拨款 100 万卢布，于是地方自治统计逐渐被政府控制。在政府的支持下，地方自治统计获得了更为迅速的发展。但是不可否认，统计员通过调查，发现了纳税方面的不公正之处，损害了一些地主的利益，因此统计员的统计行为经常遭到地主的阻挠。地方自治统计在理论和方法上出现了很多创新之处，其中最重要的就是搜集资料时的按户统计法和考察法，也就是统计员直接深入各家各户，通过询问、访查来获得真实而完整的信息。另外，在整理统计信息的过程中，形成了两种行之有效的方法：组合型表格和分类型表格。组合型表格探讨的是农户的经济状况受到哪些因素的影响，分类型表格则关注依据某项重要因素农户可以分成几种类型。

第三节是地方自治机构在修路领域的活动。与兽医学和统计不同，修路属于地方自治局的必须性职能。在改革前，修路资金要靠实物税保障，地方自治机构成立后，逐渐将实物税改为货币税，这样能够更加均衡地分担税负，也更为便利。除了地方自治局自己修路之外，政府还将某些道路交给它修建，然后给它一部分补助。在修路事务中，1895 年设立道路资金是一件大事，它标志着修路有了专门的资金保障。道路资金的管理模式分为省级管理模式和县级管理模式，有了资金保障和技术保障，道路建设进程大大加快。除了公路之外，地方自治局还参与修建了一些铁路。19 世纪 90 年代下半期，由于地方自治局将其主要精力投入医疗和教育领域，修路在地方自治局事务中的地位日益下降，到 20 世纪初期才逐渐得到关注，取得迅速发展。

第四节是地方自治机构在防火保险、通信、社会救济领域的活动。俄国由于火灾频发，在政府的主导下，俄国实行防火保险制度。防火保险分为两种形式，一种是强制性保险，另一种是自愿性保险，其中前者占主要地位。在地方自治局的管理之下，无论是强制性保险还是自愿性保险，其保险费占投保额的比重都有大幅度的下降。1865 年，就有一些地方自治会议申请管理邮政，1870 年政府允许地方自治局建立自己的邮局，到 1901 年，已经有 243 个县开办了这项业务，占总数的 2/3。与此同时，地方自治局的邮政资费比政府的邮政资费更加便宜。除了邮政之外，19 世纪 90 年代末期以后，一些地方自治局还开始经营电话业务，建设了电话网络。地方自治局在社会救济领域的活动主要是建设养老院和孤儿院，到 1890 年，共有养老院 126 所，编制床位接近 4200 张。

第五节是地方自治机构在其他领域的活动总结。通过对本章的回顾，我们认为，地方自治机构的民生活动涉及范围是非常广泛的，从居民的家庭财产（牲畜、房屋等）到居民的生活条件（道路、通信），再到意外和灾难的保障（保险和社会救济）都包括在内。但是地方自治局也不可能同时在各个领域都取得重大进展，其中有舍有得。在资金有限的情况下，只能优先保障医疗和教育这两个事关民生的重要领域，而修路、兽医学、保险等则成了暂时需要牺牲的对象。尽管如此，兽医学和统计仍然是取得突出成绩的两个领域，而社会救济则没有获得充分的发展。

第一节　地方自治机构在兽医学领域的活动

对于俄国农民来说，牲畜既是农业耕作的重要力量，也是除土地之外的重要财产。在工业生产和国内外贸易发展以及城市人口增加的条件下，牲畜与畜牧产品还是重要的商品和财富来源。但是与农业相比，俄国的农村畜牧业发展相对缓慢。在整个资本主义时代，俄国的农业人口增加了 1.2 倍，粮食产量增加了 1.7 倍，而牲畜总量和畜牧业产品的增长则勉强超过 1 倍。[①] 俄国畜牧业之所以发展滞后，除了与频繁发生的饥荒有关系（在饥荒年份，农民无以为食，只能大量宰杀牲畜以果腹度日，所以饥荒后牲畜数量往往会大量减少，为此一些地方自治局在 1891～1892 年饥荒之后向农民

① Т. И. Минеева，История ветеринария ［М］，С. 148.

发放贷款以助其购买牲畜[①]）以外，主要还是因为当时动物疫病猖獗，很多牲畜因感染牛瘟、鼻疽（马）、西伯利亚瘟疫（猪、马、牛、羊）、丹毒（猪）、肺结核、肺炎等疾病而死亡。官方资料显示，1881~1906 年，在全俄国仅仅因感染瘟疫而死的牲畜总量达到 3531986 头，造成的经济损失为 1.41 亿卢布，平均每年超过 500 万卢布。[②] 这在当时是相当庞大的数字。因此，发展兽医学，最大限度地减少牲畜的损失，也是沙皇政府和地方自治机构的一项重要任务。在政府的监管下，地方自治机构为此采取了一系列措施。

一　政府在兽医学领域的政策变迁

起初俄国并没有统一和独立的兽医学部门和管理机构。1858 年，政府组建了一个名为“严格监管人为使牛瘟蔓延以及消灭和预防牲畜倒毙现象临时委员会”的机构，但并没有什么效果。1860 年，在这一临时委员会的基础上，内务部设立了“改善兽医学状况和防治帝国内牲畜倒毙特别委员会”，但是它也没有起到什么作用。1868 年，在医务厅副厅长 E. B. 佩里坎的建议下，该特别委员会被撤销。此后，内务部设置了兽医委员会（ветеринарный комитет），全面管理帝国境内兽医学方面的事务；医务厅设置了兽医处（ветеринарное отделение），作为兽医学管理机关，重点对畜群进行监管，为发展兽医学筹措资金，制定相关法律，寻找抗击瘟疫的途径，等等。

兽医委员会和兽医处的建立在很大程度上促进了兽医学活动的展开，但是兽医学并没有取得独立的地位，所以在很长时间内，兽医学仍然是医疗事务的一个分支，兽医处仍然是医务厅的下属机关，各省的兽医医生仍然是医疗部门的成员。但是在兽医学界和医疗界的压力之下，将兽医处从

① 为购买牲畜而发放贷款的一共有大约 40 个县级和 5 个省级（莫斯科、维亚特卡、喀山、沃罗涅日、奥洛涅茨）地方自治局。详见 Б. Б. Веселовский，История земства за сорок лет，Т. 2［M］，С. 215-216。

② Т. И. Минеева，История ветеринария［M］，С. 168.

医务厅的建制中独立出去，成为完全独立的部门，很快便被提上了议事日程。1889 年 3 月 16 日，政府决定，“为了最大限度地使抗击牛瘟的行动取得统一，并增强对整个兽医学事业的管理，作为一种试验”，将兽医处从医务厅的编制中独立出来，直接由兽医委员会主席领导。[①] 但是从法律意义上讲，这种独立地位仍然是有条件的。而且，各省级兽医学机关仍然处于无权的地位，其活动仍然受到《医疗章程》的约束。

在西伯利亚各省几年时间的试验之后，到 1897 年 4 月 8 日，国务委员会关于将各省各地区的兽医学事务从医疗督察（врачебный инспектор）和医疗局（врачебное отделение）的管理下独立出来的决定得到沙皇的批准。为了管理兽医学事务，政府又设立了省级（或地区级）兽医督察（ветеринарный инспектор）的职位，负责监管各省各地区所有的兽医专家，无论这些兽医专家是隶属于政府（即内务部）还是地方自治局或城市管辖，抑或是自己开业的。而且内务部制定了专门的规则，并于 1899 年 5 月 1 日正式通告各地。

到 1901 年，沙皇政府又出台了一项法律，对兽医学管理事业进行较大规模的重组。兽医处等机构被废除，取而代之的是兽医管理局（ветеринарное управление），而且其规格也得以提高，改为直属于内务部；兽医委员会被改组，其管理职能被并入新建立的兽医管理局，该委员会便成为一个咨议性的机构。根据这项法律，兽医学事务最终从医疗事务中独立出来，各地方自治局和城市的兽医学事务也相应获得独立地位。

在兽医管理局成立之后，俄国的兽医学部门分别隶属于以下几个机构：地方自治局、内务部、军事部、财政部。另外，养马场和私人也可以开展兽医学活动。

二 地方自治机构与兽医学事务的管理

在兽医学事务的各个要素中，兽医学人才（包括兽医医生和医士）是中心环节。没有兽医学人才，对牲畜防疫和治疗均无从谈起。地方自治机

① Т. И. Минеева，История ветеринария ［М］，С. 157.

构以聘请兽医学人才为出发点，围绕他们建立起了各具特色的兽医学事务管理方式，逐步开展兽医学领域的各项活动。

（一）地方自治改革之初兽医学的发展状况

在地方自治改革之前以及之后的一段时间内，大部分省份的兽医学事务处于极端低水平的状态，兽医学人才非常匮乏，有些省份拥有四五百万头牲畜，但是只有1~2名兽医医生。① 各省通常对兽医学事务并不重视，其作为也非常有限。

在19世纪60年代后半期，维亚特卡、科斯特罗马、赫尔松等省份的一些县级地方自治局开始零星地展开兽医学活动，当时牛瘟在许多地方蔓延，于是地方自治局决定聘请兽医医士，条件好的地方则聘请了兽医医生。但是等到疫情一过，这些职位就会被撤销，兽医学事业又回到原先的状态。在这种情况下，很难形成稳定的兽医学人才群体和专门的兽医学事务管理部门。只有在那些专门由省级地方自治局负责开展兽医学活动的地区，拿出专项资金，建立了常设的兽医学人员组织。例如在维亚特卡省，1868年省地方自治会议聘请了4名医生，1871年又为每个县聘请了1名医生，另外还有10名医士和10名医士科的学生。医生都被交给县级地方自治局管理，但是他们的任免都掌握在省级地方自治局手中。② 另外，较早聘请专门的兽医医生和医士的省份还有科斯特罗马省（1872年）和雅罗斯拉夫尔省（1873年）。面对牲畜遭受动物疫病侵袭、农村地区卫生防疫条件极差的情况，萨马拉省地方自治会议在1867年10月16日讨论了组建兽医学部门的问题，并决定建设兽医区，聘请1名省级兽医学人员和不超过4名兽医区兽医学人员，以开展兽医学活动。③

在19世纪70年代，大部分县级地方自治局都聘请了1~2名兽医医士，他们的主要任务就是防治动物疫病。④ 除此之外，由于专业的兽医学人才不

① Т. И. Минеева, История ветеринария [M], С. 162.

② Б. Б. Веселовский, История земства за сорок лет, Т. 2 [M], С. 378.

③ П. С. Кабытов, Самарское земство: опыт практической деятельности (1865 - 1918 гг.) [M], С. 232.

④ Т. И. Минеева, История ветеринария [M], С. 163.

足，用土法医治马病在当时非常普遍，并受到地方自治局的支持。

总的来说，在改革之初，地方自治机构无力发展兽医学，除了观念因素以外，主要的原因还是缺乏资金。这种情况到 1879 年之后才得到真正的改变。

19 世纪 70 年代正是动物瘟疫（主要是牛瘟）日益蔓延的时期，从 1870 年至 1885 年，瘟疫每年都会席卷俄罗斯帝国境内的 36 ~ 42 个省份。[①] 面对日益严峻的形势，沙皇政府于 1879 年 7 月 3 日颁布了一项法律，名为《必须宰杀地方牲畜中感染瘟疫的动物法令》。这项法律的主要内容有三点：第一，感染瘟疫的动物必须被宰杀，被怀疑感染瘟疫的动物也必须被宰杀，甚至完全健康的动物，只要与被感染或者被怀疑感染的动物有过接触，也必须被宰杀，然后应该合理地处理掉这些动物尸体；第二，对于被宰杀的动物，地方自治局要对其主人进行一定的经济补偿，补偿的金额因被宰杀动物的品种和年龄而有所不同；第三，该项法令将宰杀感染瘟疫的动物的费用交给各地方自治局承担，如果资金不足，它们可以向牲畜所有者征收一项特别税，税额最高可达牲畜价格的 1.5%。[②] 法律还规定，在地方自治省份，这项法律由地方自治局和警察局共同执行；在非地方自治省份，则由警察局来执行。在这种情况下，地方自治局获得了向牲畜所有者征收特别税的权力。

但是很多地方自治局认为，不能向牲畜所有者征收特别税作为宰杀受瘟疫感染的牲畜的费用，更不能作为兽医学的经费，这一方面是因为它们认识到这在实际中很难实行（农民对这项税负充满敌意，很难征收）；另一方面有些地方自治局也认为，宰杀牲畜、防止瘟疫蔓延是一项为公共利益服务的兽医学和警察治安措施，向牲畜饲养者征收特别税是不公平的，因此这项支出应该由地方自治局承担。不过也有一些地方自治局不仅用这项收入支付宰杀受感染牲畜的费用，而且为兽医学人员支付工资，将这些资

① Т. И. Минеева, История ветеринария [М], С. 168.

② Б. Б. Веселовский, История земства за сорок лет, Т. 2 [М], С. 424; Т. И. Минеева, История ветеринария [М], С. 169 – 170; П. С. Кабытов, Самарское земство: опыт практической деятельности (1865 – 1918 гг.) [М], С. 233.

金用于兽医学领域。总的来看，实行过饲养牲畜特别税的一共有 18 个省，其中大部分省份是按照 1.5% 的税率来征收的，还有一些省份则低于这一数字。例如，比萨拉比亚省起初将税率定为 1%，后来改为 0.75%，从 1894 年起又改为 0.375%，但是该省所得的税额相当大，基本上足够地方自治局在兽医学领域的所有支出。[①] 当然，这种特别税并非在这 18 个省份中一直实行，有的省份实施的期限相当短。例如莫斯科省在 1883 年设置了这一税种，但第二年就取消了。实际上，由于农民对饲养牲畜特别税非常反感，这种税征收起来非常困难，欠税漏税的情况极其普遍，到 19 世纪 90 年代初，这一税种在各地被陆续取消，兽医学领域的支出完全由地方自治局承担。

尽管如此，一些地方自治局仍然通过征收特别税获得了数额庞大的资金，用这些资金的利息来发展兽医学事业。截至 1902 年，各省地方自治局在兽医学领域拥有资金达 231.83 万卢布，其中现金 122.11 万卢布。[②] 这正是发展兽医学事业的资金保障。利用这笔资金，一些地方自治局开始聘请常设的兽医医生和医士，开展各种兽医学活动。此外，为了抗击动物瘟疫疫情，一些地方自治局还设置了“瘟疫专员”、“监察”和“村警”来对宰杀牲畜和转移畜群进行监督。在有些情况下，这些专员、村警几乎是唯一能代表地方自治局兽医学力量的人，因为仅靠 1 ~ 2 名兽医医生和医士来进行监管是不可能的。

（二）兽医医生数量的增长情况

在地方自治改革之初，兽医学人员数量非常少。在医务厅副厅长 Е. В. 佩里坎的报告中，1868 年整个俄罗斯帝国只有 84 名兽医医生。[③] 1870 年，各地方自治局聘请的兽医医生只有 22 人，但是到 1900 年已经增加到 604 人，1905 年进一步增长到 837 人。[④] 1911 年，全俄国的兽医医生总数达到 3958 人，其中政府兽医医生 1377 人，地方自治兽医医生 1290 人，军事部

---

① Б. Б. Веселовский, История земства за сорок лет, Т. 2 [М], С. 362 – 363.

② Б. Б. Веселовский, История земства за сорок лет, Т. 2 [М], С. 363.

③ Т. И. Минеева, История ветеринария [М], С. 155

④ Б. Б. Веселовский, История земства за сорок лет, Т. 2 [М], С. 394; Т. И. Минеева, История ветеринария [М], С. 167.

门的兽医医生561人，城市兽医医生366人。到1912年，兽医医生总数已达到4142人。[①] 从19世纪90年代开始，大部分省份的兽医医生每隔3~5年就会得到一次进修的机会。这种进修一般是到内务部的兽医学实验室或者兽医学院，每次为期2~3个月。[②]

最开始的时候，由于兽医学人才匮乏，地方自治局聘请政府兽医医生进行工作。后来越来越多的年轻人从兽医学院毕业后进入地方自治局。当时俄国共有5所兽医类的高等院校，分别是圣彼得堡医学外科学院的兽医科（到1883年停办）和华沙、尤里耶夫（杰尔普斯克）、哈尔科夫、喀山4所兽医学院。从1903年至1912年，后4所兽医学院一共培养了2314名兽医医生，约占十月革命前110年间在俄国受到高等教育的兽医医生总数的1/4。[③] 各地方自治局就从这些兽医学院的毕业生中招聘兽医医生。

由上面的数字可以看出，从1870年至1911年，地方自治局的兽医医生数量增加了50多倍。在此期间，兽医医生数量增长速度最快的时段有两个，一个是19世纪80年代，那时各省地方自治局逐步实施1879年法律，加大在兽医学领域的投入，大量聘请兽医医生参与工作；另一个是20世纪初期，这时各省级和县级地方自治局比以前更加积极主动，更加具有计划性，建设了诸多的兽医区，投入的资金也是成倍增长，因此兽医医生数量也翻了一番。1870~1905年各地方自治省份兽医医生数量的增长情况如表4-1所示。

表4-1　1870~1905年各地方自治省份兽医医生数量的增长情况

省份	1870年	1880年	1885年	1890年	1895年	1900年	1905年	1905年各县兽医医生数量的区间
比萨拉比亚	0	3	3	13	19	26	27	3~4
弗拉基米尔	0	3	13	13	13	14	27	2
沃罗格达	0	3	1	2	1	3	10	0~2
沃罗涅日	2	3	4	20	20	27	36	2~5

① Т. И. Минеева, История ветеринария [M], С. 207.
② Т. И. Минеева, История ветеринария [M], С. 166.
③ Т. И. Минеева, История ветеринария [M], С. 227.

续表

省份	1870 年	1880 年	1885 年	1890 年	1895 年	1900 年	1905 年	1905 年各县兽医医生数量的区间
维亚特卡	4	11	11	13	14	17	22	4
叶卡捷琳诺斯拉夫	0	3	22	17	18	19	35	1～3
喀山	2	10	21	23	22	21	23	1～3
卡卢加	0	1	5	3	3	6	10	0～1
科斯特罗马	0	4	6	7	13	13	19	1～2
库尔斯克	0	3	15	16	17	22	40	2～6
莫斯科	1	7	8	10	15	20	24	1～4
下诺夫哥罗德	1	2	2	9	13	14	22	1～2
诺夫哥罗德	0	0	8	6	11	12	12	1
奥洛涅茨	0	2	2	4	7	8	8	1
奥廖尔	0	4	2	15	13	26	28	2～3
奔萨	0	2	1	7	10	12	15	1～2
比尔姆	1	13	18	34	19	19	25	1～3
波尔塔瓦	5	4	5	16	17	19	28	1～5
普斯科夫	0	0	1	1	8	10	10	1～2
梁赞	0	1	3	13	13	15	15	1
萨马拉	1	2	28	31	33	46	59	3～12
圣彼得堡	0	2	8	10	10	10	21	1～4
萨拉托夫	0	0	11	16	20	38	48	3～7
辛比尔斯克	0	2	2	10	10	10	18	2
斯摩棱斯克	0	1	3	6	7	6	14	1～2
塔夫里奇	0	8	6	15	15	27	28	1～6
坦波夫	1	4	5	11	12	21	37	1～6
特维尔	0	0	0	1	3	8	10	0～1
图拉	0	1	2	7	7	7	14	1
乌法	—	2	4	19	19	20	26	3～5
哈尔科夫	1	6	9	17	15	25	48	2～8
赫尔松	2	4	4	21	24	36	46	4～8
切尔尼戈夫	1	3	8	8	8	16	18	1～2
雅罗斯拉夫尔	0	2	2	9	10	11	14	1～2
总计	22	116	244	423	459	604	837	0～12
平均每个县	0.06	0.32	0.68	1.18	1.27	1.68	2.32	—

资料来源：Б. Б. Веселовский, История земства за сорок лет, Т. 2 ［М］, С. 395。

从表4－1可以看出，1870年，平均每3个省才有2名兽医医生，而到了1905年，平均每个县的兽医医生达到2.32人。尽管后一个数字也并不很高，但是相对于之前的低水平来说，仍然是一个巨大的进步。到20世纪初，兽医医生数量最多的是萨马拉省（59名），其次是萨拉托夫省（48名）、哈尔科夫省（48名）和赫尔松省（46名），最少的是卡卢加省（10名）、特维尔省（10名）、普斯科夫省（10名）和奥洛涅茨省（8名）。

兽医医生在某些省份的分布情况也很值得注意，1905年有7个省的所有县份都拥有相同数量的兽医医生：在维亚特卡省，每个县有4名兽医医生，弗拉基米尔省和辛比尔斯克省为2名，奥洛涅茨省、诺夫哥罗德省、梁赞省和图拉省为1名。除了弗拉基米尔省以外，这些省份都由省地方自治局均衡地向每个县提供资助。但是，也有些省份内各县的兽医医生数量极不均衡：在萨马拉省，兽医医生数量最少的一个县只有3名兽医医生，数量最多的则有12名（即新乌津斯克县）。总的来说，到20世纪初期，很少有地方自治局对兽医事业进行规划建设，所以各县之间的兽医学资源分布不是很均衡。

这种分布不均的状况可以从表4－2中看出。1905年各县每名兽医医生对应的地域面积相差巨大，有17个县每名兽医医生对应的面积在1000平方俄里以下，有24个县对应的地域面积在1万平方俄里以上，而大部分县份每名兽医医生对应的地域面积在2000平方俄里左右，其服务半径大约为25俄里。

表4－2　1905年每名兽医医生对应不同地域面积的情况下县的数量

单位：千平方俄里

每名兽医医生对应的地域面积	县的数量
1以下	17
1～2	106
2～3	91
3～5	79
5～10	33
10～15	14
15以上	10
总计	350

资料来源：Б. Б. Веселовский，История земства за сорок лет，Т. 2［М］，С. 398。

那么这些兽医医生能在多大程度上满足实际需要呢？由表 4－3 可以看出，在大部分省份，1905 年每名兽医医生所对应的大牲畜数量在 4 万～7.5 万头。由此可见，面对数量庞大的牲畜，兽医医生的数量仍显不足，所以他们的工作量相当之大。

表 4－3　1905 年每名兽医医生对应不同大牲畜数量的情况下省份的数量

单位：千头

每名兽医医生对应的大牲畜数量	省份的数量
30 以下	2
30～40	3
40～50	7
50～75	12
75～100	5
100 以上	5
总计	34

资料来源：Б. Б. Веселовский，История земства за сорок лет，Т. 2［М］，С. 399。

与欧洲其他国家相比，俄国在兽医医生的数量方面还很落后。19 世纪 90 年代中期欧俄地区与部分欧洲国家兽医医生情况如表 4－4 所示。

表 4－4　19 世纪 90 年代中期欧俄地区与部分欧洲国家兽医医生情况

单位：名，千头，平方千米

国家或地区	兽医医生数量	每名兽医医生对应的大牲畜数量	每名兽医医生对应的地域面积
比利时	495	3.3	60
瑞士	571	2.3	71
意大利	2561	2.5	112
英国	2698	3.9	116
法国	3389	4.9	129
西班牙	3432	1.2	146
德国	3516	6.1	153
奥地利	957	10.7	312
匈牙利	732	9.1	444
欧俄地区（波兰除外）	863	49.4	5037

资料来源：Б. Б. Веселовский，История земства за сорок лет，Т. 2［М］，С. 400。

到1910年，在地方自治省份，每名兽医医生所对应的地域面积平均为1361平方俄里，对应的牲畜数量为21182头。与此对照，情况最好的是波兰诸省，每名兽医医生对应的地域面积为401平方俄里，对应的牲畜数量为14212头；情况最差的是俄国的亚洲部分，每名兽医医生分别对应24596平方俄里的土地和47023头牲畜。全俄国的情况是每名兽医医生分别对应4513平方俄里的土地和24596头牲畜。①

（三）兽医医士数量的增长情况

地方自治机构在初期就比较重视培养兽医医士人员。但是当时几乎没有兽医医士学校，无法培养足够的人才，地方自治局只能聘请从军队退伍的兽医医士担任职务，虽然这些人受教育水平不高，但也只能将就。

19世纪60年代后期，特维尔、辛比尔斯克、下诺夫哥罗德等省提出，要建立兽医医士学校，但是因为没有足够的资金而作罢。1872年维亚特卡省地方自治局建设了一所兽医医士学校，到1875年该校有2个班共15名学生，1877年为3个班共20名学生，1880年学生减少到11名。1882年，在培养了8名学生之后，该校被迫关闭，因为这样一所学校对于地方自治局来说支出过高。比尔姆省地方自治局在1872年也开设了一所兽医医士学校，招收学生50人，1880年该校被关闭，因为比尔姆省地方自治局认为该校培养的兽医医士已经足够了。②

除了建设兽医医士学校以外，一些地方自治局还采用了其他培养方式。1874～1875年，维亚特卡省地方自治局派遣一些男孩跟随兽医医生学习医士技艺，但是后来兽医医生代表大会反映，这种活动严重干扰了兽医医生的正常工作，因此地方自治局被迫将其停止。另外，诺夫哥罗德省的某些县级地方自治局从19世纪70年代开始招聘一些男生在龙骑兵团的军队兽医所接受培训，省地方自治局每年为此拨款500～600卢布；在90年代，乌法县地方自治局资助5名男孩在官办种马场的马厩里学习，每年对此资助550卢布。③

① Т. И. Минеева, История ветеринария［M］, С. 207.

② Б. Б. Веселовский, История земства за сорок лет, Т. 2［M］, С. 401.

③ Б. Б. Веселовский, История земства за сорок лет, Т. 2［M］, С. 401.

19 世纪末 20 世纪初，萨拉托夫、图拉、诺夫哥罗德、卡卢加、切尔尼戈夫、波尔塔瓦等省都提出要建设兽医医士学校，但是并没有采取实际行动。另外，科斯特罗马、塔夫里奇、诺夫哥罗德等一些地方自治局办起了临时性的兽医医士培训班，但只有 1904 年的维亚特卡省地方自治局真正开办了一个为期 2 年的兽医医士培训班，为此其邀请了一些兽医医生作为教员。

这就是地方自治局在培养兽医医士方面所做的全部工作。在其他地区，地方自治局做得很少，它们要么没有想到培养兽医医士，要么仅仅局限于在政府的兽医医士学校里设立奖学金。

1901 年，全国共有 7 所兽医医士学校，其中有 4 所分别隶属于位于哈尔科夫、华沙、杰尔普斯克和喀山的兽医学院，在托博尔斯克、托木斯克和阿尔汉格尔斯克也有这类学校。这些学校每年培养的学生有 65 ~ 70 人。[①]但是相对于全国巨大的需求来说，这些人才远远不够。这时候，地方自治局只能招聘军队组建的兽医医士学校的毕业生。这些学校课程只有 2 年，教学水平不高，因此毕业生的质量并不高。

尽管如此，地方自治局聘请的兽医医士数量增长仍相当迅速。1870 年，各地方自治局共有 200 名兽医医士，到 1900 年增加到 1030 名，到 1905 年增加到 1396 名，其中有 616 名属于省级地方自治局管理，大约 700 名属于县级地方自治局管理，82 名属于双方共同管理，到 1911 年，兽医医士人数达到 2170 名。[②]

1905 年兽医医士在各省的分布情况如表 4 - 5 所示。

表 4 - 5　1905 年兽医医士在各省的分布情况

单位：名

省份	兽医医士数量	平均每个县的兽医医士数量
比萨拉比亚	28	4
弗拉基米尔	45	3.46
沃罗格达	34	3.4

① Т. И. Минеева, История ветеринария [M], С. 197; Б. Б. Веселовский, История земства за сорок лет, Т. 2 [M], С. 402.

② Т. И. Минеева, История ветеринария [M], С. 167, 207, 214; Б. Б. Веселовский, История земства за сорок лет, Т. 2 [M], С. 403.

续表

省份	兽医医士数量	平均每个县的兽医医士数量
沃罗涅日	43	3.58
维亚特卡	71	6.45
叶卡捷琳诺斯拉夫	71	8.88
喀山	48	3
卡卢加	12	1
科斯特罗马	24	2
库尔斯克	51	3.4
莫斯科	23	2
下诺夫哥罗德	41	3.72
诺夫哥罗德	39	3.54
奥洛涅茨	24	3.43
奥廖尔	26	2.16
奔萨	30	3
比尔姆	71	5.92
波尔塔瓦	75	5
普斯科夫	15	1.87
梁赞	14	1.17
萨马拉	26	3.57
圣彼得堡	31	3.87
萨拉托夫	124	12.4
辛比尔斯克	45	5.62
斯摩棱斯克	19	1.58
塔夫里奇	42	5.25
坦波夫	53	4.41
特维尔	12	1
图拉	13	1.08
乌法	13	2.16
哈尔科夫	90	8.18
赫尔松	70	11.87
切尔尼戈夫	47	3.13
雅罗斯拉夫尔	27	2.7
总计	1396	3.88

资料来源：Б. Б. Веселовский，История земства за сорок лет，Т. 2［М］，С. 403。

从表 4-5 可以看出，1905 年兽医医士数量较多的省份是萨拉托夫省、赫尔松省、哈尔科夫省和叶卡捷琳诺斯拉夫省，它们每个县平均有 8~13 名兽医医士；兽医医士数量较少的省份是卡卢加省、特维尔省、图拉省，它们每个县基本上只有 1 名兽医医士。

（四）地方自治机构对兽医学人员的组织方式

到 19 世纪末，各省的地方自治机构对兽医学人员的组织方式可以分为以下三种。

第一，县级组织模式。在这种情况下，兽医学人员主要由县级地方自治局提供经费，而省级地方自治机构的作用较小，只是辅助性的。各省级地方自治局的参与程度各不相同，包括以下几种类型。

（1）省级地方自治局没有聘请任何兽医学人员，全部的兽医学事务都由县级地方自治局来管理。特维尔省正是这种情况。该省是兽医学事业发展最为落后的地区之一。兽医学事务从一开始就由县级地方自治局管理，只有在动物疫病暴发的时候，省级地方自治局才偶尔地参与进来，但它并没有聘请常设的兽医医士，直到 20 世纪初才设置一名兽医医士监管畜群的疾病。到 1905 年，全省还有 2 个县没有兽医医生。①

（2）省级地方自治局只聘请少量的兽医学人员，帮助各县发展兽医学事业，但并不干涉它们的具体事务。切尔尼戈夫省就是这种情况。

（3）省级地方自治局聘请有少量的兽医学人员，但是并不帮助各县级地方自治局。有 5 个省份是这种情况：沃罗格达、奥廖尔、喀山、斯摩棱斯克和梁赞。在沃罗格达，从一开始省地方自治局便拥有自己的兽医医生，建设了兽医医士学校，但 1871 年决定，兽医学领域的全部支出交由县级地方自治局承担，而自己只负责支付兽医医士学校里医生的工资。在奥廖尔省，1888 年实行必须宰杀感染瘟疫的牲畜的法令之后，省级地方自治局才开始参与兽医学事务，到 1900 年兽医医生增加至 26 名。1901 年省地方自治会议决定将兽医学事务转交给各县管理，省级地方自治局只负责为兽医

① Б. Б. Веселовский, История земства за сорок лет, Т. 2 [M], С. 374.

学主任医生和实验室医生提供经费。[①]

第二，省级组织模式。在这种情况下，兽医学事务由省级地方自治局管理，兽医学人员由省级地方自治局聘请，但是县级地方自治局并非没有作为。根据县级地方自治局的参与程度，又可以分为以下几种类型。

（1）县级地方自治局负责具体的兽医学事务，省级地方自治局几乎不干涉各县的活动，其任务仅仅在于聘请兽医学人员。这样的省份包括比萨拉比亚、奔萨、辛比尔斯克、雅罗斯拉夫尔、弗拉基米尔、沃罗涅日、卡卢加、诺夫哥罗德、奥洛涅茨、乌法等。例如在比萨拉比亚省，1888 年实行必须宰杀感染瘟疫的牲畜的法令之后，省地方自治局聘请了 14 名县级兽医医生，2 名兽医学储备医生，1 名兽医学主任医生，以及 14 名兽医医士。后来，阿克尔曼斯克县、基什涅夫县和霍廷斯克县也聘请了自己的兽医医生。到 1905 年，在全省 27 名兽医医生中，省级地方自治局只管理 2 名，其余的 25 名兽医医生都由各县管理。在奔萨省，随着 1879 年法律的实施，到 1886 年，省地方自治局已经为每个县聘请了 4 名兽医医生和 1 名兽医医士。到 20 世纪初，由省级地方自治局提供经费的有 15 名兽医医生和 22 名兽医医士，由县级地方自治局提供经费的有 8 名兽医医士。[②]

（2）省级地方自治局的活动比较积极，不仅为各县聘请兽医医生，还建立医疗设施，也不干涉各县的独立性。这样的省份包括维亚特卡、叶卡捷琳诺斯拉夫、科斯特罗马、图拉、坦波夫、圣彼得堡。例如在叶卡捷琳诺斯拉夫省，省地方自治局在 1882 年决定为每个县配备 2 名兽医医生和 4 名兽医医士，并为每个县拨款 2800 卢布。1894 年成立了细菌学实验室。1902 年又决定为每个县配备 3 名兽医医生和 6 名兽医医士，1903 年决定逐渐在兽医区的兽医医生那里设立诊断室。到 1905 年，每个县有 4 名兽医医生，共有 63 名兽医医士。有议员建议将兽医学事业交给县级地方自治局管理，但是遭到省地方自治局的拒绝。最后，叶卡捷琳诺斯拉夫省成为兽医

① Б. Б. Веселовский，История земства за сорок лет. Т. 2［М］，С. 374.

② Б. Б. Веселовский，История земства за сорок лет，Т. 2［М］，С. 377，379.

学事业最为发达的地区之一。[①] 在圣彼得堡省，省地方自治局在 1890 年拥有 10 名兽医医生和 11 名兽医医士。1900 年省级地方自治会议通过决议，帮助各县设立医士站，兽医医士的工资不得低于 300 卢布，其中有一半由省级地方自治局承担。此外，兽医医士的住所和巡诊费用交给县级地方自治局承担，而药品由省级地方自治局负责。1901 年，省地方自治局聘请了 1 名巡诊兽医医生，主要任务是防治鼻疽。1902 年又聘请了 2 名兽医医生和 2 名兽医医士。1903 年组建了一个跨县级兽医区。[②]

（3）省级地方自治局对所有事务的管理都实行集中原则。萨马拉省就是这种情况。在萨马拉省，1879 年法律在 1884 年才开始实行，当时全省只有 2 名县级兽医医生，于是省级地方自治局聘请了临时兽医医生和临时兽医医士，以及常设的村警。1885 年决定设立 27 个固定的兽医区和 27 名兽医医士，并聘请 1 名省级兽医医生。在省地方自治局的主导下，该省兽医医生数量增长迅速，到 1905 年已经达到 59 人，在全国排名第一。但是萨马拉县比较特殊，拥有独立的兽医学人员，那里有 4 名兽医医生和 10 名兽医医士。[③]

在上述 17 个省份中，维亚特卡和科斯特罗马两个省聘请兽医学人员没有受到 1879 年法律的影响。弗拉基米尔省和雅罗斯拉夫尔省地方自治局聘请兽医学人员的工作则是在法律实施之前开始的，随着法律的实施，地方自治局在这方面的活动更加活跃。剩下的 13 个省地方自治局是随着该项法律的实施而开始积极参与兽医学人员组织方面的工作的。

这些省份兽医学资源的集中程度并不一样：萨马拉省是一个极端，奥洛涅茨省、乌法省和图拉省是另一个极端。奥洛涅茨省、乌法省和图拉省地方自治局主要承担兽医学人员的工资，而很少干涉各县的具体事务。

第三，混合模式。在这种情况下，省级和县级地方自治局共同出资聘请兽医学人员。但由于省县两级地方自治机构之间关系的不同，这种模式

① Б. Б. Веселовский, История земства за сорок лет, Т. 2 [М], С. 378－379.

② Б. Б. Веселовский, История земства за сорок лет, Т. 2 [М], С. 380－381.

③ П. С. Кабытов, Самарское земство: опыт практической деятельности (1865－1918 гг.) [М], С. 233; Веселовский Б. Б. История земства за сорок лет, Т. 2 [М], С. 380.

可以分为以下几种类型。

（1）省级地方自治局仅仅帮助各县聘请最低限度的兽医学人员，超过这一限度便不再负责。普斯科夫省便是这种情况。1893 年省级地方自治局通过决议，县级地方自治局聘任 1 名兽医医生则为其资助 800 卢布，而县级地方自治局则需要为兽医医生追加工资补助 200～400 卢布。超过每个县 1 名兽医医生的标准之后，省级地方自治局便不再提供资助。另外，在抗击动物疫病的时候，每个县地方自治局都要拿出资金，省地方自治局的资助与之成正比。该省每个县 1 名兽医医生的情况一直持续到 1900 年，是年普斯科夫县地方自治局自己聘请了 1 名兽医医生。此外，1898 年省地方自治局聘请了一名兽医学主任医师。[①]

（2）省级地方自治局帮助各县维持一定的编制。即省地方自治局制定一定的标准，并帮助各县达到这一标准。哈尔科夫省就是这种情况。在很长时期内，聘请兽医医生和兽医医士完全由县级地方自治局负责，省级地方自治局主要聘请临时兽医医生，当动物瘟疫疫情消退的时候，它就将兽医学事务完全交给县级地方自治局。1903 年省地方自治会议通过决议，承担对兽医学人员的一半支出，条件是县级地方自治局聘请的兽医学人员数量达到省地方自治会议确定的标准。大部分地方自治局支持这一决定，于是省内的兽医医生数量到 1905 年增加为 48 名，是 5 年前的 2 倍。[②]

（3）省级地方自治局与县级地方自治局都有自己的兽医学人员，其相互平行、相互独立，而且省里不帮助县里。属于这种情况的是比尔姆省和波尔塔瓦省。1905 年，在比尔姆省的 25 名兽医医生中，由省级地方自治局负责的有 17 名，由县级地方自治局负责的有 7 名，还有 1 名是县级地方自治局与城市共有的；在波尔塔瓦省，兽医医生队伍完全体现出一种平行关系，省级地方自治局负责的有 16 名兽医医生，县级地方自治局负责有的有 10 名。[③]

---

① Б. Б. Веселовский，История земства за сорок лет，Т. 2 ［М］，С. 384.

② Б. Б. Веселовский，История земства за сорок лет，Т. 2 ［М］，С. 385.

③ Б. Б. Веселовский，История земства за сорок лет，Т. 2 ［М］，С. 386 –387.

（4）省级地方自治局与县级地方自治局都有相互平行的兽医学人员，但是省里帮助县里。赫尔松省正是这种情形。在 1888 年实施必须宰杀感染瘟疫的牲畜的法律之前，赫尔松省的兽医学人员全部是由县级地方自治局组织起来的。1887 年，省级地方自治局决定为每个县聘请 1 名兽医医生和 2 名兽医医士。1896 年该省决定，省级地方自治局继续保留自己的兽医学人员，但是如果各县地方自治局新增兽医学人员，前者要为其支付 1/3 的费用。到 1905 年，该省一共有 46 名兽医医生，兽医医士数量则超过了 70 名。[①]

（5）省级地方自治局自己负责正常的编制，如果各县雇用编制之外的兽医学人员，则前者要对其进行资助。这样的省份有莫斯科省、萨拉托夫省、库尔斯克省、塔夫里奇省和下诺夫哥罗德省，但是它们之间有细微的差别。萨拉托夫省的兽医学人员组织类似于下诺夫哥罗德省，部分接近于塔夫里奇省和哈尔科夫省。后两者的情况是，如果各县的兽医医生人数达到一定标准，那么省地方自治局将会为其提供追加工资。而在萨拉托夫省和下诺夫哥罗德省，如果兽医医生数量在标准范围之内则由县级地方自治局支付其费用，而超过标准的支出则由省县两级地方自治局分别支付一半。而在莫斯科省，如果兽医医生数量在标准范围之内则由省级地方自治局支付其费用，而超过标准的支出则由省县两级地方自治局分别支付一半。

在这三种模式中，首先最应该受到批判的是县级组织形式，因为省级地方自治局不应该在如此重要的领域无所作为。它应该尽力参与此事，根据当地的条件和资金使这项工作趋于系统化。其次，省级组织模式还极其不完善，出现两极分化的状态：彻底的集中和彻底的分散。比尔姆省和波尔塔瓦省的平行组织形式是应该受到批判的。普斯科夫省的制度也是不合适的，因为各县没有增加兽医学人员数量的动力。当然，还要考虑到时间和地点等条件，但是不可否认的是，省级和县级地方自治局应该进行有计划的合作，而不是相互排斥、袖手旁观。作为大型的社会组织，省级地方自治局应该根据各县的需要和实际条件为它们提供帮助，同时也应该把总

① Б. Б. Веселовский, История земства за сорок лет, Т. 2 [М], С. 389 - 390.

的控制权抓在手中，在某些情况下还应该承担某些职能，因为兽医学的主要任务就是防治家畜的传染病和流行病，所以应该从全省范围内通盘考虑。相对而言，最为合适的是萨拉托夫省和莫斯科省的模式。它保障了各县都有一定数量的兽医学人员，省地方自治局的资助还与各县对兽医学人员的需求相结合。1910～1912 年，绝大多数地方自治局的兽医学人员管理发展为混合模式。

（五）地方自治机构对兽医学的管理形式

随着兽医学人才的增多和省内兽医学活动的增加，地方自治局加强了对兽医学的管理和支持。在机构设置上，地方自治局建立了兽医局，也有一些地方自治局还设置了兽医委员会。

兽医局（ветеринарное бюро）是由地方自治局建立的管理省内兽医学事务的机构。局长一般由专门的兽医医生担任，他们被称为兽医学主任医生或兽医学高级医生。兽医局集中管理一省之内兽医学人员的活动。兽医局的具体任务包括：搜集畜牧业状况和动物疫病、门诊治疗活动、牲畜保险等方面的信息，向省地方自治局提交兽医学领域的报告，编制预算，等等。如果情况需要，兽医局局长应该到地方上参加抗击动物疫病的工作。最先组建兽医局的是莫斯科省（1883 年），随后维亚特卡省、赫尔松省、坦波夫省（1887 年）等也建立了自己的兽医局。到 20 世纪初，几乎所有的省份都设置了兽医局。

一些省级和县级地方自治局还设置了兽医委员会（ветеринарный совет）。这是一个集体性的协商机构，可以对所有的兽医学问题发表意见。

为了交流工作经验，很多省份还举办了兽医医生代表大会。这些大会的目的主要有两个。第一，会议应该研究和探讨兽医学事业的总体状况；第二，它们可以作为联合各地方自治局进行抗击动物流行病的方式。最先举办兽医医生代表大会的是维亚特卡省，时间是 1874 年。1874～1904 年，省级兽医医生代表大会一共举办了 148 次。[①] 举办兽医医生代表大会较多的

① Т. И. Минеева，История ветеринария ［М］，С. 167.

省份有科斯特罗马（12 次）、维亚特卡（11 次）、萨拉托夫（11 次）、叶卡捷琳诺斯拉夫（9 次）、弗拉基米尔（8 次）、奔萨（8 次）和赫尔松（8 次）。到 1905 年还有 6 个省份没有举办过兽医医生代表大会：沃罗格达、卡卢加、奥洛涅茨、波尔塔瓦、斯摩棱斯克、图拉。其中，除了波尔塔瓦省以外，其余 5 个省都是兽医医生数量非常少的省份。

为了解决全国性的兽医学问题，1903 年举办了第一次全俄兽医医生代表大会，地方自治局的兽医医生在会议上发挥主导作用。1910 年和 1914 年，还分别举行了第二次和第三次全俄兽医医生代表大会。另外，从 1902 年起，皮罗格夫代表大会也设立了地方自治兽医医生分会。

三　防治动物疫病

从 19 世纪下半期至 20 世纪初期，俄国面临的主要动物疫病包括以下几种：瘟疫（主要是牛瘟）、鼻疽（马）、西伯利亚瘟疫（猪、马、牛、羊）、丹毒（猪）、肺结核、肺炎等。这些疫病给民众带来巨大的经济损失，甚至直接影响到人的生命安全。对此，地方自治局采取了一系列措施防止疫病。下面分别叙述。

（一）瘟疫（чума）

19 世纪下半期，对俄国最具危害性的动物疫病就是牛瘟。俄国生理学家 Х. Г. 本格早在 1809~1810 年就发现，俄国的牛瘟疫情来源于蒙古和吉尔吉斯草原地带，牲畜的长途贩运促进了瘟疫的传播。到 19 世纪下半期，这种瘟疫已经传染到越来越多的村庄。1886 年，仅在叶卡捷琳诺斯拉夫省，就有 5 万头牲畜死于瘟疫。根据 А. С. 阿吉卡耶夫斯基和 Н. И. 别什季奇的资料，在 19 世纪后半期，俄国每年死于瘟疫的牲畜达到 15 万~30 万头。[①] 而且，瘟疫带来的危害还不止于此，它还导致了俄国牲畜出口的急剧缩减。俄国对德国、奥匈帝国、英国、法国及其他国家的牲畜出口在 1864 年为

① Т. И. Минеева，История ветеринария［М］，С. 168.

13.8 万头，但在 1873～1875 年下降到 3.3 万～4.8 万头。①

但是当时的防疫措施并没有取得良好的效果。其主要原因一是兽医学人员严重不足，二是缺乏对民众兽医学知识的宣传，三是地方自治局和政府在这方面缺乏配合。

在这种情况下，俄国政府决定采取更加严厉的防治措施。早在 1870 年，波兰王国就已经采取过杀死感染瘟疫的动物的措施，收到了良好的效果。同一年，内务部建议各地方自治局讨论这一措施在地方自治省份实施的可能性，但是大部分地方自治局表示反对。尽管如此，1879 年 7 月 3 日，政府还是出台了《必须宰杀地方牲畜中感染瘟疫的动物法令》。不过这项法令并没有一下子在各地全面铺开，而是逐步在各省实行。到 1899 年，欧俄各省都已经实行了这项法令。

但是这项严酷的法令在实行的过程中不仅遭到了地方自治局的反对，还遭到了民众的激烈反对，甚至引发了骚乱。1885 年，南部各省地方自治局的代表在哈尔科夫集会时，许多人对这项法令持反对意见，认为它代表着“严酷的整齐划一”，意味着“危害、危险和破坏”。② 1879 年，为了夺回受到瘟疫感染的牲畜，当地居民袭击了哥萨克武装，并将畜群赶到边境地区，造成 21 人死亡。③ 1888 年四五月间，萨马拉市谣传所有的畜群都要被就地宰杀，于是心怀不满的民众发动了一场暴动，暴动席卷了整个城市，一名兽医医生被打死，连省长也受到袭击，后来有 26 人被判刑。④

尽管法律实施起来很困难，但是其效果还是有目共睹的。瘟疫逐渐地向边境地区退缩，受到感染的牲畜数量也在逐年减少。1880 年俄国有 42 个省份有瘟疫存在，但是到 1884 年已经降低到 28 个，到 1895 年欧俄地区的瘟疫已经被彻底消灭了，这场抗击瘟疫的斗争最终取得了胜利。⑤ 牛瘟被消

① Т. И. Минеева, История ветеринария ［M］, С. 169.

② Т. И. Минеева, История ветеринария ［M］, С. 170.

③ Т. И. Минеева, История ветеринария ［M］, С. 170.

④ П. С. Кабытов, Самарское земство: опыт практической деятельности （1865 – 1918 гг. ）［M］, С. 234; Т. И. Минеева, История ветеринария ［M］, С. 170.

⑤ Т. И. Минеева, История ветеринария ［M］, С. 171.

除，使得兽医医生的威望得到提高，生活状况得到改善，其对于兽医学的发展起到了巨大的推动作用。但是不可否认的是，这场斗争的代价是极其巨大的。从 1870 年到 1894 年，在欧俄地区（波兰、芬兰、高加索地区除外）的 3833673 头牛中，有 205723 头因为感染瘟疫被宰杀（从 1880 年开始）。据 Б. Б. 维谢洛夫斯基的估计，地方自治局为所有被宰杀牲畜发放的补偿款达到约 800 万卢布。[①]

（二）西伯利亚瘟疫（сибирская язва）

西伯利亚瘟疫像牛瘟一样给俄国的畜牧业带来巨大的损失。它感染的对象，在南部地区主要是羊，在中部、东部和西伯利亚地区是马和牛，在北部地区是猪。根据不完全统计，早在 1864 年，西伯利亚瘟疫就造成 9 万头牲畜和 667 人死亡。1867～1868 年，诺夫哥罗德省因为西伯利亚瘟疫有大约 4 万匹马、8000 头牛、6000 只羊和 528 个人死亡。从 1897 年至 1906 年，整个俄罗斯帝国因为西伯利亚瘟疫而死亡了大约 15.6 万匹马、16.4 万头牛、12 万只羊和 4000 头猪，造成的经济损失达到 1349.9 万卢布。而另一项数据称，从 1881 年至 1908 年，西伯利亚瘟疫在俄国境内造成接近 1300 万头牲畜发病，其中有 130 万头因此死亡。[②]

Б. Б. 维谢洛夫斯基的数据是，在 19 世纪 80 年代末 90 年代初，每年因西伯利亚瘟疫而死亡的牲畜包括 2 万头牛和 1 万只羊。[③] 在萨马拉省、坦波夫省、萨拉托夫省、赫尔松省、切尔尼戈夫省、喀山省、沃罗涅日省、塔夫里奇省和奥廖尔省，西伯利亚瘟疫尤其猖獗。

对于西伯利亚瘟疫的防治，地方自治局首先利用的是医学科学成果。在 1881 年，法国科学家巴斯德发现了能使西伯利亚瘟疫杆菌活力降低的方法，并研制出了 1 号和 2 号疫苗。但是，出于保密考虑，这项科技成果并没有传到俄国。在俄国自由经济协会和南俄农业协会的资助下，哈尔科夫大学教授 Л. С. 岑科夫斯基等人利用哈尔科夫兽医学院的细菌学实验室，经过

① Б. Б. Веселовский, История земства за сорок лет, Т. 2 [М], С. 366 – 367.

② Т. И. Минеева, История ветеринария [М], С. 173.

③ Б. Б. Веселовский, История земства за сорок лет, Т. 2 [М], С. 411.

两年的时间，在 1883 年成功培育出了西伯利亚瘟疫的疫苗。这项技术为防治西伯利亚瘟疫创造了条件。

最先接种西伯利亚瘟疫疫苗的是赫尔松省。1886 年，该省对 1500 只羊进行了疫苗接种，结果非常成功。于是内务部拿出 5000 卢布用于在哈尔科夫建设细菌学实验室。1888 年，敖德萨又出现了另一家细菌学实验室，使用巴斯德的方法培育疫苗。这些实验室很快就成了大型的科技中心，向地方自治局提供大量的瘟疫疫苗。萨马拉省也建立了细菌学实验室，其主要任务是检查牲畜的疑难病症，培养兽医学人员和培育疫苗。

1890 年，为了推广和监督疫苗接种，一些地方自治局成立了专门委员会。赫尔松省和塔夫里奇省的实验表明，Л. С. 岑科夫斯基的疫苗可以防止猪感染西伯利亚瘟疫，其免疫力一直能够持续 8 个月，接种两次也能提高马和牛的免疫力。[①] 1891 年，Л. С. 岑科夫斯基的疫苗开始在萨拉托夫省接种。一开始还只是零星几例，到 19 世纪 90 年代中期已经有越来越多的地区接种疫苗。1893 年，内务部取消了对生产疫苗的限制，正式承认 Л. С. 岑科夫斯基等人疫苗的有效性。

比较积极的还有萨马拉省。1893 年 12 月省地方自治局通过《在省内实现西伯利亚瘟疫疫苗接种》的决议，并建议那些牲畜死亡率高于 1% 的地区开展接种活动。1896 年，该省进行了接种试验。736 匹马、2238 头牛和 4549 头羊接种了疫苗，结果只有 1 匹马和 5 头猪死亡。农民们对于疫苗的不信任逐渐消失了。到 1905 年，该省一年之内接种过西伯利亚瘟疫疫苗的有 160902 头牲畜。[②] 哈尔科夫、斯摩棱斯克和塔夫里奇 3 个省份在 1897 年也进行过预防疫苗的接种试验，对 21618 头羊、4524 匹马、11284 头牛、20 头水牛和 23 头猪进行了接种。结果发现马匹的死亡率是 0.26%，牛的死亡率是 0.03%，猪和其他动物则没有死亡的现象。[③]

但是对于西伯利亚瘟疫疫苗，不仅普通农民不了解，连一些地方自治

① Т. И. Минеева, История ветеринария [М], С. 177.

② П. С. Кабытов, Самарское земство: опыт практической деятельности (1865 - 1918 гг.) [М], С. 235.

③ Т. И. Минеева, История ветеринария [М], С. 178 - 179.

局也对它评价不高。例如 1894 年的圣彼得堡省地方自治局认为，“开展西伯利亚瘟疫的疫苗接种，并将其作为抗击动物疫病的一种方式，现在并不合时宜”。[①] 第二年，新拉多加县地方自治会议提出建立细菌学研究站，但是遭到省地方自治会议的拒绝。

到了 1897 年，各省才开始普遍实行西伯利亚瘟疫的疫苗接种，但是规模很小。在其余的大多数地方，这项措施并没有获得推广，只有叶卡捷琳诺斯拉夫、赫尔松、萨马拉、塔夫里奇、萨拉托夫和库尔斯克 6 个省份进行了大规模疫苗接种，在 1903 年接种的牲畜达到近 100 万头。在坦波夫、沃罗涅日、奥廖尔、奔萨、波尔塔瓦、图拉、辛比尔斯克和哈尔科夫 8 个省份，接种的牲畜总数量少于 50 万头。其余的 16 个省份接种的牲畜总数量少于 7.5 万头。[②]

各省在接种牲畜疫苗方面差距很大，有些地方自治局对此漠不关心，特别是那些存在着县级兽医学人员组织的地方。在这些地区，兽医学事务由县级地方自治局管理，牲畜接种的事例很少。

阻碍接种疫苗的另一个因素就是地方自治机构的低效率，以及农民很少意识到接种的意义。总的来看，接种西伯利亚瘟疫疫苗的主要是私人农业主。例如，在奔萨省，1902 年大型所有者的 5.92 万头大牲畜中已经有 5.21 万头接种了疫苗。[③]

地方自治局最开始主要从兽医学研究所的实验室获取疫苗，一些地方自治局甚至为这些实验室提供巨额资助。例如，喀山省地方自治局从 1894 年起断断续续地向喀山兽医学研究所的所长提供 300～400 卢布的资助，以帮助其开展兽医学实验。从 1899 年起，哈尔科夫省地方自治局向哈尔科夫兽医学研究所提供 2500 卢布的资助。[④] 但是很快，地方自治局开始建设自己的实验室。到 1905 年，建设有兽医学实验室的省份有：沃罗涅日、叶卡捷琳诺斯拉夫、卡卢加、库尔斯克、奥廖尔、波尔塔瓦、梁赞、萨马拉、萨拉托夫、辛比尔

① Б. Б. Веселовский, История земства за сорок лет, Т. 2 [М], С. 412.

② Б. Б. Веселовский, История земства за сорок лет, Т. 2 [М], С. 413.

③ Б. Б. Веселовский, История земства за сорок лет, Т. 2 [М], С. 414.

④ Б. Б. Веселовский, История земства за сорок лет, Т. 2 [М], С. 414.

斯克、坦波夫、图拉、赫尔松、普斯科夫、诺夫哥罗德、乌法、下诺夫哥罗德、塔夫里奇、奔萨、雅罗斯拉夫尔、莫斯科、科斯特罗马、哈尔科夫。这些实验室的规模各不相同。规模较大的是库尔斯克省、叶卡捷琳诺斯拉夫省、赫尔松省和萨拉托夫省的实验室。在库尔斯克省和叶卡捷琳诺斯拉夫省的实验室里，各有2名兽医医生在工作。一开始，一些实验室规模很小，没有专门的兽医医生，而处在省级兽医学主任医生的领导之下，后来这些实验室的规模扩大了，绝大部分处于专业兽医医生的管理之下。

除了这些细菌学实验室之外，地方自治局建立了诊断室（диагностический кабинет），莫斯科省和科斯特罗马省的省地方自治局组建了诊断中心实验室。但是总体上来说，这项措施并不普及。赫尔松省地方自治局为各县建立诊断实验室提供资助。叶卡捷琳诺斯拉夫省地方自治会议在1903年决定，要为所有兽医区的兽医医生建立诊断室。

（三）鼻疽（сап）

鼻疽的感染对象是奇蹄动物，主要是马匹。在19世纪后半期，鼻疽的发病率不断升高。在全俄国，1883～1887年感染鼻疽的动物有137.7万头，1888～1892年为329.8万头，1893～1897年为739.7万头，1898～1902年为1380.3万头。① 在19世纪末20世纪初，感染鼻疽最严重的地区是西伯利亚，特别是托木斯克省。在实行地方自治的各省，鼻疽传染最广泛的地区是南方草原地区（比萨拉比亚、叶卡捷琳诺斯拉夫、塔夫里奇和赫尔松）和东部地区（比尔姆、萨马拉、萨拉托夫、辛比尔斯克和乌法）。从1893年至1897年，各省每年发现的感染鼻疽的马平均达到7549匹。②

为了减少鼻疽带来的损失，从19世纪90年代初开始，地方自治局有计划地展开抗击马匹鼻疽的活动，宰杀感染鼻疽的马匹，并给予其主人一定的补偿。通常，每匹马发给补偿金20～30卢布。实行这种政策的省份有：辛比尔斯克、萨拉托夫、下诺夫哥罗德、叶卡捷琳诺斯拉夫、塔夫里奇、比萨拉比亚、萨马拉、赫尔松、哈尔科夫、圣彼得堡、奔萨、斯摩棱斯克、

---

① Т. И. Минеева，История ветеринария ［М］，С. 181.

② Б. Б. Веселовский，История земства за сорок лет，Т. 2 ［М］，С. 415.

弗拉基米尔、喀山、坦波夫。新俄罗斯地区和东部地区的省份为此耗费巨资。例如，萨拉托夫省、萨马拉省、叶卡捷琳诺斯拉夫省、赫尔松省和塔夫里奇省的省地方自治局在 19 世纪 90 年代为此发放的补偿金超过 30 万卢布。1899 年，塔夫里奇省地方自治局发放的补偿金为 46956 卢布，赫尔松省为 39295 卢布，萨马拉省为 23078 卢布。①

1890 年，俄国科学家 Х. И. 赫尔曼获得了鼻疽细菌的提取物，这种提取物能够准确诊断出是否患有鼻疽，被称为鼻疽菌素。从 19 世纪 90 年代末期开始，鼻疽菌素被用于兽医学的实践之中。但由于兽医医生必须去宰杀受感染的马匹，这种宰杀的行为降低了菌素的科学功效。1914 年举办的第三次全俄兽医医生代表大会的决议中指出，使用鼻疽菌素仍然是抗击鼻疽的重要手段。

（四）结核病（туберглез）

19 世纪末 20 世纪初，受到结核病感染的牲畜主要是牛。但由于结核病的病程发展非常缓慢，没有明显的表征，往往很难诊断是否患有这种病。只有在将动物送入屠宰场之后，才有可能对它进行诊断。所以当时并没有结核病发病率的准确统计数字。一般来说，结核病并没有给畜牧业造成太大的损失。19 世纪末莫斯科屠宰场的统计数据表明，结核病的发病率在 6% 左右，但这并不能完全反映真实情况。②

但是，由于结核病也可以在人群之中传播，所以医生们对于这种病症还是比较重视的。根据不完全统计，从 1902 年到 1911 年，俄国感染结核病的人数从 547408 人增加到 1016209 人，增长了大约一倍。③ 在 1903 年举办的第一届全俄兽医医生代表大会的决议中，结核病被列为最重要的动物传染病。1914 年的第三届全俄兽医医生代表大会指出，要防治结核病，必须制定全国性法律，如果动物感染了结核病，必须对其进行宰杀，并且禁止出售感染了结核病的肉制品。另外，还应该加强防治结核病知识在民众中间的宣传。

① Б. Б. Веселовский，История земства за сорок лет，Т. 2［М］，С. 416.
② Т. И. Минеева，История ветеринария［М］，С. 182.
③ Т. И. Минеева，История ветеринария［М］，С. 221.

地方自治局抗击动物传染性疾病的另一项重要手段就是加强检疫。俄国的牲畜贸易非常活跃，而这为动物疫病传播提供了机会。因此加强对市场的检疫，将会有效地减少疾病在动物之间的传播。萨马拉省 1899 年共有 74 个市场，1905 年增加到 87 个，每年的牲畜销售数量达到 33 万头。[①] 1893 年省地方自治会议决定，只有在取得兽医学事务主管部门的许可后才能批准建立新的市场。在该省的边界地区，地方自治局设置了检疫区，1896 年在喀山举办的抗击动物疫病代表大会上，萨马拉省的代表还提出，要和相邻各省建立起一条穿过伏尔加河流域东南部的检疫线路，将萨马拉、奥伦堡、阿斯特拉罕、乌拉尔和吉尔吉斯草原地带连接在一起。但是各省没有能力建设这样的线路。

四　地方自治局的牲畜治疗活动

在 19 世纪下半期，由于俄国的动物疫病比较频繁，地方自治局在兽医学领域的活动主要集中在卫生防疫方面，兽医学人员的主要工作就是如何防治动物疫病，而对牲畜的治疗则并不多。他们工作的流动性很大，也无法为治疗牲畜建立起兽医院等医疗设施。但是从 19 世纪 90 年代末开始，特别是进入 20 世纪以后，地方自治局关注的焦点变成了治疗兽医学，各地开始进行兽医学的发展规划，设立门诊部和兽医所。这种发展与医疗事务的发展路径正好相反。医疗首先是出于治疗的目的，然后才开展卫生防疫；而兽医学首先是为了抗击动物疫病，直到 20 世纪初期才发展到治疗阶段。

早在 19 世纪 80 年代就有一些地方自治局开展兽医医疗。例如，弗拉基米尔省地方自治会议在 1884 年通过决议称“兽医医生有义务在防治动物疫病工作之余，为患有各种病症的动物治病”，同时还向各县拨款 100 卢布用于购买药品，1892 年增加到 200 卢布；萨马拉省地方自治局在 1886 年开始向兽医医生提供药品和器具，以便他们能够治疗经常性疾病。[②] 但是在大多

① П. С. Кабытов, Самарское земство: опыт практической деятельности (1865 – 1918 гг.) [М], С. 235.

② Б. Б. Веселовский, История земства за сорок лет, Т. 2 [М], С. 417 – 418.

数地区，地方自治局忽视了兽医人员的医疗工作，于是兽医区的兽医医生既没有药品也没有仪器，更不用说设立动物医院了。

抗击动物疫病的紧张时期过后，地方自治局和兽医医生代表大会陆续提出发展兽医医疗事业。例如，莫斯科省地方自治会议在1894年通过决议，“兽医学人员在工作之余应该救治生病的动物”。1893年，喀山省地方自治局“推荐”各县级地方自治局建设兽医院。赫尔松省地方自治局在1895年决定，“以试验的方式”建设3所兽医院，对它们的拨款每年达到1500卢布。其他许多地方自治局在19世纪90年代中期以后也向医生提供医疗器械和药品，在进入20世纪以后开始进行这类的“试验”。①

（一）兽医医生为动物接诊

兽医医疗事业发展较好的省份有沃罗涅日省、库尔斯克省、萨拉托夫省等，而在另一些省份兽医医疗事业还处于萌芽状态。从这些省份的兽医医生为动物接诊的数量就可以看得出来：在沃罗涅日省，兽医医生接诊的牲畜数量在1890年为5400头，1897年为3.07万头，1906年为11.45万头；库尔斯克省1891年接诊的牲畜为1.26万头，1897年为3.43万头，1903年为9.99万头；萨拉托夫省的接诊量最大，1890年为8200头，1897年为6.46万头，1904年为24.01万头。②

1903年部分省份兽医医生接诊情况如表4-6所示。

表4-6　1903年部分省份兽医医生接诊情况

单位：千头

省份	接诊总数	平均每名兽医医生的接诊数量	省份	接诊总数	平均每名兽医医生的接诊数量
比萨拉比亚	12.5	0.50	梁赞	22.4	1.88
弗拉基米尔	30.3	1.16	萨马拉	46.3	0.86
沃罗格达	—	—	圣彼得堡	13.0	0.72

① Б. Б. Веселовский, История земства за сорок лет, Т. 2［М］, С. 418.

② Б. Б. Веселовский, История земства за сорок лет, Т. 2［М］, С. 419.

续表

省份	接诊总数	平均每名兽医医生的接诊数量	省份	接诊总数	平均每名兽医医生的接诊数量
沃罗涅日	59.8	1.81	萨拉托夫	171.2	3.72
维亚特卡	40.0	2.0	斯摩棱斯克	22.1	1.70
喀山	33.3	1.75	塔夫里奇	66.8	2.67
科斯特罗马	18.4	1.08	坦波夫	87.6	2.55
库尔斯克	99.9	2.30	特维尔	28.7	2.87
莫斯科	24.1	1.20	图拉	16.3	1.36
下诺夫哥罗德	11.3	0.56	乌法	11.1	0.46
诺夫哥罗德	7.4	0.67	哈尔科夫	48.4	1.01
奥洛涅茨	11.8	1.70	赫尔松	31.1	0.75
奥廖尔	37.8	1.44	切尔尼戈夫	39.4	2.31
奔萨	8.6	0.71	雅罗斯拉夫尔	3.4	0.28
比尔姆	27.7	1.15	总计	1056.1	1.50
波尔塔瓦省	25.3	0.97			

资料来源：Б. Б. Веселовский，История земства за сорок лет，Т. 2 ［M］，С. 419。

从表 4－6 可以看出，1903 年平均每名兽医医生要接诊的牲畜数量在 1500 头左右，平均每天达到 4 头。而且，这些治疗基本上是免费的。

但是与防疫兽医学相比，比较关心兽医医疗事业的几乎只有县级地方自治局，一些省级地方自治局做了一些工作。甚至在实行省级管理模式的省份，提供药品、建设兽医院等大部分任务仍然由县级地方自治局承担。总的来说，省级地方自治局的工作仅仅局限于两点：要么提供某种数额的药品补贴（例如，维亚特卡省地方自治局向各县提供 150 卢布的药品补贴），要么为建设兽医院而发放贷款。后一种方式更加普遍一些，也更为有效。而第一种方式则比较少，一方面是因为省级地方自治局很难确定各县需要多少药品，二是很难监管这些药品是否被过度消费。

应当指出，兽医医疗事业之所以发展缓慢，一个重要原因就是地方自治局认为这种治疗成本太高，不划算。但事实并非如此。根据兽医学人员的报告，对一头牲畜所开的药方平均价值为 1～13 戈比，而且医治的牲畜越多，成本就越低。例如，维亚特卡省的兽医院接诊的牲畜从 1897 年的 6.4 万头增长到 1903 年的 17.1 万头，而平均每头牲畜的药品费从 10.6 戈比下降到 7.0 戈比。

为了减少对兽医医疗事业的支出，一些地方自治局实行了药品收费，或是对兽医医生的建议收费。但是实行收费治疗的省份并不多，收费金额也不高。例如在弗拉基米尔省，从 19 世纪 80 年代到 90 年代，每个药方收 20 戈比。到 1900 年，有 24 个省份完全不收费，而在普斯科夫省、特维尔省、萨拉托夫省和赫尔松省，并不是各县都收费，只有图拉省是各县都收费。[①]

（二）兽医院等医疗设施的建设

兽医院的建设在 19 世纪末才开始。这一进程与兽医区的建设是紧密联系在一起的。按照规划，每个兽医区都应该有 1 名兽医医生和一些兽医医士，并建立有兽医院和诊疗所等医疗设施。但由于起步较晚、资金不足，医疗设施的建设并不快。到 1900 年，各地方自治局共拥有 38 家兽医院、406 家门诊部和 402 家医士站。[②] 到 1905 年，在 24 个省份存在着 135 家兽医院，而在其他 10 个省份（沃罗格达、斯摩棱斯克、奥洛涅茨、卡卢加、辛比尔斯克、奔萨、雅罗斯拉夫尔、喀山、梁赞和奥廖尔），兽医学人员则没有兽医院，主要是在露天或者极其破败的租来的板棚里工作。[③] 与此同时，1905 年各省兽医区兽医医生已经达到 764 人，平均每个县 2.12 人。具体情况如表 4－7 所示。

表 4－7　1905 年各省兽医区兽医医生情况

省份	兽医区兽医医生数量	平均每个县兽医区数量
比萨拉比亚	25	3.57
弗拉基米尔	26	2
沃罗格达	8	0.8

① Б. Б. Веселовский, История земства за сорок лет, Т. 2 [М], С. 419.

② Т. И. Минеева, История ветеринария [М], С. 214.

③ Т. И. Минеева, История ветеринария [М], С. 214.

续表

省份	兽医区兽医医生数量	平均每个县兽医区数量
沃罗涅日	33	2.75
维亚特卡	20	1.32
叶卡捷琳诺斯拉夫	32	4
喀山	20	1.82
卡卢加	9	0.75
科斯特罗马	17	1.42
库尔斯克	36	2.4
莫斯科	22	1.61
下诺夫哥罗德	20	1.82
诺夫哥罗德	11	1
奥洛涅茨	7	1
奥廖尔	26	2.17
奔萨	12	1.2
比尔姆	24	2
波尔塔瓦	26	1.73
普斯科夫	9	1.12
梁赞	12	1
萨马拉	54	7.72
圣彼得堡	18	2.25
萨拉托夫	46	4.6
辛比尔斯克	16	2
斯摩棱斯克	13	1.08
塔夫里奇	26	3.25
坦波夫	34	2.83
特维尔	10	0.83
图拉	12	1
乌法	24	4
哈尔科夫	46	4.18
赫尔松	42	7
切尔尼戈夫	17	1.13
雅罗斯拉夫尔	12	1.2
总计	764	2.12

资料来源：Б. Б. Веселовский，История земства за сорок лет，Т. 2［M］，С. 395。

从表 4－7 可以看出，到 1905 年，没有建设兽医院的 10 个省份中一共有兽医区兽医医生 135 人。也就是说，在总共的 764 名兽医区兽医医生中，有 135 人在工作环境较差的条件下接诊。

但是，即便建设了兽医院，这些兽医医疗设施的水平也很低，条件很差，无法令人满意：兽医院非常狭小，兽医医生都是在非常不利的条件下进行接诊。例如，沃罗涅日省的兽医医生代表大会承认，在 19 家兽医院里，有 14 家“之所以能够运行，仅仅是因为兽医医生极其耐心、坚定，并意识到必须进行救治”。在下诺夫哥罗德省，兽医局主任也承认，只有几名兽医医生拥有一些差强人意的兽医院，而在绝大部分兽医区，“兽医学人员的治疗环境极其恶劣、简陋和原始，完全位于室外，这威胁着兽医学人员的健康和生命，无法让他们正确地诊断病症”。[①] 这种情况在其他大部分地方自治局也存在着。

不过在 20 世纪初期，兽医医疗设施的建设速度很快。到 1913 年，地方自治局拥有的兽医院数量接近 400 家，兽医学人员每年为牲畜接种达到 600 万次。到 1914 年，各地方自治局建设的兽医区共有 1373 个，兽医医士站 2638 家。[②]

与县级地方自治局相比，省级地方自治局很少参与兽医院的建设。到 1905 年，只有 5 个省级地方自治局向各县提供建设兽医院和诊疗所的资助，另有 2 个独立建设了兽医院。从 1901 年起，萨拉托夫省地方自治局向每个县资助 600 卢布，帮其建设兽医院；莫斯科省地方自治局在 1901 年向各县发放了总额为 2600 卢布的贷款；圣彼得堡省地方自治局在 1902 年决定，每建一个兽医院则资助 250 卢布；叶卡捷琳诺斯拉夫省地方自治局从 1902 年起承担兽医院建设费用的 2/3；弗拉基米尔省地方自治局在 1905 年向每个县提供 1000 卢布的资助，以建立传染病科。萨马拉省和赫尔松省建设了自己的兽医院。萨马拉省在 1903 年决定，要为建设 7 家兽医院而拨款 21440 卢布，后来决定再建设兽医院 17 家。而赫尔松省地方自治局在 1900 年和

① Б. Б. Веселовский, История земства за сорок лет, Т. 2 ［М］, С. 421－422.

② Т. И. Минеева, История ветеринария ［М］, С. 214.

1903 年各建设了 3 家兽医院。[①]

而其他一些省级地方自治局只是偶尔提供一些建设贷款，如诺夫哥罗德省地方自治局在 1901 年向白湖县发放总额为 2631 卢布、为期 10 年的贷款。1899 年库尔斯克省地方自治局向旧奥斯克利斯克县发放 3000 卢布的贷款，年息为 5%。[②] 但是绝大多数省级地方自治局并没有采取任何措施来建设兽医院，认为这仅仅是县级地方自治局的任务。

在各地的兽医学建设中，萨拉托夫省是一个比较突出的例子。该省为动物疫病防治、牲畜治疗、兽医学研究做了许多工作。在这里发挥巨大作用的是该省的省级兽医医生 Ф. А. 别列佐夫（1858～1913 年）。他长时间从事动物疫病的预防工作，是省内免费兽医治疗的发起者，并且经常在一些农业类杂志上宣传兽医学知识。当时的著名兽医医生还有 Н. А. 沙德林、В. Ф. 纳戈尔斯基、М. И. 罗曼诺维奇、А. Р. 叶夫格拉佛夫等人。

地方自治局开展兽医学活动遇到了很多困难和阻碍。对于一些抗击动物疫病、监督牲畜屠宰厂和牲畜批发的条例，由于地方自治局并没有执行权，这使得其工作陷入困境。在这种情况下，政府应该通过立法的形式向地方自治局提供帮助，但是前者不仅没有给予帮助，反而为其增添更多的障碍。这里的突出表现就是 1902 年的一个法律，它严格规定了地方自治局在防治动物流行病的时候要严格遵守的程序，实际上是大幅削弱了地方自治局的独立性。[③] 各地方自治局不止一次地对此表示反对，并申请修订这项法律，但是并没有获得成功。

五　地方自治局的牲畜保险活动

在动物疫病蔓延的条件下，发展牲畜保险，可以降低农民因牲畜死亡而遭受的损失，如果经营得当的话，还可以为地方自治局带来一定的收益。所以在地方自治改革之初，一些地方自治局就开始对牲畜保险

① Б. Б. Веселовский, История земства за сорок лет, Т. 2 ［М］, С. 422 – 423.

② Б. Б. Веселовский, История земства за сорок лет. Т. 2 ［М］, С. 423.

③ Т. И. Минеева, История ветеринария ［М］, С. 216.

（страхование скота）产生兴趣。1870 年，政府让地方自治局讨论牲畜感染瘟疫的保险。1871 年，帝国自由经济协会向地方自治局请求研究预防牲畜感染西伯利亚瘟疫的保险。当时有 30 个县级地方自治局和 8 个省级地方自治局讨论过牲畜保险的问题，但是各地的意见并不一致。有些地区认为，应该最广泛地实行牲畜保险，不仅要预防牛瘟和西伯利亚瘟疫，还要预防一切杆菌；有些地方自治局赞同实行自愿的保险；还有一些地区坚决反对任何形式的保险。例如下诺夫哥罗德省地方自治局曾宣称，保险是“极其困难的事情，不方便，毫无疑问是不可能正确建立起来的”，于是它仅允许畜群批发保险。而库尔斯克省地方自治局认为，保险“尽管是一种好事，但是太超前了”。① 而萨马拉省地方自治局认为，“这一问题非常重要，应该由政府来负责”。②

在 19 世纪 70 年代末期，随着瘟疫流行病的蔓延，政府再次提出要研究预防牲畜因感染瘟疫而死亡的保险形式。1881 年，地方自治局宣布，如果牲畜所有者及时上报牲畜因感染瘟疫而死亡的情况，他就会得到奖励。许多地方自治局认为，必须推广上述措施，还应该推行预防牲畜疾病的保险，而且预防的范围应该扩展至口蹄疫、肺炎等疾病。

在各类牲畜中，地方自治局主要对作为大型牲畜的牛和马进行保险。相比而言，对牛进行保险的地区比对马进行保险的地区多得多。

（一）对牛的保险

从内容上看，各地方自治局对牛推行的保险分为正常价格保险和高额价格（也称为“特殊价格”）保险两种。在正常价格保险条件下，投保人只需交纳少量的保险费，但是牲畜的价格按照正常价格来计算（并因牲畜的年龄、性别和品种而有所不同），所以一旦牲畜出现因感染疫病而死亡的情况，只能遵循正常价格进行理赔。而在高额价格保险条件下，投保人交纳的保险费较多，但是牲畜的价格也会被估计得较高，最终理赔的时候也能

① Б. Б. Веселовский，История земства за сорок лет，Т. 2［М］，С. 423－424.

② П. С. Кабытов，Самарское земство：опыт практической деятельности（1865－1918 гг.）［М］，С. 234.

按照较高的价格。

从保险的形式上来看，一部分地方自治局实行的是强制性牲畜保险，另一部分实行的是自愿性牲畜保险。强制性牲畜保险指的是地方自治局将省内的牲畜强制性地全部纳入保险的范畴，投保的动物疾病也由地方自治局确定。自愿性牲畜保险是指牲畜所有者自愿地对自己的牲畜进行投保，保险的种类和范围都由投保人自己决定。但无论是强制性牲畜保险还是自愿性牲畜保险，各省对牲畜的正常价格和高额价格的估计都不一样。

强制性牲畜保险（обязательное страхование скота）。曾经实行过强制性牲畜保险的省份有卡卢加省（1880~1886年）、库尔斯克省（1884~1885年）和奥廖尔省（1884~1897年），到20世纪初，只有比萨拉比亚省还保留这种保险形式。

在卡卢加省，强制性牲畜保险从1880年开始实行，保险的范围是牛的疫病（包括牛瘟）。参加保险的牲畜数量每年在25万头以上，其中绝大部分是正常价格保险（2岁以上的公牛和母牛价格定为20卢布，1岁以下为2卢布，1~2岁为8卢布），保险费占到牲畜价格的1%。到1886年，这项政策被迫停止，因为欠债133894卢布。①

比萨拉比亚省从1888年开始实行强制性牲畜保险，可以投保的牲畜不仅包括牛和山羊，还包括马、绵羊和猪。保险费最开始定为牲畜价格的1%，从1890年降低为0.75%，到1894年降低为0.375%。到1904年，牲畜的正常价格是这样规定的：公牛、犍牛和公牛犊的价格为6~36卢布，母牛和母牛犊的价格为5~24卢布，各种年龄和品种的马的价格为3~20卢布，各种品种、体重和年龄的猪的最高价格为25卢布，绵羊最高为4卢布。1888~1904年，该省投保的牲畜共计1020.3万头，平均每年达到60万头。② 可见，比萨拉比亚省的强制性牲畜保险经营得比较成功，地方自治局甚至可以用它的盈利发展兽医学。

自愿性牲畜保险（добровольное страхование скота）。实行自愿性牲

① Б. Б. Веселовский, История земства за сорок лет, Т. 2 ［М］, С. 424.

② Б. Б. Веселовский, История земства за сорок лет, Т. 2 ［М］, С. 427.

畜保险的曾经有 13 个省份，到 20 世纪初减少到 7 个。20 世纪初，对有角牲畜实行保险的有以下省份：弗拉基米尔（从 1887 年起）、叶卡捷琳诺斯拉夫（从 1891 年起）、科斯特罗马（从 1887 年起）、莫斯科（从 1884 年起）、库尔斯克（从 1890 年起）、萨拉托夫（从 1890 年起）和图拉（从 1893 年起）。曾经实行过有角牲畜保险的省份有：奥廖尔（1886～1897 年）、奔萨（1890～1898 年）、圣彼得堡（1886～1902 年）、切尔尼戈夫（1888～1891 年）、波尔塔瓦（1895～1896 年）和赫尔松（1888～1901 年）。在上述 13 个省份之中，除了科斯特罗马省和弗拉基米尔省之外，其余 11 个省份的牲畜保险业务都遭遇了巨大的亏损。截至 1903 年，上述各省的亏损总额达到 470087 卢布，其中萨拉托夫一省在 1890～1903 年就达到了 227283 卢布。①

最早实行有角牲畜保险的省份是莫斯科省（1884 年）。在 1893 年之前，只有正常价格保险，在此之后出现了特殊价格保险。在 1884 年，一头牲畜的正常价格被定为 25 卢布，保险费占价格的 2%。为了减少亏损，1893 年地方自治局一方面将一头牲畜的正常价格降低到 20 卢布，另一方面将保险费提升至价格的 2.75%。特殊价格保险的牲畜价格最高为 50 卢布，各县情况不一。根据 1893 年的决议，农民不能通过农村长老参加牲畜保险，而是通过兽医学人员和地方自治局成员参加。从此之后，牲畜保险业务进行得比较顺利，亏损额从 1893 年的 36243 卢布减少到 1903 年的 8159 卢布。随着时间的推移，农村中富裕阶层在投保人中的比重越来越小。1885～1886 年，每名投保人对应的牲畜数量为 2.54 头，到 1900 年降低为 1.74 头。相应的，在此期间，农村投保人的数量从 5580 人增加至 33198 人，在城镇、庄园和城市的投保人从 4102 人减少到 1919 人。②

在萨拉托夫省，牲畜保险的规模相对较大。1890 年，一头牛的正常价格被定为 30 卢布，奶牛为 20 卢布，而特殊价格被定为 75 卢布，保险费占到牲畜价格的 3%。1895 年，地方自治局对此做出修订：一头牛的估价不能

① Б. Б. Веселовский, История земства за сорок лет, Т. 2 ［М］, С. 428.

② Б. Б. Веселовский, История земства за сорок лет, Т. 2 ［М］, С. 429.

超过75卢布，估价在30卢布以下的牲畜的保险费占牲畜价格的3%，在此以上为4%。到1899年保险费调至估价的4%。1890～1904年，参与投保的地主有243288人，农民有546724人，市民有33555人；投保数量在2头牛以下的牲畜所有者在1894年、1900年和1904年分别占投保人总数的68.1%、61.4%和74.7%。[①] 可见参与投保的主要还是拥有少量牲畜的农民。

（二）对马的保险

1887～1904年，参与对马匹进行投保的地方自治局有8个：弗拉基米尔、叶卡捷琳诺斯拉夫、科斯特罗马、莫斯科、萨拉托夫、奔萨、波尔塔瓦和赫尔松。这些省份都遭受了巨大的亏损。到1904年，各省的亏损总额达到263112卢布，后三个省份停办了这项业务。[②]

地方自治局开展对马的保险之所以规模很小而亏损很大，一个重要原因就是马匹的死亡率比较高，通常高于保险费占马匹价格的比重。例如，1893～1899年，莫斯科省马匹的死亡率为4.0%～12.1%，而地方自治局确定的保险费只占马匹价格的3%。[③] 所以在通常情况下，地方自治局获得的保险费还比不上对死亡马匹的赔付金额。

地方自治局对马匹的保险与对牛的保险基本上遵循同一个模式，但是与之不同的是，对马匹的保险只有自愿性保险，没有强制性保险。

在科斯特罗马省，1887年确定的马匹正常价格为20卢布，特殊价格为200卢布。后来正常价格逐步提升到30卢布，特殊价格降低到90卢布。保险费占马匹价格的比重一直是3%，而当时马匹的死亡率10年平均值为4.13%，所以地方自治局遭受到了很大损失。[④]

其他各省的马匹保险运行模式与科斯特罗马省大同小异，在此不再赘述。

总的来说，地方自治局开展的牲畜保险业务并没有获得很好的发展，

① Б. Б. Веселовский, История земства за сорок лет, Т. 2 ［M］, С. 434.
② Б. Б. Веселовский, История земства за сорок лет, Т. 2 ［M］, С. 435.
③ Б. Б. Веселовский, История земства за сорок лет, Т. 2 ［M］, С. 435.
④ Б. Б. Веселовский, История земства за сорок лет, Т. 2 ［M］, С. 436.

可以说并不很成功。主要原因有以下几点。

首先，地方自治局并没有在基层建立起牲畜保险业务的代理人，几乎所有的保险业务都是通过村长老和乡公所来进行的，这样地方自治局的政策执行就会不那么有效率。而地方自治局无法对村长老和乡公所进行有效的监管，所以存在滥用职权和贪污腐化也是在所难免的。

其次，牲畜保险，特别是针对动物疫病的牲畜保险，需要有一个较大范围的保险区，共同协调各自的政策。但是地方自治局并没有设立这样的保险区。

最后，虽然牲畜保险是一项为普通民众减少损失的政策，但由于当时的动物疫病比较频繁，地方自治局在进行牲畜保险的时候遭受到巨大的亏损，有些经济状况不好的地区则不得不放弃这项政策。

六　地方自治局在兽医学领域的活动总结

地方自治局在兽医学领域的支出并不多。在 1879 年法律通过之后，有一些地方自治局利用征收牲畜特别税积累了大量资金，用于发展兽医学。但是无论如何，1890 年地方自治局在兽医学领域的支出还没有超过 70 万卢布（占预算的 1.5%）。随着牲畜税的废除，地方自治局在兽医学领域的支出越来越多，兽医学领域的支出在预算中的比重也越来越大：1895 年为 109.05 万卢布，占预算的 1.72%；1901 年为 201.1 万卢布，占预算的 2.2%；1903 年增长到 246.52 万卢布，占预算的 2.34%；1904 年增长到 246.9 万卢布，1908 年达到 349.1 万卢布。[①] 到 1912 年，省县两级地方自治局在兽医学领域的支出总计为 680 万卢布，占到预算的 3.06%。[②] 在这 680 万卢布中，有大约 50%（340 万卢布）用于支付兽医学人员的工资，还有 63.3 万卢布用于购买药品，64.9 万卢布用于防治传染病，58.3 万卢布用于

---

① Т. И. Минеева, История ветеринария ［М］, С. 214; Б. Б. Веселовский, История земства за сорок лет, Т. 2 ［М］, С. 368.

② Б. Б. Веселовский, История земства за сорок лет, Т. 2 ［М］, С. 368; П. С. Кабытов, Самарское земство: опыт практической деятельности（1865 – 1918 гг.）［М］, С. 326.

建设兽医院。[①] 在20世纪初，中部黑土区、伏尔加河流域、中部工业区和乌拉尔地区的地方自治局在兽医学领域的支出占到预算的5% ~10% 。[②]

从绝对数字上看，在兽医学领域的支出排在前面的有萨马拉省、萨拉托夫省和赫尔松省，其次是库尔斯克省、莫斯科省和塔夫里奇省，排名垫底的是比萨拉比亚省、奥洛涅茨省和特维尔省。由此可见，在省级地方自治局比较重视的省份，兽医学能得到较好的发展。

1895 年，在兽医学没有任何支出的有 113 个县和 4 个省级地方自治局。在兽医学领域的支出占本省预算比重较高的有沃罗涅日省（14.8%）、萨马拉省（11.9%）和萨拉托夫省（15.9%）。到 1901 年，地方自治局在兽医学领域的支出获得了极大的增长，没有任何拨款的县级地方自治局减少到 36 个，到 1903 年进一步减少到 24 个。[③]

在 20 世纪初，大部分地方自治局对于一头大牲畜的支出在 3 ~5 戈比，低于 3 戈比的有 10 个省，高于 5 卢布的有 8 个省。在 1 戈比左右的是沃罗格达省、卡卢加省、斯摩棱斯克省和特维尔省，大约在 2 戈比的是叶卡捷琳诺斯拉夫省、比尔姆省、普斯科夫省、乌法省、哈尔科夫省和切尔尼戈夫省，大约在 3 戈比的是维亚特卡省和坦波夫省，大约在 4 戈比的是比萨拉比亚省、沃罗涅日省、波尔塔瓦省、梁赞省、萨拉托夫省、图拉省、赫尔松省和雅罗斯拉夫尔省，大约在 5 戈比的是喀山省、库尔斯克省和下诺夫哥罗德省，大约在 6 戈比的是弗拉基米尔省和萨马拉省，大约在 7 戈比的是奥洛涅茨省、奥廖尔省和辛比尔斯克省，大约在 9 戈比的是塔夫里奇省、圣彼得堡省，最高的是莫斯科省，达到 15 戈比。[④]

---

① Т. И. Минеева，История ветеринария ［М］，С. 215.

② Н. Г. Королёва，Основные направления хозяйство-экономической деятельности земств в XIX-начале XX века// Земское самоуправление в России：1864 – 1918 ，Т. 1，под ред. Н. Г. Королёвы ［М］，С. 344.

③ Б. Б. Веселовский，История земства за сорок лет，Т. 2 ［М］，С. 369 – 370.

④ Б. Б. Веселовский，История земства за сорок лет，Т. 2 ［М］，С. 370；Н. Г. Королёва，Основные направления хозяйство-экономической деятельности земств в XIX-начале XX века// Земское самоуправление в России：1864 – 1918 ，Т. 1，под ред. Н. Г. Королёвы ［М］ С. 344.

第二节　地方自治机构在统计领域的活动

统计是国民经济和社会发展的关键部门之一。只有掌握了真实、全面、可靠的统计信息，政府才能制定相应的政策，才不至于使自己的措施与民间的实际情况相差太远。从 19 世纪下半期开始，地方自治机构也开展了统计活动，以更好地了解了农村地区经济活动的状况，为地方自治局各项活动的进行奠定了基础。

一　政府官方统计的状况与地方自治统计的开始

其实，在地方自治改革之前，俄国沙皇政府已经成立了统计机关，即中央统计委员会（Центральный статистический комитет）和各省的统计委员会，它们在全国范围内进行统计调查，收集了大量信息。在改革之前，俄国的统计调查具有实用性。社会上盛行的看法是，有了统计，就能知道、衡量和研究所有的事物。在此基础上，政府部门不仅能够调节经济生活，还能够推动国家的社会经济改革。

在改革后的一段时期内，没有开展自己的统计活动的地方自治局也只能依靠政府的统计。例如，在 19 世纪 70 年代，萨马拉省地方自治会议每年向省统计委员会拨款 2000 卢布，让省统计委员会搜集调查信息。但是省统计委员会对于开展某些调查的想法并非总是能够得到地方自治会议议员的支持。例如，萨马拉省统计委员会请求省地方自治会议向《萨马拉省经济统计信息》的出版额外拨款 1300 卢布，但是 1879 年 12 月 13 日省地方自治会议拒绝了这一请求。议员们认为，只能用之前的 2000 卢布的拨款进行调查。[①]

统计的特点是，调查范围越广阔、调查项目越多，对统计人员在数量和质量上的要求也就越高。但是官方的统计工作既缺乏人才保障，也缺乏

---

① П. С. Кабытов, Самарское земство: опыт практической деятельности (1865 - 1918 гг.) [М], С. 168.

资金保障，所以水平不高。而且官方的统计是有选择性的，即只收集关于农民的信息，而没有其他等级的财产信息，这就造成内容上的不完整。更大的缺点是，官方的统计并不准确，有不少夸大和错误的成分。这一方面是因为各级统计委员会的人才不足，另一方面也跟统计方法有很大的关系。很多时候各级统计委员会仅仅满足于向下级官员和警察局索要资料，而不是实地的调查和走访。在官僚主义盛行的气氛之下，夸大和捏造数据的事情也时有发生。所以地方自治局使用政府的统计信息是迫不得已的事情，它对统计委员会的信息并不信任，甚至在很多人看来，这些统计信息"在大部分情况下都是乡级办事员和警察局的臆造"。[①]

除此之外，在一段时期内还存在着一些私人统计。这一般是地方自治局聘请医生等进行医疗、防疫方面的统计，或者聘请统计委员会的某些人进行社会统计，但是为数很少。

在地方自治改革之后，各地方自治局逐渐开始独立进行统计活动，以便为制定政策措施提供可靠的信息。其中的原因，除了官方统计的不足之外，还包括以下几点。

首先，土地和其他不动产（房屋、工商业场所）是地方自治局的主要征税对象，后者为了征税，就必须弄清楚土地和不动产的价值，也必须开展统计工作，必须对农民和地主的经济状况进行研究，弄清楚他们的收支情况。解决土地和其他不动产的估价和收益率的问题则成为地方自治统计的主要任务。因为这方面的税收占到地方自治局总收入的79.9%。[②] 此外，要想在各县均衡地分配地方自治税，也必须对各县的经济状况进行考察。

其次，随着地方自治局各项工作的开展，它们还需要对医疗、教育和其他事务的发展状况进行考察。所以，在此基础上形成了一些专门的统计，

① П. С. Кабытов, Самарское земство: опыт практической деятельности (1865 - 1918 гг.) [M], С. 168.

② Н. Л. Власова, Оснвные этапы развития земско-статистических обследования крестьянского хозяйства [J], Известия Российского государственного педагогического университета им. А. И. Герцена, 2009 г., Номер 119, С. 36.

如医疗统计、教育统计、兽医学统计等。俄国的农业受到极端的大陆性气候的影响，每隔一段时间就会发生农作物歉收，造成数十万农户家庭遭遇饥馑。在这种情况下，地方自治机构应该获得民众粮食需求、医疗防疫甚至牲畜方面的信息。这些都是地方自治局需要知道的信息。

如果地方自治统计仅仅为地方自治局征税而存在，那么这方面的活动不应该被称为“民生活动”，但是正如 Г. А. 格拉西缅科所说，到 19 世纪 90 年代，地方自治统计“最引人注目的是对农户的全方位的经济和社会调查。由此出现了地方自治统计的两大主要任务：一个是狭隘实用性的统计，也就是财政统计；另一个是社会性统计，即科学统计”。[①] 地方自治统计与政府官方统计的最大区别在于，它并不只是为了得到冷冰冰的征税数据，而是被看作深入接触农村现实生活、反映农民真实生存状态的一种方式，从这个意义上看，地方自治局对农村社会的全方位调查和统计正是其开展民生活动的一大保障。正如 Н. А. 卡勃卢科夫所言，“地方自治统计更多的是地方性的和实践性的，而不是总体性的和学术性的”。但是这是地方自治统计的优点而不是缺点，否则的话“不仅不会深入而全面地揭示民众生活的诸多方面，而且统计的结果不会获得这种实践意义，也不会有这种学术意义”。[②]

19 世纪 90 年代的“反改革”时期，地方自治机构越来越多地遭到政府的控制，其独立性被削弱。统计作为与国民经济联系非常密切的部门，更是首当其冲。1893 年 6 月 8 日，政府出台了《为征收地方自治税而对不动产进行估价的规定》，开始将地方自治统计纳入自己的控制之下，并领导不动产的估价工作。1899 年政府又决定每年为地方自治统计工作拨款 100 万卢布。在这种情况下，统计获得了更快的发展。所以总的来看，1893 年 6 月 8 日法令的出台是地方自治统计发展史上的一个转折点，标志着统计独立

① П. С. Кабытов, Самарское земство: опыт практической деятельности（1865 – 1918 гг.）[М], С. 167.

② Н. Л. Власова, Оснвные этапы развития земско-статистических обследования крестьянского хозяйства [J] Известия Российского государственного педагогического университета им. А. И. Герцена, 2009 г., Номер 119, С. 38.

发展的终结和受制于政府的开始。所以本书以这项法令的出台为时间节点，将地方自治统计活动分为前后两个阶段。

二　地方自治统计的兴起与独立发展

从时间上看，1866～1880 年为地方自治统计初步兴起的阶段，一些省份开展了最初的统计学调查并设立了专门机构——统计局或者统计处，但是这些机构不稳定，在 19 世纪 70 年代下半期遭遇了挫折；第二阶段为 1880～1893 年，是地方自治统计发展较快的时期。

（一）地方自治统计的兴起

地方自治机构在设立之初，就产生了开展统计工作的想法。1866 年莫斯科省地方自治局首次提出分摊地方自治税的问题。在还没有设立专门的统计处或者统计局的情况下，莫斯科省和赫尔松省在 1869 年，维亚特卡省和梁赞省在 1870 年，分别进行了农户的户口登记。1871 年，喀山省地方自治机构组建了统计科（статистический стол）。同一年，维亚特卡省的农学家 В. Я. 扎沃洛什斯基和特维尔省的统计学家 В. И. 波克罗夫斯基开始了统计工作。另外需要指出的是，维亚特卡省地方自治局的议员几乎全部属于农民等级，这些农民议员最先意识到统计工作的必要性。В. Я. 扎沃尔斯基对维亚特卡省北部的 15 个乡进行了调查，调查资料被编成《维亚特卡省人口的经济习惯调查》一书于 1871 年出版。这是地方自治统计学家的首部著作。[①] 而波克罗夫斯基制定完统计工作的规划之后，利用一年的时间在奥斯塔什科夫县的吉姆雷镇和 4 个乡进行了认真的调查。接下来的两年，他在维西贡斯克县进行调查。30 年后，特维尔省地方自治局在给波克罗夫斯基的贺词中这样写道：“您在 1872～1874 年进行的统计调查，是制定更为完善的省级地方自治税制度的基础，而您在 1876 年出版的单行本《维西贡斯克县土地的估价和收益》不仅影响到许多县级地方自治局的税收分配，还在当

---

① Н. Л. Власова，Оснвные этапы развития земско-статистических обследования крестьянского хозяйства ［J］，Известия Российского государственного педагогического университета им. А. И. Герцена，2009 г.，Номер 119，С. 36.

时引起了巨大的社会反响。"[①] 这些都是地方自治局和统计学家们最初的调查活动。

为了更好地开展统计工作，一些省级地方自治局开始设立专门的统计机构——统计局（статистическое бюро）或者统计处（статистический отдел）。最先设立统计局的是赫尔松省地方自治局，时间是 1873 年。同一年，比尔姆省也成立了统计局。维亚特卡省于 1874 年，莫斯科省和切尔尼戈夫省于 1876 年，诺夫哥罗德省于 1879 年也建立了统计局。

在组织统计工作和聚集统计学人才的过程中，莫斯科省统计局发挥了巨大的作用，莫斯科省统计局主任 В. И. 奥尔洛夫是最先按照计划进行全面户口考察的统计学家之一。马克思、列宁都利用到了他的统计资料。

在切尔尼戈夫省，领导统计学工作的是 В. Е. 瓦尔扎尔，后来他也进行了一系列重大的统计调查。1875 年，切尔尼戈夫省地方自治会议承认，必须开展工作以获取关于应收取地方自治税的财产的准确信息。省地方自治局将这项任务交给 В. Е. 瓦尔扎尔、П. П. 切尔温斯基、А. А. 鲁索夫和 А. П. 什利凯维奇进行。В. Е. 瓦尔扎尔认为，"在本地区的经济研究，包括农户和工业的估价调查是非常有意义的事情"。[②] 从 1876 年至 1878 年，切尔尼戈夫省统计局做了大量的工作，结果发现："第一，按照以前的税收分配方法，有 3958000 俄亩的土地需要纳税，而实际上发现有 4460000 俄亩的土地应该纳税，也就是说之前有大约 50 万俄亩的土地被隐藏起来没有纳税。第二，全省土地平均每俄亩的年收益接近 4 卢布，比之前多出 90%……根据新的纳税分配方法，好地和差地之间的差距比之前要小得多。"[③]

比尔姆省的统计工作进行得比较顺利，该省在 1874 年就制订了一份内容广泛的调查计划。但由于缺乏足够的统计员，该省地方自治局还请教师、神职人员和地主参加统计工作。统计完成后，1877 年末该省出版了《比尔

① Н. В. Пирумова，Земская интеллигенция и её роль в общественной борьбе до начала XX в. [М]，С. 37.

② Н. В. Пирумова，Земская интеллигенция и её роль в общественной борьбе до начала XX в. [М]，С. 37.

③ Б. Б. Веселовский，История земства за сорок лет，Т. 1 [М]，С. 81.

姆省农业统计资料》。

在维亚特卡省，统计员 H. H. 罗曼诺夫和 H. H. 布里诺夫一道在当地进行调查，最后出版了两部著作：《地方自治税的分摊办法研究》（维亚特卡，1878 年）和《奥廖尔县统计登记》（维亚特卡，1879 年）。

但是，初期的统计局地位并不稳固，一些统计局在存在一段时间之后就被撤销。原因不是它们做得不好，而是这些初步的统计已经揭露出地方自治税在分摊上的许多问题，特别是新的调查发现地主应该多缴税，遂引起了地方自治机构内部保守派的不满。从维护自己的阶级利益的角度出发，他们关闭了统计局。例如，第一个省级统计局——赫尔松省统计局的存在时间总共只有半年，然后就被地方自治会议撤销了，“因为它做的工作并不合适”。在地方自治会议上，许多议员认为，统计局对土地的估价太高了，所以由它自己来估价是不合适的，它应该只是搜集用于估价的资料，而至于估价本身的工作应该由地方自治会议议员组成的委员会来进行。① 在切尔尼戈夫省，统计员在 1877 年发现，调查结果证明必须增加地主的土地税。于是当时的一些贵族反对派，如 H. И. 涅普留耶夫宣称这些统计员带有“自由主义倾向”。对此瓦尔扎尔说道：“调查以出版物的形式面世，是我们活动的结果。地主抱怨了……统计局就被关闭了。”② 所以，切尔尼戈夫省统计局只存在了两年时间，到 1878 年就被撤销。莫斯科省统计局也是在 1876 年设立的，但到 1880 年被迫关闭。

（二）地方自治统计的独立发展

从 19 世纪 80 年代开始，地方自治统计进入稳定发展时期。越来越多的地方自治局发现，要想更好地行使自己的职能，就必须掌握社会经济的可靠信息，必须进行统计学调查。于是在 19 世纪 80 年代，统计局数量增长很快，统计员的调查也更加深入社会现实之中。

在 19 世纪 80 年代初期，许多地方自治活动家都感到，地方自治局必须

① Б. Б. Веселовский, История земства за сорок лет. Т. 1 ［М］, С. 83.

② Н. В. Пирумова, Земская интеллигенция и её роль в общественной борьбе до начала XX в. ［М］, С. 37.

成立自己的统计局。在这方面，萨马拉省地方自治局的看法很具有代表性。1881年，萨马拉省地方自治局的报告指出，阻碍萨马拉省地方自治局工作的一大原因，就是缺乏关于省内状况的准确和详细信息。“任何一个有良知的社会活动家都不敢坚持要求实行某项措施，如果他不能确信这项措施是否合适的话。而要想获得确切的信息，就必须全面认识实施这项措施的地区的生活水平。”“以医疗为例，这项地方自治活动应该拥有更为牢固的基础，但事实真的如此吗？我们有没有满足各种医疗人员实际需要的材料？我们知不知道在某些地区人口不是在自然增长，而是在缩减？这样的话卫生医疗措施应该怎样去实施？”① 报告说道，地方自治局并不知道粮食储备和收成、农产品价格和保险等方面的信息，不知道人口的需求和购买力，因为它不拥有完整的统计数据。地方自治局甚至还指出，尽管省内已经有了统计委员会，但是由于它的数据可信度太低，根本不能用。萨马拉省地方自治局建议，采用莫斯科省地方自治局设立统计局的经验，将所有的注意力集中到对省内农业、土地所有制和工业的研究上来。省地方自治会议通过了组建统计局的决议，并为1882年的统计调查拨款5000卢布。

19世纪80年代，地方自治局的统计研究被向前推进了一大步，大部分省份建立了统计局。从1880年至1887年，除了70年代成立统计局的省份以外，另有17个省份建立了统计局。1881年有7个省的省地方自治局开设了统计局，1882～1883年有4个，1884年有3个，1885年有2个，1887年有1个。

需要指出的是，在各地建立统计局的过程中，莫斯科省的先进经验起到了重要作用。包括萨马拉省在内，许多省份都想得到莫斯科省统计局的帮助和指导。在这种情况下，莫斯科省统计局主任、著名统计学家B. И. 奥尔洛夫向各省伸出了援助之手，他要么自己亲身前往，要么派遣自己熟识的统计员去帮助建立统计局和开展统计事务。例如，1882年奥尔洛夫前往奥廖尔、坦波夫两省进行统计学工作，而派遣实行奥尔洛夫方法的B. И. 格

① П. С. Кабытов, Самарское земство: опыт практической деятельности（1865－1918 гг.）[M]，C. 169.

里高利耶夫前往梁赞省。在那里，В. И. 格里高利耶夫做了大量的统计工作，他曾在一封信中向朋友倾诉道："事情非常多，我们4个人在3个月内拜访了52000个户主，询问了42种关于他们经济状况的问题。现在还需要尽可能地整理这些资料。"①

1882年初，萨马拉省地方自治局开始与著名的统计学家Н. 罗曼诺夫和В. И. 奥尔洛夫进行谈判。Н. 罗曼诺夫当时已经到坦波夫省地方自治局的统计局上任了，所以拒绝了萨马拉省的邀请。但是他建议借鉴莫斯科省地方自治局的工作经验。他认为，统计需要大量的人员，但是没有必要让每个人都经过专门的培养才让他独立工作，建议聘请一些临时人员。在坦波夫省，Н. 罗曼诺夫聘请当地中等教会学校的毕业生们开展统计调查。В. И. 奥尔洛夫接受了萨马拉省地方自治局的邀请，1882年秋天他带领两名助手И. М. 克拉斯诺佩罗夫和К. Э. 冯・帕普利茨到达萨马拉，帮助该省组建统计局。奥尔洛夫提出，要先在一个县内进行统计调查。他的理由是，地方自治统计员应该熟悉当地的环境，在一个较小的空间内进行调查，然后再扩展至几个县。另外，与Н. 罗曼诺夫不同的是，他建议对参加统计局工作的人员进行培训，户口卡片登记员的培训期不低于2个月，而财产和村落登记员则应拥有不低于1年的实践经验。② 他还强调，统计员应该同时解决在统计中出现的争议性问题，这样就能得到同类的数据，而不至于给计算和归纳材料造成困难。统计局首先对萨马拉县进行统计学调查，并编纂了《萨马拉县统计信息集》一书，该书是《萨马拉省数据统计资料集》的第一卷，由И. М. 克拉斯诺佩罗夫、К. Э. 冯・帕普利茨、А. Ф. 佛尔图纳多夫编纂而成。这份资料集包括萨马拉县农民土地状况、各村的表格，有萨马拉县识字率和受教育的表格，有私有产业状况表格，还有关于自然条件、农民土地所有制状况、畜牧业、土地租赁、手工业、信贷、债务的资料，以及确定土地价格和收益的材料等。在此之后，他们又开始研究斯塔夫罗

① Н. В. Пирумова, Земская интеллигенция и её роль в общественной борьбе до начала XX в. [M], С. 39.

② П. С. Кабытов, Самарское земство: опыт практической деятельности (1865 - 1918 гг.) [M], С. 170.

波尔县和布祖鲁克县，为此统计局的在编人员增加了一倍。1883 年 B. И. 奥尔洛夫的助手 И. М. 克拉斯诺佩罗夫接任统计局主任。这样，萨马拉省的统计局建立起来了，对各县的统计调查工作逐步展开。

但是像以前一样，统计局的调查结果让一些人感到不满，于是他们对统计调查活动进行阻挠。

首先，在 19 世纪 80 年代后半期，统计调查揭示了土地收入的极端不公平现象，这对私人土地所有者是很不利的。地主在地方自治会议中占据多数，而他们又满足于旧的财产评价规则，这样能够使他们保持优惠的纳税条件。Д. И. 利赫特尔公正地指出，在地方自治局里“除了有教养的、明白统计工作重要性的委员们之外，几乎总能遇到那些因为自己的无知或者出于自私的目的而阻挠有益事情的人”。[①] 地方自治会议内部的保守派对统计局的农户调查产生了不满。“仔细研究民众的生产活动并不该引起地方自治局本身的反对，因为它的主要任务就是促进这一活动的展开并满足地方自治的需要。但实际上，当地方自治局走上经济调查的正确之路的时候，地方自治统计在地方自治会议上就引起了激烈的反对。”这种现象的原因在于，一方面，调查揭示了农民被奴役的地位；另一方面，统计员作为理论工作者，耗费了大量资金，但是并没有带来近距离的可感成果。“农民们只有很少的土地，但是向国家缴纳了很多赋税，地方调查只是揭示了这种长期存在的现象。与此同时，还展示了农民们是以怎样高的价格来租赁土地。”“如果注意到，地方调查揭露了针对某些地方和某些人物的具体事实，而这对于那些以不平等的契约来剥削农民的地主是非常不利的。”[②]

其次，统计局的调查发现，不仅地主承担的赋税过少，而且工厂主的赋税也很少，有很多漏报的成分。诺夫哥罗德省的 К. А. 波戈斯基发现，“法律允许地方自治局征税的只有工厂的场地和这些场地中的机械，而不是该工厂的工业流通额，所以最有效的估价方式，就是计算出这些建筑物在

---

① Н. Л. Власова，Оснвные этапы развития земско-статистических обследования крестьянского хозяйства［J］，КИзвестия Российского государственного педагогического университета им. А. И. Герцена，2009 г.，Номер 119，С. 36.

② Б. Б. Веселовский，История земства за сорок лет，Т. 1［M］，С. 83.

当地的原材料和劳动力价格下 1 立方俄丈的价值”。波戈斯基证实，如果这样计算，诺夫哥罗德全省工业企业的厂房和机械的总体收益估价应该能增加近 20 万卢布。[①] 由此可见工厂企业也并没有完全照章纳税。地方自治统计员的统计调查和估价活动，就像一次次“揭露”行动，揭示了纳税中存在的混乱，当然会遭到一些既得利益者的反对。当时的报纸《新俄罗斯电报》写道：“我们看到，地方自治统计之所以遭遇到不满和愤怒，不是因为别的，而是因为它揭示了地方上真实的经济环境。”《欧洲导报》也说道：“地方自治统计员不是错在忘记了科学规律，获得并公布了生活所给予的结论，而是因为现实生活本来就是丑陋的、凄凉的、不堪的，即便是在地方自治统计开始之前每个人也是对此心知肚明。但是统计不仅没有改变这种状况，反而因为绝大多数数据而加剧了悲观的看法。”[②]

最后，统计员的调查活动也引起政府的警觉。与教师、医生等地方自治职员一样，统计员也要受到政府的监督。内务部负责鉴别和监视所谓的“政治上不可靠的人”，一旦被贴上此类标签，统计员就无法正常开展工作。而且，由于统计员的活动是在农村各处走访，很容易被怀疑是在民间进行宣传，所以统计员中“在政治上不可靠的人”的比例很高。只是由于统计员的数量本身比较少，无法与教师相比，所以这方面的影响要小一些。1883 年《萨马拉县统计信息集》出版的时候，在莫斯科书刊检查中心遇到了阻碍，因为萨马拉省省长告诉莫斯科书刊检查中心，自己没有看过这份资料集，要求推迟它的出版。于是省地方自治局派人赶往出版物管理中心请求干预，允许资料集的出版。但是第二年，在出版斯塔夫罗波尔县的统计资料集的时候，萨马拉省省长故伎重演，推迟了该书的出版。1888 年，根据内务部的要求，萨马拉省地方自治局被迫停止了调查工作，因为收集信息的计划被认为是“不合适的”。内务部部长下令禁止已经收集和整理好的资料出版发行。这些命令打击了调查员的热情，并在地方自治会议中加强了

① Н. В. Пирумова，Земская интеллигенция и её роль в общественной борьбе до начала XX в.［M］，С. 40.

② Н. В. Пирумова，Земская интеллигенция и её роль в общественной борьбе до начала XX в.［M］，С. 40.

反对统计的人的力量。[①]

除了统计局以外，有些省份的地方自治局还设置了其他一些类似部门，如弗拉基米尔省的估价经济处；科斯特罗马省的不动产估价科和工厂估价科；库尔斯克省有 4 个类似部门——农业统计处、估价处、经济处、国民教育处；奥廖尔省有财产估价处、学校统计处、农业统计处；比尔姆省有土地、森林和工厂企业估价局；等等。

三　地方自治统计的理论和方法

前文已述，地方自治统计承担着对农村社会进行全面调查和统计的任务，只有这样才能为地方自治局提供可靠而全面的信息。在大量的调查、统计和估价的过程中，统计员进行了很多探索，总结出一系列具有针对性的统计理论和方法。按照 А. И. 戈祖洛夫的话来讲，“这是统计学方法研究俄国农村的胜利阶段，是大规模创造性发现的阶段，调查人员自己勾勒了统计的发展路径”。

（一）两大统计学流派

在 19 世纪 70 年代末期，出现了开展统计学调查的两个方向，分别是切尔尼戈夫流派和莫斯科流派。它们之间的最大差别是，“切尔尼戈夫的统计员最主要的统计对象是土地，而莫斯科的统计员最主要的统计对象是人”。[②]

切尔尼戈夫流派的代表人物是 П. П. 切尔温斯基、А. А. 鲁索夫、Е. В. 瓦尔扎尔。他们认为，土地特别是耕地是农民最主要的财产，是农民进行经济活动的基础。他们注重耕地的估价，注重按户调查。切尔尼戈夫省地方自治局之所以这么做，是为了均衡地分配地方自治税。因为该省是一个农业省份，地方自治局的主要征税对象是土地，所以首先要对土地进行估价。在分析切尔尼戈夫省的统计资料之后可以发现，该省统计员进行调查

① П. С. Кабытов, Самарское земство: опыт практической деятельности（1865－1918 гг.）[M], С. 175.

② Н. В. Пирумова, Земская интеллигенция и её роль в общественной борьбе до начала XX в. [M], С. 42.

的主要任务就是先确定某些乡和某些县的土地生产率，最后计算全省的土地生产率。这对于均衡地分配地方自治税是十分重要的。

莫斯科流派由 В. И. 奥尔洛夫开创，他首先研究的是农民的经济状况。莫斯科省地方自治局给统计员的任务是，揭示“在总的经济条件影响下，民众的经济习惯是如何形成的”。这就要确定省内土地的收益率，而估价工作则退居二线。В. И. 奥尔洛夫不仅领导着莫斯科省繁杂的调查统计工作，还将莫斯科省的经验带到了坦波夫省、库尔斯克省、沃罗涅日省、奥廖尔省和萨马拉省。

А. И. 戈祖洛夫曾经将莫斯科统计调查的类型看成“手工业类型”，而切尔尼戈夫省的调查为“农业类型”。切尔尼戈夫流派的方法并不适用于那些非农业经济比较发达的地区。莫斯科流派在调查性质上看更像社会学调查，更接近于政府户口普查的传统。但是大部分统计学家和经济学家认为，莫斯科流派和切尔尼戈夫流派之间并没有实质的差别，大部分地方自治局采用的是莫斯科流派的方法，但也会考虑到当地的条件。

（二）两种统计工作的方法

19 世纪 80 年代初期形成了两种开展统计工作的方法：按村社（村）统计（пообщиная / поселенная перепись）和按户统计（подворная перепись）。

最初，对农户的统计都是按照第一种方法进行的，调查的对象就是整个农村公社。在公社土地所有制占主导的情况下，统计员自然将村社看作一个经济区域单位。农户只是村社的一个组成部分，而不是独立的经济单位，所以没有作为统计的对象。

在分析完按村社统计的表格之后，一些省份的地方自治统计局发现，这种方法并没有获得关于每个村社内农户经济状况的完整而准确的信息。由于农村中存在着贫农和富农的差别，仅靠按村社统计的方法无法确定村社内部的真实情况，所以在 19 世纪 70 年代末期，莫斯科省和切尔尼戈夫省的统计员开始对农户进行按户统计。到 80 年代中期，按户统计几乎已经完全替代按村社统计的方法。

按户统计也就是地方自治统计员深入农村具体走访每家每户，它的主要任务就是向省级和县级地方自治局提供关于农户经济状况的最完整信息。实际上，最先进行按户统计试验的是 Н. Н. 罗曼诺夫。1874 年 Н. Н. 罗曼诺夫对维亚特卡省的一个县进行了统计调查并出版了他的调查成果，在附录中他加上了几个乡镇的按户调查情况。1876～1877 年，切尔尼戈夫省统计局也进行了类似的尝试，有选择地在几个村庄进行了按户调查。А. И. 瓦西里奇科夫认为，必须进行这种类型的调查。在自己的著作《俄国的农村生活与农户》中，他制定了按户调查的蓝图。从 1881 年中期开始进行大规模户口调查的地方自治局有：莫斯科省（代表人物为 В. И. 奥尔洛夫）、切尔尼戈夫省（代表人物为 П. П. 切尔温斯基）、库尔斯克省（代表人物为 А. И. 罗什托克）、梁赞省（代表人物为 В. Н. 格里高利耶夫）、圣彼得堡省（代表人物为 П. Е. 普多维克）。1882～1886 年，有 123 个地方自治县份进行按户调查，是这项工作进行最为集中的时期。[①] 受到 В. И. 奥尔洛夫指导而创建的萨马拉省统计局，一直奉行按户统计的方法，取得了准确而详细的信息。例如，1886～1887 年统计员对尼古拉耶夫斯克县进行统计调查，在调查萨马拉省重要的粮食贸易中心巴拉科夫镇的时候，9 个统计员工作了 8 天，通过亲自走访每家每户，收集到了 5205 户 15995 人的信息。[②]

（三）两种收集资料的方法

在 19 世纪 80 年代初期，地方自治统计形成了两种收集资料的方法——问卷法（анкетный способ）和考察法（экспедиционный способ）。

所谓的问卷法，就是发放事先已经准备好的问题答卷（表格），这些表格一般是发往县地方自治局或者乡公所，回答问题的主要是县里的官员、乡里的抄写员，也就是说与统计距离较远的人。所以这些回复在大多数情况下并不准确，有时候回复的是空白问卷或者干脆不回复。问卷法的主要问题在于，由于不是统计员本人去搜寻和询问信息，而是被调查人自己去

① Н. В. Пирумова，Земская интеллигенция и её роль в общественной борьбе до начала XX в.［М］，С. 41.

② П. С. Кабытов，Самарское земство：опыт практической деятельности（1865 – 1918 гг.）［М］，С. 174.

填写，所以他可能愿意回答，也可能不愿意回答；他可能给予准确的答复，也可能对事实有所掩盖和修饰。所以尽管问卷法做起来比较轻松，但是这样收集起来的资料很多时候既不完整也不准确，要使用这些资料是非常困难的，很多时候甚至是不可能的。

考察法的实质是，统计处的工作人员亲自下乡去采集第一手资料。他们事先制订好计划，通过自己的亲身观察、亲自探访和向当地民众询问来获取信息。为此统计处的工作人员要走访省内所有的居民点——农民的村庄、地主的庄园，还有工厂企业，然后具体到每一个农户，进行实地的考察和记录。考察法需要统计员投入大量的精力，为此他们不得不每天工作9～11个小时，他们经常从一大清早工作到晚上五六点钟，只是在中午的时候稍微休息一下。

按照考察法来进行统计是非常辛苦的，速度也很慢，但它是最有成效的，因为它能够获取准确、完整和相对可靠的信息。所以，考察法很快就取代了问卷法成为地方自治统计员收集资料的主要方法。

需要指出的是，问卷法与按村社统计法是基本对应的，考察法与按户统计法是基本对应的。一般来说，按照问卷法搜集资料只能搜集每个村社或者村庄的资料，所以在工作方法上是按村社统计法；按照考察法去搜集资料，也就需要走访每个目标，才能获得真实的信息，这在工作方法上算是按户统计法。当然这种对应也有例外，例如，有些地方自治统计员虽然亲自下乡考察，但是他可能到乡公所等地直接搜集整个村社的资料而不是每家每户的信息，然后进行统计。当然，这种情况只是少数，而且即使存在，也是作为按户统计法的补充，不能将其取代。

所以说，地方自治统计员亲自到农村地区展开对每个农户的考察，通过向他们咨询来获取有效信息，正是地方自治统计员的主要方法。这样考察法与按户统计法相结合，农民就能看见统计员带着助手奔波在一个又一个村子，寻访一个又一个农户。例如，1884年萨马拉省的统计员为了调查布祖鲁克县的社会经济状况，一共走访了394个公社和48个田庄，调查的总人口达384310人。为了了解当地的受教育水平，他们拜访了布祖鲁克县各学校的教师，得到了“1884学年男女毕业生数量和教师、学生的读书数量”的信息。布祖鲁克县的调查数据非常详细，包括居民的迁徙、村庄的分布、识字率及盲人的相关信息。① 这就是考察法的具体成果。

在地方上获取信息的主要方式是向民众口头询问。考察法的询问方式包括两种：第一种是仅仅向村庄里德高望重的人询问，第二种是向这一居民点的所有人询问。在使用后一种方式的时候，地方自治统计员经常遇到农民不信任自己的情况，于是他们不得不在村民大会上向农民解释什么是统计。

不过应当指出，当统计员与农民面对面交流、要求得到各种统计信息的时候，他们经常遭到农民的冷眼相对，在这种情况下他们即便来到农村也得不到任何有用的信息。农民对统计员不信任和冷漠的原因是，他们有一种永恒不变的假设，以为官方人员来统计就是为了向农民征收某种新税。即便没有这种带有敌意的心理，农民们有时候也不愿意将自己的真实情况透露给统计员，会有意无意地隐瞒。

对于这种情况，统计员也想出了各自的办法。他们尽量不对农民进行单独询问，而是在村社全体成员大会上询问，或者邀请几个农民陪同询问（一般在 10 人以下）。采取这种方式一是为了节省时间，二是考虑到心理因素。H. A. 卡勃卢科夫说道：“当询问了一个人，其他人也回忆起与他相关的事情，当轮到他的时候，就不会耽误计算者的时间。”而且，相邻的人也会帮助被询问的农民回忆起他忘记说的事情。②

C. M. 勃列克罗夫详细地列出了他在南方地区进行调查的时候所遇到的困难和利用的方法。在来到一个村庄的时候，统计员要与长老进行交谈，然后长老安排他们与某些村民代表会面。如果村庄很大，村民代表就会被有条件地分成几个组，其中最健谈的居民将被邀请提前谈话。在这些人的帮助下，统计员初步拟定每户户主的名单。然后在第二天就邀请名单上的所有人。首要的困难就是向这些人解释户口调查的意义。C. M. 勃列克罗夫

① П. С. Кабытов, Самарское земство: опыт практической деятельности (1865 – 1918 гг.) [M], C. 173.

② Н. В. Пирумова, Земская интеллигенция и ее роль в общественной борьбе до начала XX в. [M], C. 42.

在回忆自己在南部省份进行户口调查的时候说道："在村民大会上向农民，特别是土生土长的草原居民和很少有教养的农民解释什么是户口，它是干什么用的，解释在这中间没有任何的恶作剧，但这种解释是非常困难的。我只有在有些情况下在有些地区能做得到，而且还是面对受教育程度较好的农民。"另外，勃列克罗夫补充道，还存在着另一种更可行的解释方式，那就是统计员在晚上，带着茶炊，向户主解释问题的实质，然后让他向其他所有的邻居们解释，这样更成功一些。在全体谈话之后，统计员邀请几个人去屋里，然后每户户主都应该回答卡片上的所有问题。但是最初被询问的人一般很难完全回答。农民们通常喜欢掩饰自己的具体职业和外出打工的收入。而且对主要的问题——土地数量有多少的回答也并不容易，特别是哥萨克。首先解释土地总数，然后是耕地的分布，最后是宅基地，以及哪些土地是购买的，什么时候买的，买了多少，哪些土地是租的。也就是说所有的土地利用形式都要弄明白。在受过良好教育的农民那里，事情更加顺利一些。"我们带着文件进行调查，很快就得到了自己想找的东西。"在那里，每一个农户的份地都登记下来。当统计员与被询问者进行交流之后，事情就能进行得更快，不信任就会被信任所取代。①

（四）两种记录信息的方法

地方自治统计员在进行调查的时候，另一个重要的问题是如何把信息记录下来。在一开始，按户统计使用的是清单记录法（списочная система），也就是将农户经济状况的所有信息都填写到一张清单上。这样能够迅速地登记和计算数据，但给整理统计材料和编制统计表格造成了困难。所以后来大部分统计员开始使用卡片记录法（карточкая система, карточный способ），这样不仅能得到每个农户最准确最完整的信息，还有利于材料的分类整理。例如，萨马拉省的统计员从1886年到1888年对尼古拉耶夫斯克县和新乌津斯克县进行了统计学调查，使用的就是卡片记录法，即统计员将信息记到特殊的卡片上。在尼古拉耶夫斯克县，他们利用这种

① Н. В. Пирумова, Земская интеллигенция и ее роль в общественной борьбе до начала XX в.［М］, С. 139 – 140.

方式将 56 个乡 76438 户，共计 406444 人的信息记录到了卡片上。[①]

（五）两种整理资料的方法

地方自治统计员通过调查把资料统计上来之后，并没有结束自己的任务，他们还需要将这些资料绘制成表格，以便更容易地利用。在使用按村社统计法的时候，材料都被制作成以村社为单位的表格，但是从 19 世纪 80 年代中期开始，这种形式就被分类型表格（групповая таблица）和组合型表格（комбинационная таблица）所取代。这两种表格都是以农户为研究对象的，它们的不同之处在于，分类型表格按照某一重要标准将农户分成不同的种类，如按照土地的多少将农民分成贫农和富农就属于这种方法；组合型表格则重点关注影响农民经济生活的因素有哪几种，然后将它们组合在一起，全面展现农民的经济状况。

经济学家 Н. И. 济伯尔的思想是对统计材料进行组合性分类的基础。在研究俄国农村的过程中，Н. И. 济伯尔产生了一种思想，即应该综合而不是孤立地研究各种社会现象的特征，应该将它们系统化地结合在一起。在他看来，任何的社会现象都有从简单到复杂的转变过程，所以必须将所有的现象按照其复杂程度进行分类。但是仅仅进行分类是不够的，还必须将这些特征组合起来，才能准确描述农民的总体状况，于是将各种特征结合在一起的原则就成为组合型表格法的基础。1882 年，切尔尼戈夫省的统计学家 А. П. 什利凯维奇在对切尔尼戈夫省科泽利斯克县进行户口普查的时候，第一次使用了组合型表格。他认为，组合型表格计算方法和资料分类的任务是：（1）揭示各种主要因素之间的相互关系，展现农户的状况；（2）指出农户各种经济活动的原因；（3）将总的结果分成一系列部分结果。[②]

在制作组合型表格的时候，最重要的问题就是选择那些最能表现农民状况的特征。А. П. 什利凯维奇说道：“组合型表格还要满足一个条件，那

① П. С. Кабытов，Самарское земство：опыт практической деятельности（1865 – 1918 гг.）［М］，С. 174.

② С. В. Лёвин，Комбинационные и групповые таблицы в работах земских статистиков［J］，Вестник Саратовского государственного социально-экономического университета，2010 г.，Номер 4，С. 136.

就是正确划分主要因素（основные факторы）和次生因素（производные факторы）。”А. П. 什利凯维奇认为，必须考虑到能表现农户状况的所有主要特征，而不管其数量如何。但是他并没有确定，哪些应该是“主要的”，哪些应该是“次生的”。А. П. 什利凯维奇首先使用下面四种特征来制定组合型表格：农民的土地面积、力畜的数量、家庭中劳动力的数量、土地租金。后来他剔除了最后一个特征，保留了前三个。他认为，有了这三个特征，就能准确地描述一个农户的基本经济状况。

萨拉托夫省的统计学家 С. А. 哈里佐梅诺夫对各种特征的分类提出了明确的要求。他写道：“组合型算法的目的在于，揭示最重要的经济特征的相对意义并确定农户的类型。要做到这一点，就要保证这些因素相对稳定，保证它们具有同一性、准确性、可除性，只有这样这些特征才能用数字表现出来。”在他看来，“除了极少数例外，家庭的劳动力构成、份地、支出、牲畜和播种面积这五个特征就能够完全确定俄国任何一个农民家庭经济状况的性质和水平”。后来 С. А. 哈里佐梅诺夫提出了三个特征，即土地、家庭劳动力构成和力畜（рабочий скот）。土地指的是“所有土地中的份地”，也就是庄园地、养殖场、林地、草地。家庭劳动力构成指的是有劳动能力的男性数量。力畜则包括犍牛和役马。而且 С. А. 哈里佐梅诺夫认为第一个特征是主要的，其他两个是次要的，因为“对于那些几乎纯粹以耕作土地为民众主要职业的省份来说，主要的分类方式应该就是土地面积，而牲畜数量和播种面积与此紧密相关”。①

沃罗涅日省的统计学家 Ф. А. 谢尔斌则建议使用两个主要特征，即农民家庭的力畜数量和份地的面积，因为他认为这已经足够对统计材料进行分类。后来他又加上了另一个特征，即农户中男性劳动力的数量，再后来又加了一个因素——农户的手工业活动。减少农户的分类特征的做法遭到了著名经济学家 В. П. 沃隆佐夫的反对，他认为这样会导致总体数据的不准

① С. В. Лёвин，Комбинационные и групповые таблицы в работах земских статистиков［J］，Вестник Саратовского государственного социально-экономического университета，2010 г.，Номер 4，С. 137.

确。“组合型表格不应该只用土地和劳动力两种数据，而应该加入财产（力畜和乳畜）、非耕作的手工业、租金等。表格栏中的这些特征无论如何也不能缩减，而只能增加。”[①] 萨马拉省的统计员在对尼古拉耶夫斯克县和新乌津斯克县进行统计的时候，不仅重视份地，还将租赁地看成同等重要的因素。因为在当地有许多廉价的国有土地，许多富户将盈利很少的土地以非常低廉的价格出租，过起出租土地的生活。土地的出租价格反映了土地所有者的纯利润（地租），特别是在萨马拉省，其出租价格接近纯粹的地租（чистая поземельная рента）。所以土地的租赁、耕地和牧场的租赁价格对于估价具有重要的意义，在统计的时候应特别注意。[②]

总之，按照这些著名统计学家的设计，在为统计资料绘制表格时，可以依照一些农民生活中的重要特征，如份地面积、劳动力数量、力畜等，来共同说明农民经济状况。这样的表格就是组合型表格。但是在实际中，各地对于“应该有几种影响因素”，以及“哪种是主要因素，哪些是次生因素”和“分类的标准是什么”等问题并没有统一的说法，所以各地绘制的组合型表格也有所不同。许多统计学家选择了三种主要特征：农民的土地面积、农民家庭的劳动力构成、力畜的数量。这些特征是表现农户状况的通用特征，特别是在农业省份，被许多统计员采用。

另一种整理统计资料的方法是将其绘制成分类型表格。如果说组合型表格探讨的是农户的经济状况受到哪些因素的影响，那么分类型表格则关注依据某项重要因素农户可以分成几种类型。

分类型表格的理论构建和实际使用应该归功于萨拉托夫省的统计学家。在分类型表格中，按户统计的资料被分成几种在主要特征上互不相同的农户类型。分类型表格能够确定一个乡或者一个县内各种经济状况的农户的数量。С. А. 哈里佐梅诺夫在《萨拉托夫省统计资料汇编》第一卷中，为这

① С. В. Лёвин, Комбинационные и групповые таблицы в работах земских статистиков [J], Вестник Саратовского государственного социально-экономического университета, 2010 г., Номер 4, С. 137.

② П. С. Кабытов, Самарское земство: опыт практической деятельности (1865 - 1918 гг.) [M], С. 174.

种分析统计材料的新方法奠定了理论基础。他关注主要特征，利用它们建立起数据分类体系。例如在农业省份，农户的主要分类依据就是土地，用土地就能将农户分成几种不同的类型。换句话说，各省份不可能有统一的分类标准，每个省都有自己的特点，如在畜牧业占主导的省份，农户的主要分类标准就是牲畜；而在渔业占主导的省份，主要分类标准就是缆索、渔船等。

萨拉托夫省的统计员将土地作为对农户分类的主要特征，并将农户分为6种类型：（1）无份地的贫困农户，这些农民只能在租赁的土地上劳作；（2）"捐赠份地"（дарственные наделы）上的农户，他们用自己的农具和力畜进行耕作；（3）拥有2.5～5俄亩份地的农户，除此之外，他们还租赁别人的土地；（4）"中等富足"的农户，拥有5～10俄亩份地；（5）殷实农户，拥有10～20俄亩份地；（6）富裕农户，拥有20俄亩以上份地，需要雇用劳动力进行耕作，并且将粮食拿到市场上销售。[①]

各地的分类标准不一样，分类所得的结果也就有所不同。在萨马拉省，统计员在汇总分类表格时将全省所有的农户分为15种类型，其中第一种和最后一种之间的差别是：第一种农户耕种的土地规模不大、按俄亩交纳租金而且租金价格高昂；最后一种农户耕种的土地面积广阔、按地块交纳租金而且租金价格低廉。[②]

一般的统计学家将份地的数量作为区分农户的主要因素，但是后来又出现了其他一些标准，如力畜数量和播种面积。萨马拉省的统计员认为，力畜的数量是区分农户的最主要因素。"民众的主要活动就是生产和销售粮食，所以必须饲养大量的力畜。所以力畜的数量是农户经济实力的最重要特征之一，并且与农户的其他经济活动有密切的联系。"所以，"我们不是像以前一样将土地面积，而是将力畜的数量作为最重要的经济因素和对经

① С. В. Лёвин, Комбинационные и групповые таблицы в работах земских статистиков [J], Вестник Саратовского государственного социально-экономического университета, 2010 г., Номер 4, С. 137 – 138.

② П. С. Кабытов, Самарское земство: опыт практической деятельности (1865 – 1918 гг.) [M], С. 175.

济状况具有决定影响的因素”。[①]

与组合型表格相比，分类型表格能够对农户进行更详细的地域分类。按照村社制作分类表格并进行计算，对粮食和其他问题具有重要的实际意义，因为要弄清楚这些问题就必须知道每个村社的财产分类。所以在分析了组合型表格与分类型表格之后，C. A. 哈里佐梅诺夫得出结论，哪怕是登记一个县的状况，也必须综合使用这两种方法，只有这样才能获得完整和准确的数据。

分类型表格的出现受到了地方自治统计员的欢迎。梁赞省的统计学家 B. H. 格里高利耶夫认为，整理统计资料的分类方法具有重大的实践意义，“正是因为分类型表格，地方自治局认识到的不是村庄内的形形色色的大量农户，而是更加一致的农户类型，这对于揭示农民的粮食问题特别重要”。[②]

组合型表格和分类型表格成为整理统计资料的两种基本方法，也是 19 世纪 90 年代非常有效的方法。

四　1893 年 6 月 8 日法律与地方自治统计的转型

一方面，在 1890 年《省级和县级地方自治机构条例》被修订之后，政府对地方自治机构的控制一直在强化。1893 年 6 月 8 日，政府颁布《为征收地方自治税而对不动产进行估价的规定》（«Правила об оценке недвижимых имуществ для обложения земскими сборами»，以下简称《规定》），以此为标志，地方自治统计逐渐被纳入政府控制的范畴。另一方面，在政府的支持下，地方自治统计获得了更为迅速的发展。

（一）1893 年 6 月 8 日《规定》的主要内容

毫无疑问，统计对于国家也是非常重要的，国家要向农业和农业部门

① П. С. Кабытов，Самарское земство：опыт практической деятельности（1865 – 1918 гг.）［M］，С. 174；С. В. Лёвин，Комбинационные и групповые таблицы в работах земских статистиков［J］，Вестник Саратовского государственного социально-экономического университета，2010 г，Номер 4，С. 138.

② С. В. Лёвин，Комбинационные и групповые таблицы в работах земских статистиков［J］，Вестник Саратовского государственного социально-экономического университета，2010 г，Номер 4，С. 138.

的不动产征税，准确信息是必不可少的。所以 1893 年 6 月 8 日沙皇政府通过了《为征收地方自治税而对不动产进行估价的规定》。此后财政部出台了《对应该征收地方自治税的不动产进行估价的工作规则》（Инструкция об оценке недвидимых имуществ, подлежащих обложению земскими сборами）。它对地方自治局的估价和统计工作进行了明确的规定。根据这些规定，必须对有产出的土地、森林和具有经济意义的建筑物、工厂厂房，以及其他不动产进行估价，以便于征收地方自治税。为此，所有的地方自治省份都要建立专门的机构——省级和县级估价委员会（оценочная комиссия）。

省级估价委员会的成员包括省税务局局长、国家贵族土地银行分行行长、国家财产和消费税厅厅长、省级农民事务署常委，还有省级地方自治会议选举的两名议员，再加上市长。该委员会由省级首席贵族领导。

县级估价委员会的成员包括纳税检查员、县级农民事务署常委、县地方自治局局长、县地方自治会议选举产生的两名议员和国家财产部门的负责人。县级估价委员会由县级首席贵族领导。除此之外，在部分县份，某些经济部门的负责人也会进入县级估价委员会。

省级估价委员会的任务在于监管“县级估价委员会和县级地方自治局是否成功地执行了它们为不动产估价的任务”，并且审查“县级估价委员会对各县不动产进行估价的总体依据”，等等。

县级估价委员会的任务包括：（1）根据县级地方自治局的意见，制定本县不动产估价的总体依据；（2）总体指导县级地方自治局在对某些不动产进行估价时的行动；（3）审理县级地方自治局提交的关于地主申请降低土地收益率的估价请求；（4）审查对地方自治局进行某些不动产估价的反对意见。

这样，省级和县级估价委员会都在执行监管的职能，而且所有的繁重工作都交给了县级地方自治局。《规定》第六条指出，县级地方自治局在不动产估价方面的义务包括：对县内所有应该征收地方自治税的不动产实行土地编册和资产清册；收集关于要估价的不动产、租赁价格、劳动价格等方面的信息，以便为估价奠定总的基础；根据可靠的方法，对某些不动产进行估价；负责县级估价委员会的文牍处理。

简而言之，为了征收地方自治税，首先应该对不动产进行估价。根据 1893 年 6 月 8 日的《规定》，各省和各县要成立估价委员会，专门负责对不动产估价的监管，而具体的估价活动则交给县级地方自治局来完成，为此后者只有聘请统计员先对不动产的收益进行统计，然后对其进行估价，再上报给县级估价委员会。换句话说，政府设置的估价委员会夺去了地方自治机构对地方自治统计的领导权，而且从此以后统计员不仅要承担统计调查的任务，还要承担对土地和不动产进行估价的任务。

以前，财产的估价一直按照其“价值和收益”来确定，而 1893 年的《规定》实行的是新原则，即按照不动产的“平均纯收益”对其进行估价，对于土地和林地则是近 9 年的纯收益，对于城市不动产则是近 6 年的纯收益。① 这就需要地方自治统计员收集更多的相关信息。

不过，并不是所有的土地和不动产都应该估价和征税。法律规定一共有 16 种土地和不动产不用纳税。如果土地和不动产不被用来获利，或者这些财产属于宫廷、教会、修道院、教会学校、慈善机构、科学协会等，那么就不必估价和征税。②

《规定》维护的是贵族的利益。私有土地所有者的收益率是在“所有者宣布自己纯收入的平均值”的基础上计算的。自然，贵族地主们千方百计地降低他们从土地或者其他不动产那里获得的收入。

《规定》是政府限制地方自治局独立性的重要一步。按照 И. П. 别洛孔斯基的看法，政府通过《规定》，一是要地方自治局的财产税；二是将地方自治统计部门变成依靠政府资金、完全听命于省级和县级委员会的官方机构；三是停止地方上的按户调查活动，因为政府认为统计员的调查仅仅是为了宣传。

① Б. Б. Веселовский, История земства за сорок лет, Т. 1 [М], С. 84.

② С. В. Лёвин, «Правила оценки недвижимых имуществ для обложния земскими сброми» 8 июня 1893 года и измение задач земской статистики [J], Известия Саратовского университета, 2011 г., Т. 11, Сер. История, международные отношения, вып. 2, ч. 1, С. 17.

（二）1893 年 6 月 8 日《规定》之后估价委员会的成立

《规定》使许多地方自治局陷入困境，因为并不是所有的省份都拥有在本省内进行估价工作的经验。在 1893 年之前，地方自治统计员确实从事估价工作，但是这在统计调查活动中并不占有主要地位。实际上，除了莫斯科、切尔尼戈夫等统计事业比较发达的省份以外，其他省份的统计员很少有从事估价工作的经历，也没有相应的资料。在切尔尼戈夫省，从一开始，省地方自治局统计处的工作就带有估价的性质，而且早在 19 世纪 80 年代上半期，就“取得了实际的成果，为切尔尼戈夫省的土地估价工作以及随之而来的省级地方自治税和国家土地税在各县之间的分配奠定了基础”。① 莫斯科省的统计员在 1879～1889 年进行了城市不动产的估价，1881～1882 年进行了对工厂的估价，1888 年根据他们自己制定的标准还对农村地区出租的不动产进行了估价。所以，根据 1893 年 6 月 8 日《规定》，莫斯科省的统计员在对土地和不动产进行估价的时候，成功地利用了积累下来的统计资料。

但是许多地方自治局并没有这方面的经验，只是很仓促地建立起了估价委员会。对此 A. B. 别舍霍诺夫批评道，这些估价委员会“不能领导估价工作，只能带来拖延和增加摩擦”。另外，省级和县级估价委员会的活动是非常低效的。И. П. 别洛孔斯基在第十届自然科学家与医生代表大会上发言时说道：“不动产估价工作的可悲状况”的原因在于，“取消了地方自治局对于统计的管理，并将其转入估价委员会之手”。A. A. 鲁索夫指出，承担所有估价工作重任的县级估价委员会，“要么根本没有召集起来，要么即便是召集起来了，也只是为了些会议记录，听取并转达某些指令，但并不执行它，或者在当地就根本没有执行它的人”。②

① С. В. Лёвин，«Правила оценки недвижимых имуществ для обложния земскими сброми» 8 июня 1893 года и измение задач земской статистики ［J］，Известия Саратовского университета 2011 г.，Т. 11，Сер. История，международные отношения，вып. 2，ч. 1，С. 17.

② С. В. Лёвин，«Правила оценки недвижимых имуществ для обложния земскими сброми» 8 июня 1893 года и измение задач земской статистики ［J］，Известия Саратовского университета 2011 г.，Т. 11，Сер. История，международные отношения，вып. 2，ч. 1，С. 19.

（三）地方自治统计任务的转变

为了按照新的要求完成对省城、县城、乡镇和村庄的土地和不动产的估价工作，地方自治统计员必须进行大量的社会经济调查，揭示能够影响土地和不动产收益的因素。当然，这其中最重要的就是确定耕地的收益。估价工作的目的就是收集材料，以确定土地的价值和收入。在大部分省份，确定土地的收益是按照这样的顺序来的：首先确定土壤的“自然历史特征”，也就是分析影响土地收成的自然条件，然后计算总体经济因素下土地的收成。这样就必须确定一个县的土地面积和每个土地所有者（公社、商社、自然人和法人等）的土地面积。其次，要确定耕地的价值和收益。土地价格通过尽可能完整而准确地收集其销售价格来确定。收益则是将土地分为几个不同的等级，然后确定每个等级的土地收益。因此，必须研究当地的自然地理条件与经济条件。这包括土地的分类、土壤地形条件、肥料、播种面积、收成、耕种方式、租赁的形式和条件等。这就为地方自治统计在经济调查方面的进一步发展奠定了基础。1893年《规定》实施以后，在1895年有8个省建立了统计科（статистическое отделение）作为开展统计的部门，1896年有7个省建立了统计科，1897年是1个省，1898年是3个省，1899年是6个省，1900年是5个省，1901年是1个省。①

在第九届（1894年）、第十届（1898年）、第十一届（1901年）俄国自然科学家和医生代表大会上，如何确定土地、城市不动产和农村不动产的收益率成为地方自治统计员讨论的焦点。在第十届代表大会上统计学分会成立了一个专门委员会，讨论进行地方自治估价的报告。委员会针对某些地区制定了一些标准，包括自然气候条件，人口数量，经济、社会和文化发展水平等，以确定农业耕地和不动产收益率。委员会的所有成员都认为，进行估价调查的最佳方式是按户统计。该委员会表示，“在执行1893年6月8日法律的过程中，按户统计是获得完全可靠的信息的最好、有时是

① Н. Л. Власова，Оснвные этапы развития земско-статистических обследования крестьянского хозяйства［J］，Известия Российского государственного педагогического университета им. А. И. Герцена，2009 г.，Номер 119，С. 38.

唯一的方式，这对于确定估价的标准是必不可少的”。

在统计工作中，可以利用两种方法来确定土地的收益：（1）按照它的出租价格；（2）除掉对土地的投入之后，按照所得产品的市场价格来计算。第二种确定土地收益的方法更为复杂，而且要确定的是平均收成。为了得到平均收成，不仅要计算条件较好的大户，还要计算贫户小户。他们的土地被分为以下几种类型：耕地、林地、草地。1俄亩耕地的平均收益按照一系列平均值来计算：平均收成、秋播和春播作物的平均播种比例、作物产品的平均价格以及生产这些产品的平均投入。与此同时，还要考虑到一般的种植环境，以及在当地最为普遍的耕作技术。而揭示一个地区平均产量的主要标准就是播种面积。土地所有者每俄亩获得的纯资金收入可以通过分别计算秋播和春播作物的收益来确定。

根据1893年6月8日的《规定》，萨马拉省制定了以下工作蓝图。“估价工作的基础是专门的土壤调查，其目的是对省内的土壤进行科学分类，将本省地域分成一些在自然历史方面一致的地区，在这些地区内，应该研究那些取决于自然条件并且在很大程度上与其他地区不同的经济现象（收成、作物的分布）。”对于农民的份地，要注重收成、播种比例、休闲地和作物在播种面积中的分布。“在确定土地财产收益的时候，一项主要指标就是产量，它是耕地的总收益。”①

1903年萨马拉省地方自治局出版了尼古拉耶夫斯克县的估价资料，从中可以看出该县进行估价工作的一般思路。第一章中介绍该县的疆域和边界，以及河流、谷地、地形、河间地带、气候和植被。第二章是地理学论述。第三章和第四章是论述土壤，主要介绍土壤的分类和化学组成。附录是土壤地图和等高线地图。除此之外，统计人员还对尼古拉耶夫斯克县进行了按户统计。调查计划包括家庭的组成、雇用工人的数量、识字者和学生的数量、拥有肉畜和力畜的情况。在土地和土地利用这一章里包括的内容有份地人口数（число надельных душ у домохозяина）和播种面积，播

① П. С. Кабытов, Самарское земство: опыт практической деятельности（1865 – 1918 гг.）[М], С. 174.

种面积包括份地、租赁地和买卖地，出租和转租的耕地、割草场，还包括在某些人控制下的土地总量。除此之外，还列举了工商业企业和手工业企业。[①] 由此可见，该县的统计是相当完整的，先考察地理环境，确定土壤的性质，再按户调查社会和经济情况。这就为正确地估价奠定了基础。这种将自然条件和经济因素结合起来确定农业土地收益率的方法成为地方自治统计员普遍使用的方法。从 1894 年至 1902 年，有 17 个地方自治省份使用了这种方法。[②] 而对于不动产，大部分省份将“纯收入”作为主要的估价因素。

总的来看，与之前的统计调查不同，除了要对自然环境进行考察以外，统计员在经济社会方面的统计对象有所改变。在 19 世纪 80 年代，统计清单上询问的主要问题是：一户的人口、产业、播种面积、牲畜、手工业、土地耕作方式。但到了 90 年代，统计卡片上的主要问题是：份地、购买和租赁的土地、租赁的形式和价格、雇佣劳动力、从事的手工业活动等。关于贷款契约、播种面积、牲畜数量以及农户的其他信息为研究农村的社会结构提供了材料。对于土地收益的估价，地方自治统计员的考虑因素比以前更多了。“（1）怎样才能影响到农户的收入状况？（2）自然条件（土壤、灌溉等）如何影响农户的收入？（3）轮作制如何影响农户的收入？（4）土地的比重如何影响农户的收入？（5）与市场的距离如何影响农户的收入？”[③] 这些问题都是他们在工作中需要仔细研究的。

但是，全新的任务对于地方自治统计员来说是一项巨大的挑战，对于 1893 年的《规定》，A. A. 考夫曼说道：“在很多方面它都起到了消极作用。地方自治统计毫无疑问受累于估价工作。地方自治统计员的兴趣在很大程

① П. С. Кабытов, Самарское земство: опыт практической деятельности (1865 – 1918 гг.) [М], С. 177 – 178.

② С. В. Лёвин, «Правила оценки недвижимых имуществ для обложния земскими сброми» 8 июня 1893 года и измение задач земской статистики [J], Известия Саратовского университета, 2011 г., Т. 11, Сер. История, международные отношения, вып. 2, ч. 1, С. 19.

③ П. С. Кабытов, Самарское земство: опыт практической деятельности (1865 – 1918 гг.) [М], С. 178.

度上都被估价任务和问题消耗殆尽了。”①

除了人才不足和任务艰巨以外，地方自治统计员所遭遇的另一个重大问题就是，按照《规定》的标准，在经济专业化程度不同的地区为土地和不动产估价是不可能的。“俄国各个地区的地方自治局的估价和统计工作表明，不同地区的自然和经济条件也是不同的，制定完全相同、在所有地区都能实行的统计方法是完全不可能的。”Н. Ф. 安年斯基这样说道。② 在有些省份，土地是经济发展的基础，而在另一些省份，工业发展占主导地位，所以在这两种地区确定土地收益率的方法应该是不一样的。例如，按照1893年6月8日《规定》确定的准则在图拉省实行后，城市代表提出了反对。

由于上述因素的影响，在《规定》颁布之后，很多省份的估价工作开展得极其缓慢。在萨拉托夫省，根据1893年6月8日《规定》进行财产估价的工作开始于1895年秋天，而整个1896年的工作就是从各种机构的卷宗和文件中找出必备的材料，复制各县的土地地图及其索引，并复制私人土地所有者和农村公社的平面图。

在这种情况下，政府又出台了新的政策，这就是1899年的《修改条例》。

1899年1月8日，政府出台了新的规定，对1893年《规定》做出了修改，免除了县级地方自治局和县级估价委员会的估价任务，将该任务转给省级地方自治局执行。除此之外，为了估价调查的顺利进行，政府从1899年1月1日开始向34个地方自治省份每年提供100万卢布的资助。③ 正因为这项规定，估价工作在各地迅速开展起来。

在综合了自然条件和社会经济条件之后，地方自治统计员就可以对土

① С. В. Лёвин, «Правила оценки недвижимых имуществ для обложния земскими сброми» 8 июня 1893 года и измение задач земской статистики [J], Известия Саратовского университета, 2011 г., Т. 11, Сер. История, международные отношения, вып. 2, ч. 1, С. 19.

② С. В. Лёвин, «Правила оценки недвижимых имуществ для обложния земскими сброми» 8 июня 1893 года и измение задач земской статистики [J], Известия Саратовского университета, 2011 г., Т. 11, Сер. История, международные отношения, вып. 2, ч. 1, С. 19.

③ Б. Б. Веселовский, История земства за сорок лет, Т. 1 [M], С. 85.

地以及其他不动产进行估价。在此期间，为了更加公平地对它们进行估价，地方自治局综合各种因素确立了估价的标准。由于这种估价考虑的因素更多，所以其结果与之前的并不一样。根据各省省长的报告，到 1906 年 7 月 1 日，已经有 107 个县制定出对土地估价的标准，有 85 个县制定出对工商企业的估价标准，184 个县制定出对城市不动产的估价标准。[①]

但是这些新制定的估价标准不一定对地主有利。根据新的估价标准，下诺夫哥罗德县地主土地的价值增加了 230334 卢布，而农民的土地价值降低了 169563 卢布。犁和林地的估价提高了，而耕地的估价降低了。本来农民的林地就不多，占其全部土地面积的 7%，而对于地主来说情况相反，林地占其土地总面积的 54%，其估价从原来的每俄亩 3.3 卢布增加到 5.2 卢布，到 1909 年前后已经增加到 5.55～12.96 卢布。[②] 这样，地主的土地估价较高，他们就需要缴纳更多的税，这自然会引起他们的不满，甚至在地方自治机构内部造成对统计和估价工作的阻碍。

按照著名地方自治活动家和统计学家 A. Ф. 佛尔图纳多夫的计算，已经有 25 个省的 171 个县进行了地方自治统计，覆盖了 3944898 个农户，总人口达 23508452 人。地方自治统计学家 Д. M. 利赫特尔这样说道："除了俄国的地方自治统计之外，还没有哪一个机构、哪一个国家在如此广阔的地区针对民众的经济生活进行如此详细的调查。俄国真应该为这项工作而感到自豪。"[③]

五　地方自治统计员的基本情况

统计员作为统计信息的收集者和整理者，在统计事业中占据中心地位。但是与医生、教师相比，他们的数量却很少。不过，由于他们的学历较高，

① Б. Б. Веселовский, История земства за сорок лет, Т. 1 [М], С. 86.

② Б. Б. Веселовский, История земства за сорок лет, Т. 1 [М], С. 87.

③ С. В. Лёвин, «Правила оценки недвижимых имуществ для обложния земскими сброми» 8 июня 1893 года и измение задач земской статистики [J], Известия Саратовского университета 2011 г., Т. 11, Сер. История, международные отношения, вып. 2, ч. 1, С. 16.

所以他们的工资仅次于医生，在各种地方自治职员中排名第二。

地方自治统计员出现于19世纪70年代。在较长时期内，其数量增长并不快。到80年代中期，固定从事这一行业的（不包括临时人员）刚刚超过100人。A. B. 别舍霍诺夫在1901年写道："1/4世纪之前，统计员仅是极个别的，甚至在不久前他们还只有几十人……但是现在他们已经达到了几百人，再加上登记员和计算员，就已经超过了1000人。"[①] 但这仅仅是估计，地方自治局并没有准确的统计员数量信息。

真正有准确数据的是内务部。政府将经常与农民接触的统计员看作"地方自治职员的危险种类"，于是委派内务部收集在省级和县级地方自治局从事各种统计工作、与估价－经济调查有直接或间接关系的人员信息，并且将他们按照职称、年龄、受教育程度、性别和任职的方式进行分类。这些信息于1904年4月1日由内务部汇总，因此我们才能得知34个省份统计员的详细信息。

在各省级地方自治局从事统计工作的有1157人，在各县级地方自治局（一共有60个县开展了统计工作）工作的有98人（其中有40人是农艺师）。值得一提的是，在这总共的1255人之中，存在着从事其他职业但是经常进行统计调查的人。[②]

按照经济厅的统计，从事统计调查工作的省级职员可以分为以下几种类型：统计局或统计处主任及其助手，68人；土壤学家及其助手，14人；技工，17人；办事员，123人；统计员及其助手、登记员，343人；计算员和计算登记员，462人；担任其他职务的，130人，总共1157人。[③] 这份文件表明，从事统计工作的人员来源非常广泛。其中有土壤学家、农艺学家、技工、不知什么种类的"办事员"，还包括从事各种职业的人们。除此之

① Н. В. Пирумова，Земская интеллигенция и её роль в общественной борьбе до начала XX в.［M］，С. 40，132.

② Н. В. Пирумова，Земская интеллигенция и её роль в общественной борьбе до начала XX в.［M］，С. 40，132.

③ Н. В. Пирумова，Земская интеллигенция и её роль в общественной борьбе до начала XX в.［M］，С. 40，133.

外，在总数 1157 人之中，有 315 人是临时的办事员，有 145 人的工作没有经过省长的批准。在各省从事调查统计工作的人员数量各不相同，人数最多的是维亚特卡省，共 93 人，其中有 41 人是临时办事员。其次是特维尔省 74 人（48 人是临时办事员）、比尔姆省 59 人（9 人是临时办事员）、莫斯科省的 57 人。在莫斯科省没有临时办事员，而比尔姆省只有 9 人是临时办事员，而在其他大多数情况下，设立临时办事员是因为该省存在着大量的因政治原因被流放的和不可靠的人，他们愿意临时地从事统计工作。在这方面最突出的例子是奥洛涅茨省，在 53 名调查统计工作者中，有 41 名是临时的。从事统计调查工作的人员数量最少的是哈尔科夫省和奔萨省，它们分别只有 7 名统计员。各省统计员的平均数量在 30 人左右。

在 1157 名统计员之中，有 349 人是女性，占总数的 30%，这是这一工作进步性的表现。按照社会出身来看，有 294 人出身于贵族，占总数的 25%；有 210 人出身于小市民（18%）；有 115 人出身于农民（10%）；有 144 人出身于荣誉公民（12%）。

按照受教育程度来看，受过高等教育的有 162 人（占 14%），没有学完高等教育的有 128 人（11%），受过中等教育的有 571 人（占 49%），“中等阶层以下的”有 296 人（26%）。按照工龄来看，3 年以上的占 25%，1～3 年占 44%，少于 1 年的占 31%。①

统计员的工资与计算员和登记员不同。统计员的工资接近于医生，年薪达到 1000～1200 卢布，统计员助手则不少于 600 卢布（平均为600～800 卢布）。而根据 A. B. 别舍霍诺夫的数据，统计局主任的年薪平均能达到 2260 卢布。计算员和登记员的情况与此不同。他们中有 60% 的人年薪不超过 500 卢布（通常在 240～300 卢布），30% 的人年薪在 500～1000 卢布，只有 3% 的人年薪在 1000 卢布以上。②

① Н. В. Пирумова，Земская интеллигенция и её роль в общественной борьбе до начала XX в.［М］，С. 134.

② Н. В. Пирумова，Земская интеллигенция и её роль в общественной борьбе до начала XX в.［М］，С. 134.

第三节　地方自治机构在道路建设领域的活动

根据1864年的《省级和县级地方自治机构条例》，地方自治机构的“必须性义务”包括7种：地方民事管理（为军事机关、县警察局和省级统计委员会提供便利）、农民事务调解（聘请调解人，并负责其出行和办公）、民事司法机构（民事法院）、大车官差（为巡视的警察局官员和其他公职人员提供大车）、修路义务、住房义务（为军事人员以及其他一些公职人员提供住房）和社会救济义务。其中，修路义务的具体内容是指：建设和修缮大型交通路线，“以及省内和县内的乡道、邮路、贸易和军事交通路线”；建设和修缮里程标，以及省界和县界上的界碑；等等。①

尽管修建道路被列为地方自治机构的必须性义务，但是它并没有受到足够的重视，在地方自治局管理的各种事务中，它并不是优先考虑的方向。尽管一开始地方自治局将大部分资金用于履行必须性义务，其中修建道路也占据了一定的比例，但是总的来说，由于地方自治局几乎没有任何技术人员，也没有进行道路建设规划，它们在道路建设领域的作用并不显著。1895年6月1日政府出台了《专项道路资金条例》，各地方自治局根据条例的规定设立了道路专项资金，这使它们能够积累更多的资金并将其投入道路建设。与此同时，地方自治局还成立了专门的部门，对道路的建设和修缮进行规划，并编制地方自治局在这方面的预算。在此之后，地方自治局的道路建设工作开始走上正轨，但是它的发展仍然落后于其他领域。因此，以1895年6月1日的法律为界，可以大致将地方自治机构在道路建设领域的活动分为前后两个时期。

一　地方自治改革之前的道路建设状况

在地方自治机构成立之前，负责地方道路建设的是省县两级的道路委

① Б. Б. Веселовский, История земства за сорок лет, Т. 1 [М], С. 240 – 242, 245 – 247.

员会，其中“县级道路委员会”成立于1833年，“省级道路委员会”成立于1849年。但是，这两个机构并没有起到实际作用，以至于内务部不得不承认，“县级道路委员会……除了极个别的以外，几乎什么事情都没做”。[①]

在这种情况下，各地实际上是县警察局在监管修路义务的履行。警察局既监管资金收入情况，又监管修建邮路和省级公路义务的履行情况。为了修建道路，警察局需要向农民征收实物税。为修路而征税也被称为“县警察局局长的家务活”。[②] 但是，无论是在运送这些实物的时候还是在分配修路任务的时候，地方官员经常会贪污受贿。因此，这种道路税对农民来说是非常沉重的负担。

1863年1月17日沙皇政府批准了《农村产业建设规定》（Правила об устройстве сельского состояния），规定了农民修路养路的义务。根据这项规定，农民有义务修建邮路、商路和军事道路，不管这些道路属于交通部（Министерство путей сообщения）管辖，还是属于农村的乡道（просёлочная дорога）。而地主，如果他们的庄园被列为修建道路的区域，他们要为此提供木材。但是实际上，道路的建设工作并不顺利。在俄国中部的许多地区，由于农民经常在春秋农忙时节被征召去参加道路建设，而地主也不愿意提供建筑木材，所以“即便是在临近首都的农村，道路也处于可悲的状态”。[③]

改革前，政府对道路事务的总投入达到350万卢布。[④] 但由于组织不当，在具体修建的时候，地方官员并不考虑当地实际的经济需求和自然条件，所以很多道路的修建带有偶然性的特点。到后来，有一些道路由于很少有人通行而被废弃。在19世纪50年代末60年代初，俄国出现了一种新型的道路——公路（шоссе）。但是由于道路建设的组织工作很不好，这种

① К. А. Степанов, Деятельность Ростовского земсва Ярославской губернии во второй половине XIX-начала XX вв. [M], С. 227.

② Б. Б. Веселовский, История земства за сорок лет, Т. 2 [M], С. 647.

③ К. А. Степанов, Деятельность Ростовского земсва Ярославской губернии во второй половине XIX-начала XX вв. [M], С. 227.

④ Б. Б. Веселовский, История земства за сорок лет, Т. 2 [M], С. 647－648.

公路的建设遭遇到了相当大的困难。

总的来说，在地方自治改革之前，俄国的道路建设并不尽如人意。

道路建设的低水平状态阻碍了俄国社会经济的发展，并给俄国的工商业发展带来不便，这尤其反映在贸易方面。在 19 世纪 50 年代，1 立方俄丈的劈柴在俄国东北部价值 30 戈比，而在西南部地区（敖德萨）则价值 30 银卢布。[①] 当然，出现如此巨大差距的原因之一是原料产地和非原料产地各自的供求关系不同，但毫无疑问，运输条件的落后导致了转运商品价格的上涨。所以说道路的建设状况直接关系商品流通和居民的生活水平。

在俄国这样一个幅员辽阔的国家，由于商品消费中心与原料生产地区之间的距离较远，再加上 19 世纪下半期正是现代化进程不断加快的时期，所以改善交通状况是当时俄国的一项重要任务。1864 年《省级和县级地方自治机构条例》的出台，使得修建道路成为地方自治机构的必须性义务，于是道路的建设走上了与之前不一样的发展道路。

二　道路实物税向货币税的转变

（一）道路实物税的来源和规模

在改革之前，俄国农民的税负分为两大类，一类是货币税（денежные повинности），即以金钱（货币）的方式向政府纳税，这类税负包括很多种，统称为“地方治理税”（земские повинности）；另一类是实物税（натуральные повинности），即上交给政府的不是金钱，而是各种物资。实物税也是名目繁多，但主要的有三种：道路税（дорожная повинность，用于修建道路），大车官差（подводная повинность，为公职人员、被捕者和军事小组提供大车），住房税（квартивная повинность，为驻军提供住房）。这些多种多样的实物税之所以存在，跟农奴制时代的经济体制有关系，因为农奴制经济本来就是一种“自然经济”（натуральное хозяйство）。在农奴制时代，实物税收起到非常重要的作用，它使政府得到许多不便用金钱

① К. А. Степанов，Деятельность Ростовского земсва Ярославской губернии во второй половине XIX-начала XX вв. ［М］，С. 226.

购买的物资和服务，政府为了行使自己的职能而广泛利用的各种“实物”实际上是民众的免费劳动。可以说，实物税就是国家政权与纳税农民的农奴制关系原则在税收领域的体现。

道路税也是一种重要的实物税。它之所以以这种方式出现，按照H. 博尔热夫斯基的话说，是因为“农奴制时代的社会是一个等级社会，农民仅仅被看作一种畜力，他们应该将自己的力量贡献给国家和地主等级。在农奴制关系下，地主和农民是不可分割的整体，共同构成道路税的纳税单位：地主为修建道路提供木材和其他建筑材料，而他的农奴们则利用实物去修路”。[①] 政府的意图是，地主、封邑和国库应该提供木材等建筑材料，而农民提供自己的劳动，这样互相配合，共同修筑道路。实际上这项税负几乎全都由农民来承担。农民不论距离多远，哪怕是100多俄里，也要去参加修建；而地主提供原料的规定则很难落实。因此很明显，这种赋税的分担方式对于广大农民来说并不公平，而对于地主有利。

由于实物税名目繁多，而且在各地的分布极不均衡，再加上政府官员的滥用权力，因此具体计算实物税到底有多少并不是一件容易的事情。根据政府在1848年统计的不完全数据，在欧俄地区30个省份，如果将实物税换算成货币的话，那么每个人承担75.5戈比，其中住房税人均为26戈比，大车官差人均为23.25戈比，道路税人均为12.5戈比，三个主要税种共计61.75戈比；这三项赋税的总收入是10307733卢布，其中道路税收入共计约210万卢布。[②] 但是实物税的一个重要问题是，各地的税负严重不均。1848年，实物税负担最少的是图拉省，人均21戈比，喀山省为22.5戈比，库尔斯克省为25.75戈比，坦波夫省为30戈比；而实物税负担较多的有：莫斯科省，人均为186.5戈比，诺夫哥罗德省为321.75戈比，圣彼得堡省为392.5戈比，赫尔松省为156.75戈比。单就道路税来看，税负较重的有比尔姆省（人均47.5戈比）、诺夫哥罗德省（人均70戈比），税负较轻的

① Б. Б. Веселовский, История земства за сорок лет, Т. 1 [М], С. 176.

② Б. Б. Веселовский, История земства за сорок лет, Т. 1 [М], С. 176 – 177; Б. Б. Веселовский, История земства за сорок лет, Т. 2 [М], С. 648.

有沃罗涅日省（人均5戈比）、库尔斯克省（人均4戈比）、波尔塔瓦省（人均4.75戈比）、塔夫里奇省（人均4.25戈比）。[①]

（二）阻碍取消道路实物税的因素

在这种情况下，要解决实物税分担不均的状况，必须对其进行彻底的改革。地方自治局成立之后，在道路税问题上，它们面临这样的选择：是应该保留道路实物税，还是要取消实物税，代之以货币税？后来的实践表明，绝大多数地方自治局选择了后一种方式。但是就全部地方自治省份的情况来看，这种转变过程非常缓慢，一直到20世纪初也没有完成。

首先，初期的一些地方自治局仍然坚持着等级制的原则，拒绝取消道路实物税。因为它们知道，一旦以货币税代替实物税，地主在道路税方面的特权和优惠就会消失。例如，坦波夫省地方自治会议在1867年拒绝讨论改变实物税的问题，认为首先提议的应该是贵族会议，而不是地方自治局。而哈尔科夫省地方自治局之所以拒绝取消实物税，是因为其认为农民的税负并不重。1865年科斯特罗马省地方自治局的议员提出，应该免除农村公社的道路实物税，以减轻农民、地主和其他大多数人的负担，但是地方自治局通过的决议称，它并不认为自己有权解决免除地主实物税的问题，因为这是与1863年1月17日内务部的规定相矛盾的，按照法律规定，地主有义务为修建道路和桥梁而免费提供木材。但是即便如此，在科斯特罗马省这样一个森林资源丰富的省份，地主提供木材的负担并不重。

其次，有些地方自治局只是在迫不得已的情况下（路况极差等）才逐渐地、缓慢地废除道路实物税，但是并不彻底，于是就形成了道路建设中实物税和拨款互相配合的“混合制度”。例如，辛比尔斯克省地方自治会议认为，为了维护农村公社与地主之间的公平，不允许将实物税转变为货币税。阿尔达托夫县地方自治会议曾经连续8年申请将实物税转变为货币税，但都遭到省地方自治会议的否决。8年之后，由于现行制度引起诸多不满，省地方自治会议决定，依靠实物税的仅仅是设施的“修缮”，而建造设施则

① Б. Б. Веселовский，История земства за сорок лет，Т. 1［M］，С. 177.

依靠地方自治局的支出。辛比尔斯克省的这种情况在其他很多地方都出现过。这些地方自治局从一开始就依靠地方自治局的资金进行道路设施的建设，而农村公社的义务只是“修缮”路基。

再次，还有另一种“中间状态”，那就是地方自治局一方面保留而不是废除道路实物税，另一方面为了维护税收的公平，又对农民进行补贴。这种补贴有两种方式，一些地方自治局选择降低农民的份地税，另一些地方自治局则在征税的时候向农村公社或者各县提供资助。

选择第一种方式的只有很少的地方自治局。例如，波尔塔瓦省的泽尼科夫县地方自治局向贵族和商人土地征收的赋税是每俄亩 12 戈比，向国有农民征收的是每俄亩 5.25 戈比，向农村公社征收的是每俄亩 1.75 戈比，以此来补偿农民在实物税上面的支出。① 这样做的还有新乌津斯克、斯塔夫罗波尔、舒伊斯克、新托尔加等县。

采取第二种方式的地方自治局要多得多。1868 年，仅有 4 个省级地方自治局和 165 个县级地方自治局没有为道路税而向农民提供资助，剩下的 30 个省级地方自治局和 159 个县级地方自治局都有拨款。在这 30 个省级地方自治局中，补贴的金额占到总预算 15% 以上的有 12 个省份，其中最高的莫斯科省达到 27.6%。从数量上看，拨款较多的省份有：莫斯科省（省地方自治局为 19.77 万卢布，各县总共为 5.76 万卢布）、弗拉基米尔省（省地方自治局为 2.4 万卢布，各县为 12.5 万卢布）、诺夫哥罗德省（省地方自治局为 2.64 万卢布，诺夫哥罗德县地方自治局为 4.17 万卢布，其余 7 个县为 5.36 万卢布）等。② 除了向农村公社发放补贴以外，地方自治局还向各县提供资助。例如，赫尔松、科斯特罗马、切尔尼戈夫、下诺夫哥罗德等省份会根据各县修筑的路基长度和人口数量进行补贴。

总而言之，无论是为了维护地主的特殊权益而拒绝废除道路实物税，还是以各种方式或多或少地保留道路实物税，都会导致实物税的继续存在，给修路事务的展开带来不便。

---

① Б. Б. Веселовский, История земства за сорок лет, Т. 1 [М], С. 184.

② Б. Б. Веселовский, История земства за сорок лет, Т. 1 [М], С. 184.

（三）以道路货币税代替实物税

与此同时，以货币税代替实物税的行动也在很多地方进行着。这种转变的原因是多方面的，具体包括以下几个方面。

第一，在草原地区和没有森林的县份，要地主交出木材是一件非常困难的事情。既然缺乏木材，道路的建设便无从谈起，当地的道路建设也只能处在非常低水平的状态。这就迫使地方自治局将道路实物税转变为货币税。

第二，在工业省份，一旦将道路税转变为普通的地方自治税，那么之前不纳税的工商业者这次也必须纳税。这会使地方自治局增加税收，是地方自治局不得不考虑的事情。而让所有等级共同纳税，也是一种公平的体现。所以实物税改为货币税的进程在工业地区和缺少森林的地区进行得最快。

第三，一些最进步的地方自治局在这方面起到了领导作用。它们率先废除实物税，代之以货币税，使道路建设很快走上正轨。例如，雅罗斯拉夫尔省罗斯托夫县地方自治局早在 1865 年就通过决议，将道路修建的实物税改为货币税，征税的标准是每俄亩土地征收 1.5 戈比，征收的对象既包括地主的土地和农民的份地，还包括国有林场、国有农民、修道院的土地以及各种农民的私有土地。需要缴纳道路税的土地总面积为 302551 俄亩，地方自治局共得税收 4538 卢布。① 在弗拉基米尔省佩列斯拉夫县，地方自治局也在 1865 年将道路实物税改为货币税，共得税收 5000 卢布。这种变化在当地的道路建设和修缮中起到了积极的作用。地方自治局得到了所需的资金，能够更加积极地解决建设新路和修缮旧路的问题，也能够更加有效地遵守与林户达成的木材运送协议。而且，当地农民的积极性也提高了，有些农民经常充当道路建设中的木工承包商，从地方自治局那里获得大量收入。②

① К. А. Степанов, Деятельность Ростовского земсва Ярославской губернии во второй половине XIX-начала XX вв. ［M］, С. 229 – 230.

② К. А. Степанов, Деятельность Ростовского земсва Ярославской губернии во второй половине XIX-начала XX вв. ［M］, С. 230.

第四，一些地方自治机构里，农民议员面对税收方面的不平等待遇，提出废除实物税，改行货币税。而地主议员面对这样的议题，要么激烈反对，要么以沉默表示抗议。波尔塔瓦省、科斯特罗马省、萨马拉省都是这样。

第五，还有一些地方自治局认为，如果保留实物税，那么省地方自治局发给各县的补助不可能完全均衡，因此，如果某个县不将实物税转变为货币税，就得不到省里的资助。这种观点也迫使切尔尼戈夫省等一些地方自治局将实物税转变为货币税。

总的来看，受到上述多种因素的综合影响，在地方自治机构成立 3 年之后（1868 年），将所有实物税转变为货币税的只有 40 个县；到 1887 年，在总共 359 个县中，将道路实物税转变为货币税的有 238 个县；到 1903 年，境内各县完全实行道路货币税的省份一共有 9 个（弗拉基米尔、莫斯科、下诺夫哥罗德、奔萨、萨马拉、萨拉托夫、辛比尔斯克、特维尔和雅罗斯拉夫尔），在 359 个县中实行道路货币税的一共有 268 个，而在其余的 91 个县，道路实物税或多或少地还存在着。[①] 而就在这 91 个县中，地方自治局为修建省道（губернская дорога）和邮路（почтовая дорога）而向民众征收的实物税达到 244.38 万卢布，平均每俄里 56.7 卢布。[②] 除此之外，那里的农民还要负担乡道（просёлочная дорога，也就是乡间土路）和县道（уездная дорога）的建设任务。因此，道路实物税对当地农民来说是一项沉重的负担。

综上所述，地方自治局将道路实物税改为货币税对农民来说是一种公平和进步，也是改善道路建设状况的有效方式。

三　道路建设工作在省县两级地方自治局之间的分配与实施

（一）省县两级地方自治局建设道路的三种模式

修建道路的工作被各地方自治局分成省级和县级来承担。但是无论是

① Б. Б. Веселовский, История земства за сорок лет, Т. 1 ［М］, С. 182; Б. Б. Веселовский, История земства за сорок лет, Т. 2 ［М］, С. 648; П. С. Кабытов, Самарское земство: опыт практической деятельности (1865－1918 гг.) ［М］, С. 183.

② Б. Б. Веселовский, История земства за сорок лет, Т. 2 ［М］, С. 649.

省级地方自治局还是县级地方自治局，都希望尽可能少地承担责任。一些省级地方自治局认为，大部分道路是地方性道路，只有当某些道路具有公共性质的时候，才可以使用省里的资金。但是哪些道路具有公共性质，哪些道路具有地方意义，它们并没有划分统一的标准，在决定修建之前几乎也没有任何实地调查。甚至在邮路建设上，各省级地方自治局也没有统一的意见，有的认为应该完全承担邮路建设的任务，有的则只愿意建设邮路上的大型道路设施，将剩下的所有任务交给县级地方自治局，当然这又会引起后者的不满。由于县级地方自治局也是尽力避免在修建道路方面产生过多支出、遇到过多麻烦，因此省县两级地方自治局在修路任务归属问题上经常发生争论。

经过长时间的争论，各省的道路建设模式逐渐确定。到 1894 年，在 34 个地方自治省份中，有 13 个省份认为修建道路是省里的任务，各县只是起到协助作用。这 13 个省份包括：维亚特卡、叶卡捷琳诺斯拉夫、喀山、库尔斯克、莫斯科、奔萨、波尔塔瓦、梁赞、萨拉托夫、辛比尔斯克、乌法、哈尔科夫和赫尔松。有 8 个省份（沃罗格达、奥洛涅茨、科斯特罗马、下诺夫哥罗德、奥廖尔、比尔姆、斯摩棱斯克和特维尔）认为修建道路应该完全由各县地方自治局负责。剩下的省份则认为，部分事务应该交给县级地方自治局，而省级地方自治局只负责一部分事务。因此，按照道路建设工作在省县两级地方自治局间的分配，各省可以分为三种道路建设模式：省级主导型、县级主导型、混合型。这三种模式可以在表 4－8 中清楚地反映出来。

表 4－8 各省份地方自治局 1894 年道路建设拨款及在预算中的比重

单位：千卢布，%

省份	省级地方自治局		县级地方自治局		全部拨款总额	全部支出总额
	拨款额	占预算的比重	拨款额	占预算的比重		
比萨拉比亚	14.0	4.5	3.0	0.3	17.0	8.3
弗拉基米尔	35.5	6.4	97.6	7.2	133.1	126.4
沃罗格达	3.9	2.6	57.8	5.3	61.7	52.8
沃罗涅日	41.8	8.9	55.5	3.4	97.3	71.9

续表

省份	省级地方自治局		县级地方自治局		全部拨款总额	全部支出总额
	拨款额	占预算的比重	拨款额	占预算的比重		
维亚特卡	75.6	14.9	34.3	1.6	109.9	113.2
叶卡捷琳诺斯拉夫	80.9	16.0	18.0	1.3	98.9	90.3
喀山	36.7	9.2	25.7	2.0	62.4	53.7
卡卢加	86.3	26.8	4.9	0.7	91.2	82.1
科斯特罗马	0	0	74.9	7.2	74.9	65.4
库尔斯克	207.9	24.0	36.0	2.2	243.9	169.3
莫斯科	265.0	25.9	51.0	4.1	316.0	313.6
下诺夫哥罗德	1.6	0.5	70.3	5.8	71.9	60.2
诺夫哥罗德	21.3	9.0	64.2	6.0	85.5	87.0
奥洛涅茨	8.9	5.2	19.7	4.1	28.6	34.7
奥廖尔	0	0	46.6	3.5	46.6	46.4
奔萨	28.7	9.2	9.4	1.2	38.1	34.1
比尔姆	0	0	170.1	5.7	170.1	154.3
波尔塔瓦	360.5	34.3	59.7	3.3	420.5	501.1
普斯科夫	25.5	9.6	50.5	5.9	76.0	78.2
梁赞	104.2	26.4	85.0	4.2	189.1	159.4
萨马拉	29.7	3.7	21.2	1.1	50.9	46.9
圣彼得堡	0	0	91.9	9.3	91.9	59.1
萨拉托夫	33.3	8.4	6.4	4.3	39.7	—
辛比尔斯克	46.4	17.6	19.7	2.1	66.1	58.5
斯摩棱斯克	0	0	26.7	3.1	26.7	29.9
塔夫里奇	43.5	10.4	45.8	2.2	89.3	93.2
坦波夫	21.6	11.0	91.2	4.8	112.5	84.2
特维尔	0	0	73.5	2.1	73.5	75.8
图拉	2.2	0.8	39.2	3.5	41.4	42.6
乌法	50.8	16.7	4.9	0.5	55.7	48.4
哈尔科夫	140.8	27.2	28.9	1.9	169.7	170.4
赫尔松	188.8	17.9	31.6	2.0	220.4	152.3
切尔尼戈夫	27.2	8.5	56.0	4.1	83.2	83.2
雅罗斯拉夫尔	0	0	58.4	6.2	58.4	58.3
总计	1982.8	12.8	1629.7	3.5	3612.5	3305.7

资料来源：Б. Б. Веселовский，История земства за сорок лет，Т. 2［М］，С. 658。

从表4－8可以看出，在省级主导型的道路建设模式中，省级地方自治局的道路建设拨款不仅数额大，而且占其预算的比重也大，如波尔塔瓦省36.05万卢布（34.3%）、哈尔科夫省14.08万卢布（27.2%）等。而县级主导型的道路建设模式则相反，省级地方自治局没有提供道路建设拨款或者寥寥无几，如斯摩棱斯克等7个省级地方自治局的道路建设拨款为零。而混合型的道路建设模式中，省县两级地方自治局的道路建设拨款无论是在数量上还是在比重上都较为均衡，如沃罗涅日省，省级地方自治局的拨款为4.18万卢布（8.9%），县级地方自治局拨款为5.55万卢布（3.4%）。

当然并不是说，省级地方自治局的拨款数额和占预算的比重很大就是省级主导型，如果没有拨款或者只有很少拨款就是县级主导型，这是因为表4－8显示的只是1894年一年的数据，并不能反映长期的趋势。但无论是什么模式，各省之间和本省之内的巨大差距也反映出省级和县级地方自治局很少进行合作，各地对待道路建设的态度也各不相同。

（二）三种道路建设模式下各地建设道路的具体情况

那么，在这三种道路建设模式下，各地方自治局的道路建设情况怎么样呢？

（1）在省级主导型模式下，一些地区认为应该由省级地方自治局进行道路修建，因为他们认为，由于重要线路、大型工程等的存在，各县的道路建设工作分配极其不均衡，省级地方自治局参与道路修建，能够使各县达到均衡。例如，梁赞省地方自治局从1866年至1884年向各县发放资金675379卢布，每个县根据自己道路建设工作和财政状况的不同而获得不同的资助。[①] 赫尔松、喀山两省也有过类似的做法，但是在其他地区则很少有这种形式。诺夫哥罗德、特维尔、波尔塔瓦和斯摩棱斯克等省曾经尝试这种方式，但由于各种阻力而作罢。

另一些省份认为省级地方自治局不仅应该开展道路修建，还应该建设相关的道路设施。赫尔松省地方自治局就认为，在建设大量渡口的时候，

① Б. Б. Веселовский，История земства за сорок лет，Т. 2［М］，С. 653.

应该有计划地建设，而不应该只是将这些工作交给各县，于是从一开始赫尔松省地方自治局就将这项事务掌握在自己手里。从 1865 年至 1899 年，省地方自治局为建设渡口而支出 1305735 卢布（所有的交通建设支出为 4093033 卢布）。[①] 莫斯科省地方自治局也进行了道路的规划和建设。

从另一个角度看，省级主导型道路建设模式似乎能够更加方便省级地方自治局聘请建设道路的技术人员。莫斯科、维亚特卡和赫尔松 3 个省从 1873 年开始就已经向各县级地方自治局提供资助，以帮助它们聘请技术人员，到 1886 年这些省份平均每个县都有 1 名技术人员。[②] 在此之后某些县份开始自己聘请技术人员。3 个省全都是省级主导道路建设模式。除此之外，属于省级主导道路建设模式的其他省份相差很多。例如从 1867 年至 1890 年，库尔斯克省只有 1 名技术人员，直到 1890 年才聘请了 2 名，第二年又聘请了 1 名。[③] 诺夫哥罗德、圣彼得堡、萨马拉、喀山、弗拉基米尔、奔萨都是这种情况。其中，萨马拉省地方自治局 1871 年聘请了 1 名技工，1875 年又聘请了 1 名检查员，各县没有任何技术人员。[④] 而在其他大部分地区，情况更加不堪，有的省则根本没有。由此可见，尽管与医生、教师、农艺师等地方自治职员相比，各地方自治局对聘请技术人员从事道路修建并没有投入多少精力，但是相对而言，对此开展一定行动的首先是实行省级主导道路建设模式的省份，其次是实行混合型道路建设模式的省份。

（2）在县级主导道路建设模式下，修建道路的工作基本上由各县级地方自治局来完成。但是在很多时候，县级地方自治局承担这项工作是被迫的，因为省级地方自治局不愿意承担责任。例如在特维尔省，省级地方自治局从一开始就将所有的道路支出交给县级地方自治局承担，1871 年一些县级地方自治局提出，省级地方自治局应该承担一部分支出，但是省级地方自治局拒绝了该请求，于是该省的道路建设一直是由各县负责。

---

① Б. Б. Веселовский，История земства за сорок лет，Т. 2 ［М］，С. 653.

② Б. Б. Веселовский，История земства за сорок лет，Т. 2 ［М］，С. 654 –655.

③ Б. Б. Веселовский，История земства за сорок лет，Т. 2 ［М］，С. 654.

④ П. С. Кабытов，Самарское земство：опыт практической деятельности（1865 – 1918 гг.）［М］，С. 184.

不过，道路修建可以说是最需要省县两级地方自治局进行联合与协作的领域，因为各县在这方面的情况相差极大，存在着极端不平衡的状况。从理论上讲，如果具有全省甚至全国性意义的贸易路线和邮路通过某些县份，那么省县之间应该相互配合，但是如果经过的是县级主导型道路建设模式的省份，省县之间的不配合会给这些道路的修建带来不小的麻烦。著名的西伯利亚大铁路就是这种情况。比尔姆省地方自治局在 1871 ~ 1872 年就申请让这一交通大动脉通过比尔姆省，但是并不愿意自己出资修建，而是申请由政府来提供经费。实际上在 1874 年之前，这条铁路在该省的修建几乎完全由各县级地方自治局来负责，省级地方自治局没有出多少力。1874 年 7 月 3 日沙皇政府下令，对于这条铁路的修建，地方自治局支出多少，国家就补贴多少，但很快固定为每年补助 20 万卢布。为了获得这项补助，比尔姆省地方自治局也参与了铁路建设，但是只持续到 1879 年，等到将所有的事务都交给县级地方自治局后，比尔姆省地方自治局不再为此投入一分钱。[①]

（3）在混合型道路建设模式下，省县两级地方自治局相互合作，各有分工。但是承担工作的比例如何，各地情况并不一致，在很多地区，县级地方自治局被迫或者主动承担起了大部分修路职责。例如在诺夫哥罗德省，除了 3 座桥梁以外，省级地方自治局将其余的道路修建工作都交给县级地方自治局。尽管后者请求省里扩大修建道路的范围，但是省里一直拒绝。在萨马拉省，省级地方自治局负责领导技术人员，制定总体的工作规划，并对资金收支进行监督。县级地方自治局负责地方上道路的建设，将某项设计方案与地方上的实际情况进行比对，制作出道路设施建设的技术平面图。每年春耕之后，地方自治局的全体成员及其雇用的工作人员都会去视察所有的邮路，然后制定出清单，介绍道路设施及其需要修缮的状况。这些文件都会传达给萨马拉省地方自治局用于编制道路建设的预算。[②] 1886 年，萨马拉省境内的所有桥梁都按照大小及其重要性被分成不同的等级。省级地

① Б. Б. Веселовский，История земства за сорок лет，Т. 2 ［М］，С. 659.

② П. С. Кабытов，Самарское земство：опыт практической деятельности （1865 – 1918 гг.）［М］，С. 184 – 185.

方自治局负责的只有大型桥梁、堤坝、渡口，剩下的所有桥梁设施都交给各县。在卡卢加省，从 1879 年开始，邮路和运输线路上的所有桥梁和其他道路设施都由省级地方自治局负责。当年的第十三届省地方自治会议确定了这方面的预算和监管职责。1880 年的第十四届省地方自治会议授权省地方自治局聘请交通学院的大学生对省内道路上的所有设施进行清点和测绘。这项工作在当年夏季开始，一共统计了 1466 处道路设施，绘出 201 张草图。①

在混合型道路建设模式下，省县两级地方自治局之间既有合作也有矛盾。在很多地方，县级地方自治局总是抱怨省级地方自治局的不断干涉和管束，而省级地方自治局则指责各县级地方自治局的工作缺乏计划性，不能以更加节约的方式开展工作，也不能对修建设施进行监管。但是在这种情况下，各县的独立性并没有受到影响，它们有自己建设道路的主动权。例如 1889 年，雅罗斯拉夫尔省地方自治局提议由自己承担罗斯托夫县的修路工作，但是遭到后者的拒绝，因为它认为“在修建县内的道路时能够近距离地对其进行监管”。② 有些县自己独立地对全县的道路建设进行管理，而不愿省里插手。例如在萨马拉省斯塔夫罗波尔县，所有的商路和邮路都由县级地方自治局管理。在 1868～1869 年，该县地方自治局共拨款 10454 卢布 79 戈比。利用这些资金，其修建了 10 座新桥，修缮了绝大部分原有的桥梁，为 130 俄里的邮路修建了路标。在该省的布古鲁斯兰县，所有直接的道路建设工作也都由县级地方自治局来完成。在这里像其他各县一样，每年春天县地方自治局都要对道路进行考察，并制定道路建设规划，然后聘请人员进行具体的建设工作。19 世纪 60 年代末该县规划了 4 条大道：3 条邮路，总长 223 俄里；1 条商路，总长 107 俄里。为了建设这些道路上的设施，该县地方自治局每年拨款 2016 卢布。③

① Т. А. Свиридова，Калужское земство. 1865 – 1918. Очерки истории ［М］，С. 105.

② К. А. Степанов，Деятельность Ростовского земсва Ярославской губернии во второй половине XIX-начала XX вв. ［М］，С. 239.

③ П. С. Кабытов，Самарское земство：опыт практической деятельности（1865 – 1918 гг.）［М］，С. 185.

四　政府将官营公路交给地方自治局建设

从19世纪70年代开始，俄国政府与一些省份的地方自治局进行合作，将该省的官营公路交给后者建设和管理，然后政府向其提供补助。从政府的角度来说，这项措施降低了政府建设道路的成本，减少了基础设施建设的支出；从地方自治局的角度来说，它们获得了政府的大量补贴，甚至超过了它们对官营道路的投入。因此，这种合作对双方来说是一件有利可图的事情。在某些省份，修建政府的官营公路甚至成为地方自治局道路建设工作的中心任务。

1870年，政府首先与莫斯科省地方自治局展开谈判，将官营公路交给后者管理。1871年，移交工作正式完成。按照约定，省地方自治局要管理该省内的官营公路10年，为此政府每年对它的补助为每俄里400卢布，而且允许地方自治局征收和使用公路税。[①] 政府给予的补助，地方自治局要用于建设官营公路；如果有剩余，则应该用来修建新的道路。为了配合地方自治局建设官营公路，交通部会对此进行技术上的监管。

这种合作给政府带来很大的好处。1876年4月22日交通部部长表示，莫斯科省地方自治局对道路的管理是非常成功的，道路的状况得到了极大的改善，公路税收入增长120%。[②] 更重要的是，由于地方自治局修建和管理道路的成本比政府要低很多，政府只用较少的资金就能推动地方自治局进行道路建设，这样就极大地减少了自己的道路建设支出。以莫斯科省为例，政府每修1俄里的官营公路需要花费443.61卢布，而将其转交给地方自治局之后，每1俄里只需支出400卢布。也就是说，地方自治局每修1俄里的官营公路，政府就能节省43.61卢布。所以说，政府将公路的修建交给地方自治局对它自己是有利的。

当然，由于地方自治局建设公路的成本比较低，政府提供的补助根本用不完，剩下的资金就可以被用来建设新的道路。所以尽管建筑材料的价

---

① Б. Б. Веселовский, История земства за сорок лет, Т. 2 [M], С. 661.

② Б. Б. Веселовский, История земства за сорок лет, Т. 2 [M], С. 661.

格在上涨，地方自治局的这种类似“承包”的建设活动对它来说也是非常有利的。同样以莫斯科省为例，地方自治局每修建 1 俄里的官营公路只需要 329.99 卢布，而政府对它的补助是 400 卢布。也就是说，每修 1 俄里的官营公路，地方自治局就能节省约 70 卢布。

在这种情况下，各地方自治局纷纷向政府申请，要求将省内的官营公路交给自己管理。1873～1874 年，就有 12 个类似的申请。尽管将公路交给地方自治局管理能获得巨大的好处，这种合作对双方都非常有利，但政府对这项申请的审批进行得非常缓慢。继莫斯科省之后，图拉省也获得了本省官营公路的管理权。1877 年政府在雅罗斯拉夫尔省和卡卢加省，1882 年在沃罗涅日省将省内官营公路的管理权交给当地的省地方自治局。此后，这项工作就陷入停滞状态，直到 19 世纪 90 年代中期以后才重新开始将官营公路管理权转交给地方自治局。

和莫斯科省一样，其他各省兴建道路的成本比政府低很多。如前所述，在莫斯科省，政府修建 1 俄里的公路需要花费 443.61 卢布，而地方自治局只需要 329.99 卢布；在图拉省，这两个数字分别为 414.84 卢布和 222.96 卢布；卡卢加省分别为 310.96 卢布和 277.05 卢布；雅罗斯拉夫尔省分别为 431.63 卢布和少于 300 卢布，而地方自治局因此得到的资金截至 1894 年为 219.95 万卢布。[①] 其中，卡卢加省地方自治局获得管理权的官营公路是从莫斯科到华沙公路的一段，长度大约在 222 俄里。由于该省利用工程师和工长（即能够执行技工的要求并对工程进行监管的辅助性技术人员）进行公路建设，成本相对较低，再加上政府的补助和公路税的收入，地方自治局在道路建设过程中获得了盈利。[②] 当然，政府交给地方自治局建设的公路一般是连接各大城市的交通干线，与地方上的普通道路相比，其造价还是相对较高的。地方道路的等级比较低，地方自治局对道路的建设和修缮所投入的资金比较少。例如，在整个 1888 年，雅罗斯拉夫尔省内由各地方自治局提供经费的各类道路共计 1783 俄里，为此地方自治局共耗资 35000 卢布，平

① Б. Б. Веселовский, История земства за сорок лет, Т. 2 ［М］, С. 661 – 662.

② Т. А. Свиридова, Калужское земство. 1865 – 1918. Очерки истории ［М］, С. 105.

均每俄里不到 20 卢布。而在该省的梅什金县，修缮 70 俄里的道路只花费了 600 卢布，平均每俄里不到 9 卢布。[①] 由此可见，同样是修建道路，各地的造价是不一样的。

值得一提的是，1884 年 4 月 5 日，沙皇政府出台了一项新的法律，对将官营公路转交给地方自治局管理进行了规定。按照规定，这种转交必须获得交通部部长、内务部部长和财政部部长的许可。具有国家意义的道路，国家的补贴用于普通修缮和大修；而对于只有地方意义的公路，所给的补贴不能超过普通修缮所需的资金。而且法律还规定，那些很少有人通行的公路转交给地方自治局之后，国家不提供任何补助，由地方自治局决定这条道路是废弃还是保留。根据这项法律，政府向地方自治局转交了大约 600 俄里的公路。1899 年 4 月 17 日，这项法律被废除。

在 19 世纪 80 年代转交给地方自治局的没有补助的公路，大部分集中于弗拉基米尔省（超过 300 俄里）和斯摩棱斯克省罗斯拉夫尔县（88.5 俄里）。经过弗拉基米尔省地方自治局不断的申请，1897 年国家为这段道路提供了补助，补助额为 17.04 万卢布。而罗斯拉夫尔县的道路在 1895 年又交给了政府，政府的拨款为 23 万卢布。[②]

从 19 世纪 90 年代中期开始，政府又将一些道路交给地方自治局管理，同时给予补助。到 1910 年，政府转交给地方自治局的有补助的道路一共有 4032.329 俄里，分布在 13 个省份：弗拉基米尔（1897 年，327.940 俄里）、沃罗涅日（1882 年，80.988 俄里）、卡卢加（1877 年，221.930 俄里）、莫斯科（1871 年，507.227 俄里）、诺夫哥罗德（1897 年，550.814 俄里）、奥廖尔（1897 年，290.938 俄里）、梁赞（1900 年，71.050 俄里）、特维尔（1898 年，187.739 俄里）、图拉（1872 年，285.427 俄里）、雅罗斯拉夫尔（1877 年，83.314 俄里）、斯摩棱斯克（1877 年，21.440 俄里）、圣彼得堡（1903 年，815.330 俄里）和切尔尼戈夫（1903 年，192.351 俄里）。对这

---

① К. А. Степанов, Деятельность Ростовского земсва Ярославской губернии во второй половине XIX-начала XX вв. [M], С. 238.

② Б. Б. Веселовский, История земства за сорок лет, Т. 2 [M], С. 662.

些道路，政府的补贴多为每俄里二三百卢布，最高的为切尔尼戈夫省，每俄里补贴 888.5 卢布。[①]

地方自治局从政府那里获得的补助和收取的公路税（шоссейный сбор）也是一笔很可观的收入。对于政府的补助，没有用完的应该用来新建道路。在这方面做的最好的是莫斯科省地方自治局。1871 年，政府向莫斯科省地方自治局转交了大约 507 俄里的道路，每年的补助达到 20.72 万卢布。从 1874 年至 1895 年，地方自治局一共修建了 649.5 俄里的道路，对此政府的补助共计 202.05 万卢布。与此同时，它还能从官办的道路和自己修建的道路上收取公路税。从 1871 年至 1895 年收取的公路税一共达到 505.54 万卢布，除了支出以外还剩下 376.47 万卢布。随着地方自治局修建的道路越来越多，公路税收入也水涨船高。例如，1900 年收取的公路税达到 25.66 万卢布，1905 年头 10 个月就达到 20.01 万卢布。[②] 但是除了莫斯科省和图拉省以外，获得政府转交道路管理权和相应补助的各省都没有能力将剩余资金用于新建道路。

五　道路资金的设置及其影响

在地方自治改革之前，俄国修建道路的资金一部分是来源于设立于 1817 年的专门税（每人 25 戈比），另一部分是利用一些地方资金。而道路的改造完全依靠居民的实物税。为了更快地修筑公路，19 世纪 40 年代一些信贷机构发放了贷款，而还款时 1/5 的支出由政府负责，2/5 依靠征收“辅助性地方税”，剩下的 2/5 则由道路经过的省份负责。从 1853 年起，“辅助性地方税”被废除，取而代之的是“国家性地方税”。因此，在 19 世纪四五十年代，修建道路的工作进展很快。但是从 1864 年开始，道路修建的速度慢了下来。这主要是因为交通和公共事务管理总局认为，“在现有条件下，重新将支出交由政府负责是不利的”，“延伸道路的任务应该交给地方自治机构和地方资金”，但是后者并没有向道路建设投入太多资金。

① Б. Б. Веселовский，История земства за сорок лет，Т. 2［М］，С. 662－663.

② Б. Б. Веселовский，История земства за сорок лет，Т. 2［М］，С. 664.

（一）道路资金的设置

道路资金（дорожный капитал）设置的法律依据为1895年6月1日颁布的法律——《专项道路资金条例》。这项法律是在当时的财政部部长C. Ю. 维特的推动下实施的。维特在提交给国务委员会的报告中写道："在缓解农业危机和推动它未来复兴的种种措施中，改善陆路交通毫无疑问是其中的一个重要方面。"但同时他还指出，无论是对于修建还是修缮道路，地方自治局的投入都不够。因此他建议，取消地方自治局的某些"必须性"支出，将节省下来的资金用于建设通往火车道和火车站的专用路线。

在后来的法律中，维特的建议被修改成了这样：各地方自治局被免除了两种"必须性"支出，一是对民事司法机构和农民事务机构的支出（对监狱的支出除外），1895年为588.4万卢布；二是对省级统计委员会的支出，1895年为6.05万卢布。[①] 这两项支出合计594.45万卢布，转由国库来提供。1895年省县两级地方自治局对上述两项支出的拨款组成每年用作道路资金的扣款。这样，道路资金就设置起来了，原先地方自治局用于民事司法机构、农民事务机构和省级统计委员会的资金成为建设道路的专项资金。而且按照法律规定，道路资金由省级地方自治局管理，后者有权决定，从每个县征收的用作道路资金的款项是等于各县地方自治局用于民事司法机构的资金，还是根据征收的地方自治税（也就是道路税）来判断。

为了设置道路资金，各省级地方自治局需要从每个县征收与它们在1895年向民事司法机构拨款相等的资金。在大多数县份，用作道路资金的扣款为1万~1.5万卢布，最低为1800卢布，最高达5.8万卢布。而各省级地方自治局拿出来的资金大多在5000~1万卢布（17个省），也有10个省在3万~4万卢布。[②]

（二）道路资金的运作模式

法律在道路资金的分配上赋予省级地方自治局广泛的权限，它们可以

① Б. Б. Веселовский, История земства за сорок лет, Т. 2 [M], С. 666.

② Б. Б. Веселовский, История земства за сорок лет, Т. 2 [M], С. 667－668.

决定由自己花掉全部的道路资金还是交给各县级地方自治局支配。但是将道路资金交给各县级地方自治局是有条件的，各县级地方自治局只能将这些资金用于特定的建设，而且要提前制定建设道路的规划，并提前做好技术性的计算。除此之外，县级地方自治局还必须向省级地方自治局报告上述资金的支出情况。

由于道路资金的存在，各省之前的道路建设模式受到挑战，各省开始以道路资金为基础，按照新的模式建设道路。对于道路资金的管理，各省形成了三种模式：省级管理模式、县级管理模式和混合管理模式。到 1910 年，有 5 个省份（沃罗涅日、莫斯科、比尔姆、奔萨和雅罗斯拉夫尔）的道路资金完全集中在省级地方自治局手中，无论是技术方面还是经济方面都由后者来管理。有 10 个省份（比萨拉比亚、弗拉基米尔、维亚特卡、科斯特罗马、诺夫哥罗德、萨拉托夫、斯摩棱斯克、波尔塔瓦、赫尔松和奥洛涅茨）的道路资金完全由县级地方自治局管理，其中有 4 个省份（1898 年之前的赫尔松、1901 年之前的波尔塔瓦、1904 年之前的奥洛涅茨、1908 年之前的萨拉托夫）曾经由省级地方自治局管理，后来转归各县。其余的 19 个省份实行的是混合管理模式，由县级地方自治局负责技术方面，由省级地方自治局负责经济方面。①

那些支持省级管理模式的人认为，省级地方自治局能更好地制定全面的工作规划，无论是技术方面还是经济方面都是如此。雅罗斯拉夫尔省实行的就是道路资金的省级管理模式。根据雅罗斯拉夫尔省地方自治会议 1901 年 12 月 5 日的决议，该省道路资金的分配方式如下：3/4 交给省地方自治局建设具有全省意义的道路，剩下的 1/4 交给各县地方自治局。而且，各县为道路资金上交的资金越多，对县内重要道路的投入越多，能得到的道路资金就越多。但是各县要想得到道路资金，必须进行申请。在 20 世纪初，罗斯托夫县地方自治局在共同出资进行道路建设的问题上与雅罗斯拉夫尔省地方自治局展开了积极的合作。1900 年 12 月 15 日，省地方自治会议正式同意使用省级道路资金与罗斯托夫县地方自治局共同建设鲍列索格

① Б. Б. Веселовский, История земства за сорок лет, Т. 2 ［М］, С. 670.

列博第一大桥，双方各自承担一半的建设费用，分别支出 1750 卢布。[①] 但在另一种情况下，罗斯托夫县则没有得到省里的资助。1910 年，罗斯托夫县与相邻的弗拉基米尔省尤里耶夫县共同建设一座跨省大桥，共需投资 4800 卢布。在弗拉基米尔省，各县修建道路和桥梁都可以使用省级道路资金，于是罗斯托夫县地方自治局也向雅罗斯拉夫尔省地方自治局申请，建设这座桥也用本省的省级道路资金。但是省地方自治会议认为，这座桥的修建应该用属于罗斯托夫县地方自治局的那部分省级道路资金。[②] 根据省地方自治会议 1908 年的决议，从 1909 年开始实行新的省级道路资金出资办法。这是因为，建设省级公路的工作基本上已经完成，县级地方自治局获得了乡道的建设权，但是这项建设只有在获得县级和省级地方自治局的许可之后才能进行。省里为各县地方自治局提供的资金像之前一样，与它们上交省级道路资金的资金成正比。从 1909 年至 1911 年，罗斯托夫县地方自治局获得的道路资金一共有 15407 卢布。[③]

萨马拉省实行的是道路资金的混合管理模式，即省地方自治局向各县提供道路资金和技术人员，各县利用这些资金和技术人员进行具体的道路建设。道路资金法律实施之后，萨马拉省南部的尼古拉耶夫斯克县和新乌津斯克县的道路建设状况迅速改变，在利用省级道路资金方面，这两个县迅速地赶上了其他各县，仅次于萨马拉县。

省级和县级管理模式都有各自的优点和缺点。前者的优点是能使一个省内的道路建设更有计划性，容易将各地协调起来；缺点是将资金集中到一起并不能节约，反而造成分配不公和浪费。后者的优点是县级地方自治局对当地环境比较了解，可以调动地方的积极性，有助于修路工作的开展；缺点是可能造成各自为政的局面，给相互之间的合作带来不便。相对而言，

① К. А. Степанов，Деятельность Ростовского земсва Ярославской губернии во второй половине XIX-начала XX вв. ［M］，С. 247.

② К. А. Степанов，Деятельность Ростовского земсва Ярославской губернии во второй половине XIX-начала XX вв. ［M］，С. 248.

③ К. А. Степанов，Деятельность Ростовского земсва Ярославской губернии во второй половине XIX-начала XX вв. ［M］，С. 255.

混合管理模式更有利于道路建设的进行，因为它使省县两级地方自治局协作起来，既能保持一省的统一，又能实现各县的协调。如果省级地方自治局将制订工作计划、聘请技术人员、监督资金的使用作为自己的任务，而县级地方自治局在省级地方自治局制定的框架内和当地的环境下展开具体工作，那么这种模式就堪称完美了。

（三）道路资金产生的影响

道路资金的设置对于道路建设产生了巨大的推动作用。在此之前，大多数省份缺乏技术人员组织，也没有工作计划，对它们而言，修路只是一种负担，一项“义务”。自从有了道路资金，各地的道路建设就有了基本的资金保障，各地开始有计划、有步骤地进行道路的建设。具体来看，它的作用包括以下几点。

（1）道路的建设有了技术保障。由于法律规定道路资金由省级地方自治局决定其支出，所以很多省份就利用它聘请了一些技术人员，包括工程师、技工、工长等。在 19 世纪 90 年代中期之前，担任地方自治职务的技术人员（технический персонал）非常少，有的省根本没有，有的省只有一两名，各省总数不超过 70 名。随着 1895 年 6 月 1 日法律的实行，地方自治局开始组建自己的技术人员队伍。到 1910 年，各地已经拥有 386 名工程师和技工，还有大约 150 名工长。[①] 在萨马拉省，地方自治局一共聘请了 7 名工程师和工长，由他们负责在各县组织道路建设。[②]

技工的分布也有自己的特点。在全部的 359 个县里，有 227 个县拥有 1 名技工，有 8 个县拥有 2 名技工（都在叶卡捷琳诺斯拉夫省），有 6 个县有 3 名技工（都在赫尔松省），而在其他 118 个县连 1 名技工也没有。还有一些省份设置了地区性技工，如沃罗格达省的 4 名技工负责 10 个县，奥洛涅茨省的 5 名技工负责 7 个县，等等。这样的省份有 10 个。另外，直接由省

① Б. Б. Веселовский，История земства за сорок лет，Т. 2 ［М］，С. 671.

② П. С. Кабытов，Самарское земство：опыт практической деятельности（1865 – 1918 гг.）［М］，С. 187.

级地方自治局管理的有70名技工，平均每个省有2名。[①] 这些人才在各省的道路建设中发挥着不可替代的作用。技术人员逐渐增多以后，一些省级地方自治局设立了道路修建人员的集体性组织——道路委员会，用于加强对道路建设的监管，但是到1910年，这样的机构只有16个。[②] 而且，只有特维尔、坦波夫和赫尔松地方自治局举办过道路建设人员的代表大会，全国性的代表大会则没有举办。

除此之外，随着道路建设的日渐展开，人才不足的问题越发显现，于是一些地方自治局提出开办工长学校。直到1901年，萨拉托夫省地方自治局才开设了一所工长学校，奔萨、乌法等省在该校设立了奖学金。但是这样一所学校并不能满足日益增长的需要。

总的来看，地方自治局的技术人员队伍处在比较弱小的阶段。与地方自治局的医生、兽医学人员、农艺师等相比，它还处于比较落后的状态。

（2）道路建设进程大大加快。20世纪初，布古鲁斯兰县利用萨马拉省地方自治局提供的资金，在全县兴建了8座大桥和1处堤坝，一共耗资75110卢布。[③] 从1896年至1901年，各地利用道路资金修建了2127.54俄里的石头路面道路。其中修建道路较多的省份有：维亚特卡（170.0俄里）、莫斯科（201.2俄里）、圣彼得堡（222.9俄里）、塔夫里奇（108.3俄里）和乌法（350.0俄里）。[④]

（3）特定道路建设速度加快。这里的“特定道路”，一个指的是专用道路，另一个是乡道。道路资金的存在，使得地方自治局有能力建设重要的交通线路，改善地方上的交通条件。

道路资金设置之初，地方自治局就比较重视建设“专线”，即通往火车道或者火车站的道路。火车站是人流、物流的运输和集散中心，建设通往火车站的道路对改善当地的交通环境具有重要意义。1910年秋天，罗斯托

① Б. Б. Веселовский, История земства за сорок лет, Т. 2 ［М］, С. 671.

② Б. Б. Веселовский, История земства за сорок лет, Т. 2 ［М］, С. 673.

③ П. С. Кабытов, Самарское земство: опыт практической деятельности（1865 – 1918 гг.）［М］, С. 187.

④ Б. Б. Веселовский, История земства за сорок лет, Т. 2 ［М］, С. 665.

夫县地方自治机构同意了雅罗斯拉夫尔省地方自治局的建议，决定拿出更多的资金用于建设通往火车站的专用道路，因此1911年雅罗斯拉夫尔省地方自治局从道路资金中向罗斯托夫县拨款6071卢布。从1909年至1910年，雅罗斯拉夫尔省向各县地方自治局提供的道路资金有142000卢布，其中用于建设通往火车站的专用道路花费了21000卢布，占总额的14.79%。①

在道路资金设置之前，乡道的情况非常糟糕，基本上处于无人监管的状态。直到20世纪初，地方自治局还没有为此投入任何资金，而是完全将乡道的建设交给过路者，也就是地方上的地主和农村公社。它们的原则是：谁过路谁修路。1902～1903年成立的农业需求委员会指出，必须将所有的道路交给地方自治局管理。1903年专门会议也研究了调整地方交通的问题，与会者支持由地方自治机构监管农村地区的所有道路。与此同时，他们还建议，让地方自治局征收额外的专项税收，用于地方上的道路建设。这项建议得到了地方自治局的响应，于是它们开始建设农村乡道。1906年，罗斯托夫县地方自治局将乡道和桥梁的建设专门列为预算的一章，当年它向雅罗斯拉夫尔省地方自治局上交了8890卢布的资金，用于设置道路资金，这些资金可用来建设罗斯托夫县境内的公路和其他道路。从1909年至1910年，雅罗斯拉夫尔省用于建设乡道的道路资金达32000卢布，占全部道路资金的22.53%。②

（4）道路建设更有制度性。在道路资金设置之前，由于省级地方自治局没有或者很少有技术人员，所以其通过各县级地方自治局以承包的方式进行道路建设，而后者可能再将这项任务转给别的承包商。但是由于没有统一的制度，这样做的效果并不好。1874年，维亚特卡省地方自治局承认："道路的状况，即使不是比地方自治改革之前更差，也没有什么改善。"维亚特卡省地方自治局认为，主要的原因是"缺乏一定的工作管理制度，每

① К. А. Степанов，Деятельность Ростовского земсва Ярославской губернии во второй половине XIX-начала XX вв. ［M］，С. 255－256.

② К. А. Степанов，Деятельность Ростовского земсва Ярославской губернии во второй половине XIX-начала XX вв. ［M］，С. 255－256.

个县都根据自己的需要各行其是”。[①] 在道路资金设置之后，各县开始对当地的交通条件进行实地调查，然后在省级地方自治局的约束下，制定本县的道路发展规划。其中的突出实例是罗斯托夫县地方自治局。在道路建设之前，罗斯托夫县地方自治局调查了当地民众的出行意愿，决定哪里运输量最大，哪里建设的道路也将最多。因此，罗斯托夫县地方自治局将道路分为三个等级：一昼夜有 200 辆以上马拉的载货大车经过的道路被列为一等路，有 150～200 辆大车经过的是二等路，有 100～150 辆大车经过的是三等路。相应的，地方自治局对这些道路的资金投入的比重也有差别：一等路占 55%，二等路占 30%，三等路占 15%。[②]

（四）19 世纪 90 年代后半期的道路资金

1895 年 6 月 1 日《专项道路资金条例》实施的时候正赶上地方自治局学校和医疗建设的增长期和民众文化水平的提高时期。地方自治局不能不考虑到，在它们面前还存在着比修路更重要的事情。因此，一些地方自治局申请将道路资金用作别处，比如兴建学校和医院，以满足民众的物质和文化需求。这方面的例子比较多，如科斯特罗马省地方自治局就申请将 5.4 万卢布的资金用于国民教育。但是这些申请都被内务部否决了。内务部部长认为，地方自治局首先应该制定出完善交通状况的规划，编制出相应的预算，只有在确定当地的交通状况已经相当令人满意而且暂时停止建设也不会对当地民众造成损害的情况下，才能将道路资金用作其他用途。

由于地方自治局挪用道路资金的申请没有获得同意，它们就采取间接的手段，那就是缩减对交通建设的支出。从 1895 年到 1899 年，地方自治局在道路建设上的支出从 389.3 万卢布减少到 326.47 万卢布，在总预算中的比重从 5.9% 缩减到 4.4%；到 1902 年道路建设支出虽然略微上涨至 371.26 万卢布，但是在总预算中的比重已下降至 3.6%。[③]

① Б. Б. Веселовский, История земства за сорок лет, Т. 2 [М], С. 655.

② К. А. Степанов, Деятельность Ростовского земсва Ярославской губернии во второй половине XIX-начала XX вв. [М], С. 257.

③ Б. Б. Веселовский, История земства за сорок лет, Т. 2 [М], С. 656, 674.

我们无法因为地方自治局在这一时期相对减少了对道路建设的支出，就认为它们不应该这样做。在当时的背景下，教育和医疗比修建道路更为急迫、更为重要。所以，地方自治局没有将有限的资金都集中于道路建设，这是它们的功绩，应该值得肯定。

尽管如此，当时的绝大部分道路资金并没有用完。这里主要有三点原因。一是开始的时候地方自治局忙于制定道路建设规划；二是地方自治局的主要精力放在了其他领域；三是一些地方自治局拒绝向道路建设投入太多资金，进行大规模的建设。为了减轻地方自治局在道路建设领域的负担，政府在1899年2月8日出台了一项法律，使地方自治局有权利获得贷款以改善道路状况，并利用道路资金来偿还这些贷款。但是针对贷款也有相应的规定：贷款利息不超过每年3.8%，而且最高贷款额是有限度的，必须使贷款后每年的还款额不能超过最近3年用作道路资金的平均扣款的70%。[①] 这项政策有助于地方自治局道路建设的进行。

六　地方自治局与铁路建设

除了公路、乡道、桥梁等交通基础设施以外，各地方自治局还在不同程度上参与铁路的建设。铁路修建是一项有利的事情，它不仅为经济活动提供新的基础设施，还能使各县得到改善交通的优惠补助。萨马拉至兹拉托乌斯特的铁路从19世纪70年代开始修建，布古鲁斯兰和布古利明斯克两县的地方自治局都申请铁路经过本县境内。1880年又开始建设萨马拉至乌法的铁路。伏尔加河流域商品小麦的生产在很大程度上就得益于伏尔加河流域各省的铁路网建设。它促进了俄国国内市场商品的流通，加强了边境地区与工业省份和海港的经济联系。在欧俄地区中部省份，地方自治局积极地维护希望能够建设铁路的本国和外国企业主的利益，直接参与设立铁路股份公司，并投入巨额资金。在发展运输业的同时，这些省份的地方自治局将闲散资金投资于铁路公司的有价证券，获得了大量利润。

① Б. Б. Веселовский, История земства за сорок лет, Т. 2 [М], С. 679.

在推动建设铁路方面最为努力的是奥洛涅茨省地方自治局。在 19 世纪末 20 世纪初，尽管奥洛涅茨距离圣彼得堡仅有几百俄里，但是那里的交通条件还停留在 18 世纪。奥洛涅茨省与圣彼得堡之间有一条大道，但是由于春、秋两季道路泥泞，冬季积雪封路，所以这条大道一年中有很多时候难以通行。传统上该省去往圣彼得堡的主要路线是奥涅加湖—斯维尔河—拉多加湖—涅瓦河水路，但无论是旱路还是水路，都受到季节性因素的影响。由于缺乏真正的运输通道，奥洛涅茨省的丰富资源没有得到有效的开发和利用，所以交通条件的落后是阻碍当地经济社会发展的巨大障碍。

早在 1873 年，奥洛涅茨省地方自治局就在讨论建设铁路的问题。它采取积极行动，向政府证明在其境内修建铁路的必要性。地方自治局希望通过修建一条铁路大动脉，促进本省社会经济和文化的发展，并加强与俄国其他地区的联系，而且在边境地区修建铁路也具有重要的政治战略意义。其选择的就是从圣彼得堡到摩尔曼斯克的铁路线。摩尔曼斯克是位于北冰洋沿岸的一个不冻港，修建从圣彼得堡到摩尔曼斯克的铁路可以为俄国开辟另一条通往海洋的道路。

19 世纪 90 年代，奥洛涅茨省地方自治局在俄国经济迅速发展的背景下，提出修建铁路的问题。但是财政部回应道，没有资金建设这条铁路。后来在弗拉基米尔大公的帮助下，政府同意先修筑从圣彼得堡到彼得罗扎沃茨克的铁路，这是到摩尔曼斯克的铁路的一部分。从 1903 年起，奥洛涅茨省地方自治局从预算中拿出 1.5 万卢布用于铁路建设调查和沿线社会经济调查，并汇总各种数据。为此地方自治局建立了一个专门委员会，邀请农业、贸易、交通、国有财产和统计等各个部门的专家协同工作。①

由于无法利用更多的政府资金进行铁路建设，奥洛涅茨省地方自治局在 1909 年申请使用私人资本修建从圣彼得堡到彼得罗扎沃茨克的铁路，并设立了奥洛涅茨铁路股份公司。1914 年秋，政府终于决定从彼得罗扎沃茨

① А. А. Голубев, Вклад Олонецкого земства в сооружение Мурманской железнодорожной магистрали [J], Известия Российского государственного педагогического университета им. А. И. Герцена, 2011 г., № 143, С. 17.

克到摩尔曼斯克的铁路由政府出资修建，并为此拨款 1800 万卢布，从 1915 年开始建设。[①]

在解决铁路建设的具体问题上，奥洛涅茨省地方自治局发挥了巨大的作用。根据与摩尔曼斯克铁路管理局的谈判条件，地方自治机构的任务是收集铁路经过地区的土地信息，并对应该划归国有的土地进行估价；与土地所有者提前签订土地购买协议，协助土地划归国有和将其转交给铁路公司的相关事宜。为此，奥洛涅茨省地方自治局成立了一个专门委员会，对当地民众做了大量的工作，劝说他们让出没有收益的土地用于铁路建设。

铁路建设所需的大部分原料从俄国其他省份运来，甚至从国外购进。地方自治机构协调物资从陆路和水路运输过来。地方自治局又从道路资金中额外拨款，用于相应道路的修缮。

在建设铁路期间，一个最重要的问题就是运输。为了运输物资，奥洛涅茨省动员了全省所有的运输能力，但是仍然不足以保障建设需求。为了解决这一问题，省地方自治局希望调动当地民众的积极性。如果有人能够以地方自治局的价格额外运送铁路物资，地方自治局就减少其赋税，这种方式增加了货运量，提高了物资运往建设工地的速度。

为了将工人送到项目建设地点，罗杰伊诺波尔、奥洛涅茨、彼得罗扎沃茨克等县地方自治局成立了专门的小组，每 7 个人分拨一辆大车，用于运输辎重和旅途劳累者，并设立了一些站点用于发放热饭。地方自治机构为了给工人们找到宿营地，派遣一批职员进行空房统计，并安排施工人员入住农户家里。在地方自治局的监督下，铁路公司与房屋主人按照商定的价格签订了租赁协议。初看起来这项工作并不重要，但是为施工队伍建造营地和房屋争取了时间。

另外，地方自治局在民众中间做了大量的解释和组织工作，营造了支持铁路建设的社会舆论。这一切都有利于铁路建设的顺利进行。

---

① А. А. Голубев, Вклад Олонецкого земства в сооружение Мурманской железнодорожной магистрали [J], Известия Российского государственного педагогического университета им. А. И. Герцена, 2011 г., № 143, С. 19.

七 地方自治局的道路建设支出

在1895年6月1日的法律实施之前，地方自治局在道路建设领域的支出并不多，每年只有二三百万卢布，而且这项支出在地方自治局总预算中的比重一开始还相对较大，但是一直在减小。这种趋势一直持续到20世纪初，具体情况如表4－9所示。

表4－9 1871～1902年地方自治局的道路建设支出及占总预算的比重

单位：千卢布，%

年份	道路建设支出	占总预算的比重
1871	1904.3	9.5
1875	2706.3	9.5
1880	2618.8	7.5
1885	2771.9	6.4
1890	3270.9	6.9
1895	3893.0	5.9
1900	3843.0	4.3
1902	3716.2	3.6

资料来源：Б. Б. Веселовский, История земства за сорок лет, Т. 2 [M], С. 658, 676; Земское самоуправление в России, 1864－1918, Т. 2, под отв. ред. Н. Г. Королёвы [M], С. 118, 120－121。

由于道路建设是地方自治局的必须性义务，所以初期的地方自治局不得不拿出大约10%的支出用于道路建设。但随着教育和医疗等领域的支出不断增长，道路建设的重要性日渐降低，所以地方自治局的道路建设支出增长缓慢，而且比重一直在下降。从表4－9可以看出，在1895年6月1日的法律通过之后，地方自治局的道路建设支出占总预算的比重下降得更加迅速，这是因为地方自治局都想摆脱这种道路建设义务，让专门的道路资金负担该领域的支出，然后将更多的资金投入医疗和教育领域。

但是从20世纪初开始，地方自治局的道路建设支出又开始逐渐增长，而且增速越来越快，这项支出在预算中的比重也越来越高，具体情况如表4－11所示。

表4－10　19世纪末20世纪初各省份地方自治局的道路建设支出

单位：千卢布

省份＼年份	1894	1901	1913
比萨拉比亚	17	16.4	1031
弗拉基米尔	133.1	96.7	323
沃罗格达	61.7	119.6	570
沃罗涅日	97.3	84.2	715
维亚特卡	109.9	127.3	663
叶卡捷琳诺斯拉夫	98.9	141.5	588
喀山	62.4	66.9	248
卡卢加	91.2	118.1	285
科斯特罗马	74.9	103	488
库尔斯克	243.9	55.3	518
莫斯科	316	385.3	884
下诺夫哥罗德	71.9	69.9	405
诺夫哥罗德	85.5	268.2	592
奥洛涅茨	28.6	96.7	288
奥廖尔	46.6	33.7	297
奔萨	38.1	40.3	244
比尔姆	170.1	229.7	678
波尔塔瓦	420.5	185	495
普斯科夫	76	49.6	314
梁赞	189.1	208.2	501
萨马拉	50.9	36.7	232
圣彼得堡	91.9	208.5	799
萨拉托夫	39.7	18.5	250
辛比尔斯克	66.1	53.3	203
斯摩棱斯克	26.7	32.7	408
塔夫里奇	89.3	74.3	450
坦波夫	112.5	116.4	374
特维尔	73.5	71.1	528
图拉	41.4	33.3	433
乌法	55.7	50.4	343
哈尔科夫	169.7	308.1	557

续表

省份＼年份	1894	1901	1913
赫尔松	220. 4	244. 9	550
切尔尼戈夫	83. 2	28. 3	771
雅罗斯拉夫尔	58. 4	98. 6	373
总计	3612. 5	3801. 3	16398
占总预算的比重	6. 1%	4. 2%	6. 46%

资料来源：Б. Б. Веселовский, История земства за сорок лет, Т. 2 [M], С. 658, 676; Земское самоуправление в России, 1864 – 1918, Т. 2, под отв. ред. Н. Г. Королёвы [M], С. 118, 120 – 121。

从表 4 – 10 可以看出，从 1894 年到 1901 年地方自治局的道路建设支出增长微乎其微（甚至到 1902 年也是如此），而从 1901 年至 1913 年则增长了 3. 3 倍，年增长率达到 13%（1902 年的道路建设支出为 371. 62 万卢布，比 1901 年还要少，从 1902 年到 1913 年，年均增长率则达到 14. 4%），在总预算中的比重也回升到 6. 46% 的水平。这说明，进入 20 世纪后，地方自治局比以前更加重视道路的建设。

1913 年非常突出的一个现象是，有些省份的投入增长了十几倍甚至几十倍。而且增速极快的往往是一些之前对道路建设不太重视的省份，如比萨拉比亚、沃罗涅日、切尔尼戈夫、斯摩棱斯克、萨拉托夫等省。而之前道路建设颇有成效的莫斯科、波尔塔瓦、比尔姆、叶卡捷琳诺斯拉夫、赫尔松、坦波夫、圣彼得堡等省则增长缓慢。不少省份不仅增长速度被后起之秀超过，甚至在拨款总额上也处于下风。

这种不均衡的增长导致的结果是，各省在道路建设领域的投入趋于均衡。1894 年道路建设支出最多的波尔塔瓦省是道路建设支出最少的比萨拉比亚省的 24. 7 倍。1901 年比萨拉比亚省仍然排名垫底，道路建设支出最多的莫斯科省是它的 23. 5 倍。而到了 1913 年，比萨拉比亚省一跃成为道路建设支出最多的省份，但只是道路建设支出最少的辛比尔斯克省的 5 倍左右。这种差距的缩小表明各省之间在道路建设方面的差距在缩小。1894 年，道路建设支出在 10 万卢布以上的有 10 个省，在 5 万 ~ 10 万卢布的有 17 个省，在 5 万卢布以下的有 7 个省。1901 年，道路建设支出在 10 万卢布以上的有

14 个省，在 5 万～10 万卢布的有 11 个省，在 5 万卢布以下的有 9 个省。而在 1913 年，道路建设支出在 60 万卢布以上的有 7 个省，在 30 万～60 万卢布的有 19 个省，在 30 万卢布以下的有 8 个省。各省实际上是在向中间靠拢，这种趋势也表明，各省之间的道路建设趋于均衡化，而不是两极化。

第四节　地方自治机构在防火保险、通信和社会救济领域的活动

一　地方自治机构在防火保险领域的活动

在 19 世纪下半期，防火也是地方自治机构的一项重要活动，各地方自治局采取一系列措施来防止火灾的发生、减少火灾带来的损失，其中最重要的措施就是开展防火保险业务。

俄国是一个火灾频发的国家，特别是在农村地区，火灾是一种常见的灾害。表 4－11 反映了部分省份的火灾发生频率。

表 4－11　19 世纪下半期部分省份的火灾发生频率

时间	时间	平均每 1000 所房屋每年发生火灾的数量
莫斯科	1865～1890 年	22.32
圣彼得堡	1879～1898 年	7.20
普斯科夫	1890～1899 年	7.00
诺夫哥罗德	1883～1902 年	6.70
波尔塔瓦	1871～1896 年	4.21
奥洛涅茨	1868～1902 年	3.25
赫尔松	1867～1895 年	2.39
梁赞	1897～1905 年	29.70
萨拉托夫	1872～1901 年	23.30
弗拉基米尔	1876～1894 年	20.12
特维尔	1869～1898 年	16.70
斯摩棱斯克	1868～1897 年	14.90
雅罗斯拉夫尔	1890～1899 年	5.00

资料来源：Б. Б. Веселовский，История земства за сорок лет，Т. 2［M］，С. 533。

当然，由于受到自然环境、经济生产方式等因素的影响，各省的火灾发生频率并不一样，甚至同一个省内不同的县也有很大的差别。但总的来讲，俄国的农村地区比较容易发生火灾。这主要是因为，俄国农民的房屋多为木质结构，房顶上多覆盖着秸秆或者薄木板，甚至庭院中也经常堆放一些木材等易燃物。1881 年，萨马拉省的 30 万间民房中有 26.6 万间是木制房屋，有 21.5 万间由秸秆覆盖房顶，还有 8.5 万间是用薄木板作为房顶，只有 582 间房屋是由铁皮覆盖。①

在火灾经常发生的情况下，地方自治局就面临着两项任务。其一，必须为遭受火灾的农户提供补偿。地方自治局发展防火保险，就是想弥补此类灾害给农户造成的损失。其二，地方自治局要采取各种措施开展防火工作。本书主要介绍地方自治机构在防火保险领域的工作。

1864 年 4 月 7 日，沙皇政府颁布了一项法律，规定要为居民的房屋提供防火保险，这种保险分为强制性保险和自愿性保险两种形式。而且，“农村的所有建筑，无论是私人房屋还是公共建筑，都必须实施强制性保险”。于是，强制性保险便成为各地的主要保险形式。

20 世纪初期，农民的房屋能够较容易地得到保险的是新俄罗斯地区和小俄罗斯地区省份，其次是弗拉基米尔省、下诺夫哥罗德省、库尔斯克省、梁赞省和特维尔省。这些省份最为发达的是高额价格保险，这也是这些省份平均投保额比较高的原因。房屋保险工作开展的最差的是中部黑土区地带，特别是奔萨省、辛比尔斯克省和图拉省，还有东部省份——萨马拉省、喀山省、乌法省、比尔姆省和维亚特卡省。但是从增长速度来看，增长最快的是中部工业区的省份，其次是新俄罗斯地区和小俄罗斯地区省份。而在中部黑土区和东部省份，相当长的一段时间里基本上没有什么变化。

不过需要指出的是，1864 年 4 月 7 日的法律只是规定，每一种情况的投保额不能超过估价的 2/3，准确数字应该由地方自治局自行决定。但是由于地方自治局的估价还要经过乡公所来确定，所以这种限定并没有实际意

---

① П. С. Кабытов, Самарское земство: опыт практической деятельности (1865 – 1918 гг.) [M], C. 154.

义。只有建设地方自治局保险代理处，才有可能精确地对房屋价值进行估价。1901 年 12 月 25 日的法律废除了投保额不能超过 2/3 的限定，于是许多地方自治局就提升了投保额，大部分地方自治局将投保额提升为不超过房屋估价的3/4。但是，随着时间的推移，房屋的估价越来越高。在萨马拉省，1867 年，农民的一个庭院估价 24 卢布，1890 年为 53 卢布，1913 年达到 99 卢布。当然，房屋估价越高，所缴纳的保险费也就越多，而一旦发生火灾，所得的赔付也就越多。例如，1892 年萨马拉省为遭受火灾的农户平均每户支付 57.3 卢布，而全国平均水平是 23 卢布。[①] 这样看来，保险费虽然较高，但是对于农民来说是比较有利的。

保险费的高低首先取决于客观自然因素，但这对于同一地区来说是相同的。第二个影响因素是保险政策。在保险业落后的地区，费用会更高。第三个影响因素是投保额的标准。投保额的标准提高了，保险费占投保额的比重会降低。

1871 年、1890 年和 1903 年各省份强制性保险的保险费占投保额的比重如表 4－12 所示。

表 4－12　1871 年和 1890 年、1903 年各省份强制性保险的保险费占投保额的比重

单位：%

省份＼年份	1871	1890	1903	省份＼年份	1871	1890	1903
比萨拉比亚	0.82	0.19	0.15	普斯科夫	1.21	1.29	—
弗拉基米尔	1.58	1.97	1.58	梁赞	1.42	2.15	1.42
沃罗格达	0.98	0.87	0.50	萨马拉	1.88	2.75	1.78
沃罗涅日	1.32	1.8	1.52	圣彼得堡	1.15	1.11	—
维亚特卡	1.07	1.38	1.10	萨拉托夫	2.02	2.06	1.50
叶卡捷琳诺斯拉夫	0.49	0.38	0.53	辛比尔斯克	1.81	2.68	2.24
喀山	2.04	2.88	2.03	斯摩棱斯克	1.2	0.92	1.21
卡卢加	2.07	1.91	—	塔夫里奇	0.30	0.38	0.37

① П. С. Кабытов，Самарское земство：опыт практической деятельности（1865－1918 гг.）[М]，С. 154.

续表

省份＼年份	1871	1890	1903	省份＼年份	1871	1890	1903
科斯特罗马	1.50	1.54	1.67	坦波夫	1.85	1.47	—
库尔斯克	2.14	2.16	1.25	特维尔	1.02	1.22	1.23
莫斯科	1.48	1.36	1.34	图拉	2.05	2.10	2.14
下诺夫哥罗德	2.73	2.46	1.85	乌法	1.99	2.16	1.86
诺夫哥罗德	1.06	1.16	1.08	哈尔科夫	1.52	0.99	0.65
奥洛涅茨	1.00	1.00	1.00	赫尔松	0.61	0.22	0.35
奥廖尔	1.70	2.10	1.98	切尔尼戈夫	1.29	1.04	0.90
奔萨	3.42	3.42	3.42	雅罗斯拉夫尔	1.14	1.12	1.11
比尔姆	0.99	0.61	0.78	平均	1.52	1.26	1.15
波尔塔瓦	1.01	0.73	0.69				

资料来源：Б. Б. Веселовский，История земства за сорок лет，Т. 2［М］，С. 536。

从表 4－12 中可以看出，从 1871 年至 1903 年，强制性保险的保险费在投保额中的平均比重一直在减小，从 1.52% 降低到 1.15%。

那么农户到底要为强制性保险缴纳多少保险费呢？1871 年和 1903 年参与强制性保险的农户对 1 座房屋要缴纳的费用如表 4－13 所示。

表 4－13　1871 年和 1903 年参与强制性保险的农户对 1 座房屋要缴纳的费用

单位：戈比

省份＼年份	1871	1903	省份＼年份	1871	1903
比萨拉比亚	15.1	11.2	波尔塔瓦	18.5	24.9
弗拉基米尔	33.1	130.6	普斯科夫	10.2	—
沃罗格达	22.1	21.5	梁赞	70.6	94
沃罗涅日	32.9	51.9	萨马拉	21.4	21
维亚特卡	5.8	13	圣彼得堡	21.1	—
叶卡捷琳诺斯拉夫	18.9	28.4	萨拉托夫	24.2	50.8
喀山	25.5	21.7	辛比尔斯克	15.2	26
卡卢加	39.6	—	斯摩棱斯克	13.4	52.7
科斯特罗马	32.1	74.5	塔夫里奇	14.1	15.6

续表

省份＼年份	1871	1903	省份＼年份	1871	1903
库尔斯克	35.6	104.4	坦波夫	38	—
莫斯科	46.4	44.9	特维尔	12	67.1
下诺夫哥罗德	75.6	132.6	图拉	27.2	39.4
诺夫哥罗德	29.3	43.8	乌法	47.4	81.8
奥洛涅茨	23.6	22.9	哈尔科夫	84.5	25.7
奥廖尔	15.4	—	赫尔松	8.5	18.3
奔萨	28.5	37.7	切尔尼戈夫	51.1	46.7
比尔姆	21.5	14.3	雅罗斯拉夫尔	39.8	53.2

资料来源：Б. Б. Веселовский，История земства за сорок лет，Т. 2 ［М］，С. 536。

从表 4－13 可以看出，1903 年有 3 个省份的农户对 1 座房屋要缴纳的费用超过 1 卢布（1 卢布＝100 戈比），而有些省份只有 11～15 戈比，只有前者的 1/10。保险费最高的是特殊价格保险发达的地区，如弗拉基米尔省、下诺夫哥罗德省、库尔斯克省、特维尔省，其次是保险费占投保额比重较高的地区，如奔萨省、图拉省等。

总的来看，到 1903 年，强制性保险（主要是针对农民）的投保总额已经达到 13 亿卢布左右，而在实行地方自治之前，国有农民和份地农民的投保总额不超过 1 亿卢布。[①] 实际上，农民为强制性保险缴纳的费用就是一种特殊的税。

自愿性保险的情况有所不同。应当指出，在 19 世纪 80 年代末期之前，地方自治局很少关注它，而且地方自治局的收费超过了保险赔付费用。在 80 年代，保险股份公司大幅度提高收费，地方自治局就想反其道而行之。它们开始保险与股份公司进行竞争，修改了自己的收费标准，然后急剧地提高了投保标准，并将其控制在手中。从此，自愿性保险获得了巨大的发展，但是这并不意味着可以高枕无忧。首先，各地方自治局对于各种自愿性保险的关注度不一样，一些地方自治局更关注庄园保险，另一些则关注

① Б. Б. Веселовский，История земства за сорок лет，Т. 2 ［М］，С. 453.

城市保险，而农村的保险则往往被忽视。而且即便是在城市中，地方自治局的业务在大多数情况下仍然没有获得应有的发展。其次，地方自治局盲目地跟随保险股份公司的收费标准，并没有说明自己在自愿性保险业务中的原则性观点。

尽管存在不少缺点，总的来看，自愿性保险在19世纪90年代以后仍然取得了巨大的进展。1870年，自愿性保险投保人数为26750人，1901年增加到229640人，投保总额从2354万卢布增加到36343万卢布，平均每笔投保额从888卢布增加到1143卢布。[①] 如果将强制性保险、自愿性保险与动产保险的投保额相加，则俄国20世纪初的投保总额超过20亿卢布，几乎相当于俄国一年的财政预算。萨马拉省地方自治局的保险业务开展的规模很大：1867年有25万农户投保，投保总额达到600万卢布，1890年增加到32.15万户、1700万卢布，1905年增加到39.7万户、2200万卢布。[②]

1876年自愿性保险的保险费占投保额的平均比重为1.36%，到1890年为1.12%，到1903年为0.82%。1876年、1890年和1903年各省份自愿性保险的保险费占投保额的比重如表4－14所示。

表4－14　1876年、1890年和1903年各省份自愿性保险的保险费占投保额的比重

单位：%

省份＼年份	1876	1890	1903	省份＼年份	1876	1890	1903
比萨拉比亚	—	0.46	0.21	普斯科夫	0.98	0.68	1.00
弗拉基米尔	1.38	1.36	0.96	梁赞	1.50	1.47	1.60
沃罗格达	1.43	1.11	0.81	萨马拉	1.63	2.26	0.87
沃罗涅日	0.66	0.92	0.72	圣彼得堡	0.86	0.87	0.91
维亚特卡	1.41	1.38	0.75	萨拉托夫	2.15	0.97	0.75
叶卡捷琳诺斯拉夫	1.23	0.76	0.58	辛比尔斯克	1.24	0.94	0.63
喀山	2.16	3.15	1.19	斯摩棱斯克	1.39	0.99	0.92

① Б. Б. Веселовский, История земства за сорок лет, Т. 2 [М], С. 453－454.

② П. С. Кабытов, Самарское земство: опыт практической деятельности (1865－1918 гг.) [М], С. 154.

续表

年份 省份	1876	1890	1903	年份 省份	1876	1890	1903
卡卢加	1.45	1.22	1.10	塔夫里奇	—	0.85	0.54
科斯特罗马	1.88	—	0.94	坦波夫	2.91	3.13	0.94
库尔斯克	1.75	0.81	0.72	特维尔	1.25	1.07	0.81
莫斯科	1.67	1.26	0.99	图拉	1.21	1.14	0.82
下诺夫哥罗德	0.76	1.41	1.09	乌法	—	—	0.98
诺夫哥罗德	1.28	1.02	0.94	哈尔科夫	1.32	0.98	0.78
奥洛涅茨	1.00	1.18	1.17	赫尔松	0.71	0.88	0.55
奥廖尔	2.52	1.59	1.08	切尔尼戈夫	1.49	1.52	0.79
奔萨	1.88	1.18	0.96	雅罗斯拉夫尔	2.10	1.37	0.73
比尔姆	0.68	0.61	0.66	平均	1.36	1.12	0.82
波尔塔瓦	0.50	0.77	0.57				

资料来源：Б. Б. Веселовский，История земства за сорок лет，Т. 2 ［М］，С. 593。

将自愿性保险和强制性保险的保险费占投保额的比重进行比较之后，我们可以发现，只有 6 个省（比萨拉比亚、沃罗格达、叶卡捷琳诺斯拉夫、塔夫里奇、赫尔松和哈尔科夫）的强制性保险的保险费占投保额的比重低于自愿性保险费占投保额的比重，而这些省份正是农民房屋发生火灾频率较低的地区。而在其他省份，强制性保险的保险费占投保额的比重要高于自愿性保险的保险费占投保额的比重，有些地区甚至出奇得高，例如在萨马拉省和萨拉托夫省，前者比后者高 1 倍，沃罗涅日省高 1.1 倍，辛比尔斯克省高 2.6 倍，图拉省高 1.6 倍，等等。这种差别的主要原因在于自愿性保险的发展方向不一致，以及收费制度的不完善等。

投保人缴纳的保险费总额在 1871 年为 540 万卢布，1876 年为 770 万卢布，1890 年为 1280 万卢布，1903 年接近 1950 万卢布。①

另外，对防火保险的发展产生重要影响的还有保险储备资金。1871 年，地方自治局的保险储备资金只有 426.3 万卢布，到 1903 年增加到 8417.8 万卢布，而且这种增长主要是从 19 世纪 90 年代开始的②，到 20 世纪初某些省

① Б. Б. Веселовский，История земства за сорок лет，Т. 2 ［М］，С. 454.

② Б. Б. Веселовский，История земства за сорок лет，Т. 2 ［М］，С. 457.

份的保险储备资金已经达到了异常庞大的规模。在初期的时候，保险储备资金能够为保险业务的开展提供资金保障，但是后来它越积越多，反而可能给防火保险带来不利影响。因为在正需要资金的时候，有很多地区已将保险储备资金用作其他用途。例如在萨马拉省，1906 年的保险储备资金中，资助给各县级地方自治局的有 16.3 万卢布，购买屋面铁皮用去了 5.95 万卢布，购买农具花了 28 万卢布，向私人贷款支出了 22.3 万卢布。[①] 换句话说，保险储备资金被用于其他地方自治事务。而对于保险本身，正如 Б. Б. 维谢洛夫斯基所说，“保险的稳定性不是靠大量的储备资金来保障的，而是靠对整项业务的合理组织来保障的”。[②]

二 地方自治机构在通信领域的活动

地方自治局在建设邮局方面的任务并不是必须性义务。地方自治会议首次提出邮政问题是因为政府准备将官营的驿站转交给地方自治局管理。诺夫哥罗德省和赫尔松省地方自治会议早在 1865 年就申请由地方自治局承担驿站和驿马的费用。后来，萨拉托夫、库尔斯克和梁赞等省份的地方自治会议也提出了类似的申请。1868 年，这一问题得到了解决，许多县份的地方自治局获得了驿站的管理权。诺夫哥罗德、萨拉托夫、辛比尔斯克、赫尔松等省份的地方自治局也开始承担起这项事务。1868 年，地方自治局为驿站和大车官差而支出 248.5 万卢布。

地方自治局申请将驿站的管理权交给自己的主要原因是，它将大车方面的事务都集中到手中，所以能够更加经济地管理驿站，这方面的费用比官营的更低，然后可以用节省下的资金来养马。而政府将驿站交给地方自治局之后，也能减轻不少的负担。

1869 年 9 月 19 日，沙皇政府批准了大臣委员会关于向所有的地方自治代理人收取邮费的决议。于是许多地方自治局提出开展邮政事务。1870 年，

① П. С. Кабытов, Самарское земство: опыт практической деятельности (1865 - 1918 гг.) [М], С. 156.

② Б. Б. Веселовский, История земства за сорок лет, Т. 2 [М], С. 643.

政府允许地方自治局设立邮局，以邮寄私人物品和其他信函，但是当时只有很少的地方自治局开始行动。1871年出台了设立地方自治邮局的新规定。地方自治邮局被看成政府邮局的补充，其活动范围仅限于那些不存在政府邮局的地方。而且相关规定并不禁止地方自治邮局拥有自己的邮票，但条件是这些邮票要与政府邮局的邮票没有任何设计上的共同之处。在这项规定出台之后，许多地方自治局开始组建自己的邮局，到1880年已经有129个县拥有此类邮局。政府对此采取了支持的态度，并不止一次地建议在更大范围内组建地方自治邮局。在19世纪八九十年代有114个县组建了地方自治邮局，到1901年，已经有243个县开展了邮局事务，占全部县份总数的2/3，各地方自治局在邮局事务上的拨款总额达到38.83万卢布。[①] 对邮局事务最为关注的是东部省份的地方自治局（比尔姆、萨马拉、维亚特卡、喀山、乌法），以及哈尔科夫、波尔塔瓦、库尔斯克 、坦波夫和叶卡捷琳诺斯拉夫。在萨马拉省，每个县都有4～5名邮递员和1名办事员。他们的年工资在1868年为90卢布，1878年为144卢布。[②]

地方自治邮局的邮费比政府的邮局便宜得多。如果在本县内邮寄普通信件，地方自治邮局通常收取2～5戈比，而官营的邮局则收取8～10戈比。如果是汇款，则按照比例来收取费用，但是各地的标准并不一样。例如，在彼得罗扎沃茨克县和普多日县，1卢布汇款收取0.5戈比的费用；在叶卡捷琳堡县，5卢布汇款则收取8戈比的费用。[③]

随着地方自治邮局业务的扩展，地方自治邮局逐渐地获得了资金积累。例如在萨马拉县，邮局部门在1866年只有70.63戈比的资金，到1878年增加到2012.26卢布，到1902年增加到5118.36卢布。[④]

除了邮政之外，一些地方自治局还开始经营电话业务。

---

① Б. Б. Веселовский, История земства за сорок лет, Т. 2 ［М］, С. 685.

② П. С. Кабытов, Самарское земство: опыт практической деятельности （1865 – 1918 гг.）［М］, С. 189.

③ Б. Б. Веселовский, История земства за сорок лет, Т. 2 ［М］, С. 687.

④ П. С. Кабытов, Самарское земство: опыт практической деятельности （1865 – 1918 гг.）［М］, С. 190.

19 世纪 90 年代末，一些地方自治局提出建设电话网；20 世纪初期，几乎所有的县级地方自治局都在讨论这一问题。

一些地方自治局在报告中，非常详细地说明了在农村地区架设电话线的好处。它们认为，农村地区之所以需要电话，是因为那里没有好的交通条件，邮件和电报联系都非常困难。另一些地方自治局的意见相反，认为电话对于大多数地主来说还是奢侈品，能够享受其便利的是行政机构和极少数人，而要想在大多数县份建设电话网，在经济上是完全不可行的。

所以，一直到 1908 年，只有 23 个县建设了电话网，各县的电话线里程长短不一，长则三四百俄里，短则几俄里。而且相关设备的价格不一，从 60 卢布到 200 卢布不等。[①] 各县对于电话线的平均支出也不相同。例如在萨马拉县，1 俄里的电话线需要 5.25 卢布，而列别金斯克县需要 4.3 卢布。这种差别主要是看地方自治局能不能获得收费的用户，以及为各种行政人员给予多大程度的优惠。[②]

应当指出，地方自治局无权向使用电话的非用户收取费用。这是地方自治局的电话网维护费用较高的原因之一。

三　地方自治机构在社会救济领域的活动

根据社会救济章程，“管理各省各县的社会救济事务”被交由地方自治机构承担。章程规定，属于“管理社会救济事务”的有：“（1）管理慈善基金和财产事务，（2）属于社会救济衙门的事务。”与此同时，地方自治局还要负责第二种事务中的如下两种：（a）设立、维持和管理慈善和社会机构，包括孤儿院和育婴堂，精神病院和疯人院，养老院以及为贫苦工人提供食物的习艺所；（b）管理由私人和社会设立的此类机构，因为有些可以交给社会救济局监管。地方自治局还承担一项必须性义务，即抚恤战争时期应征入伍的储备官员和国家民兵中的后备兵家庭。在这种情况下，地方自治局应该“以现金或实物的方式”向这些家庭的每一位成员发放“粮食……

① Б. Б. Веселовский, История земства за сорок лет, Т. 2 ［М］, С. 690.

② Б. Б. Веселовский, История земства за сорок лет, Т. 2 ［М］, С. 691.

每个月不少于 1 普特 28 俄磅面粉，10 俄磅米，4 俄磅盐”。而且，“在资金不足的情况下……地方自治局可以做必要的借用，这种借用无论是从粮食基金中还是从城市和农村的储备商店中都行”[①]。

除了疯人院之外，主要属于救济机构的还有：养老院、孤儿院和育婴堂、习艺所。地方自治局并不管理习艺所，所以我们只有在养老院和孤儿院方面才能看到地方自治局的活动，与此同时，我们还应该关注在这些机构之外的救济措施。

地方自治局在社会救济领域的大部分支出被用于建设养老院。1890 年，共有养老院 126 所，编制床位接近 4200 张，这些养老院要接受“伤残人员、老年人，并为所有等级的贫苦人提供食物”。[②]

各省的养老院情况千差万别，具体如表 4－15 所示。

表 4－15　各省的养老院数量及病床数量

单位：所，张

省份	养老院数量	病床数量	省份	养老院数量	病床数量
比萨拉比亚	1	0	波尔塔瓦	21	235
弗拉基米尔	3	117	普斯科夫	7	145
沃罗格达	4	75	梁赞	3	210
沃罗涅日	4	238	萨马拉	2	70
维亚特卡	1	60	圣彼得堡	0	0
叶卡捷琳诺斯拉夫	2	57	萨拉托夫	2	150
喀山	3	174	辛比尔斯克	3	100
卡卢加	2	110	斯摩棱斯克	1	25
科斯特罗马	4	95	塔夫里奇	3	125
库尔斯克	4	156	坦波夫	3	165
莫斯科	14	160	特维尔	6	200
下诺夫哥罗德	2	146	图拉	1	—
诺夫哥罗德	3	40	乌法	1	46

① Б. Б. Веселовский, История земства за сорок лет, Т. 1 [М], С. 437.

② Б. Б. Веселовский, История земства за сорок лет, Т. 1 [М], С. 439.

续表

省份	养老院数量	病床数量	省份	养老院数量	病床数量
奥洛涅茨	1	40	哈尔科夫	5	159
奥廖尔	2	161	赫尔松	3	120
奔萨	1	40	切尔尼戈夫	6	180
比尔姆	3	320	雅罗斯拉夫尔	5	160

资料来源：Б. Б. Веселовский，История земства за сорок лет，Т. 2 ［М］，С. 566。

尽管各地方自治局拥有养老院编制的制定权，但它们没有让这些养老院不断扩张。原因在于，还有许多更紧急而且无法令人满意的事情需要去解决，地方自治局不可能把自己的资金都用于这一方面，况且要想改善养老院的条件需要巨大的支出，这已经超出了地方自治局的能力。应该说，在这项事业上应该发挥领导作用的是国家。

最后，社会救济问题得到某种解决，与这样一些主要问题的解决密切相关，如国家失业保险、国家伤残保险、养老保险等。总而言之，只有将社会救济问题放到最广泛的背景之下，地方自治机构才能在这一领域内做出一些成效。如果没有这些，地方自治局不可能在社会救济领域投入更多的资金和精力。

除了养老院之外，有些省级地方自治局还设立了孤儿院和育婴堂，即所谓的“弃婴收容所”。建设有孤儿院的省级地方自治局有：沃罗涅日省、库尔斯克省、奥廖尔省、萨马拉省、萨拉托夫省、辛比尔斯克省及其他省份。其中规模较大的孤儿院是萨拉托夫省地方自治局孤儿院，它从 1890 年起归地方自治局管理。当年地方自治局对它的支出为 8000 卢布，到 1902 年达到近 3 万卢布，每天生活在那里的孩子大约有 560 人，其中有 85% 来自萨拉托夫市。①

在这些孤儿院中，孩子们被抚养到一定年龄后，便被地方自治局分派到农村的农民家庭，而这些家庭会得到地方自治局的资助。比如，奥廖尔省对于每一位被收养者视其年龄而发放 15 ~ 33 卢布的补贴。在库尔斯克

① Б. Б. Веселовский，История земства за сорок лет，Т. 1 ［М］，С. 442.

省，弃婴在得到必要抚养的条件下在 3 岁以前就被分派到农村，从 3 岁到 6 岁，地方自治局每年向他们补助 36 卢布；从 6 岁到 12 岁，每年补助 24 卢布。除此之外，女孩在出嫁时会得到地方自治局的一次性补贴 25 卢布。奥斯塔什科夫县地方自治局则向收养人发放 23～28 卢布，在孩子成年之前，每年以被收养人的名义向国家银行存入活期存款 20～25 卢布，等等。①

总的来说，直到 20 世纪初，地方自治局组织的抚育事业规模还不大。

第五节　地方自治机构在其他领域的活动总结

本章介绍的是地方自治机构在其他领域的民生活动，具体包括兽医学、统计、道路建设、防火保险、通信和社会救济等。相对于医疗、教育和经济领域，这些活动并不是地方自治机构关注的重点，但是各领域的活动结合起来，才能构成地方自治机构民生活动的全景。而且基本上在每一个领域，地方自治局都做出了自己的贡献。

在兽医学领域，地方自治局聘请了大量的兽医医生和兽医医士，开展了持续不断的抗击动物疫病的活动。最开始的时候，面对着疫情（特别是牛瘟），地方自治局只能依照法律的规定，宰杀染病或者疑似染病的牲畜，然后对农户进行补偿。斩断了疫情的传染源，才能将它控制住。当然，这种防治疫情的方式是较为落后的，代价也非常高昂，无论是对农民还是对地方自治局都是如此。所以在兽医学人才队伍建立起来之后，地方自治局全面展开对各种动物疫情的防疫工作，这才使疫情逐渐消退。更重要的是，地方自治局还进行兽医区的规划，推动兽医学人才的工作重心从防疫转向治疗，建立兽医院、动物诊所等机构，这对于兽医学转向常态化发展具有极其重要的作用。另外，在动物疫病不断出现的时期，地方自治局组织开展牲畜保险活动，有效地减轻了农民的经济损失，这也是值得肯定的。

---

① Б. Б. Веселовский，История земства за сорок лет，Т. 1［М］，С. 442.

统计是地方自治事务中独具特色的一项，它并不是直接地帮助民众，而是搜集民生措施赖以实施的真实信息。在地方自治统计员的努力下，俄国的统计事业进入了一个新的发展时期。特别是他们利用自己在实践中总结出来的按户统计和考察法等调查方法，通过走访和询问，直接从农户那里获得第一手资料，保证了信息的准确性和完整性。同时，他们利用组合型表格和分类型表格来整理所得的信息，从而准确地反映实际状况，同时保证了这些信息的可用性。虽然后来地方自治统计日益被政府所控制，但是统计员的这种敬业精神和职业素养并没有丢掉。他们还进行了不动产的估价活动，为地方自治局的合理征税以及税收在各地的合理分配奠定了基础。最后需要强调的是，地方自治统计员通过自己不断的实地调查，成为与民众联系较为密切的地方自治职员之一。

道路建设是地方自治机构的必须性义务，但是起初地方自治局并没有重视它。而且随着时间的流逝，它的重要性在不断降低，甚至在道路资金成立之后的若干年仍是如此。地方自治局的一大功绩是将修路的实物税改为货币税，这对于税务分配的均衡化和简易化是有好处的，但是这样的改革并不彻底，一些地方自治局直到 19 世纪 90 年代末期仍然保留着道路实物税。值得一提的是，道路资金的成立在总体上促进了道路建设事业的发展，道路资金无论是在人才保障方面还是资金保障方面都起到了重要作用，但是在 19 世纪 90 年代后半期，地方自治局在道路建设领域的投入不升反降，这是因为当时地方自治局将更多的资金用于医疗和学校建设了。

防火也是一项重要的事务，因为俄国农村的火灾发生频率是比较高的。为了减少农户的损失，地方自治局开展了防火保险业务，这种保险分为强制性保险和自愿性保险两种。尽管财产的估价和上交的保险费都在上涨，但是保险费占投保额的比重不断下降（其中强制性保险下降稍慢，而自愿性保险下降迅速）。这对普通民众而言是有利的。地方自治机构在通信和社会救济领域的活动较少，这是地方自治事务中较为薄弱的部分。

通过本章的叙述可以发现，地方自治机构的民生活动涉及范围是非常广泛的，从居民的家庭财产（牲畜、房屋等）到居民的生活条件（道路、通信），再到意外和灾难的保障（保险和社会救济）都包括在内。但是地方自治局不可能同时在各个领域都取得重大进展，只能有舍有得。在资金有限的情况下，只能优先保障医疗和教育这两个事关民生的重要领域，而道路建设、兽医学、保险等则成了暂时放弃的领域。尽管如此，兽医学和统计仍然是取得突出成绩的两个领域，而地方自治机构在社会救济领域的作为有限。

结　论

本书对俄国地方自治机构在1865～1913年的民生活动——国民教育（兴学）、医疗卫生（兴医）、农业农民（兴农）以及其他领域的活动（兽医学、统计、道路建设、防火保险、通信、社会救济）的主要内容和发展历程进行了总结和归纳。在地方自治改革之前，这些领域的发展都处于一种低水平的状态，无法适应经济社会的需求。经过地方自治机构和地方自治知识分子几十年的努力，它们的面貌有了很大改观。

地方自治机构推行的国民教育是一种全面的教育。从初等教育、中等教育到高等教育，从师范教育、职业教育到校外教育，地方自治机构实际上是在构建一种全新而全面的教育体系。在这其中，成就最大的要数初等教育。尽管在地方自治改革之后的很多年里，地方自治局把发展初等教育的大部分责任通过奖励制度交给农村公社承担，但是19世纪80年代以后它们就承担起了大部分支出。不仅如此，在90年代以后，省县两级地方自治机构共同努力，推动俄国的初等教育向普及教育发展，以便使尽可能多的儿童能够接受教育。20世纪初，在政府的扶持下，地方自治局制定学校规划、加强学校的建设，逐渐使国民教育成为其最重要的工作内容。

地方自治机构在医疗卫生领域的活动中，最重要的是随着医疗区规划的实施而建设的各种类型的医疗设施，以及医疗组织和管理制度的转变。这种医疗区规划开始于19世纪70年代，目的是让民众尽可能地享受到医生的医疗服务。到20世纪初期，这种普及型的医疗区规划被借用到普及教育建设规划和农区建设规划之中。在医疗区内部，医生和医院逐渐取代医士和医士点成为向民众提供医疗服务的主要力量，因此，单纯依靠医疗水平较低的医士进行医疗救助的时代渐行渐远了，医士越来越多地成为医院里的辅助性医务人员，而不是独立行医的“庄稼汉的医生”。与此同时，医生也不必像以前一样为了监督医士而四处巡查，为了帮助医士解决难题而四处巡诊，转而在医院里接诊病人。因此，住院制度取代巡诊制度和医士制度，俄国医疗事业从粗放式的、松散式的结构转变为具有现代特色的医疗服务体系。在这一过程中，俄国逐渐确立了免费医疗的基本原则。除此之外，卫生防疫活动也值得一提，从19世纪下半期至20世纪初期，俄国频繁出现的饥荒和流行病给民众的生命造成了极大威胁，地方自治医生在此期间救死扶伤，功不可没。

地方自治机构为解决农业和农民问题采取了较多措施。为了克服农业危机带来的不良影响，地方自治机构尝试多种办法向农民提供贷款，例如既自己出资建设互惠信贷公司，又资助民众创办贷款储蓄公司，以增强农民的发展能力。但是总的来说，这些措施实行的时间并不长，只有农业银行一直得到地方自治局的资助，为农民购买土地和地主出售土地提供了便利。在改善农业状况方面，地方自治机构最大的成功之处在于建立了一整套以农艺师为中心的、多层面的农业服务体系，并利用农区建设规划将其在各地推广。这套体系的作用既包括在农村传播先进的农业技术和知识，又包括推广改良农机具和种子。所以农艺师既是农业技术的代表者，又是它的传播者。在发展家庭手工业方面，地方自治机构在19世纪六七十年代发起的手工业劳动组合建设以失败告终，19世纪末20世纪初地方自治机构又采取了一系列符合实际的措施，促进了家庭手工业的发展。

地方自治机构在其他领域的民生活动则相对逊色一些，因为在资金有限的情况下，只能优先保障国民教育和医疗卫生两个事关国计民生的重要领域。但是尽管如此，兽医学和统计两个领域仍然取得了突出的成就。面对19世纪下半期动物疫病频发的情况，地方自治局一开始只能宰杀患病和疑似患病的牲畜，消灭疫病传染源，斩断其传播途径，但是这种方式的代价是巨大的，农民损失了牲畜，而地方自治局耗费了大量资金。19世纪80年代以后，地方自治局开始采取多种方式防治包括牛瘟、西伯利亚瘟疫、鼻疽、肺结核等疾病在内的多项动物疫病，取得了明显成效。特别是兽医学也像医疗一样，聘请了大量的兽医医生和兽医医士，并进行了医疗区的规划，建设了一批动物医院和诊所，这对于保障牲畜的安全起到了重要的作用。而兽医学人员的主要工作从防疫转向治疗，也是俄国的兽医学走向现代化、规范化的重要体现。在统计领域，地方自治统计员坚持了按户调查的统计方法，坚持了直接与农户面对面交流以获得真实信息的方法，这标志着俄国的统计事业进入了一个新的阶段。而在统计资料的整理上，地方自治统计员利用分类表格法和组合表格法，使得庞杂的信息变得有条理且便于利用，这也是他们的突出贡献。

通过对地方自治机构的民生活动进行分析，我们可以得到地方自治机构民生活动的三个特点，这也是给我们留下的三点启迪。

第一，要重视人才的作用。地方自治机构的任何一项重要工作都离不开地方自治知识分子的积极参与。发展国民教育，需要大量教师；发展医疗卫生，需要大量的医生和医士；发展农业经济，需要大量的农艺师；发展兽医学，需要大量的兽医医生和兽医医士；发展统计事业，需要足够的统计员。往大处说，他们都是人才，都是地方自治机构的得力助手和实际上的政策执行人，如果没有他们，地方自治活动只能成为空中楼阁；往细处说，地方自治机构正是以教师（和学校）为中心来兴办教育，以医生和医士为中心发展医疗卫生事业，以农艺师为中心向农民提供一系列农业服务，以兽医学人员为中心进行牲畜的防疫和治疗，以统计员为中心开展深入农户的统计活动。所以，地方自治机构将人才作为实现地方自治改革目标的中心环节，并取得了显著成绩。这种趋势一开始并不明显，但是越到后来越突出，特别是到了 20 世纪初期，随着地方自治机构普及教育规划、医疗区建设规划、农区建设规划的实施，教师、医生、兽医学人员和农艺师的地位愈加重要。重视人才还包括更加重视高技能人才。教师受教育程度的不断提高和培训班的不断出现，医生取代医士成为医疗卫生活动的主要力量，都说明地方自治机构希望高技能人才能够发挥更大的作用，成为推动变革的核心力量。当然，人才对于地方自治机构的活动如此不可或缺，对于国家的发展也是一样的。地方自治机构推动实施普及教育，正是看到了俄国存在的巨大人才缺口以及与世界先进国家的巨大差距。所以，在进行民生建设的时候，既应该发挥人才的能动性，又要注重培养人才。

第二，要重视民生建设的公益性。实际上，地方自治机构的民生活动并不是完全免费的，有些方面例如住院治疗的收费在相当长的时间内还是很高的。但是对这些活动进行总结之后发现，免费是一种趋势，并最终成为主流。地方自治机构创办的各种学校是可以免费入读的，初等学校是免费的，师范学校是免费的，职业学校是免费的，校外提供的文化教育也是免费的，例如教师们在校外图书馆工作、举办国民读书会都是无偿的。在医疗卫生领域，经过一段时间的反复和变革，大部分地方自治局将免费性作为向民众提供医疗服务的基本原则。在那里，门诊治疗是免费的，住院治疗是免费的，精神病治疗是免费的，药品和器械都是免费的。可以说，地方自治机构在一个世纪之前就已经开创了免费教育和免费医疗的福利模式，这在当今世界也很少有国家能做得到。在农业领域，地方自治局的措施虽然并不免费，但是它在尽可能地为民众节省费用。在这方面最突出的莫过于农业仓库，它最大限度地降低了民众在农机具上面的花费。此外，面向农民的各种小额贷款都是希望能够降低农民的贷款成本，劳动组合与合作化建设也是意在降低农民的生产成本。在其他民生领域，尽管不能免费，但是地方自治局也是在减少农民的损失（兽医学、保险、社会救济），或者降低农民的费用或者使其均衡化（修路）。地方自治机构的民生活动告诉我们，既然是民生，就应该尽可能地为民众谋福利，尽可能地让民众少承担运营的成本，而不是增加他们的负担。

第三，要重视民生建设的普及性。所谓普及，就是尽可能地使所有或者是大多数民众特别是下层民众享受到民生活动的实惠。这一点，初期的地方自治活动家由于还没有脱离农奴制改革前的贵族立场，采取的措施很多是为了维护本阶层的利益，与“普及”二字恰恰相反。但是随着时间的推移，地方自治机构越来越多地考虑到占人口绝大多数的普通民众的利益。例如在教育领域，进行初等学校建设规划、发展普及教育，是为了让尽可能多的孩子顺利入学。在这里，地方自治机构既考虑到不能让他们因为本地没有学校而无法上学，也考虑到不能让学校离他们的家庭太远导致他们上学不方便，所以普及教育规划对学校建设的规定非常详尽。医疗领域的情况与此类似，省内医疗资源的去中心化以及后来医疗区（包括跨县医疗区）的规划建设就是为了让农民尽可能地接近医生。在农业领域，农区、兽医区的规划和建设也是为了让各地的农民都能享受到农艺师和兽医医生的服务。而在牲畜保险和防火保险中大量存在的低价强制性保险，也是为了尽可能多地照顾到每家每户。此外，从另一个角度看，由于农村贫困人口的大量存在，地方自治机构民生活动的公益性为贫苦农民享受到民生服务奠定了基础，也是实现民生建设普及性的重要手段。因此，普及性可以看作地方自治机构开展民生活动的最重要特点。而地方自治机构作为贵族领导的组织，能够在一批知识分子的协助下为数量巨大且贫困的普通民众谋利益，实在是可敬可叹。这说明，开展民生活动要以广大民众的利益为出发点和落脚点，而不应该专门为某一个阶层服务。地方自治机构正是克服了自身的阶级偏见，才会在普通民众中间开展民生活动。

参考文献

1.〔俄〕恩·弗列罗夫斯基（瓦·瓦·别尔维）：《俄国工人阶级状况》，陈瑞铭译，商务印书馆，1997。

2.〔俄〕瓦·奥·克柳切夫斯基：《俄国史教程》第4卷，郝建恒等译，商务印书馆，2009。

3.〔俄〕瓦·奥·克柳切夫斯基：《俄国史教程》第5卷，刘祖熙等译，商务印书馆，2009。

4.〔俄〕T. C. 格奥尔吉耶娃：《俄罗斯文化史——历史与现代》，焦东建、董茉莉译，商务印书馆，2006。

5.〔俄〕M. P. 泽齐娜、Л. B. 科什曼、B. C. 舒利金：《俄罗斯文化史》，刘文飞、苏玲译，上海译文出版社，2005。

6.〔俄〕鲍·尼·米罗诺夫：《俄国社会史》，张广翔等译，山东大学出版社，2006。

7.［美］沃尔特·G. 莫斯：《俄国史（1855～1996）》，张冰译，海南出版社，2008。

8.〔苏联〕Б. Б. 卡芬加乌兹、Н. И. 巴甫连科主编《彼得一世的改革》下册，王忠等译，商务印书馆，1997。

9. 邵丽英：《改良的命运——俄国地方自治改革史》，社会科学文献出版社，2000。

10. 孙成木等主编《俄国通史简编》（下），人民出版社，1986。

11. 陶惠芬：《俄国近代改革史》，中国社会科学出版社，2007。

12. 艾林：《试论19世纪的俄国地方自治机关》，《广西师范大学学报》（哲学社会科学版）1997 年第 4 期。

13. 曹维安、师建军：《俄国大改革前的地方自治传统》，《陕西师范大学学报》（哲学社会科学版）2010 年第 5 期。

14. 陈福胜：《俄罗斯地方自治与公社传统》，《俄罗斯中亚东欧研究》2007 年第 5 期。

15. 胡黎霞：《俄国地方自治局的产生及其历史演变》，《东北师范大学学报》（哲学社会科学版）1990 年第 3 期。

16. 胡黎霞：《俄国地方自治局的阶级构成及相互关系》，《吉林师范学院学报》1991 年第 2 期。

17. 金碚：《论民生的经济学性质》，《中国工业经济》2011 年第 1 期。

18. 刘铁威：《俄罗斯联邦地方自治内涵解析》，《俄罗斯研究》2008 年第 4 期。

19. 王贤斌：《马克思恩格斯民生思想探究》，《中国矿业大学学报》（社会科学版）2010 年第 4 期。

20. 徐向梅：《浅析 1917 ~ 1918 年俄国地方自治机构的演变》，《东欧中亚研究》1997 年第 2 期。

21. 杨心宇、刘铁威：《俄罗斯联邦地方自治探析》，《东方法学》2009 年第 3 期。

22. 张贤明、高光辉：《民生的政治属性、价值意蕴与政府责任》，《理论探讨》2011 年第 6 期。

23. 陈绍方：《地方自治的概念、流派与体系》，《求索》2005 年第 7 期。

24. 汉语大词典编辑委员会、汉语大词典编纂处编纂《汉语大词典》第 6 卷，汉语大词典出版社，1990。

25. 汉语大词典编辑委员会、汉语大词典编纂处编纂《汉语大词典》第 8 卷，汉语大词典出版社，1991。

26. 中国大百科全书总编辑委员会《政治学》编辑委员会、中国大百科全书出版社编辑部编《中国大百科全书 · 政治学卷》，中国大百科全书出版社，1992。

27. Я. В. Абламов, Частная женская воскресная школа в Харькове и воскресные школы вообще [M], Москва, 1896 г.

28. И. Алекшенцев, История гимназического образования в России (XVIII -

ХIХ век) [М], С-Петербург, изд. А. О. Богдановой, 1912 г.

29. А. П. Афонский, Николай Иванович Пирогов, его жизнь и педагогическая проповедь [М], Москва, 1911 г.

30. В. Ф. Бунаков, Записки Н. Ф. Бунакова. Моя жизнь, в связи с общерусской жизнью, преимущественно провинциальной, 1837 – 1905 [М], С-Петербург, 1909 г.

31. В. Ф. Бунаков, Как я стал и перестал быть « учителем учителей» [М], С-Петербург, 1905 г.

32. В. Ф. Бунаков, Сельская школа и народная жизнь [М], С-Петербург, 1906 г.

33. В. Ф. Бунаков, Школьное дело. Учебный материал, проработанный на кчительских съездах и курсах за тридцать лет (1872 – 1902 г.) [М], С-Петербург, 1906 г.

34. Б. Б. Веселовский, История земства за сорок лет, Т. 1 [М], СПЬ, изд. О. Н. Поповой, 1909 г.

35. Б. Б. Веселовский, История земства за сорок лет, Т. 2 [М], СПЬ, изд. О. Н. Поповой, 1909 г.

36. Б. Б. Веселовский, История земства за сорок лет, Т. 3 [М], СПЬ, изд. О. Н. Поповой, 1911 г.

37. Б. Б. Веселовский, История земства за сорок лет, Т. 4 [М], СПЬ, изд. О. Н. Поповой, 1911г.

38. Г. Фальборк и В. Чарнолуский, Начальное народное образование в России, Том первый [М], С-Петербург, 1900 .

39. Г. Фальборк и В. Чарнолуский, Начальное народное образование в России, Том второй [М], С-Петербург, 1900 г.

40. Г. Фальборк и В. Чарнолуский, Начальное народное образование в России, Том третий [М], С-Петербург, 1905 г.

41. Г. Фальборк и В. Чарнолуский, Начальное народное образование в России, Том четвёртый [М], С-Петербург, 1902г.

42. Г. Генкель, Народное образование в западе и у нас [M], С-Петербург, 1911 г.

43. Г. А. Герасименко, Земское самоуправление в России [M], Москва, Наука, 1990 г.

44. Н. М. Геренштейн, Народное образование [M], С-Петербург, 1897 г.

45. В. В. Григорьев, Исторический очерк русской щколы [M], Москва, Товарищество типографии А. И. Мамонтова, 1900 г.

46. Т. Б. Дмитриева, и Ю. А. Александровский, Выдающиеся психиатры России (история и современность) [M], Москва, ГНЦ ССП им. В. П. Сербского, 2007 г.

47. Э. Д. Днепров, Ушинский и современность [M], Москва, 2008 г.

48. Р. А. Егоровская , Земская медичина в Шадринском уъезде Пермской губернии с 1870 по 1910 г. [M], Шадринск, 1912 г.

49. Л. Г. Захарова , Земская контрреформа 1890 г. [M], Москва, 1968 г.

50. П. С. Кабытов, Самарское земство: опыт практической деятельности (1865 – 1918 гг.) [M], Самара, 2009 г.

51. В. В. Кара-Мурза, Реформы или Революция: К истории попытки образовать ответственное министерство в 1 Государственной Думе [M], Москва, Российская объединенная демакратическая партия «ЯБЛОКО», 2011.

52. Н. Г. Королёва, Земское самоуправление в России, 1864 – 1918 [M], Москва, Наука, Т. 1, 2005 г.

53. Н. Г. Королёва, Земское самоуправление в России, 1864 – 1918 [M], Москва, Наука, Т. 2, 2005 г.

54. Н. А. Корф, Земский вопрос (о народном образовании) [M], С-Петербург, 1867 г.

55. Н. А. Корф, Русская начальная школа: руководство для земских гласных и учителей земских школ [M], С-Петербург, издание Д. В. Кожанчикова, 1870 г.

56. И. Коссович, Земство, школа, приход [M], С-Петербург, 1899 г.

57. Л. Б. Македонов, Николай Фёдович Бунаков, его жизнь и деятельность. Биографичекий очерг [M], С-Петербург, 1909 г.

58. Т. И. Минеева, История ветеринария [M], СПБ, Издательство «Лань», 2005 г.

59. М. Б. Мирский, Медицина России X-XX веков: Очерки истории [M], Москва, РОССПЭН, 2005 г.

60. Образование и просвещение в губернской Казани, выпск 2 [M], Казань, 2009 г.

61. Н. В. Пирумова, Земская интеллигенция и её роль в общественной борьбе до начала XX в. [M], Москва, Наука, 1986 г.

62. В. Я. Гросуда , Русский консерватизм XIX столетия: Идеология и практика [M], Москва, 2000.

63. Т. А. Свиридова, Калужское земство. 1865 – 1918. Очерки истории [M], Калуга, 1996 г.

64. С. О. Серополко, Дмитрий Иванович Тихомиров. Биографический очерк с портретами и снимками [M], Москва, 1915 г.

65. К. А. Степанов, Деятельность Ростовского земсва Ярославской губернии во второй половине XIX-начала XX вв. [M], Ростов Великий, 2008 г.

66. Д. И. Тихомиров, Современные задачи начальной школы [M], Москва, 1911 г.

67. А. В. Ушаков, Интеллигенция и рабочие в освободительном движении России : конец XIX-начало XX века [M], Москва, изд. НАВЫЙ ХРОНОГРАФ, 2011.

68. В. Чарнолуский, Земство и народное образование, часть вторая [M], С-Петербург, издание товарищества «Звание», типография М. А. Александрова, 1911 г.

69. В. Чарнолуский, Земство и народное образование, часть первая [M], С-Петербург, издание товарищества «Звание», типография М. А.

Александрова, 1910 г.

70. В. И. Чарнолуский, Вопросы народного образования на первом общеземском съезде [М], С-Петербург, типография М. А. Александрова, 1912 г.

71. В. И. Чарнолуский, Итоги общественной мысли в области образования [М], С-Петербург, типография Б. М. Вельфа, 1906 г.

72. В. И. Чарнолуский, К школьной реформе [М], Москва, 1908.

73. В. И. Чарнолуский, Основные вопросы организации внешкольного образования в России [М], С-Петербург, типография Б. М. Вельфа, 1909 г.

74. В. И. Чарнолуский, Основные вопросы организации школы в России [М], С-Петербург, типография Б. М. Вельфа, 1909 г.

75. В. И. Чарнолуский, Спутник народного учителя и деятеля народного образования [М], С-Петербург, типография Б. М. Вельфа, 1908 г.

76. Н. В. Чехов, Типы русской школы в их историческом развитии [М], Москва, 1923.

77. А. И. Шингарев, Вымирающая деревня. Опыт санитарно-экономического исследования двух селений Воронежского уезда [М], Изд. 2-е. СПБ: Общественная польза, 1907.

78. И. Н. Никитин, и В. И. Калугин, История ветеринарии [М], Москва, Агррпромиздат, 1988 г.

79. В. Г. Соколовский, Земские дороги и дорожные сооружения Тираспольского уезда Херсонской губернии. По поручению Тираспольской Уездной Земской Управы [М], Москва: Книга по Требованию, 2011.

80. Н. И. Владинец, и В. А. Якобс, Большой филателистический словарь [М], Москва: Радио и связь, 1988.

81. Г. Волкова, Земство и становление народной школы в России [J], Высшее образование в России, 2008 г., № 4, С. 150 – 154.

82. Т. И. Волкова, Материальное положение земского медицинского персанала

в начале XX века［J］, Ярославский педагогический вестник, 2010 г., № 4, Том 1（гуманитарные науки）.

83. Т. И. Волкова, Роль Ярославского земства в формировании системы сельских культурных учреждений［J］, Вестник ЯрГУ им. П. И. Демидова, Серия гуманитарные науки, 2010 г., № 2 (12), С. 3－8.

84. Т. Г. Деревягина, Социально-педагогическая помощь тамбовского земства жителям губернии в сфере образования и просвещения［J］, Вестник Тамбовского университета. Серия: Гуманитарные науки, 2001 г., С. 71－74.

85. М. В. Дружинин, и Л. В. Зверьков, Анализ деятельности земской медицины новгородского уезда（1864－1910）［J］, Вестник Новгородского государственного университета, 2000 г., № 14.

86. Т. Г. Захарова, Взаимнодействие губернского и уездных земств по проблемам народного образования［J］, Известия Саратовского университета, Сер. Философия, Психиология, Педагогика, вып. 1/2, 2006 г., Т. 6, С. 117－120.

87. Т. Г. Захарова, Проблемы народного образования в земском общественном движении России［J］, Известия Саратовского университета, Сер. Философия, Психология, Педагогика, Вып. 1/2, 2006 г., Т. 6, С. 115－117.

88. А. В. Кадачев, Роль земств в процессе демократизации народного образования в России［J］, Известия ВолгГТУ, 2006 г., С. 26－29.

89. Н. Ю. Кривопалова, Мдицинская интелигенция Самарской губернии в 1907－1914 гг.［J］, Известия Сатарского центра Российской академии наук Т. 9, № 2., 2007 г.

90. В. Ю. Кузьмин, Роль власти и земства в становлении отечественной медицины XVII - начала XX века［J］, Известия Российского государственного педагогического университета им, А. И. Герцена, 2003 г., Т. 3, Номер 5, С. 242－252.

91. Т. Л. Мамаева, Роль курского земства в развитии народного образования в губернии на рубеже XIX - XX веков [J], Известия БелГУ, Серия История. Политика. Экономика. Инфарматика, 2001 г., № 1 (96), Выпуск 17, С. 156 – 164.

92. Л. А. Мельникова, Земство и народное образование в Екатеринбургском уезде во второй половине XIX века [J], Известия Уральского государственного университета, 2009 г., № 3 (67), С. 185 – 190.

93. А. Ю. Петровна, Тетерина Е. А. Пензенская кубернская печать о земском образовании в 1864 – 1917 гг. [J], Исторические, философские, политические и юридические науки, культурология и искусствоведение. Вопросы теории и практики, Издательство «Грамота», 2011 г., № 6 (12), часть 3.

94. И. В. Семенченко, Земство и народное образование на Урале в 1900 – 1918 гг. [J], Вестник ЮУрГУ, 2005 г., № 7 (47), С. 89 – 97.

95. Т. С. Сорокина, Земская медицина-приоритет России [J], Журнал «Земский врач», 2011 г., № 1.

96. А. И. Чернышев, Участие земств в создании сети и системы начальных школ Курской губернии во второй половине XIX-начала XX в. [J], Известия Алтайского государственного университета, 2008 г., номер 4 – 1, С. 156 – 160.

97. В. Ю. Кузмин, Подготовка медиков России в XVIII-начала XX века [J], Вестник Оренбургского государственного университета, 2003 г., № 4, С. 108 – 111.

98. Ташбекова Ирина Юрьевна, Становление и закрепление правовых основ бесплатной медицины в России во второй половине XIX-начала XX века [J], Юридическая наука, 2011 г., № 2, С. 17 – 20.

99. А. В. Флимонов, Из истории Псковской сельскохозяйственной опытной станции [J], Научно-практический, историко-краеведческий журнал, 2011 г, № 34, С. 199 – 217.

100. А. В. Григорьев, Взаимоотношение земских учреждений и крестьянских общин в начале XX века (на материале средневолжских губерний), Вестник Екатериннского института, 2011 г., № 2 (14), С. 121－123.

101. Я. А. Васильев, и М. В. Мазилкина, Кредитные цчреждений Ногородской губернии и их деятельность (вторая половина XIX-начало XX в.) [J], Известия Санкт-Петербургского университета экономики и финансов, 2007 г., № 2, С. 113－128.

102. А. А. Голубев, Вклад Олонецкого земства в сооружение Мурманской жел езнодорожной магистрали [J], Известия Российского государственн ого педагогического университета им. А. И. Герцена, 2011 г., № 143, С. 13－22.

103. С. В. Лёвин, «Правила оценки недвижимых имуществ для обложния земскими сброми» 8 июня 1893 года и измение задач земской статистики [J], Известия Саратовского университета, 2011 г., Т. 11, Сер. История, международные отношения, вып. 2, ч. 1, С. 15－21.

104. С. В. Лёвин, Комбинационные и групповые таблицы в работах земских статистиков [J], Вестник Саратовского государственного социально-экономического университета, 2010 г., Номер 4, С. 136－138.

105. Н. Л. Власова, Оснвные этапы развития земско-статистических обследова ния крестьянского хозяйства [J], Известия Российского государственного педагогического университета им. А. И. Герцена, 2009 г., Номер 119, С. 36－39.

106. А. В. Чукивеева, Светя другим, сгораю сам [C], Челябинск, изд. «Челябинская Государственная Медицинская Академия», 2011 г.

107. Н. А. Невоструев, Образование и развитие элементов российского гражданского общества на Урале во второй половине XIX-начала XX вв. [D], Автореферат диссертания на соискание ученой стебени доктора исторических наук, Ижевск, 2006 г.

108. И. В. Семенчеко, Деятельность земств на урале (1900 – 1918 гг.) [D], Автореферат диссертания на соискание ученой стебени доктора исторических наук, Оребург, 2010 г.

109. К. А. Степанов, Деятельнось уъездных земств центральной России во второй половине XIX-начала XX вв. (на примере Ростовского земства) [D], Автореферат диссертания на соискание ученой стебени доктора исторических наук, Ярославль, 2007 г.

110. Е. В. Мокшанова, Земское библиотечное дело в культурной среде региона (на примере Санкт-Петербургской губернии 1864 – 1917 гг.) [D], Автореферат диссертания на соискание ученой стебени кандидата педагогических наук, Санкт-Петербург, 2011 г.

111. Е. В. Чернышева, Социальный облик и общественная деятельность земских служащих (вторая половина 1860 – 1914 годы) в отечественной историографии [D], Автореферат диссертания на соискание ученой стебени доктора исторических наук, Челябинск, 2011 г.

112. Ю. В. Коробейников, Исторический опыт осуществления общественной помощи нуждающимся органами местного самоуправления России в 1864 – 1917 гг. [D], Диссертания на соискание ученой стебени кандидата исторических наук, Ставрополь, 2003 г.

附　录

附录一　1913 年俄国各地方自治省份的收入和支出情况

表 1　1913 年各地方自治省份的收入情况

单位：千卢布

省份	上一年账目余额	从地方自治局的财产和代役租项目中获得的收入	各种收费	政府对地方自治局的资助和返还资金	各种进款	工商业营业执照税	不动产税	满足省级需求的收入	总计
比萨拉比亚	591	136	64	1851	68	120	4038	—	6868
弗拉基米尔	225	2	19	1441	57	154	4888	—	6786
沃罗格达	306	14	5	1151	32	55	4007	108	5678
沃罗涅日	223	30	31	2952	136	50	5869	—	9291
维亚特卡	282	43	10	3839	35	101	6648	—	10958
叶卡捷琳诺斯拉夫	168	69	78	2104	103	107	12087	—	14716
喀山	104	19	30	1076	22	100	3636	—	4987
卡卢加	47	11	22	1113	30	80	2324	101	3728
科斯特罗马	413	69	18	2166	148	96	4589	—	7499

续表

省份	上一年账目余额	从地方自治局的财产和代役租项目中获得的收入	各种收费	政府对地方自治局的资助和返还资金	各种进款	工商业营业执照税	不动产税	满足省级需求的收入	总计
库尔斯克	593	32	27	2858	62	125	5294	—	8991
莫斯科	27	22	187	2435	92	629	6641	—	10033
下诺夫哥罗德	145	2	73	1655	55	150	3910	—	5990
诺夫哥罗德	3	9	13	1624	93	90	2585	—	4417*
奥洛涅茨	71	9	2	546	11	18	1889	—	2546
奥廖尔	81	41	18	1330	35	146	2924	190	4765
奔萨	129	4	10	886	22	74	2686	—	3811
比尔姆	193	37	22	3433	71	186	9293	—	13235
波尔塔瓦	702	26	48	5762	73	143	7576	—	14330
普斯科夫	355	24	15	898	32	66	1917	—	3307
梁赞	743	31	18	1983	108	104	2999	—	5986
萨马拉	1288	43	37	1629	107	120	6307	—	9531
圣彼得堡	10	30	57	1313	168	158	3806	—	5542
萨拉托夫	139	34	45	2409	91	060	5178	—	7956
辛比尔斯克	371	31	13	588	50	64	2955	—	4072
斯摩棱斯克	499	12	18	1573	43	104	2700	34	4983
塔夫里奇	4	85	48	1511	63	149	4783	—	6643
坦波夫	893	45	25	1932	76	148	3743	—	6868
特维尔	235	28	22	4244	128	93	3208	—	7959

续表

省份	上一年账目余额	从地方自治局的财产和代役租项目中获得的收入	各种收费	政府对地方自治局的资助和返还资金	各种进款	工商业营业执照税	不动产税	满足省级需求的收入	总计
图拉	192	31	20	1654	65	134	2562	149	4807
乌法	608	12	14	2228	61	79	4660	—	7662
哈尔科夫	1028	39	50	2995	104	200	10568	—	14984
赫尔松	181	115	164	3733	188	236	6276	219	11112
切尔尼戈夫	615	106	41	2790	354	99	3762	—	7767
雅罗斯拉夫尔	225	15	22	1028	110	120	2486	—	4006
34 个省份总计	11689	1256	1286	70730	2893	4358	158794	801	251807
维堡	36	15	33	1143	30	87	1866	3210	6420**
沃伦	113	30	87	745	125	129	3994	5223	10446
基辅	235	75	191	3149	39	409	6631	10729	21459
明斯克	93	17	47	1370	15	105	2622	4269	8537
莫吉廖夫	248	13	25	1288	492	80	2135	4186	8467
波多利斯克	253	29	81	2259	531	163	5701	9017	18036
40 个省份总计	12667	1435	1750	80684	4125	5331	181743	37435	325170

注：* 原文为 3990，误；** 原文为 64210，误。

资料来源：《1914 年统计年鉴》，圣彼得堡，1915，第 430～431 页。

表 2　1913 年各地方自治省份的支出情况

单位：千卢布

省份	向政府机构提供的支出	地方自治参议会的经费	建设和维持拘留所的费用	道路义务	国民教育	社会救济	医疗部分	兽医学部分	促进经济发展	偿还债务	杂支	组建各种资金的款项	储备资金	各省需求和欠税款	总计
比萨拉比亚	374	517	32	1031	871	57	1755	132	619	887	270	194	103	—	6842
弗拉基米尔	335	436	39	323	2445	217	1574	177	383	306	252	190	110	—	6787
沃罗格达	444	375	26	570	1891	50	1574	87	250	110	125	97	82	—	5681
沃罗涅日	459	452	28	715	3930	154	1883	285	669	341	170	128	58	—	9272
维亚特卡	596	703	59	663	4634	78	2414	196	680	388	105	352	91	—	10959
叶卡捷琳诺斯拉夫	720	687	58	588	4224	287	3794	684	1428	315	373	1514	213	—	14885
喀山	128	417	47	248	1460	157	1273	119	430	284	183	157	86	—	4989
卡卢加	50	269	19	285	1031	61	1320	105	242	103	138	84	40	—	3747
科斯特罗马	241	377	44	488	2088	50	1907	217	664	674	252	259	288	—	7549
库尔斯克	172	611	30	518	2467	141	2260	288	914	791	517	224	57	—	8990
莫斯科	100	908	27	884	3010	393	2668	384	662	617	168	151	62	1	10035
下诺夫哥罗德	339	415	23	405	1827	127	1563	138	582	257	97	104	110	—	5987
诺夫哥罗德	387	302	26	592	1510	33	1040	86	102	128	50	126	35	—	4417
奥洛涅茨	298	223	10	288	596	37	647	41	153	51	133	53	17	—	2547
奥廖尔	91	394	35	297	1517	143	1274	137	506	144	100	80	48	—	4766

续表

省份	向政府机构提供的支出	地方自治参议会的经费	建设和维持拘留所的费用	道路义务	国民教育	社会救济	医疗部分	兽医学部分	促进经济发展	偿还债务	杂支	组建各种资金的款项	储备资金	各省需求和欠税款	总计
奔萨	140	367	22	244	1107	8	1167	85	212	167	132	66	91	1	3809
比尔姆	441	953	68	678	5180	148	3384	262	838	382	382	451	70	—	13237
波尔塔瓦	566	784	41	495	5508	137	2761	225	1835	896	570	377	136	—	14331
普斯科夫	68	275	25	314	961	20	850	50	181	358	100	55	51	—	3308
梁赞	96	315	20	501	1983	56	1398	102	163	877	229	124	76	—	5940
萨马拉	441	712	37	232	2412	78	2652	408	626	1290	208	180	225	—	9501
圣彼得堡	229	490	52	799	1507	30	1167	187	387	310	138	130	117	—	5543
萨拉托夫	427	519	36	250	2748	103	2030	343	955	320	198	74	102	—	8105
辛比尔斯克	167	319	28	203	802	37	1318	147	244	483	111	136	77	—	4072
斯摩棱斯克	94	250	28	408	1656	65	1174	79	310	522	138	218	38	2	4982
塔夫里奇	383	465	67	450	1945	246	1820	275	324	135	225	177	132	—	6644
坦波夫	488	512	26	374	2325	191	2490	247	537	1041	380	197	98	—	8906
特维尔	175	537	25	528	2663	91	2613	100	485	365	159	131	48	37	7957
图拉	45	318	22	433	1137	69	1406	101	205	4453	95	137	65	333	8819
乌法	350	536	44	343	2803	32	1812	123	397	748	262	11	103	—	7564
哈尔科夫	696	719	41	557	4300	257	3222	589	1616	1783	814	448	117	—	15159

续表

省份	向政府机构提供的支出	地方自治参议会的经费	建设和维持拘留所的费用	道路义务	国民教育	社会救济	医疗部分	兽医学部分	促进经济发展	偿还债务	杂支	组建各种资金的款项	储备资金	各省需求和欠税款	总计
赫尔松	500	855	95	550	3522	166	2806	546	802	446	143	360	223	—	11014
切尔尼戈夫	93	605	32	771	2650	65	1628	147	794	507	276	132	69	—	7769
雅罗斯拉夫尔	103	429	28	373	979	62	1158	135	163	258	174	111	35	—	4008
34 个省份总计	10236	17046	1240	16398	79689	3846	63802	7227	19358	20737	7667	7228	3273	374	258121
维堡	263	266	33	620	832	28	632	65	320	27	26	50	48	2	3212
沃伦	390	530	96	788	1183	90	1262	135	300	34	73	175	167	—	5223
基辅	390	643	115	1841	2554	361	2034	272	1397	223	333	232	234	—	10629
明斯克	85	289	64	709	1245	45	1050	82	398	89	33	107	78	—	4274
莫吉廖夫	190	291	45	258	1645	82	979	97	271	64	154	127	84	—	4287
波多利斯克	419	654	94	963	3043	58	1706	164	556	84	615	413	250	—	9019
40 个省份总计	11973	19719	1687	21577	90191	4510	71465	8042	22600	21258	8901	8332	4134	376	294765

资料来源：《俄国 1913 年：统计文件手册》，圣彼得堡，1995，第 267 ~275 页。

附录二　著名的地方自治知识分子及其活动*

说明：地方自治职员主要介绍内容如下：（1）已知生活年代的，说明活年代；（2）在地方自治机关中担任的职位，一人兼任多职的另附说明，如 19 世纪 80 年代统计员、经济学家、政论家，19 世纪 70 年代医生、作家、方志学家，等等；（3）社会出身；（4）受教育程度和毕业学校；（5）参与解放运动的情况和政治倾向；（6）参加代表大会和协会的情况；（7）在定期出版物上发表文章的情况；（8）本职工作；（9）В. И. 列宁的引用或评价。

弗拉基米尔省

普鲁加文·维克多·斯捷潘诺维奇（Пругавин Виктор Степанович，1858～1896 年）：从 19 世纪 70 年代末开始在省统计局担任统计员，1882 年开始担任叶卡捷琳诺斯拉夫省统计局领导职务。贵族出身，毕业于圣彼得堡农业研究所，是自由主义民粹派分子。曾在《俄罗斯公报》、《俄罗斯思想》和《法律公报》上发表文章。主要著作有《弗拉基米尔省手工业》（弗拉基米尔，1882 年），《弗拉基米尔省尤里耶夫县的村社、手工业和耕种业》（弗拉基米尔，1884 年），等等。

В. Ф. 斯维尔斯基（В. Ф. Свирский）：19 世纪 80 年代省地方自治局工程师，毕业于技术学院。著有《弗拉基米尔省的工厂及其他工业企业》（弗拉基米尔，1890 年）。

斯米尔诺夫·亚历山大·瓦西里耶维奇（Смирнов Александр Васильевич，1854～1919 年）：1882 年起担任医生工作，1889 年起任省地方自治局卫生委员会主席，作家，生物学家，方志学家。牧师出身，毕业于莫斯科大学，参加过自由民粹派运动。省医生代表大会的组织者，参加过皮罗戈夫代表大会，刊物《弗拉基米尔省医生年鉴》的发起人。曾在《俄

* 本部分内容主要参考自 Н. В. Пирумова，Земская интеллигенция и её роль в общественной борьбе до начала XX в.［M］，С. 104－116。

罗斯首都》、《星火》、《历史公报》、《俄罗斯医生协会杂志》、《警钟》和《弗拉基米尔省公报》上发表过文章。

哈里佐梅诺夫·谢尔盖·安德烈耶维奇（Харизоменов Сергей Андреевич，1854～1917年）：19世纪70年代末80年代初任省统计局统计员。后期从事塔夫里奇省的按户统计工作。曾在萨拉托夫省、图拉省、特维尔省地方自治局从事统计工作。较早运用"数据的表格处理法理论"的人之一，毕业于莫斯科大学，"土地与自由"组织、"土地平分社"成员，后来支持民粹派，积极参与了莫斯科法律协会统计分会的各项工作。曾在《俄罗斯思想》和《法律公报》等刊物上发表文章，参与《布罗克高兹－埃弗龙百科辞典》的编写，主要研究成果有《弗拉基米尔省手工业知识》（莫斯科，1883年），《弗拉基米尔省手工业》（莫斯科，1882～1884年）。

沃罗格达省

沃隆佐夫·瓦西里·巴甫洛维奇（Воронцов Василий Павлович，1847～1918年）：自1877年开始担任医生，在地方自治机关任职8年，经济学家。贵族出身，毕业于外科医学研究院。19世纪70年代与"柴可夫斯基"组织走得很近，1876年加入《前进》杂志社，后来成为民粹派分子，积极参与自由经济协会的工作。曾在《祖国纪事》、《俄罗斯思想 》、《欧洲公报》和《俄罗斯财富》上发表文章，主要著作有《俄罗斯资本主义的命运》和《我们的方向》等。曾与马克思主义者展开论战，反对在俄罗斯发展资本主义，推崇村社经济和小商品生产。列宁在多部作品中对他的世界观提出过批评。

马斯连尼科夫·亚历山大·亚科夫列维奇（Масленников Александр Яковлевич，1863～1904年）：农学家，商人家庭出身，毕业于圣彼得堡农学院。自由派分子，参加过1901年的农学家代表大会，曾在《经济》杂志上发表文章。

乌罗德科夫·伊万·马克西莫维奇（Уродков Иван Максимович，1846～1926年）：县地方自治局书记员，农民出身，19世纪70年代末参加过民粹派的革命宣传活动，曾在《俄罗斯世界》、《新闻》和《警钟》杂志上发表文章。

沃罗涅日省

布纳科夫·尼古拉·费奥多洛维奇（Бунаков Николай Фёдрович）：教育家，1837～1883 年曾在多省从事地方自治学校教师培训班的领导工作。贵族出身，毕业于圣彼得堡大学，是 19 世纪 60 年代“土地与自由”组织的成员之一，70～90 年代任文化研究员，圣彼得堡识字委员会成员之一。曾在《俄罗斯言论》、《教育公报》、《教育》、《俄罗斯初级教师》和《沃罗涅日省公报》等刊物上发表过文章，并著有《作为中学课程科目的俄语》（СПБ.，1872 年）和《在校与在家》（СПБ，1876 年）等。他对于地方知识分子的历史抱有浓厚的兴趣，这一点在他的回忆录《与俄罗斯地方生活有关的日子》（СПБ，1909 年）中得到了充分的体现。

维特科维奇·斯坦尼斯拉夫·安东诺维奇（Виткович Станислав Антонович，1867～？年）：省政府抄写员，贵族出身，实科中学（俄国革命前主要教授数学及自然科学的学校）毕业。19 世纪 80 年代参加过民粹派组织，在《敖德萨日志》上发表过文章。

谢尔斌·费奥多尔·安德烈耶维奇（Щербин Фёдор Андреевич，1849～1936 年）：统计员，1884～1903 年任省统计局局长；贵族出身，毕业于圣彼得堡农业研究所，《识字》杂志社敖德萨分社成员；曾与“俄罗斯南方工人联盟”关系密切；1917 年十月革命后迁居国外。19 世纪 80 年代在莫斯科法律协会的统计部门工作过。在《俄罗斯思想》、《俄罗斯财富》、《俄罗斯公报》、《一星期》、《北方公报》和《库班文集》等刊物上发表过文章。著有《奥斯特罗日县的农民经济》（沃罗涅日，1887 年），《沃罗涅日省 12 县文件汇编》（沃罗涅日，1897 年），《农民预算及其与粮食价格、收成状况的依赖关系》（收录于《收成状况对于俄罗斯国民经济若干方面的影响》，СПБ，1897 年），等等。

维亚特卡省

日尔诺夫·奥西普·米哈伊洛维奇（Жирнов Осипов Михайлович，1860～？年）：1879 年成为乌尔朱穆斯克县教师，19 世纪 90 年代担任过统计员工作；农民出身，毕业于地方自治教师培训班；曾在《维特卡娅边疆区报》等报纸上发表文章，出版过一系列关于经济的通俗读物。

扎沃洛日斯基·弗拉基米尔·亚科夫列维奇（Заволожский Владимир Яковлевич，？～1897年）：农学家、统计员，19世纪60年代起在省管理局工作，后调入乌尔朱穆斯克县管理局；世袭的荣誉公民，毕业于圣彼得堡农业研究所，参加了19世纪70年代初的民粹派革命运动。曾在《维亚特卡边疆区》上发表过文章，著有《维亚特卡省北方地区人民经济状况研究》（维亚特卡，1871年）。

罗曼诺夫·尼古拉·尼基福罗维奇（Романов Николай Никифорович）：统计员，1871年率先采用了逐户登记的统计方法；世袭荣誉公民，具有民粹派思想倾向。与Н. Н. 布林诺维合著《地方自治机关税收分配调查》（维亚特卡，1872年）和《奥廖尔县统计学叙述》（维亚特卡，1874年）。

叶卡捷琳诺斯拉夫省

考尔夫·尼古拉·亚历山德罗维奇（Корф Николай Александрович，1834～1883年）：具有男爵爵位的教育家、理论家，三年学制地方自治中学的组织者，教师培训班的负责人（1883年）。毕业于亚历山大贵族中学，地方自由主义者。曾在《俄罗斯财富》、《俄罗斯首都》和《欧洲公报》上发表过文章，著有《俄罗斯中小学》（СПБ.，1879年），文集《我们的中学教育事业》（СПБ.，1873年），教科书《我们的责任》（СПБ.，1871年），以及回忆录《体验》（莫斯科，1884年）。

喀山省

巴拉绍夫·巴维尔·瓦西里耶维奇（Балашов Павел Васильевич，1886～？）：教师，出身于地主阶级，贵族中学毕业。19世纪80年代初开始参加民粹派革命运动，后成为自由派民粹主义者。曾在《俄罗斯财富》和地方刊物上发表过文章。

涅沃林·彼得·伊万诺维奇（Неволин Пётр Иванович，1856～？年）：19世纪80年代初开始在喀山省地方自治局任统计员，后来调入下诺夫哥罗德省和弗拉基米尔省地方自治机关。贵族出身，曾参加过“到人民中去”活动。在《弗拉基米尔省公报》及地方刊物上发表过文章，参与《布罗克高兹-埃弗龙百科辞典》地理部分的编写。1891～1892年在战胜饥饿方面做了大量工作。

卡卢加省

多布罗斯拉维奇·阿列克塞·彼得洛维奇（Доброславич Алексей Пётрович，1842～1889 年）：19 世纪 60 年代末开始任医生，教授，莫斯科大学卫生处主任。神职人员出身，毕业于莫斯科大学。皮罗戈夫代表大会成员，著有《基础卫生活动概要》（СПБ，1884 年）

科斯特罗马省

卡普斯京·米哈伊尔·亚科夫列维奇（Капустин Михаил Яковлевич，1874～1920 年）：19 世纪 70 年代起担任医生工作，1887 年起任喀山大学教授。贵族出身，毕业于喀山大学。19 世纪 70～80 年代为地方自由主义者，后来成为十月革命支持者。省医生代表大会组织者，参加了皮罗戈夫代表大会。著有《地方自治医学若干基本问题》（1872 年）等一系列文章，参与了《布罗克高兹－埃弗龙百科辞典》的编写。

库尔斯克省

И. А. 布拉戈夫斯先斯基（И. А. Благовещенский，1859～?）：从 19 世纪 80 年代起担任统计员工作，十月革命后在库尔斯克省供职；牧师出身，支持民粹派运动。著有《地方自治按户统计经济资料统计学汇编》（收录于《农村经济》，莫斯科，1893 年）等。

维尔涅尔·伊普波利特·安通诺维奇（Вернер Ипполит Антонович，1852～1927 年）：统计员，1882～1887 年任统计局局长，因公开统计结果而被免职，后供职于莫斯科省地方自治局；贵族出身，毕业于技术学院；19 世纪 70 年代初参加"柴科韦茨"小组，80 年代后崇尚自由主义。是莫斯科法律协会统计分会的成员。曾在《俄罗斯思想》和《俄罗斯公报》上发表文章，著有《库尔斯克省：统计结论》（库尔斯克，1886 年）。

多尔戈波洛夫·尼丰特·伊万诺维奇（Долгополов Нифонт Иванович，1857～1922 年）：19 世纪 80 年代初开始从事医生工作，贵族出身，毕业于哈尔科夫大学；70 年代参加过民粹派运动，是代表大会组织者之一。曾在《西伯利亚报》（1882～1884 年）上发表文章。

莫斯科省

阿斯特列夫·尼古拉·米哈伊洛维奇（Астырев Николай Михайлович，

1857～1894年)：作家，19世纪80年代初开始在省地方自治局任统计员；贵族出身，毕业于通信工程学院，“到人民中去”运动的参与者。曾在《俄罗斯公报》、《欧洲公报》、《沃罗涅日电讯》和《莫斯科地方自治日报》等刊物上发表文章。著有《农民自治问题论文集》(莫斯科，1886年)。

阿尔汉格利斯卡娅·亚历山德拉·加弗丽洛弗娜（Архангельская Александра Гавриловна，1851～1905年)：19世纪80年代初期开始担任医生工作（眼科、外科、肿瘤科)，基辅铁路阿普列夫卡站医院的创建者。神职人员家庭出身，毕业于莫斯科外科医学研究院。曾在《欧洲公报》上发表文章。参加过省医生代表大会和皮罗戈夫协会。

勃列克洛夫·斯捷潘·米哈伊尔维奇（Блеклов Степан Михайлович，1860～1913年)：19世纪70年代末80年代初在省地方自治局担任统计员，后在波尔塔瓦省、特维尔德洛夫斯克省、图拉省、塔夫里奇省、奥廖尔省从事统计研究工作。1902年，地方自治工作被迫终止。贵族出身，毕业于莫斯科大学，参加过19世纪70～80年代的民粹派运动，后来参加过“解放同盟”，并加入莫斯科法律协会统计分会。曾在《俄罗斯公报》、《读书周刊》和《斯摩棱斯克公报》上发表文章。参与了《格兰纳特百科辞典》的编写。

格里戈里耶夫·瓦西里·尼古拉耶维奇（Григорьев Василий Николаевич，1852～1925年)：19世纪70年代末开始担任统计员，后调入梁赞省地方自治局。1886～1917年回到莫斯科；贵族出身，参加过圣彼得堡农业学会，以及19世纪70～90年代的民粹派运动，是В.Г.科罗连科的亲密朋友。曾在《俄罗斯公报》上发表文章。著有《梁赞省农民的迁移》(莫斯科，1886年）和《1860～1917年地方自治统计著作索引》(莫斯科，1926～1927年）等。

杰门季耶夫·叶弗格拉夫·米哈伊尔洛维奇（Дементьев Евграф Михайлович，1850～1918年)：医生，统计员，教师；市民出身，毕业于莫斯科大学，进步的社会活动家，参加过医生代表大会和皮罗戈夫协会。曾在《俄罗斯公报》、《教育学报》、《健康》和《医生公报》上发表文章。著有《波多利亚区工厂卫生状况研究》(莫斯科，1883年）和《工厂给人民带来了什么，又夺走了什么?》(莫斯科，1893 年) 等。

伊萨耶夫・安德烈・阿列克谢耶维奇 (Исаев Андрей Алексеевич, 1851～1924 年): 19 世纪 70～80 年代任地方自治省统计员，经济学家。莫斯科大学毕业，进步的社会活动家，加入了莫斯科法律协会统计分会。曾在《俄罗斯公报》和《俄罗斯思想》上发表文章。著有《莫斯科省手工业 (1876～1877)》(莫斯科，1878 年) 和《波尔塔瓦经济发展的开端》(莫斯科，1894 年) 等。

卡布卢科夫・尼古拉・亚历山德拉维奇 (Каблуков Николай Александрович, 1849～1919 年): 1877 年起任省地方自治局统计员，经济学家，1885～1907 年任统计局局长，莫斯科大学教师，十月革命后加入中央统计局。贵族出身，毕业于莫斯科大学，19 世纪七八十年代支持自由民粹派运动，后来成为地方自治自由派分子。积极参与了自由经济协会及法律协会的活动。曾在《莫斯科公报》、《地方自治》、《莫斯科电讯》、《俄罗斯职业生涯》和《俄罗斯思想》等刊物上发表文章。著有《农村经济中的工人问题》(莫斯科，1884 年) 和《俄罗斯农村经济发展条件》(莫斯科，1899 年) 等。

卡雷舍夫・尼古拉・亚历山德拉维奇 (Карышев Николай Александрович, 1855～1905 年): 统计员，经济学家，19 世纪 80 年代领导了一系列统计研究工作，后来成为莫斯科大学教授。贵族出身，地方自治自由派；积极参与了自由经济协会及法律协会的活动。曾在《俄罗斯财富》、《俄罗斯公报》、《地方自治》、《法律公报》、《俄罗斯思想》和《欧洲公报》上发表文章。著有《份地以外的租金》(莫斯科，1892 年) 和《有关俄罗斯国民经济的材料》(莫斯科，1898 年) 等。

奥尔洛夫・瓦西里・伊万诺维奇 (Орлов Василий Иванович, 1848～1885 年): 统计员，自 1875 年开始担任省统计局局长，领导了坦波夫、库尔斯克、奥廖尔、萨马拉、沃罗涅日等省的统计研究工作。1876～1878 年对 5700 个村社进行了综合研究 (研究结果发表于 1879 年); 贵族出身，毕业于莫斯科大学，曾参加过 19 世纪七八十年代的民粹派运动; 加入了莫斯科法律协会统计分会和自由经济协会。文章发表于《莫斯科公报》。《莫斯科省统计资料汇编》（莫斯科，1878～1882年）的主要作者之一。

奥尔洛夫·德米特里·伊万诺维奇（Орлов Дмитриевич Иванович）：19世纪80年代起从事医生工作；出身于牧师家庭，莫斯科大学毕业，支持民粹派思想。曾在《莫斯科公报》上发表文章。

奥尔洛夫·伊万·伊万诺维奇（Орлов Иван Иванович，1851～？年）：从19世纪70年代初至20世纪初担任医生工作；牧师家庭出身，毕业于莫斯科大学，支持民粹派思想。曾在《莫斯科公报》上发表文章。

奥西波夫·耶尔格拉夫·阿列克塞耶维奇（Осипов Евграв Алексеевич，1841～1904年）：19世纪70年代起从事医生工作，80年代初及此后近20年里任地方自治省医疗处负责人；贵族出身，毕业于莫斯科大学；19世纪70年代参与了民粹派运动；从19世纪80年代至20世纪初为地方自治自由派分子。积极参与皮罗戈夫协会的活动，省医生代表大会的组织者。曾在《医生公报》等医学刊物上发表文章。著有《莫斯科省卫生情况研究纲要》（1875年）；《俄罗斯地方医学》作者之一。

С. Ф. 鲁德涅夫（С. Ф. Руднев，？～1909年）：19世纪80年代任统计员，曾在《莫斯科公报》和《萨拉托夫地方自治文集》上发表文章。

苏斯洛娃－埃丽斯曼·娜杰日达·普罗科菲耶夫娜（Суслова-Эрисман Надежда Прокофьевна，1843～1918年）：19世纪70～80年代从事医生工作，农民出身。在瑞士完成学业，参加了19世纪60～70年代的革命运动。曾在《现代人》、《法医学档案》、《医学公报》和《莫斯科医学报》上发表文章。

埃里斯曼·费奥多尔·费奥多洛维奇（Эрисман Фёдор Фёдрович，1842～1915年）：医生，自1879年起供职于莫斯科省地方自治局。1882年起兼任莫斯科大学教授、卫生办公室主任。瑞典籍；接受过高级医学教育，主持莫斯科外科医学研究院医生资格考试工作。从1881年到19世纪90年代中期参加了历届医生代表大会。第一国际的成员之一。曾在《祖国纪事》、《地方自治》、《俄罗斯思想》、《地方自治医生》和《教育公报》上发表文章。著有许多医学著作，《布罗克高兹－埃弗龙百科辞典》撰稿人之一。

切尔年科夫（Н. Н. Черненков，1863～？年）：19世纪80年代任统计员，地方自治自由派分子，后来趋向保守派。著有《农村经济评述》（莫斯科，1905年）。

下诺夫哥罗德省

安年斯基·尼古拉·费奥多洛维奇（Анненский Николай Фёдрович，1843～1912年）：统计员，政论家，19世纪80～90年代初任省地方自治机关统计局局长，主持过喀山地方自治机关的统计工作。贵族出身，毕业于圣彼得堡大学，19世纪60年代末参加了民粹派运动，80～90年代任自由民粹派领袖，后来成为"解放联盟"的成员，加入了莫斯科法律协会统计分会和自由经济协会。曾在《事业》、《祖国纪事》、《俄罗斯财富》和《俄罗斯公报》上发表文章。著有《粮食生产在私有经济中的价值》（收录于《粮食价格在俄罗斯国民经济若干方面的影响》，СПБ，1879年）等。

普洛特尼科夫·米哈伊尔·亚历山德拉维奇（Плотников Михаил Александрович，1864～1903年）：统计员，政论家，民粹派支持者。曾在《大同世界》和《教育》等杂志上发表文章。著有《下诺夫哥罗德省的家庭手工业》（下诺夫哥罗德，1894年）等。

诺夫哥罗德省

Г. Н. 贝奇科夫（Г. Н. Бычков）：19世纪70～80年代任地方自治省统计员，农学家；市民出身，毕业于彼得罗夫农业研究院，文化工作者。著有《杰缅季耶夫村社与牧草栽培》（诺夫哥罗德，1880年）和《在三个乡进行农民生活状况逐户调研的尝试》（诺夫哥罗德，1882年）等。

扎索季姆斯基·巴维尔·弗拉基米罗维奇（Засодимский Павел Владимирович，1843～1912年）：19世纪70年代任地方自治中学教师，作家；贵族出身，曾在圣彼得堡大学学习，"到人民中去"运动的参与者，后来支持自由民粹派思想。曾在《事业》、《一星期》、《言论》、《俄罗斯公报》和《俄罗斯财富》等发表文章。著有《斯穆林纳村大事记》（СПБ，1874年），该书对于地方自治知识分子历史的研究有重大意义。

К. А. 波戈斯斯基（Погосский К. А.）：统计员，地方自治机关技术人员，19 世纪 70 年代末开始在省地方自治局任职；牧师出身，文化工作者。著有《1879～1880 年各工厂评估结果》（诺夫哥罗德，1879 年）一书，该书对诺夫哥罗德省的 44 家企业进行了客观公正的评估。

奥廖尔省

别洛孔斯基·伊万·彼得洛维奇（Белоконский Иван Петрович，1855～1931 年）：统计员，19 世纪 80 年代开始在省地方自治局任职 8 年；1896 年开始担任库尔斯克省统计局局长，1898 年被免职；贵族出身，曾在基辅大学学习，19 世纪 70 年代参加了民粹派运动，80 年代加入自由民粹派，90 年代至 20 世纪初为地方自治自由派分子，"解放联盟"成员。曾在《事业》、《祖国纪事》、《俄罗斯公报》、《国民教育》、《敖德萨公报》、《基辅电讯》和《库尔斯克报》等刊物上发表文章。主要著作有《库尔斯克省人民基础教育》（库尔斯克，1897 年），《地方自治运动》（СПБ，1910 年），《自治与地方自治》（СПБ，1905 年），等等。

比尔姆省

莫尔列松·伊万·伊万诺维奇（Моллесон Иван Иванович，1842～1920 年）：医生，1865 年开始先后在喀山省和维亚特卡省地方自治局任职，19 世纪 80 年代末调任比尔姆省卫生局局长；贵族出身，毕业于喀山大学，自由派地方自治知识分子，"人民权利党"党员。19 世纪 80 年代组织召开了三届省地方自治医生代表大会，参加了皮罗戈夫代表大会。其文章收录于《比尔姆地方自治机关文集》，这部文集由莫尔列松于 1883～1888 年编纂而成。主要著作有《地方自治医学》（СПБ，1871 年）。

波尔塔瓦省

多尔戈鲁科夫·尼古拉·亚历山德拉维奇（Долгоруков Николай Александрович，1833～1899 年）：公爵，1855 年开始任地方自治医生；毕业于莫斯科外科医学研究院，地方自治自由派分子。参加了省医生代表大会。起草了第一份地方自治医疗活动纲要。

梁赞省

耶尔帕季耶夫斯基·谢尔盖·雅科夫列维奇（Елпатьевский Сергей Яковлевич，1854～1933 年）：医生，19 世纪 70 年代末就职于斯科平县，后来担任乌法省地方自治医院的住院医师、下诺夫哥罗德省医生（至 1896 年），作家；牧师家庭出身，毕业于莫斯科大学，19 世纪 70～80 年代参与了民粹派运动；1883 年组织召开了第一届乌法省医生代表大会，1905 年成为第十届皮罗戈夫代表大会代表。文章发表于《北方公报》、《欧洲公报》和《俄罗斯公报》等刊物。文学作品《50 载回忆录》（Л.，1929 年）对当代文学题材影响深远。主要文章有《生活在继续》（载《俄罗斯财富》1914 年第 11 期），曾被列宁引用。

萨马拉省

阿尔卡茨基·尼古拉·瓦西里耶维奇（Аркадский Николай Васильевич，1859～1893 年）：曾任教师、记者；牧师家庭出身，19 世纪 70 年代参加了民粹派运动，后来支持自由主义思想。《俄罗斯公报》记者，撰写过许多关于萨马拉省生活的文章。

波尔图加洛夫·文尼奥明·奥辛诺维奇（Полтугалов Вениамин Осипович，1835～1896 年）：萨马拉地方自治医院医生，1871 年开始任地方自治医士学校教师。1874 年任维亚特卡省地方自治医生，1875 年回到萨马拉；政论家，商人家庭出身，毕业于哈尔科夫大学，19 世纪 70～80 年代参加了民粹派运动、皮罗戈夫代表大会和省医生代表大会。文章发表于《俄罗斯公报》和《地方自治医生》等刊物。

圣彼得堡省

博里索夫·亚科夫·瓦西里耶维奇（Борисов Яков Васильевич，1836～？年）：19 世纪 80 年代任圣彼得堡地方自治会主席，之前系斯塔夫伦诺尔的教师，后来重新回到教师岗位，兼任记者；农民出身，毕业于圣彼得堡师范学院；19 世纪 80 年代参加民粹派小组，后成为劳动党党员。《少儿阅读》杂志出版人，儿童读物及教科书作者，曾在《俄罗斯公报》、《教育公报》和《教育》等刊物上发表文章。

沃因诺夫·列奥尼德·伊万诺维奇（Воинов Леонид Иванович，1853～1905 年）：1878 年起从事医生工作；牧师家庭出身，毕业于莫斯科外科医学研究院，文化工作者，皮罗戈夫代表大会代表。文章发表于《医学公报》、《医生》和《医学观察》等刊物。主要著作有《从卫生角度看造纸工业》（СПБ，1891年）等。

萨拉托夫省

德米特里耶娃·瓦连京娜·伊万诺夫娜（Дмитриева Валентина Ивановна，1859～？年）：19世纪80年代医生、作家；贵族出身，毕业于圣彼得堡的高级医生培训班，70年代担任乡村教师。曾在《俄罗斯思想》、《欧洲公报》、《俄罗斯财富》、《北方公报》和《沃罗涅日言论》上发表文章。

利奇科夫·列奥尼德·谢苗诺维奇（Личков Леонид Семенович，1855～？年）：19世纪70年代任省地方自治局统计员，80年代供职于梁赞省地方自治机关，政论家；市民出身，毕业于圣彼得堡农业学院，70年代参加了民粹派革命运动，后来成为自由主义民粹派分子。法律协会成员。曾在《俄罗斯财富》、《国家》、《俄罗斯思想》、《历史公报》、《萨拉托夫报》和《基辅评论》等刊物上发表文章。

斯摩棱斯克省

日班科夫·德米特里·尼古拉耶维奇（Жбанков Дмитрий Николаевич，1853～1932年）：1892～1902年在斯摩棱斯克省从事医生工作，从19世纪70年代中期至1892年在梁赞省和科斯特罗马省任职；农民出身，毕业于莫斯科外科医学研究院，文化工作者。皮罗戈夫协会组织者之一，历届大会的参与者。曾在《俄罗斯公报》、《神的世界》和《斯莫摩棱克公报》等刊物上发表文章。参与了《地方自治医学文集》的出版。主要著作有《1892～1895年斯摩棱斯克省的短工行业》（斯摩棱斯克，1896年）。

波斯尼科夫·亚历山大·谢尔盖耶维奇（Посников Александр Сергеевич，1846～1921年）：统计员，19世纪80～90年代担任省地方自治局评估工作领导职务，经济学家，莫斯科大学教授，地方自治自由派分子，莫斯科法律协会统计分会成员。参加了19世纪90年代地方自治代表大会。曾在《俄罗斯公报》、《欧洲公报》和《俄罗斯财富》上发表文章。十月革命后担任敖德萨大学和圣彼得堡理工大学政治经济学教授。

塔夫里奇省

维尔涅尔·康斯坦丁·安东诺维奇（Вернер Константин Антонович，

1850～1902年）：统计员，农学家，经济学家。1884～1889年任省统计局局长，后调入莫斯科地方自治机关，1895年开始任农业学院教授；贵族出身，毕业于圣彼得堡农业研究所；19世纪70年代参加了民粹派运动，莫斯科法律协会统计分会成员。曾在《莫斯科公报》等刊物上发表文章，参与了《布罗克高兹－埃弗龙百科辞典》的编纂。主要著作有《梅利托波利县农业经济》（西姆费罗波利，1887年）和《塔夫里奇省纪念册》（该书收录于《塔夫里奇省统计文献集》第9卷，西姆费罗波利，1889年）。

特维尔省

卡先科·彼得·巴甫洛维奇（Кащенко Петр Павлович，1858～1920年）：1886～1889年任布拉舍夫精神病院医生，后调入尼热戈罗德地方自治医院，自1904年起，任莫斯科精神病医院院长；贵族出身，毕业于莫斯科大学，参加了19世纪70年代的学生运动和80年代的民粹派组织。皮罗戈夫代表大会的积极参与者。曾在《尼热戈罗德报》上发表文章。

克拉斯诺佩罗夫·伊万·马尔科维奇（Красноперов Михаил Павлович，1840～1915年）：统计员，19世纪80年代担任统计局局长，此前曾任萨拉托夫省统计局局长；牧师家庭出身，毕业于神学培训班；60年代参加了“喀山密谋”，70年代投入民粹派运动。曾在《俄罗斯公报》、《教育公报》和《法律公报》上发表文章。自由经济协会及莫斯科法律协会成员。文章被收录于《布罗克高兹－埃弗龙百科辞典》。主要著作有《萨拉托夫省农民信贷的形式》（萨拉托夫，1879年）等。

利特维诺夫·米哈伊尔·巴甫洛维奇（Литвинов Михаил Павлович，1846～1918年）：1873年开始任韦西耶贡县医生，1881就任省地方自治医院精神科主任，1884年起担任布拉舍夫精神病院（1924年更名）院长，在任13年。贵族出身，毕业于莫斯科外科医学研究院，参与了19世纪60年代的革命运动，自19世纪80年代至20世纪初为地方自治自由派分子。皮罗戈夫代表大会和省医生代表大会代表。曾在《战地医疗杂志》和《皮罗戈夫协会丛刊》上发表文章。1872～1873年将德语生理学教科书翻译为俄语，有科学著作近30部。

奥利坚布尔格·费奥多尔·费奥多洛维奇（Ольденбург Федор

Федрович，1862～1914年）：教师，统计员，1887～1914年担任特维尔省马克西莫维奇女子师范学校校长；19世纪80年代成立了地方自治师范咨询处，学校统计学创始人；贵族出身，毕业于圣彼得堡大学，参加了19世纪80年代至20世纪初的地方自治运动。文章发表于《教育公报》、《教育》、《生活学校》和《特维尔公报》等刊物。

巴甫洛夫·尼古拉·米哈伊洛维奇（Павлов Николай Михаилович）：医生；贵族出身，毕业于莫斯科外科医学研究院，文化工作者。1871年第一届省地方自治医生代表大会及此后历届特维尔省代表大会组织者，皮罗戈夫协会成员。

佩特伦克维奇·米哈伊尔·伊里奇（Петрункевич Михаил Илиич，1846～1912年）：1872年开始担任医生，1874年任特维尔省医院主任医生；贵族出身，毕业于莫斯科外科医学研究院，自19世纪80年代至20世纪初为地方自治自由派分子，"解放联盟"成员。皮罗戈夫代表大会和省医生代表大会代表。文章发表于《俄罗斯公报》、《特维尔公报》和《皮罗戈夫协会丛刊》等。

波克罗夫斯基·瓦西里·伊万诺维奇（Покровский Василий Иванович，1838～1915年）：统计员，经济学家，1871～1893年领导了全省的统计调研工作；牧师家庭出身，毕业于莫斯科大学，1902起任科学院通信院士，19世纪60年代参与了"卡拉科佐夫案"，70年代倾向于革命派，自90年代至20世纪初为地方自治自由派分子。曾在《祖国纪事》、《圣彼得堡公报》和《特维尔公报》等刊物上发表文章。1870～1880年编纂了特维尔省统计研究资料20余册。

里赫捷尔·德米特里·伊万诺维奇（Рихтер Дмитрий Иванович，1848～1919年）：统计员，经济学家、地理学家；市民家庭出身，毕业于莫斯科大学，19世纪70年代参加过民粹派运动，自90年代至20世纪初为地方自治自由派分子。曾在《俄罗斯公报》、《欧洲公报》和《俄罗斯财富》上发表文章。《布罗克高兹-埃弗龙百科辞典》地理部分撰稿人。

图拉省

博里斯·弗拉基米尔·米哈伊洛维奇（Борисов Владимир Михаилович）：

统计员，农学家，毕业于莫斯科大学。曾在《农业经济与森林学》杂志上发表文章。主要著作为《俄罗斯手工业研究委员会文丛》。

赫尔松省

Н. И. 捷贾科夫（Н. И. Тезяков，1859～1925 年）：19 世纪 80 年代起从事医生工作，对赫尔松省、萨拉托夫省等地区的农业工人工作环境进行过深入研究。毕业于喀山大学，杰出的民粹派社会活动家。十月革命后，积极投身农村医疗保障事业，参加了历届皮罗戈夫代表大会和省医生代表大会。曾在《医学讨论》、《俄罗斯社会医疗》、《地方自治医生》、《赫尔松地方自治省医生年鉴》和《赫尔松地方自治局文集》上发表文章。主要著作有《赫尔松省农业工人及其卫生状况监督》（赫尔松，1896 年）。

乌瓦罗夫·米哈伊尔·谢苗诺维奇（Уваров Михаил Семеновч）：医生，第一批省级医学统计局筹备人之一；与 Е. И. 亚科文科、В. В. 亚科文科一同开创了地方自治医学统计方向；贵族出身，毕业于莫斯科大学，地方自治自由派分子。文章发表于《社会医学学报》等刊物，主要著作有《关于赫尔松省霍乱流行史的资料》（赫尔松，1887 年，与卡拉曼年科合著）和《临时工行业对俄罗斯卫生状况的影响》（赫尔松，1896 年）。

切尔尼戈夫省

瓦尔泽尔（瓦尔扎尔）·瓦西里·耶戈罗维奇（Варзер Василий Егрович，1851～1940 年）：统计员，经济学家，1875～1881 年任省地方自治统计局局长；贵族出身，毕业于圣彼得堡理工学院，19 世纪 70 年代任民粹派思想宣传员。《巧妙的圈套》（任涅瓦，1874 年）的作者；1875 年在《前进》杂志印刷厂出版了《一个过来人故事：大众读本》；1886 年在伦敦出版了《关于饥饿以及怎样免于饿死》。十月革命后成为全俄人民经济苏维埃成员、中央统计局工作人员。

斯维亚特洛夫斯基·叶弗盖尼·弗拉基米罗维奇（Святловский Евгений Владимирович，1850～1914 年）：1875 年起从事医生工作，政论家；贵族出身，毕业于莫斯科外科医学研究院，地方自治自由派分子。《地方自治医生》（切尔尼戈夫）发行人。曾在《波尔塔瓦农业村社杂志》等刊物上发表文章。主要著作有《有关俄罗斯农民卫生状况问题的资料》（哈尔科夫，1887 年）。省地方自治医生代表大会组织者。

切尔温斯基·彼得·彼得罗维奇（Червенский Петр Петрович，1849 ~ 1931 年）：统计员，政论家，1876 年开始任统计局局长，之后就职于波尔塔瓦省地方自治局；贵族出身，毕业于圣彼得堡农业学院；莫斯科法律协会统计分会成员。开创了针对小地域单元进行统计调研的方法。参加了 19 世纪 70 年代的学生运动，后调入阿尔汉格尔斯克省；19 世纪 80 ~ 90 年代积极支持民粹派思想。曾在《一星期》、《祖国纪事》、《俄罗斯思想》和《切尔尼戈夫省地方自治文汇》上发表文章。主要著作有《经济动荡》（СПБ，1880 年）。

А. П. 什利克维奇（А. П. Шликевич，1849 ~ 1898 年）：19 世纪 70 年代担任统计员，80 年代开始兼任卡泽利县地方自治委员会主席。数据表格处理法理论的创始人之一；贵族出身。曾在《切尔尼戈夫省地方自治文汇》上发表文章。主要著作有《逐户统计法能够带给我们什么?》（切尔尼戈夫，1890 年）。

什拉格·伊利亚·柳德维戈维奇（Шраг Илья Людвигович，1847 ~ ?）：19 世纪 70 年代起任省地方自治机关办事员，1871 ~ 1874 年担任《切尔尼戈夫省地方自治文汇》主编；贵族出身，毕业于基辅大学，19 世纪 60 年代末参加学生运动，后来成为地方自治自由派分子。曾在《法律公报》上发表文章。

雅罗斯拉夫尔省

巴比科夫·巴维尔·伊万诺维奇（Бабиков Павел Иванович）：19 世纪 80 年代开始担任医生，此前（自 1865 年起）曾是科斯特罗马省的医生，参加过省地方自治医生代表大会。曾在《莫斯科医学报》、《医生公报》、《健康》和《现代医学》上发表文章。他的文章不仅涉及社会医学问题，还关注沼泽地的排水问题。

多布罗沃利斯基·伊万·伊万诺夫（Добровольский Иван Иванович，1849 ~ 1933 年）：医生，革命家，政论家。贵族出身。1873 年毕业于莫斯科外科医学研究院。丹尼洛夫县维亚特卡村的革命宣传工作领导人。在要塞地区服苦役 9 年，逃跑成功后在国外生活 27 年之久。主要著作有《结局的开端》（任涅瓦，1881 年）和《为保加利亚的自由而奋斗的战士和受难者》（莫斯科，1904、1906 年）。此外，他还积极投身启蒙运动，在合法刊物上宣传科学（医学、生物学、物理学、化学、动力学、历史学等），撰写关于俄罗斯和西方生活方式的文章。曾在《事业》、《祖国纪事》、《俄罗斯思想》、《新闻》和《俄罗斯公报》上发表文章。

库德里亚夫采夫·彼得·费奥多洛维奇（Кудрявцев Петр Федович，1863～1935 年）：19 世纪 80 年代开始从事医生工作，直至十月革命后仍然在西伯利亚、赫尔松、梁赞等地区担任保健医生。贵族出身，毕业于喀山大学。19 世纪 80 年代投身民粹派运动，几乎参加了历届皮罗戈夫代表大会。系列社会医学著作的作者。

图书在版编目(CIP)数据

1865～1913年俄国地方自治机构的民生活动 / 李青著. -- 北京 : 社会科学文献出版社, 2018.5
(东北亚研究丛书)
ISBN 978-7-5201-2312-9

Ⅰ.①1… Ⅱ.①李… Ⅲ.①地方自治-研究-俄罗斯-1865-1913 Ⅳ.①D751.2

中国版本图书馆CIP数据核字(2018)第037954号

·东北亚研究丛书·
1865～1913年俄国地方自治机构的民生活动

著　　者 / 李　青

出 版 人 / 谢寿光
项目统筹 / 恽　薇　高　雁
责任编辑 / 颜林柯　楚洋洋

出　　版 / 社会科学文献出版社·经济与管理分社(010)59367226
地址：北京市北三环中路甲29号院华龙大厦　邮编：100029
网址：www.ssap.com.cn
发　　行 / 市场营销中心(010)59367081　59367018
印　　装 / 三河市尚艺印装有限公司

规　　格 / 开 本：787mm×1092mm　1/16
印 张：28.25　字 数：434千字
版　　次 / 2018年5月第1版　2018年5月第1次印刷
书　　号 / ISBN 978-7-5201-2312-9
定　　价 / 98.00元

本书如有印装质量问题，请与读者服务中心(010-59367028)联系

版权所有 翻印必究